安徽省省级质量工程教材建设项目（2022jcjs103）成果

安徽省高等学校省级规划教材
普通高校经济管理类应用型本科系列教材

会计学原理
第 3 版

主　编　贾敬全　刘永珍
副主编　李　莹　高智林
编　委（按姓氏笔画排序）
　　　　王　红　王　璐　李阿姣
　　　　李　晓　陈同峰　陈晓琼
　　　　徐志仓

中国科学技术大学出版社

内容简介

本书以财政部新会计准则为依据,围绕会计核算的基本理论、基本方法和基本程序,以理论为指导,以实际操作为重点,由浅入深、循序渐进地让学生掌握会计的基本知识,初步形成会计学理念,为今后专业课的学习打下比较扎实的理论基础。

本书精简理论叙述,在充分体现课程知识体系完整性和新颖性的同时,兼顾应用性、趣味性和启发性。每章都设置"思考与练习",利于学生对相关知识点的掌握。

本书可作为高等院校相关专业的基础课教材,也可作为相关从业人员的参考用书。

图书在版编目(CIP)数据

会计学原理/贾敬全,刘永珍主编. —3版. —合肥:中国科学技术大学出版社,2023.8
(普通高校经济管理类应用型本科系列教材)
ISBN 978-7-312-05762-5

Ⅰ.会⋯ Ⅱ.①贾⋯ ②刘⋯ Ⅲ.会计学—高等学校—教材 Ⅳ.F230

中国国家版本馆 CIP 数据核字(2023)第 153638 号

会计学原理
KUAIJIXUE YUANLI

出版	中国科学技术大学出版社 安徽省合肥市金寨路 96 号,230026 http://press.ustc.edu.cn https://zgkxjsdxcbs.tmall.com
印刷	安徽省瑞隆印务有限公司
发行	中国科学技术大学出版社
开本	787 mm×1092 mm 1/16
印张	23.5
字数	598 千
版次	2013 年 9 月第 1 版 2023 年 8 月第 3 版
印次	2023 年 8 月第 5 次印刷
定价	56.00 元

前　言

"会计学原理"是高等院校经济管理类专业一门重要的专业基础课程。其无论是作为会计学专业的入门课程，还是其他经济管理类专业的核心课程，都承载着搭建会计学知识框架，建立会计与财务思维逻辑，激发学生学习热情，并植根"会计人"职业道德素养的基础使命。

本书在第2版基础上，根据会计规范的修订、税收制度的改革及新技术的应用，以及党的二十大精神进教材的要求等进行了修订。教材以财政部新会计准则为依据，围绕会计核算的基本理论、基本方法和基本程序，以理论为指导，以实际操作为重点，由浅入深、循序渐进地让学生掌握会计的基本知识，初步形成会计学理念，为今后专业课的学习打下比较扎实的理论基础。

本次修订精简了会计基本理论知识的阐释，更加注重学生实践能力培养，契合会计学专业复合型、应用型人才培养目标的要求。修订后本书具有如下特点：

（1）在学科知识体系方面，本教材秉承立德树人理念，在遵循会计教育教学规律的基础上，构建以会计职业精神为核心的知识体系，培养初学者正确的职业思维方法，兼顾教学与考证的需要。

（2）在教材定位方面，本教材的修订编写是在对经济管理类专业应用型人才应具备的素质、能力和知识结构进行系统研究的基础上进行的，以更好地适应应用型人才培养对会计学知识与职业胜任能力的基本要求。

（3）在教材内容方面，本教材的编写坚持精简理论叙述，在充分体现课程知识体系完整性和新颖性的同时，兼顾应用性、趣味性和启发性，每章都配备"思考与练习"，有利于学生对相关知识点的巩固。

（4）配套开发《会计学原理实训手册》。与实务专家合作，编写配套实训手册，强化对会计的认知和理解，掌握会计核算的基本技能，提升会计业务感知能力，将会计基本理论与会计实务融为一体，检验学生平时对会计理论和方法的掌握程度，提高学生的实践操作能力。

本书是安徽省省级质量工程教材建设项目建设成果（项目编号：2022jcjs103）。执笔者有淮北师范大学贾敬全教授、李莹副教授、李阿姣讲师，安徽师范大学刘永珍副教授，安庆师范大学王红副教授、李晓讲师，黄山学院王璐

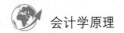

副教授,安徽师范大学皖江学院高智林副教授,巢湖学院徐志仓教授,宿州学院陈同峰博士等。随书附带的《会计学原理实训手册》由安徽师范大学的刘永珍副教授和陈晓琼讲师共同撰写。在编写和修订过程中还得到了合肥工业大学管理学院李姚矿教授的指导和支持,在此表示衷心感谢。

由于作者水平有限,书中难免存在不足之处,恳请广大读者批评指正,以便修订时进一步完善。

编 者

2023 年 7 月

目　录

前言　/ i

第一章　总论　/ 1
第一节　会计概述　/ 1
第二节　会计基本假设　/ 12
第三节　会计记账基础　/ 14
第四节　会计核算的要求　/ 17

第二章　会计要素与会计科目　/ 23
第一节　会计要素与会计等式　/ 23
第二节　会计科目与账户　/ 35

第三章　复式记账　/ 49
第一节　复式记账法　/ 49
第二节　借贷记账法　/ 51
第三节　总分类账与明细分类账的平行登记　/ 56

第四章　借贷记账法的运用　/ 66
第一节　资金筹集业务及其核算　/ 66
第二节　购置与供应业务的核算　/ 72
第三节　产品生产业务的核算　/ 79
第四节　产品销售业务的核算　/ 89
第五节　财务成果业务的核算　/ 95
第六节　资金退出业务的核算　/ 102

第五章　会计账户分类　/ 111
第一节　概述　/ 111
第二节　账户按经济内容分类　/ 113
第三节　账户按用途与结构分类　/ 114

第六章　会计凭证　/ 123
第一节　会计凭证概述　/ 123

第二节　原始凭证　/129
　　第三节　记账凭证　/132
　　第四节　会计凭证的传递与保管　/136

第七章　会计账簿　/142
　　第一节　会计账簿概述　/142
　　第二节　账簿的设置与登记　/151
　　第三节　结账和账簿的更换与保管　/158

第八章　财产清查　/166
　　第一节　财产清查的意义和种类　/166
　　第二节　财产物资的盘存制度　/168
　　第三节　财产清查的方法　/169
　　第四节　财产清查结果的处理　/172

第九章　会计核算程序　/180
　　第一节　会计核算程序概述　/180
　　第二节　记账凭证核算程序　/181
　　第三节　汇总记账凭证核算程序　/187
　　第四节　科目汇总表核算程序　/192
　　第五节　日记总账核算程序　/195
　　第六节　多栏式日记账核算程序　/197

第十章　财务会计报告　/202
　　第一节　财务会计报告概述　/202
　　第二节　资产负债表　/207
　　第三节　利润表　/218
　　第四节　现金流量表概述　/224
　　第五节　财务报表附注的内容和格式　/229

第十一章　会计管理　/234
　　第一节　会计工作组织　/234
　　第二节　会计档案　/243
　　第三节　新技术对会计工作的影响　/245

思考与练习参考答案　/251

第一章 总 论

学习目标

通过本章的学习,要求掌握会计的涵义、特点,明确会计的职能、对象和核算的方法,理解会计基本假设、会计核算基础及会计核算要求等方面的知识,了解会计的产生与发展,为全书的学习打下基础。

学习重点

会计职能、会计对象、会计基本假设、会计核算基础。

学习难点

会计基本假设、会计核算基础。

第一节 会 计 概 述

一、会计的概念

（一）会计的产生与发展

会计产生于人类的生产经营活动。我国最早的计量与记录行为发生在山顶洞人时代,大约在六七千年前,产生了原始的数学文字,伏羲氏时代出现了"绘图记事""结绳记事""刻契记事",这些被后来的史学家称为我国文字学、数量学和统计学的起源。经过黄帝、尧、舜、禹,直到夏初,出现了书契、度量衡器具和计量单位,使原始计量、记录发生了质的飞跃。

度量衡器具、实物计量单位、数字及运算方法等与书契结合起来,清晰地反映了我国会计萌芽阶段的形态。西周时期,形成了专门的会计机构,如官厅会计,出现了"司会""司书""酒正""小宰"等专职会计官员,建立了"日成""月要""岁会"报告制度。这些表明,我国官厅会计已经初定形体。

汉代民间会计有了一定的发展,出现了总清账性质的本牍；而隋代则把赋税征收与会计控制结合起来。唐代是我国漫长封建社会的鼎盛时期,这一时期的政治、经济、文化相对繁荣,极大地促进了会计的发展,唐王朝设立了"金部""仓部""度支部"主管会计,由刑部掌管的审计机构"比部"监督会计工作的运转,开始使用会计记录的主体数码字(壹、贰、叁、肆、伍、陆、柒、捌、玖、拾等),会计记录的方法也由"三柱法"过渡到"四柱法",宋朝将之命名为"四柱清册"。明朝出现的"龙门账",其精华在于两个公式:试算平衡公式:该+进=存+交;盈亏结算公式:进-交=存-该;清朝出现了"三脚账"和"四脚账"。

在西方,数千年前,古巴比伦人就将商业契约、交易等记录于黏土制成的薄板上;公元六世纪末,罗马教皇开始采用单式记账法,并且设置了"现金簿""财产簿""往来簿"和一些报表,但这一时期无论是账簿与报表体系的设置还是会计的核算方法,都还不够完善与系统;12~13世纪,意大利的商品经济比较发达,这种相对发达的商品经济要求更加完善的会计核算方法与之相适应,于是,1211年,威尼斯的佛罗伦萨银行首先采用了一种复式记账方法,当时的人们称为"威尼斯簿记法";从13世纪开始,威尼斯及其周边地区普遍采用了这种记账方法。1494年,数学家卢卡·巴其阿勒在其著作《算术、几何与比例概要》①的"计算与记录要论"一章中,对这种记账法进行了理论上的概括与说明,这本书的问世标志着借贷记账法正式形成;1581年,威尼斯成立了世界上第一所会计学院,标志着会计已经作为一门学科在大学的讲堂中开始传授。此后随着各国学者交往的增多、贸易的往来,这种记账方法陆续传到了世界大部分国家,并且得到了各国会计学者在理论与实践上的巩固与发展。

纵观东西方会计史,会计的产生和发展分为三个阶段:

第一个阶段(古代会计,1494年以前):以实物和货币为计量单位,是生产的附带部分。以官厅会计为主,会计核算采用单式记账。

第二个阶段(近代会计,1494~1950年):以货币为主要计量单位,具有独立的管理职能。以企业会计为主,会计核算采用复式记账,形成了一套完整的会计核算方法,使会计成为一门学科。这一时期有两个近代会计发展史上的里程碑:1494年复式簿记的产生和1854年英国爱丁堡会计师公会的成立(世界上第一个会计师协会)。

第三个阶段(现代会计,1950年后):产生两大分支,即财务会计和管理会计。如表1.1所示。

表1.1 财务会计与管理会计的区别

财务会计	管理会计
对外,受公认会计准则约束	对内
提供财务状况、经营成果、现金流量等信息	提供进行规划、经营管理、决策预测所需信息
侧重于过去信息	侧重于未来信息

(二)会计的涵义

会计是以货币为主要计量单位,运用专门方法对企业、行政事业等单位的经济活动进行连续、系统、综合、全面的确认、计量、记录、报告和监督,向财务报告使用者提供有关的会计信息,并进行必要的经济预测、分析、参与决策的一种经济管理活动。

关于会计的涵义,应该从以下几个角度理解:

---

① 布朗,约翰斯顿,巴其阿勒. 会计论[M]. 林志军,等译. 上海:立信会计出版社,1988.

(1) 会计的本质是一种管理活动。

(2) 经济管理离不开会计,经济越发展,会计越重要。

会计的记账、算账、报账的会计核算作用,进而发展为对账务进行审核、检查的会计监督作用。

会计是从核算和监督作用扩展为预测、决策、控制、分析多种作用的经济管理活动。长期实践证明,经济越发展,会计越重要。

(3) 会计的内涵和外延随现代经济的发展而扩展。

此外,关于会计的涵义,有以下几种代表性的学术主张:

1. 会计管理活动论

即前述观点,认为在现代社会里,会计的特点主要是用货币对经济过程中占用的资产和发生的耗费进行系统的计量、记录、分析和检查。会计人员以及管理人员借助这些手段,充分了解资产和资产运用结构,揭示企业的经营能力是否被充分利用,探究经济效益高低的原因。它为在一个特定的岗位管好企业的生产和经营,同时为在更大的范围内,例如一个地区、一个系统或整个国家管好经济提供必要的材料。所以,会计的本质是一种管理活动。

2. 经济信息系统论

该理论认为会计是对经济过程中占用的资产和发生的耗费等各种原始数据进行会计处理,最后形成会计报表。会计报表是用会计语言,对企业生产经营活动利益攸关和负责管理的各方面传输信息的手段。而这种信息是依靠会计准则,有条不紊地经过收集、整理、分类、加工、汇总等程序得到的。它们有据可查,翔实可靠,其真实性可以复核。从这一点看,会计的本质就是一个以提供财务信息为主的经济信息系统。

3. 会计控制论

该理论认为企业各层管理人员受企业所有者的委托,负责经营管理企业,他们应当有效地保管企业所有的和企业所控制的资产,悉心经营,以期取得最大利润。所以他们的责任,不仅在于保管资产,更重要的还在于操作经营。我们称这种责任为经营责任。而会计账册所载资料,反映了企业完整的经营过程。毫无疑问,同时也可借以考核、评价各层管理人员操作经营的成绩。从这一点来看,会计的本质就是以认定委托责任为目的、对会计计量结果有控制作用的控制系统。

(三) 会计的特点

1. 会计以货币作为主要计量单位

会计核算是价值核算,借助于统一的货币量度,将各种经济活动和财务收支用货币指标进行记录和汇总,提供信息资料,但货币并非唯一计量单位。

2. 会计拥有一系列专门方法

会计方法是用来核算和监督会计对象、执行和完成会计任务的手段,是完成工作所使用的各种技术方法。包括会计核算方法、会计分析方法、会计检查方法、会计预测方法和其他方法。它们构成了一个完整的会计方法体系。其中会计核算方法是最基本的方法。

会计核算方法是对会计对象进行连续、系统、全面、综合的确认、计量、记录和报告所采用的各种方法的总称。作为一个科学的分类体系,会计核算的各种方法相互联系、相互制约。包括设置会计科目与账户、复式记账、填制和审核会计凭证、登记账簿、成本计算、财产清查、编制会计报表等七种专门方法,其相互关系简况如图1.1所示。

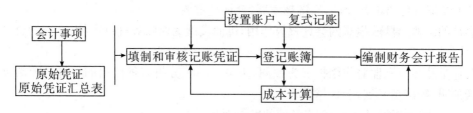

图1.1 会计核算流程

当交易或事项发生后,首先要取得或填制原始凭证,按统一规定设置会计科目和账户,采用复式记账方法,编制和审核会计凭证,据以登记账簿,根据账簿记录及其他有关资料,采用一定方法计算成本,期末通过财产清查,在保证账证相等、账账相符、账实相符的基础上编制财务会计报告,并对会计资料进行分析和利用。

3. 会计具有核算和监督的基本职能

对发生的经济业务以会计语言进行描述,并在此基础上对经济业务的合法性和合理性进行审查。

4. 会计的本质就是管理活动

会计属于管理的范畴,经济越发展,会计越重要。加强会计工作对于加强企业经济管理,提高经济效益具有十分重要的意义。

二、会计的职能

会计的职能是会计在经济管理中的功能。它包括:进行会计核算,实施会计监督,预测经济前景,参与经济决策,进行绩效评价等,但会计法界定的基本职能只包括进行会计核算和实施会计监督两个方面。

(一)会计的基本职能——核算与监督

1. 会计核算职能

会计核算职能是会计的首要职能,是全部会计管理工作的基础。

会计核算职能是指以货币为主要计量单位,通过确认、记录、计算、报告等环节,对特定主体的经济活动进行记账、算账、报账,为有关部门提供会计信息的功能。

确认是指会计人员运用职业判断,依据一定的标准,辨认和确定特定主体中发生的交易和事项是否可以转化为特定期间的会计信息,以及确定其所属的会计要素类别的过程。

记录是指经过会计确认的每一笔交易和事项,运用预先设计的账户,按复式记账的要求,根据审核无误的会计凭证,在账簿中加以登记。

计算是指按照一定的专业方法对所记录的内容进行计算、汇总。

报告是指将经过综合性再加工,总括反映会计主体财务状况、经营成果和现金流量的会计信息,以特定的内容和形式,提供给财务报告使用者。

会计核算职能的基本特点如下:

(1)会计以货币为主要计量尺度,从价值量上反映各单位的经济活动情况。由于经济活动的复杂性,人们不可能单凭观察和记忆掌握经济活动的全部情况,也不可能简单地将不同类别的经济业务加以计量、汇总,只有通过按一定的会计程序和规则加工处理后生成以价值量表现的会计数据,才能反映经济活动的全过程及其结果。因此,虽然会计可以采用三种量度(货币量度、实物量度、劳动量度)从数量上反映经济活动,但在商品经济条件下,人们主要利用货币量度,通过价值量的核算,综合反映经济活动情况,所以会计以货币量度为主,以实物量度和劳动量度为辅。

(2) 会计核算具有完整性、连续性、系统性。会计核算的完整性、连续性、系统性是会计资料完整性、连续性、系统性的保证。

完整性是指对所有的会计对象都要进行确认、计量、记录、报告,不能有任何遗漏。

连续性是指对会计对象计量、记录、报告要连续进行,不能有任何中断。

系统性是指要采用科学的核算方法对会计信息进行加工处理,保证所提供的会计数据资料能够成为一个有序的整体,从而可以揭示客观经济活动的规律性。

(3) 会计核算要对经济活动全过程进行反映。在对发生的经济活动进行事中、事后核算研究的同时,还可以预测未来的经济活动。会计核算主要是对已经发生的经济活动进行事后确认、计量、记录、分析,通过加工整理提供大量的信息资料,反映经济业务的现实状况和历史状况,是会计核算的基础工作。但随着商品经济的发展,市场竞争日趋激烈,企业经营规模不断扩大,经济活动日益复杂,经营管理需要加强预见性。为此,会计要在进行事中、事后核算的同时,进一步发展到进行事前核算,分析和预测经济前景,为经营管理决策提供更多的经济信息。

2. 会计监督职能

会计监督职能是指会计人员在进行会计核算的同时,对特定主体经济活动的真实性、合法性、合理性进行审查。

真实性指审查各项会计核算是否根据实际发生的经济业务事项进行。

合法性指审查各项经济业务是否符合国家法律法规,是否遵守财经纪律,执行国家的各项方针政策。

合理性指审查各项财务收支是否符合客观经济规律及经营管理方面的要求,保证各项财务收支符合特定的财务收支计划,实现预算目标。

会计监督职能的基本特点如下:

(1) 会计监督主要是通过价值指标进行的。会计核算通过价值指标综合地反映经济活动的过程及结果,会计监督的主要依据就是这些价值指标。为了便于监督,有时还需事先制定一些可供检查、分析用的价值指标,用来监督和控制有关经济活动。由于基层进行的经济活动同时伴随着价值运动,表现为价值量的增减和价值形态的转化,因此,会计监督与其他监督相比,是一种更为有效的监督。会计监督通过价值指标可以全面、及时、有效地控制各个单位的经济活动。

(2) 会计要对单位经济活动的全过程进行监督。会计监督从针对经济过程的角度看,包括事前监督、事中监督和事后监督。

事前监督是在经济活动开始前审查未来的经济活动是否符合有关法令、政策的规定,是否符合商品经济规律的要求,在经济上是否可行。

事中监督是对正在发生的经济活动过程及取得的核算资料进行审查,并纠正偏差和失误,使经济活动按预定目的和要求进行。

事后监督是对已经发生的经济活动以及相应的核算资料进行审查、分析。

(3) 会计监督的依据是财经法规、制度、计划和预算。合法性的依据是国家颁布的法令、法规和制度,合理性的依据是按照客观经济规律及经营管理的要求制订的各种财务计划,监督的目的是保证会计目标的顺利实现。

3. 会计核算与会计监督的关系

会计核算与会计监督密不可分。会计核算职能是指通过核算,反映经济活动过程和成果,为经济活动提供会计信息;会计监督职能是按会计目标要求,指导和调节经济活动,进行事前、事中和事后的控制和检查。

会计核算是会计监督的基础,没有会计核算提供的各种信息,会计监督就失去了存在的基础;会计监督是会计核算的继续,没有会计监督,就难以保证会计核算所提供信息的真实性、合法性、合理性。两者相辅相成,缺一不可。

（二）会计职能的延伸

随着会计理论的发展和会计实践的丰富,会计职能也不断发展,出现了预测经济前景、参与经济决策、评价经济业绩等新的职能。如图1.2所示。

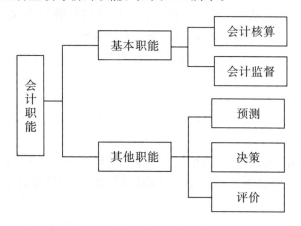

图1.2　会计职能结构图

三、会计的对象

（一）会计对象

会计对象是指会计所核算和监督的内容。会计以货币为主要计量单位,对一定主体的经济活动进行核算与监督。凡是特定对象能够以货币表现的经济活动,都是会计核算和监督的内容,即会计对象。

以货币表现的经济活动,通常又称为价值运动或资金运动。

我国会计的一般对象是指再生产过程中可以用货币表现的经济活动。

1. 企业单位会计对象的具体内容

企业单位会计对象的具体内容是经营资金循环,表现为静态和动态两种。

静态表现指企业在一定时点上的资金分布和存在形态、企业资金取得和形成的来源两方面。如图1.3和图1.4所示。

动态表现指企业在一定时期内资金在生产经营各个阶段中不断运动并转换形态,周而复始地循环周转。如图1.5和图1.6所示。

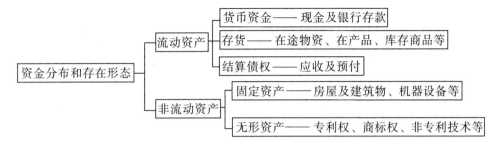

图1.3 企业资金分布和存在形态

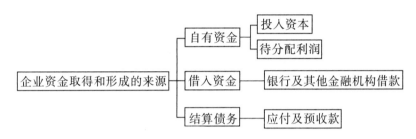

图1.4 企业资金取得和形成的来源

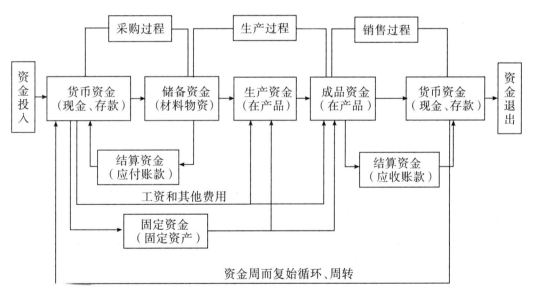

图1.5 产品制造资金循环周转过程图

2. 机关、事业单位会计对象的具体内容

机关、事业单位会计对象的具体内容是预算资金收支。如图1.7所示。

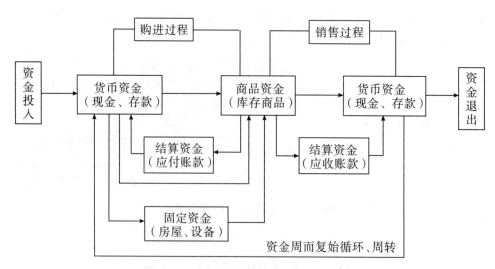

图 1.6 商品流转资金循环、周转过程图

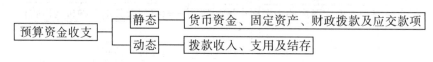

图 1.7 预算资金收支结构

(二) 会计核算的具体内容

会计核算的内容是指特定主体的资金运动,包括资金的投入、资金的循环与周转、资金的退出三个阶段。资金在上述三个阶段的运动,又是通过一系列的经济业务事项来进行的。经济业务事项具体包括以下内容:

1. 款项和有价证券的收付

款项是作为支付手段的货币资金,主要包括现金、银行存款以及其他视同现金和银行存款的银行汇票存款、银行本票存款、信用卡存款、信用证存款等。

现金是指存放于财会部门的库存现金。国务院发布的《现金管理暂行条例》对现金的使用范围、现金的限额、现金收支的规定、现金管理的内部控制制度等方面进行管理和监督。

银行存款是指存放于银行或其他金融机构的货币资金。除按规定的库存限额留存少量现金以备日常零星开支外,其余货币资金都应存入银行。与其他单位之间发生的往来款项,除允许用库存现金结算的,其余都必须通过银行划转。

我国《银行账户管理办法》规定,凡是独立核算的单位都必须在当地银行或其他金融机构开立银行存款账户,用以办理现金收支规定范围以外在企业经营过程中所发生的一切货币收支业务及存款、取款等事项。根据《支付结算办法》和《国内信用证结算办法》,我国现行的支付结算办法主要有银行汇票、银行本票、商业汇票、支票、汇兑、托收承付、委托收款、信用卡和信用证等方式。

银行汇票存款、银行本票存款、信用卡存款、信用证存款是指企业除现金、银行存款以外的货币资金,我们统称为其他货币资金。其他货币资金除上述项目以外还包括外埠存款和存出投资款等。其他货币资金视同现金和银行存款使用。

货币资金是企业流动性最强的一项资产。在单位的经营活动中,业务一般通过货币资金来结算,因此款项的收付是企业会计核算的重要内容。

有价证券是指表示一定财产拥有权或支配权的证券,如国库券、股票、企业债券等。

企业购买股票、债券等有价证券,进行证券投资,目的是为了获利或对被投资单位产生影响。有价证券投资,企业应按照相关会计准则的规定,分别确认为交易性金融资产、持有至到期投资、可供出售金融资产或长期股权投资。其中交易性金融资产属于流动资产,持有至到期投资、可供出售金融资产、长期股权投资属于非流动资产。

单位可能由于多种原因取得或处置有价证券,因此,有价证券的取得、获得股利或利息、有价证券的处置及损益的核算都属于会计核算的具体内容。款项和有价证券都是流动性最强的资产,其质量的好坏直接影响到企业货币资金的供应,从而影响企业生产经营活动。企业必须按照国家统一的会计制度规定,及时、如实地核算款项和有价证券的收付及结存,保证企业货币资金的流通性、安全性,提高货币资金的使用效率。

2. 财物的收发、增减和使用

财物是财产、物资的简称,企业的财物是企业进行生产经营活动且具有实物形态的经济资源,一般包括原材料、燃料、包装物、低值易耗品、在产品、库存商品等流动资产,以及房屋、建筑物、机器、设备、设施、运输工具等固定资产。

原材料,是指企业在生产经营过程中经加工改变其形态或性质并构成产品主要实体的各种原料及主要材料、辅助材料、外购半成品(外购件)、修理用备件(备品备件)、燃料等。原材料属于劳动对象,在生产过程中,材料被消耗或改变其原有的实物形态,价值也一次性地全部转移到成本、费用中去,构成企业成本和费用的重要组成部分。

包装物,是指为了包装本企业商品而储备的各种包装容器,如桶、箱、瓶、坛、袋等。

低值易耗品,是指不符合固定资产确认条件的各种用具和物品。如工具、管理用具、玻璃器皿、劳动保护用品以及在经营过程中周转使用的容器等。

在产品是处于加工过程中尚未完工或已完工但尚未验收入库的产品。

库存商品主要是指企业已完成全部生产过程并已验收入库,符合标准规格和技术条件,可以按照合同规定的条件送交订货单位,或可以作为商品对外销售的产品。

原材料、燃料、包装物、低值易耗品、在产品、库存商品等包括在资产负债表中的存货项下。

企业自用的房屋、建筑物、机器、设备、设施、运输工具等在使用过程中外表形态不变的资产称作固定资产。固定资产同时具有以下特征:① 为生产商品、提供劳务、出租或经营管理而持有;② 使用寿命超过一个会计年度。

存货属于流动资产,一次使用即消耗或改变其实物形态或可多次使用但价值较少,为简化核算,存货的价值一般在使用时一次全部转移到成本、费用中。固定资产使用寿命超过一个会计年度,根据会计分期假设、权责发生制及配比原则,其价值应在使用期内分摊,固定资产在使用寿命内,按照确定的方法对应计折旧额进行系统分摊叫折旧。应计折旧额是指应当计提折旧的固定资产的原价扣除其净残值后的余额,如果已对固定资产计提减值准备,还应当扣除已计提的固定资产减值准备累计金额。固定资产的折旧方法有年限平均法、工作量法、双倍余额递减法及年数总和法等。固定资产的报废、毁损和出售等减少应按规定进行清理。

存货和固定资产等财物活动在企业资产总额中往往占有很大比例,这些财物的取得、使用、出售等都是企业重要的经济内容,是会计核算中的经常性业务,也是发挥会计控制和降低成本、保证财产物资安全完整、防止资产流失等职能的重要方面。因此,企业必须加强对财物收发、增减和使用环节的核算,维护企业正常的生产经营秩序。

3. 债权、债务的发生和结算

债权是企业收取款项的权利,一般包括各种应收和预付款项等。应收款项是指企业因销售商品、产品或提供劳务等日常生产经营活动发生的应向有关债务方收取的款项,主要包括应收票据、应收账款、其他应收款等。预付款项主要是指企业因采购货物而预先支付给有关供货单位的款项。应收款项与预付款项均是企业流动资产的重要组成部分,属于短期性债权。

债务则是指由于过去的交易或事项形成的企业需要以资产或劳务等偿付的现时义务,一般包括各项借款、应付和预收款项以及应交款项等。借款是企业向银行或其他金融机构等借入的各种借款。期限在一年以下(含一年)的为短期借款,期限在一年以上的为长期借款。应付款项是指企业因购买材料、商品和接受劳务供应以及获得职工提供的服务等经营活动应支付的款项,主要包括应付票据、应付账款、应付职工薪酬以及其他应付款等。预收款项则主要是指企业因销售商品、产品或提供劳务等而预先向有关购货单位收取的款项。应交款项是指企业根据一定时期内取得的营业收入和实现的利润,按照规定向国家交纳各种税费,如应交税费等。

债权和债务是企业在生产经营中,不可避免地和其他单位或个人发生的经济业务事项,由于债权和债务的发生和结算涉及本企业与其他单位或有关方面的经济利益,关系到企业自身的资金周转,影响着企业的生产经营活动和业务活动,因此企业在核算债权债务时,必须及时、真实、完整,防止在债权债务环节发生非法行为。

4. 资本的增减

资本是投资者为开展生产经营活动而投入的资金。会计上的资本专指所有者权益中的投入资本。

企业要经营,必须要有一定的"本钱"。投资者投入企业的"本钱"为企业的实收资本,它是企业开展生产经营活动的必要物质基础,投资人对依法投入的资本享有法定权利,并以此为限对企业承担有限责任。投资者出资超出其在注册资本或股本中所占份额的部分以及直接计入所有者权益的利得和损失通过资本公积核算。办理资本增减的政策性强,一般都应以具有法律效力的合同协议、董事会决议等为依据,企业必须按照国家统一的会计制度的规定和具有法律效力的文件为依据进行资本的核算。

5. 收入、支出、费用、成本的计算

收入是指企业在日常活动中形成的、会导致所有者权益增加的、与所有者投入资本无关的经济利益的总流入,包括商品销售收入、劳务收入、利息收入、使用费收入、股利收入等。收入属于企业主要的、经常性的业务收入。

支出是指企业日常活动中实际发生的各项开支以及在正常生产经营活动以外的支出和损失。如企业购买原材料、固定资产、无形资产、对外投资、职工薪酬的支出以及在正常生产经营活动以外发生的对外捐赠、罚款及自然灾害造成的损失等所形成的支出和损失。

费用是指企业在日常活动中发生的、会导致所有者权益减少的、与向所有者分配利润无关的经济利益的总流出。费用是为了取得收入而发生的资源耗费。企业为生产产品、提供劳务等发生的可归属于产品成本、劳务成本等的费用,应当在确认产品销售收入、劳务收入

时确认;企业发生的支出不产生经济利益的,或者即使能够产生经济利益但不符合或不再符合资产确认条件的,应当在发生时确认为费用,如广告费、职工培训费等;企业发生的交易或者事项导致其承担了一项负债而又不确认为一项资产的,应当在发生时确认为费用,如预计的产品质量保证费等。除费用以外的一部分损失也直接计入当期损益。

损失是指企业在非日常活动中形成的,会导致所有者权益减少的,与向所有者分配利润无关的经济利益的流出,是除费用和符合资产确认条件以外的其他支出,通常因偶发的经济业务而发生,属于那种不经过经营过程就发生的支出,如对外捐赠或自然灾害造成的损失等。

成本是指企业为生产产品、提供劳务而发生的各种耗费,是按一定的产品或劳务对象所归集的费用,是对象化了的费用。企业在一定时期内为生产一定种类、一定数量的产品所支出的各种费用的总和,就是这些产品的成本,也称为制造成本。如工业企业在进行产品生产时所发生的材料费用、燃料和动力费用(直接材料)、人工费用(直接人工)及组织和管理产品生产所发生的车间的折旧费用及车间管理人员的工资等(制造费用)形成该产品的成本。

收入、支出、费用、成本都是计算和判断企业经营成果及其盈亏状况的主要依据。企业应当重视收入、成本、费用、支出环节的管理,按照国家统一的会计制度规定,正确核算收入、支出、费用和成本。

6. 财务成果的计算和处理

财务成果主要是指企业在一定时期内通过从事生产经营活动而在财务上所取得的结果,具体表现为盈利或亏损。财务成果的计算和处理一般包括利润的计算、所得税费用的计算、利润分配或亏损弥补等。

利润反映企业一定经营期间内获得的经营成果。

$$利润总额 = 营业利润 + 营业外收入 - 营业外支出$$

所得税费用是国家依法对企业的生产经营所得课征的税收,具有强制性和无偿性等特征,是企业为了取得一定的收益而导致的资产流出。从利润总额中扣除了所得税费用以后的余额,才是企业可以分配的净利润。

$$净利润 = 利润总额 - 所得税费用$$

企业实现的净利润,应按规定的顺序进行分配:净利润减去已分配的利润,加上年初未分配利润,为年末未分配利润。

$$年末未分配利润 = 年初未分配利润 + 净利润 - 利润分配$$

由于财务成果的计算和处理,涉及所有者、国家等方面的利益,各单位必须按照国家统一的会计制度和相关法规制度的规定,正确对财务成果进行核算和处理。

7. 需要办理会计手续、进行会计核算的其他事项

上述六项基本上涵盖了会计核算的主要内容。但由于会计业务纷繁复杂,会计改革发展较快,会计核算中仍有可能出现一些新的业务和内容,如企业合并、集团合并会计报表、终止清算、破产清算、资产评估等。对这些业务的核算,也应按照国家统一的会计制度规定办理会计手续、进行会计核算。

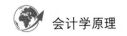

第二节 会计基本假设

会计基本假设是会计确认、计量和报告的前提,是对会计核算所处时间、空间环境等所作的合理设定。会计基本假设包括会计主体、持续经营、会计分期和货币计量。

会计核算的对象是资金运动,而在市场经济条件下,由于经济活动的复杂性,决定了资金运动也是一个复杂的过程。要进行会计核算,首先要解决一系列问题,例如会计核算的空间范围有多大,会计为谁核算、为谁记账;会计所要核算的资金运动能否持续不断地进行下去;会计应该在何时记账、算账、报账;在会计核算过程中应该采用什么计量手段等等。这些都是进行会计核算工作的前提条件。只有规定了这些会计核算的前提条件,才能保证会计核算工作的正常进行,才能据此选择会计处理方法,从而保证会计信息的质量。会计基本假设是人们在长期的会计实践中逐步认识和总结形成的。

一、会计主体

会计主体是指会计所核算和监督的特定单位或者组织,是会计确认、计量和报告的空间范围。

会计核算必须首先明确会计主体,即为谁核算,核算谁的经济业务。会计主体的弹性很大,凡是有经济业务的任何特定的独立单位,都可以并需要进行独立核算,成为一个特定的会计主体。作为经济实体的会计主体可以是一个企业、一个行政事业单位、一个组织,也可以是一个企业或一个单位的特定职能部门(如分支机构、责任中心等),还可以是由若干家企业组成的集团公司。

会计主体不同于法律主体(法人)。法律主体是指在政府部门注册登记、有独立的财产、具有民事权利能力和民事行为能力、能够承担民事责任的组织,它强调企业与各方面的经济法律关系。而会计主体则是按照正确处理所有者与企业的关系以及正确处理企业内部关系的要求而设立的。尽管所有法律主体都是会计主体,但并不是每一个会计主体都是法律主体。会计主体与法律主体之间的关系有三种情况,分别如下:

1. 既是会计主体,又是法律主体

如有限责任公司、股份有限公司、具有法人条件的事业单位、社会团体等。

2. 是会计主体但不是法律主体

如个人合伙企业、个体工商户、分支机构、企业内独立核算的一个部门等。又如,由某企业管理的证券投资基金、企业年金基金等,属于会计主体,而非法律主体。

3. 由多个法人主体形成的会计主体

例如,集团公司是由若干具有法人地位的企业所组成的,出于经营管理的需要,为了全面地考核和反映集团公司的经营活动和财务成果,只能把集团公司看作是一个独立的整体,编制合并会计报表,形成一个报告主体(会计主体),从而使会计主体跨越法律主体的界限。

会计主体实际上是对会计核算和监督进行空间活动范围的界定,一切核算工作都是站在特定会计主体立场上进行的。在会计核算中必须将该主体的所有者、内部职工、其他经济

第一章 总 论

实体的财务活动与该主体本身的财务活动严格区分开。

二、持续经营

持续经营是指在可以预见的将来,企业将会按当前的规模和状态继续经营下去,不会停业,也不会大规模削减业务。即在可预见的未来,该会计主体不会破产清算,其持有的资产按预定用途使用,所承担的债务将正常偿还。

企业会计确认、计量和报告应当以持续经营为前提,而不考虑企业是否将破产清算,它明确了会计工作的时间范围。会计主体确定后,只有假定这个会计主体是持续、正常经营的,才能保持会计信息处理的一致性和稳定性。例如,只有在持续经营的前提下,企业的资产和负债才能区分为流动的和长期的;企业资产才以历史成本计价,而不以现行成本或清算价格计价;才有必要和可能进行会计分期,并为采用权责发生制奠定基础;才使正确区分资本与负债成为必要。

这一前提的主要意义在于:可以使一系列会计原则和会计处理方法建立在非清算基础之上,为解决常见的资产计价和收益确定问题提供了基础。当然,任何企业都存在着破产的可能性,一旦进入破产清算,持续经营前提将被清算前提所代替。

三、会计分期

会计分期是指将一个会计主体持续经营的生产经营活动划分为一个个连续的、长短相同的期间,以便分期结算账目和编制财务会计报告。

会计分期的目的,在于通过会计期间的划分,将持续经营的生产经营活动划分成连续的、相等的期间,据以结算盈亏,按期编制财务报告,从而及时向财务报告使用者提供有关企业财务状况、经营成果和现金流量的信息。《企业会计准则——基本准则》规定,企业应当划分会计期间,分期结算账目和编制财务报告。在会计分期假设下,企业应当划分会计期间。

会计期间是会计工作中为核算生产经营活动或预算执行情况所规定的起讫日期。

会计期间通常分为年度和中期。中期是指短于一个完整的会计年度的报告期间,一般指半年度、季度、月度等。我国会计年度,采用公历年度,即从每年的1月1日至12月31日为一个会计年度。

企业至少应当编制年度财务报表。会计年度确定后,再确定半年度、季度和月度,以便正确组织会计实务活动。有了会计期间这个前提,才产生了本期与非本期的区别,才使不同类型的会计主体有了记账的基础,进而出现了折旧、摊销、应收、应付、预收、预付等会计处理方法。

四、货币计量

货币计量是指会计主体在会计确认、计量和报告时采用货币作为统一的计量单位,反映会计主体的生产经营活动。

由于企业经济活动的不同,财产物资繁多,会计核算需要选择合理的计量单位。在商品经济条件下,货币是商品的一般等价物,是衡量商品价值的共同尺度,会计核算就必然选择

货币作为其计量单位,以货币形式来反映企业的生产经营活动全过程。《企业会计准则——基本准则》规定,会计确认、计量和报告选择货币作为计量单位。

由于经营活动的国际化,经营活动会涉及不同的货币,会计核算必须确定基本记账货币——记账本位币。在我国,人民币是国家法定货币。《会计法》规定我国的会计核算应以人民币为记账本位币,业务收支以人民币以外的货币为主的单位,可以选定其中一种货币作为记账本位币,但编制的财务会计报告应当折算为人民币反映。在境外设立的中国企业向国内报送的财务会计报告,应当折算为人民币。即记账本位币是可选的。在我国,企业选择记账本位币时应当注意:第一,在一般情况下,各单位应当以人民币为记账本位币,人民币作为记账本位币是前提,以人民币以外的其他货币作为记账本位币是一种例外的处理方法;第二,不是任何单位都可以用人民币以外的其他货币作为记账本位币,只有那些业务收支是以人民币以外的其他货币为主的单位,才可以选定其中某一种外币作为记账本位币;第三,以人民币以外的货币作为记账本位币的单位,其选定作为本单位会计核算记账本位币的币种,可以根据业务收支所使用的主要外币币种变化而变动,但编制财务会计报告的货币不可选,必须是人民币。

五、四项基本假设的关系

上述会计核算的四项基本假设,具有相互依存、相互补充的关系。会计主体确定了会计核算的空间范围,持续经营与会计分期确定了会计核算的时间长度,而货币计量则为会计核算提供了必要的手段。没有会计主体,就不会有持续经营;没有持续经营,就不会有会计分期;没有货币计量,就不会有现代会计。

第三节 会计记账基础

一、会计记账基础的概念

1. 会计记账基础的含义

会计记账基础是指在确认和处理一定会计期间收入和费用时,选择的处理原则和标准,其目的是对收入和支出进行合理配比,进而作为确认当期损益的依据。运用的会计处理基础不同,对同一企业,同一期间的收入、费用和财务成果,会计核算出现的结果也不同。

2. 会计记账基础的种类

会计记账基础按其以应收应付还是实收实付作为确认、计量和报告企业单位的收入和费用的标准,可分为权责发生制和收付实现制两类会计基础。

二、权责发生制

权责发生制是指对于会计主体在一定期间内发生的交易或事项,凡是符合收入确认标准的本期收入,不论款项是否收到,均作为本期的收入处理;凡是符合费用确认标准的本期费用,不论款项是否支付,均作为本期的费用处理。权责发生制的核心是按交易或事项是否影响各个会计期间的经营成果和受益情况,确定其归属期。由于确定本期收入和费用是以应收应付为标准的,而不问款项的收付,所以又称为应计制或应收应付制。

采用权责发生制,可以正确反映各个会计期间所实现的收入和为实现收入所应负担的费用,从而可以把各期的收入与其相关的费用、成本相配合,加以比较,正确确定各期的财务成果。按照权责发生制的要求,就需要根据账簿记录对期末账项进行调整。即将本期应收未收的收入(或称应计收入)和应付未付的费用(或称应计费用)记入账簿;同时,将本期已收取现金的预收收入和已付出现金的预付费用在本期与以后各期之间进行分摊并转账。这里所说的权责发生制是会计工作一种特殊的职业判断方面的规定。实施这种规定,需要按照权责发生制的原则划分收入与费用的归属期间,进行收入与费用确认的调整。

2006年2月15日财政部颁布的《企业会计准则》明确规定,企业应当以权责发生制为基础进行会计确认、计量和报告。

【例1-1】 光华公司是增值税一般纳税人,20×2年10月17日赊销一批商品给通达公司,价值100 000元,增值税税率为13%,货已发出,货款尚未收到。

针对这笔业务,按照权责发生制,光华公司10月份应确认本期收入100 000元、应收账款113 000元。

【例1-2】 光华公司20×2年10月10日预收通达公司的购货款200 000元,款项存入银行,货物约定20×2年11月10日发出。

针对这笔业务,按照权责发生制,光华公司10月份不能确认收入,只有等到11月10日发出货物后,才能确认收入。

【例1-3】 光华公司20×1年12月31日从通达公司租入机器设备一台,租期3年,年租金20 000,3年的租金要求在20×2年1月1日一次性支付,已开出一张60 000元的转账支票交给通达公司。

针对这笔业务,按照权责发生制,光华公司20×2年1月份不能将这60 000元的租金一次性作为本期的费用加以确认,而应当将这60 000元的租金按照其受益期,作为一项长期待摊费用在20×2年1月1日至20×4年12月31日这3年中按月逐期摊销,分别计入各期的成本费用中。

三、收付实现制

收付实现制是指对于会计主体在一定期间内发生的交易或事项,收入和费用都是按照款项的收付日期确定其归属期。将收入确认为收到现金或者银行存款的期间,将费用确认为支付款项的期间,而不论其是否应归属本期。凡本期未收到款项的收入和未支付款项的费用,即使应归属本期,也不能作为本期的收入和费用。由于收付实现制确定本期收入和费用是以现金收付为准,所以又称为现金制或实收实付制。

采用收付实现制,将按照现金收付日期确定其归属期。因此,凡属本期收到现金的收入,都作为本期收入;凡属本期支付现金的支出,都作为本期费用,不存在对账簿记录进行期末账项调整的问题。这种处理方法的优点是会计处理简便,不需要对账簿记录进行期末账项调整,但是不符合配比原则的要求。按照配比原则要求,收入与其相关的成本、费用应当相互配比。

【例 1-4】 针对例 1-1 的业务,按照收付实现制,光华公司 10 月份因为没有实际收到货款,所以在 10 月份不能确认收入;只有等到以后实际收到货款时才能确认为收入。

四、权责发生制和收付实现制的比较

(一)两者计算出来的收入额和费用额有可能相同,也有可能不同

由于权责发生制和收付实现制确定收入和费用的基础不同,因此,它们即使是在同一时期对同一业务计算的收入和费用额有可能不同,但也有可能相同。

【例 1-5】 光华公司 20×2 年 10 月 25 日销售一批商品给通达公司,价值 200 000 元,货已发出,货款当即收到并存入银行。

针对这笔现销业务,按照权责发生制和收付实现制的处理结果是一样的,均应在 10 月份确认收入 200 000 元。因为这 200 000 元,一方面它是本期获得的收入,应当作本期收入,另一方面现款也已收到,亦应当列作本期收入,这时两者对这笔收入的确认在时间上是一致的。

【例 1-6】 光华公司第三季度若发生这样几项业务:

业务一:20×2 年 7、8、9 月份各发生销售收入 400 000 元,货款 1 200 000 元于 9 月份一次收到,款项存入银行。

业务二:20×2 年第三季度每月发生的短期借款利息 15 000 元,共计 45 000 元,9 月末以银行存款一次支付。

业务三:20×2 年 9 月末以银行存款预付第四季度房租费 120 000 元。

要求在不考虑其他因素的前提下分别采用权责发生制和收付实现制计算第三季度各月的利润。

计算结果如表 1.2 所示。

表 1.2 光华公司业务计算表

单位:元

权责发生制	7 月	8 月	9 月
收入	400 000	400 000	400 000
费用	15 000	15 000	15 000
利润	385 000	385 000	385 000
收付实现制	7 月	8 月	9 月
收入	0	0	1 200 000
费用	0	0	165 000
利润	0	0	1 035 000

从表 1.2 的计算结果可知,一个企业同样的经济业务,由于所采用的会计记账基础不同,造成各月的收入、费用以及净收益额均有所不同。

（二）会计科目的设置不完全相同

在权责发生制下，为了正确地确认本期和以后各期的收入和费用，有必要设置一些跨期摊提账户；而在收付实现制下则不需要设置跨期摊提账户，所以在进行核算时它们所设置的会计科目不完全相同。

（三）权责发生制计算的盈亏比收付实现制计算的盈亏准确

由于权责发生制是以应收应付作为标准来确认收入和费用的归属期，并进行收支配比的，因此，计算出来的盈亏比较准确。而收付实现制是以款项实际收付为标准来确认收入和费用的归属期，并进行收支配比的，因此，计算出来的盈亏不够准确。

（四）权责发生制比收付实现制的会计核算复杂

在权责发生制下，期末必须按照应收应付作为标准来确定本期收入和费用，对账簿记录进行必要的调整之后才能计算盈亏，所以手续比较复杂、麻烦，而在收付实现制期末不要对账簿记录进行调整，即可计算盈亏，所以手续比较简单。

目前，我国的行政单位会计主要采用收付实现制，事业单位会计除经营业务可以采用权责发生制以外，其他大部分业务也采用收付实现制。

第四节　会计核算的要求

一、会计信息质量要求

会计信息质量要求是对企业所提供的会计信息质量的基本要求，是使会计信息对其使用者决策有用所应具备的基本特征，包括可靠性、相关性、可理解性、可比性、实质性、重要性、谨慎性和及时性等。

（一）可靠性

可靠性要求企业应当以实际发生的交易或事项为依据进行会计确认、计量、记录、报告，如实反映符合会计确认和计量要求的会计信息及其他相关信息，保证会计信息真实可靠、内容完整。具体包括以下要求：

1. 依据可靠

企业应当以实际发生的交易或事项为依据进行会计处理，不能以虚构的交易或事项为依据进行会计处理。

2. 信息可靠

企业应当如实反映其应反映的交易或事项，将符合会计要素定义及其确认条件的会计要素等如实地反映在报表中，刻画企业生产经营活动的真实面貌。

3. 完整性可靠

企业应当在符合重要性和成本效益原则的前提下,保证会计信息的完整性,其中包括编制的报表和附注的完整性,不能随意减少应披露的信息。

(二) 相关性

相关性要求企业提供的会计信息应当与会计信息使用者的经济决策需要相关,有助于会计信息使用者对企业过去、现在或未来的情况作出评价或预测。

会计信息的价值在于对会计信息使用者的决策有用,有助于其提高决策的水平。相关的会计信息应当有助于使用者评价企业过去的决策,证实或修正过去有关的预测,因而具有反馈价值。相关的会计信息还应当具有预测价值,有助于会计信息使用者根据会计信息预测企业未来的财务状况、经营成果和现金流量。为了满足相关性的要求,企业应在会计处理中充分考虑使用者的决策模式和信息需要。

(三) 可理解性

可理解性要求企业提供的会计信息清晰明了,便于会计信息使用者理解和使用。

企业提供会计信息的目的在于使用,而要使会计信息使用者有效地使用会计信息,必须能让其了解会计信息的内涵、内容,因此要求会计信息应当清晰明了、易于理解。

鉴于会计信息的专业性较强,因此,在强调会计信息可理解性要求的同时,应假定会计信息使用者具有一定的会计专业知识,并且愿意研究会计信息。对于复杂的会计信息,为便于理解应在报表附注中披露。

(四) 可比性

可比性要求企业提供的会计信息应当能够进行纵向或横向的比较分析。具体包括以下内容:

(1) 为了便于使用者了解企业财务状况、经营成果的变化趋势,比较不同时期的会计信息,从而全面地评价过去、预测未来,企业对于不同时期发生的相同或相似的交易或事项,应当采用一致的会计政策,不得随意变更。只有当变更会计政策后,能够提供更可靠、更相关的会计信息时,才可以按照规定程序变更。

(2) 为了便于使用者评价不同企业的财务状况、经营成果的水平及其变动情况,从而有助于使用者作出科学合理的决策,不同企业发生的相同或相似的交易或事项,应当采用规定的会计政策,确保会计信息口径一致,相互可比,即对于相同或相似的交易或事项,不同企业应当采用一致的会计政策,以使不同企业按照一致的会计处理方法提供相关会计信息。

(五) 实质性

实质性,即实质重于形式,要求企业应当按照交易或事项的经济实质进行会计处理,不应仅以交易或事项的法律形式为依据。实质是指交易或事项的经济实质,形式是指会计核算依据的法律形式。会计核算时应按照交易或事项的经济实质进行核算,而不能仅按照其法律形式进行核算,如果企业仅以交易或事项的形式进行会计处理,容易导致会计信息失真。

在会计实务中,交易或事项的法律形式并不总能完全真实地反映其实质内容。所以,会计信息要反映其应反映的交易或事项,必须根据交易或事项的实质和经济现实进行判断,并据此进行会计处理。如融资租入的固定资产。

(六)重要性

重要性要求企业提供的会计信息应当反映与企业财务状况、经营成果和现金流量有关的所有重要交易或事项。

企业会计信息的省略或错报会影响使用者据此作出正确决策时,该信息就具有重要性。重要性没有统一的标准,需要根据会计人员的职业判断确定。确定的标准通常有两个方面:质的方面,如果提供的会计信息对决策者的决策有影响,说明该信息具有重要性,会计上应单独披露;量的方面,如果某一交易或事项的金额数量占该类交易或事项的金额达到一定比例,就具有重要性。

应用时需考虑两点:

(1)重要性的应用依赖职业判断。同一交易或事项,不同的会计人员会作出不同的重要性认定,会计人员必须根据其所处的环境和实际情况,从交易或事项的性质和金额的大小两方面判断其重要性。

(2)重要性的应用要进行成本效益的权衡。会计信息的重要与不重要,对于信息产品的成本有直接的影响,会计人员对于重要性的认定,应根据会计信息使用的具体情况进行认定。

(七)谨慎性

谨慎性要求企业对交易或事项进行会计处理时应当保持应有的谨慎,尽可能地不高估资产或者收益,不低估负债和费用。谨慎性又称为保守原则、稳健性原则,财务会计上采用它的目的是使得所提供的会计信息宁可保守一些,也不进行任何形式的夸大,以便减少会计信息使用者的预测及决策风险。在企业会计准则中要求采用谨慎性原则的原因主要是经济活动的不确定性增加。

在社会生产力发展到一定时期,企业的经济活动面临许多风险和不确定性的情况,会计核算应尽可能减少经营者的风险负担,以尽量低估企业的资产或收益,对可能发生的负债或费用则要算足,如对应收账款计提坏账准备。但是谨慎性的应用不允许企业故意低估资产或收益,故意高估负债或费用,不允许企业设置秘密准备。如果谨慎性应用不当,将不符合会计信息的可靠性和相关性原则,损害会计信息的质量。

(八)及时性

及时性要求企业对于一经发生的交易或事项,应当及时进行会计处理,不得提前或延后。

由于会计分期的存在,企业如果不能及时提供会计信息,即使是可靠的、相关的会计信息,也可能会失去时效性,降低会计信息的相关性。为了保证提供的会计信息及时,企业应及时地收集、处理各种原始凭证,及时按照规定对发生的交易或事项进行会计处理,及时传递会计信息。

二、会计核算的一般要求

根据《会计法》和国家统一的会计制度的规定,企业在进行会计核算时应遵循以下一般要求:

(1) 各单位必须按照国家统一的会计制度的要求设置会计科目和账户、进行复式记账、填制会计凭证、登记会计账簿、进行成本计算、财产清查和编制财务会计报告。

企业应当根据本企业的实际情况,确定应设置的会计科目和账户,确定成本计算方法等。企业可以对统一会计制度规定的会计科目进行适当的调整,在规定的范围内选择使用会计处理方法和程序,但不得违背国家统一会计制度的规定。

(2) 各单位必须根据实际发生的经济业务事项进行会计核算,编制财务会计报告。

实际发生的经济业务是会计核算的依据,是保证会计信息真实性和可靠性的基础。单位只能以实际发生的真实的经济业务为对象,通过记录经济业务的真实情况,并据以编制财务会计报告。计划的或将要发生的经济业务或交易不得作为会计核算的依据。虚假的经济业务更不能作为会计核算的依据。

(3) 各单位发生的各项经济业务事项应当在依法设置的会计账簿上统一登记、核算,不得违反《会计法》和国家统一的会计制度的规定私设会计账簿登记、核算。

(4) 各单位对会计凭证、会计账簿、财务会计报告和其他会计资料应当建立档案,妥善保管。

(5) 使用电子计算机进行会计核算的,其软件及其生成的会计凭证、会计账簿、财务会计报告和其他会计资料,也必须符合国家统一的会计制度的规定。

(6) 会计记录的文字应当使用中文。在民族自治地区,会计记录可以同时使用当地通用的一种民族文字。在中华人民共和国境内的外商投资企业、外国企业和其他外国组织的会计记录中,可以同时使用一种外国文字。

一、问答

1. 什么是会计?会计有哪些特点?其发展经历了哪几个阶段?
2. 简述会计的基本职能及其关系。
3. 简述会计的基本假设。
4. 请举例说明对权责发生制的理解。

二、单项选择题

1. 下列项目中,属于货币资金的是( )。
   A. 商业承兑汇票　　B. 银行承兑汇票　　C. 银行本票存款　　D. 国库券
2. 以下不属于有价证券项目的是( )。
   A. 国库券　　　　　　　　　　　　　B. 股票
   C. 企业债券　　　　　　　　　　　　D. 银行本票存款

3. 会计监督是会计核算的( )。
   A. 主要手段　　　B. 基础和前提　　　C. 根本保障　　　D. 基本目标
4. 会计对象是指特定主体( )。
   A. 全部经营活动　　　　　　　　　B. 销售过程中的经济活动
   C. 生产过程中的经济活动　　　　　D. 能以货币表现的经济活动
5. 下列说法不正确的是( )。
   A. 财物包括原材料和固定资产等
   B. 财物是企业进行正常生产经营活动的经济资源
   C. 财物必须具有实体形态
   D. 包装物应作为固定资产
6. 下列项目中,不属于会计核算具体内容的是( )。
   A. 有价证券的收付　　　　　　　　B. 财物的使用
   C. 制订下年度管理费用开支计划　　D. 资本的增减
7. 下列予以对象化的部分构成( )。
   A. 期间费用　　　B. 资产　　　C. 成本　　　D. 所有者权益
8. 在会计核算中( )的流动性最强。
   A. 财物　　　B. 应收债权　　　C. 款项和有价证券　　　D. 资本

三、多项选择题

1. 下列各项中,属于企业会计核算具体内容的有( )。
   A. 款项和有价证券的收付　　　　B. 财产物资的收发、增减和使用
   C. 债权债务的发生和结算　　　　D. 财务成果的计算和处理
2. 款项是作为支付手段的货币资金,主要包括( )。
   A. 银行存款　　　B. 库存现金　　　C. 其他货币资金　　　D. 其他应收款
3. 会计的基本职能是( )。
   A. 会计决策　　　B. 会计核算　　　C. 会计监督　　　D. 会计预测
4. 下列属于谨慎性要求的是( )。
   A. 资产计价时从低　　　　　　　B. 负债估计时从高
   C. 不预计任何可能发生的收益　　D. 利润估计时从高
5. 依法设置账簿的要求具体包括( )。
   A. 各单位必须设账
   B. 各单位不得重复设账(账外设账、私设账簿)
   C. 各单位必须保证账簿记录真实、完整
   D. 必须设置一套完整的账簿
6. 有价证券包括( )等。
   A. 收据　　　B. 股票　　　C. 企业债券　　　D. 发票
7. 下列各项中,属于会计核算方法的是( )。
   A. 会计分析　　　　　　B. 填制和审核会计凭证
   C. 财产清查　　　　　　D. 复式记账
8. 我国《企业会计准则》规定,会计期间分为( )。
   A. 年度　　　B. 半年度　　　C. 季度　　　D. 月度

四、判断题

1. 资本是投资者为开展生产经营活动而投入的资金,会计上的资本既包括投入资本,也包括借入资本。（ ）
2. 费用是企业发生的各项开支,以及在正常生产经营活动以外的支出和损失。（ ）
3. 各单位必须根据实际发生的经济业务事项进行会计核算,编制财务会计报告。（ ）
4. 企业发生的经济业务事项应在依法设置的会计账簿上统一登记、核算,不得私设账簿。（ ）
5. 使用电子计算机进行核算时,不一定要符合国家统一的会计制度的规定。（ ）
6. 会计记录所使用的文字只能是中文,不允许使用民族文字或外国文字。（ ）
7. 库存现金和银行存款都是货币资金,股票则应作为有价证券。（ ）
8. 各项借款、应付和预付款项都是企业的债务。（ ）
9. 会计的基本职能是核算和监督,其他职能的意义一般不大。（ ）
10. 会计科目和账户的设置、复式记账、填制会计凭证、登记会计账簿、进行成本计算、财产清查和编制财务会计报告等,国家有统一的会计制度的要求。（ ）
11. 货币计量是会计核算中最主要、最基本并且是唯一的计量单位。（ ）
12. 资金一般是指企业的库存现金和银行存款。（ ）
13. 由于有了持续经营这个会计核算的基本前提,才产生了当期与其他期间的区别,从而出现了权责发生制和收付实现制的区别。（ ）
14. 企业会计的确认、计量和报告应当以权责发生制为基础。（ ）

五、案例分析

1. 蓝枫开了一个小商店,经营油盐酱醋等小商品。蓝枫日常生活中需要的啤酒、油盐酱醋等商品就直接从自己的商店里拿,也从来不记账,因为他觉得都是自己家的东西,反正没有与他人发生经济往来。但是,税务局的检查人员在检查中提出他有偷税嫌疑,蓝枫觉得很委屈。你认为税务局检查人员的说法有道理吗？

2. 名扬公司20×9年在账簿上反映有800万元利润,但是因为有一笔500万元的借款到期,被人告上法庭,最后由于不能还款不得不宣告破产。该公司没有任何舞弊行为,按照企业会计准则、企业会计制度检查基本符合有关规定。在资产负债表上可以看出企业有存货40万元,固定资产900万元(主要是设备),各项应付款650万元,应收账款及各项应收款980万元,请你分析一下其中的原因。

参 考 文 献

[1] 中华人民共和国财政部.企业会计准则:基本准则[EB/OL]. http://www.gov.cn,2006.
[2] 中华人民共和国财政部.中华人民共和国会计法[M].北京:法律出版社,1999.
[3] 李海波.新编会计学原理[M].15版.上海:立信会计出版社,2011.
[4] 会计从业资格考试辅导教材编写组.会计基础[M].北京:中国财政经济出版社,2012.

第二章 会计要素与会计科目

学习目标

通过本章的学习,理解资金平衡原理,掌握会计六大要素的概念、特点、确认、分类及会计等式和经济业务的发生对会计等式的影响,明确会计的计量,深入理解会计科目的意义、设置会计科目的原则以及会计科目与账户的关系,熟练掌握制造业常用的会计科目。

学习重点

会计要素、会计等式、会计科目。

学习难点

会计要素的确认、计量。

第一节 会计要素与会计等式

一、资金平衡原理

资金存在和分布形态(资金运用)及资金取得和形成(资金来源)是同一资金的两个侧面,两者金额始终相等,完整地反映资金的来龙去脉

【例 2-1】 某公司 20×2 年 1 月 1 日银行存款 350 000 元,应收账款 200 000 元,存货 650 000 元,固定资产 800 000 元,短期借款 500 000 元,应付账款 200 000 元,实收资本 1 300 000 元。如表 2.1 所示。

二、会计要素

会计要素是对会计对象的基本分类,是会计核算对象的具体化,是用于反映会计主体财务状况,确定经营成果的基本单位。

表 2.1 资金平衡表

单位:元

资值总体(2 000 000)			
资金运用		资金来源	
银行存款	350 000	短期借款	500 000
原材料	650 000	应付账款	200 000
应收账款	200 000	实收资本	1 300 000
固定资产	800 000		
合　计	2 000 000	合　计	2 000 000

《企业会计准则——基本准则》规定,企业应当按照交易或事项的经济特征确定会计要素。基本准则规定我国企业会计要素包括资产、负债、所有者权益、收入、费用、利润等六大会计要素。其中,资产、负债和所有者权益三项会计要素表现资金运动的相对静止状态,即反映企业的财务状况;收入、费用和利润三项会计要素表现资金运动的显著变动状态,即反映企业的经营成果。

会计要素既是设置会计科目的基本依据,也是构成会计报表的基本要素。资产、负债及所有者权益构成资产负债表的基本要素,收入、费用及利润构成利润表的基本要素。

(一) 会计要素的确认

1. 资产

资产是指企业过去的交易或者事项形成的、由企业拥有或者控制的、预期会给企业带来经济利益的资源。具体来讲,企业从事生产经营活动必须具备一定的物质资源,如货币资金、厂房设备、原材料等,这些都是企业从事生产经营的物质基础,称其为资产。除了这些有形资产外,还有像专利权、商标权等不具有物质形态,但却有助于生产经营活动进行的无形资产等,也属于资产。

(1) 资产的特征主要有以下几方面:

① 资产应为企业拥有或者控制的资源:资产的本质是资源,应当由企业拥有或者控制。具体是指企业享有某项资源的所有权。通常在判断资产是否存在时,所有权是考虑的首要因素,但不是唯一因素。某项资源企业虽然不享有其所有权,但若与其所有权相关的风险或报酬能被企业所控制,也应视为企业的资产。例如,以融资租赁方式租入的固定资产,对承租方而言,尽管其并不拥有该资产的所有权,但租赁合同规定的租赁期相当长,接近于该资产的使用寿命,承租方实际控制了该资产的使用及其所能带来的经济利益。所以承租方应将其作为资产确认。

② 资产预期会给企业带来经济利益。这是指资产直接或者间接导致现金和现金等价物流入企业的潜力。这种潜力可以来自企业的日常生产经营活动,也可以是非日常活动;带来的经济利益可以是现金或者现金等价物,或者是可以转化为现金或者现金等价物的形式,或者是可以减少现金或者现金等价物流出的形式。资产预期能否会为企业带来经济利益是资产的重要特征。例如,企业购置的机器可以用于生产产品,将产品对外销售收取货款,从而给企业带来经济利益。如果某项资产预期不能给企业带来经济利益,则不能将其确认为

企业的资产。前期已经确认为资产的项目，若不能再为企业带来经济利益，也不能再将其确认为企业的资产。例如，企业毁损的机器设备、原材料等，预期不能再为企业带来经济利益，就不能再作为资产。

③ 资产是由企业过去的交易或者事项形成的。过去的交易事项包括购买、生产、建造行为或者其他交易或事项。也就是说，只有过去的交易或者事项才能产生资产，企业预期在未来发生的交易或者事项不能形成资产。例如，企业有采购原材料的计划，因购买行为尚未发生，就不符合资产的定义，不能确认为资产。

(2) 资产的确认。资产的确认必须同时满足以下三个条件：一是符合资产定义；二是与该资源有关的经济利益很可能流入企业；三是该资源的成本能够可靠地计量。

符合资产定义和资产确认条件的项目应当作为资产负债表的项目列入资产负债表；如果只符合资产定义，而不符合资产确认条件的资产则不应当列入资产负债表。

(3) 资产的分类。资产是企业从事生产经营的物质基础，并以各种具体形态分布或占用在生产经营过程的不同方面。资产可以是货币的，也可以是非货币的；可以是有形的，也可以是无形的。按照其流动性质，资产通常划分为流动资产和非流动资产两大类。

① 流动资产是指可以在一年内或者超过一年的一个营业周期内变现或耗用的资产，主要包括货币资金、交易性金融资产、应收及预付款项、存货等。

货币资金是指企业拥有的、以货币形态表现的流动资产，包括库存现金、银行存款和其他货币资金。

交易性金融资产是指企业为了近期内出售而持有的金融资产。

应收及预付账款是指各项债权，包括应收账款、应收票据、应收利息、应收股利、其他应收款和预付账款等。

存货是指企业在日常生产经营中持有的以备出售，或者仍然处在生产过程，或者在生产或提供劳务过程中将消耗的材料或物料等，包括产成品、在产品、半成品、商品以及各种原材料、燃料、包装物和低值易耗品等。

② 非流动资产是指不符合流动资产定义的资产，包括各种长期投资、固定资产、无形资产和其他资产等。

长期投资是指不准备在一年内变现的投资，包括股权投资、持有至到期的债券和其他投资。

固定资产是指具有下列特征的有形资产：为生产产品、提供劳务、出租或经营管理而持有的；使用寿命超过一个会计年度。固定资产包括房屋、建筑物、机器设备、运输设备和工具器具等。

无形资产是指企业为生产商品或者提供劳务、出租给他人、或为管理目的而持有的、没有实物形态的非货币性长期资产，包括专利权、非专利技术、商标权、著作权和土地使用权等。

2. 负债

负债是指企业过去的交易或事项形成的、预期会导致经济利益流出企业的现时义务。

(1) 负债的特征主要有以下几方面：

① 负债是企业承担的现时义务。这是负债的一个基本特征。其中，现时义务是指企业在现行条件下已承担的义务。未来发生的交易或者事项形成的义务，不属于现时义务，不符合负债的定义，不应当确认为负债。

② 负债预期会导致经济利益流出企业。这是负债的一个本质特征,只有企业在履行义务时会导致经济利益流出企业的,才符合负债的定义。负债在大多数情况下,需要用现金进行清偿;在某些情况下,也可以用商品和其他资产或者通过提供劳务的方式进行清偿;有些负债还可以通过举借新债来抵补或者将债务转为股本。

③ 负债是由企业过去的交易或者事项形成的。也就是说,只有过去的交易或者事项才形成负债,企业将在未来发生的承诺、签订的合同等交易或者事项,不形成负债。如,某企业已向银行借款,即属于过去的交易或者事项所形成的负债;同时还与银行达成了两个月后的借款意向书,该交易就不属于过去的交易或者事项,不应该形成企业的负债。

(2) 负债的确认。负债的确认必须同时满足以下三个条件:一是符合负债定义;二是与该义务有关的经济利益很可能流出企业;三是未来流出的经济利益的金额能够可靠的计量。

符合负债定义和负债确认条件的项目应当作为资产负债表的项目列入资产负债表;如果只符合负债定义,而不符合负债确认条件的负债则不应当列入资产负债表。

(3) 负债的分类。企业的负债按其偿还期限的长短不同,通常分为流动负债和长期负债。

流动负债是指将在一年或者超过一年的一个营业周期内偿还的债务,包括短期借款、应付票据、应付账款、预收账款、应付职工薪酬、应交税费、应付股利和其他应付款等。

长期负债是指在一年或者超过一年的一个营业周期以上偿还的债务,包括长期借款、应付债券和长期应付款等。

3. 所有者权益

所有者权益是指企业资产扣除负债后,由所有者享有的剩余权益。股份公司的所有者权益又称为股东权益。所有者权益是所有者对企业资产的剩余索取权,它是企业资产中扣除债权人权益后应由所有者享有的部分。所有者权益既可反映所有者投入资本的保值增值情况,又体现了保护债权人权益的理念。

对于任何企业而言,其资产形成的资金来源不外乎两个:一个是债权人,一个是所有者。债权人对企业资产的要求权形成企业负债,所有者对企业资产的要求权形成企业的所有者权益。因此,所有者权益就是指所有者在企业资产中所享有的经济利益,其金额为资产减去负债后的余额。

(1) 所有者权益的特征主要有以下几点:
① 除非发生减资、清算或者分派现金股利,企业不需要偿还所有者权益。
② 企业清算时,只有在清偿所有的负债后,所有者权益才可还给所有者。
③ 所有者凭借所有者权益能够参与利润分配。

(2) 所有者权益确认的条件。所有者权益的确认主要依赖于其他会计要素的确认,尤其是资产与负债的确认。

(3) 所有者权益的分类。所有者权益的来源包括所有者投入的资本、直接计入所有者权益的利得和损失、留存收益等。所有者权益通常由实收资本(或股本)、资本公积、盈余公积和未分配利润组成。

所有者投入的资本是指所有者所有投入企业的资本部分,它既包括构成企业注册资本或者股本部分的金额,也包括投入资本超过注册资本或者股本部分的金额,即资本溢价或者股本溢价。实收资本是指投资者按照企业章程或者合同、协议的约定,实际投入企业的资本。资本公积包括企业收到投资者出资额超出其在注册资本或股本中所占份额的部分,即资本溢价或股本溢价。盈余公积是指企业按照国家有关规定从净利润中提取的公积金,主要用于弥补企业亏损或转增企业资本等方面。未分配利润是指企业留于以后年度分配的利润。

直接计入所有者权益的利得和损失,是指不应计入当期损益、会导致所有者权益发生增减变动的、与所有者投入资本或者向所有者分配利润无关的利得或者损失。利得是指由企业非日常活动所形成的、会导致所有者权益增加的、与所有者投入资本无关的经济利益的流入。损失是指由企业非日常经营活动所发生的、会导致所有者权益减少的、与所有者分配利润无关的经济利益的流出。

留存收益是企业历年实现的净利润留存于企业的部分,主要包括累计计提的盈余公积和未分配利润。

所有者权益体现的是所有者在企业中的剩余权益,其金额的确定主要取决于资产和负债的计量。

需要提示的是,负债和所有者权益虽然都是资产的来源,可将其统称为权益,但两者是两个不同的概念。负债是一项债务责任,它只能通过偿还才能取消,或者用新的负债来代替旧的负债。负债反映的是企业作为债务人与债权人的关系,形成企业的债务资本。所有者权益反映的则是产权关系,即企业净资产归谁所有,形成的是永久性资本。企业一般不需要偿还所有者权益,除非发生减资、清算或分配现金股利的情况。

4. 收入

收入是指企业在日常活动中形成的、会导致所有者权益增加的、与所有者投入资本无关的经济利益的总流入。

(1) 收入的特征主要有以下几方面:

① 收入是企业在日常活动中形成的。日常活动是指企业为完成其经营目标所从事的经常性活动以及与之相关的活动。例如,工业企业制造并销售产品、商品流通企业销售商品、运输企业提供运输劳务、商业银行对外贷款、租赁公司出租资产等,均属于企业的日常活动。

② 收入是与所有者投入资本无关的经济利益总流入。经济利益的流入有时是所有者投入资本的增加所导致的,不应当确认为收入,应当将其直接确认为所有者权益。

③ 收入会导致所有者权益的增加。不会导致所有者权益增加的经济利益的流入不符合收入的定义,不应确认为收入。

④ 收入只包括本企业经济利益的流入。企业为第三方或者客户代收的款项,例如增值税、代收利息等,不属于本企业的收入。

(2) 收入确认的条件。收入的确认至少应当符合以下条件:一是与收入相关的经济利益应当很可能流入企业;二是经济利益流入企业的结果会导致资产的增加或者负债的减少;三是经济利益的流入额能够可靠计量。

(3) 收入的分类。收入按其性质不同,可以分为销售商品收入、提供劳务收入和让渡资产使用权收入(如出租固定资产的租金收入、转让无形资产使用权收入以及金融企业的利息收入等);按照企业经营业务的主次,可以分为主营业务收入和其他业务收入。

5. 费用

费用是指企业在日常活动中发生的、会导致所有者权益减少的、与向所有者分配利润无关的经济利益的总流出。

(1) 费用的特征主要有以下几方面：

① 费用是企业在日常活动中发生的。日常活动的界定与收入定义中涉及的日常活动相一致。因日常活动所产生的费用通常包括销售成本（营业成本）、职工薪酬、折旧费、无形资产摊销等。企业在非日常活动中所发生的经济利益流出不能确认为费用，而应当计入损失。

② 费用是与向所有者分配利润无关的经济利益的总流出。其表现形式包括现金或者现金等价物的流出，存货、固定资产和无形资产等的流出或者消耗等。

③ 费用会导致所有者权益的减少。与费用相关的经济利益的流出应当最终会导致所有者权益的减少，不会导致所有者权益减少的经济利益的流出，不符合费用的定义，不应确认为费用。

(2) 费用的确认。费用的确认除了应当符合定义外，还应当满足严格的条件：一是与其相关的经济利益很可能流出企业，从而导致企业资产减少或者负债增加；二是经济利益的流出额能够可靠计量。

(3) 费用的分类。费用是为实现收入而发生的支出，应与收入配比确认、计量。费用主要包括营业成本、税金及附加、期间费用等。工业企业一定时期的费用，按其经济用途可分为生产成本和期间费用。生产成本是相对于一定的产品而言所发生的费用，是按照产品品种等成本计算对象对当期发生的费用进行归集而形成的。产品生产成本由直接材料、直接人工、制造费用等项目构成。期间费用则与生产产品无直接关系，属于某一时期耗用的费用，包括销售费用、管理费用和财务费用。企业的产品销售后，其生产成本就转化为销售当期的费用，称为产品销售成本或主营业务成本。主营业务成本与其他业务成本共同构成企业的营业成本。

6．利润

利润是指企业在一定期间的经营成果。利润往往也是评价企业管理层业绩的一项重要指标。通常情况下，如果企业实现了利润，表明企业所有者权益的增加，业绩得到了提升；反之，如果企业发生了亏损（即利润为负数），表明企业所有者权益将减少，业绩下滑了。

(1) 利润确认的条件：依赖于收入、费用、利得和损失的确认。

(2) 利润的计算。

① 营业利润的计算公式为

营业利润＝营业收入－营业成本－税金及附加－销售费用－管理费用
－财务费用－资产减值损失＋公允价值变动净收益＋投资净收益

其中，营业收入指企业经营业务所确认的收入总额，包括主营业务收入和其他业务收入；营业成本指企业经营业务所发生的实际成本总额，包括主营业务成本和其他业务成本；资产减值损失指企业计提的各项资产减值准备所形成的损失；公允价值变动收益（或损失）指企业交易性金融资产等公允价值变动形成的应计入当期损益的利得（或损失）；投资收益（或损失）指企业以各种方式对外投资所取得的收益（或发生的损失）。

② 利润总额的计算公式为

利润总额＝营业利润＋营业外收入－营业外支出

其中，营业外收入指企业发生的与日常活动无直接关系的各项利得，如处置作流动资产所得、罚款所得、政府补助所得、确实无法支付而按规定程序经批准后转作营业收入的应付款项、留置所得、捐赠所得等。营业外支出指企业发生的与日常活动无直接关系的各项损失,如处置作流动资产损失、罚款支出、非常损失、盘亏损失等。

③ 净利润的计算公式为

$$净利润 = 利润总额 - 所得税费用$$

其中,所得税费用指企业确认的应从当期利润总额中扣除的所得税费用。

④ 年末未分配利润。

(3) 利润的分类。利润包括收入减去费用后的净额、直接计入当期利润的利得和损失等。其中收入减去费用后的净额反映的是企业日常活动的业绩;直接计入当期利润的利得和损失,是指应当计入当期损益、最终会引起所有者权益发生增减变动的、与所有者投入资本或者向所有者分配利润无关的非日常活动的经济利益流入或者流出。企业应当严格区分收入和利得、费用和损失之间的区别,以便更加全面地反映企业的经营业绩。

(二) 会计要素的计量

会计计量是为了将符合确认条件的会计要素登记入账并列报于财务报表而确定其金额的过程。企业在将符合确认条件的会计要素登记入账并列报于会计报表及其附注(又称财务报表)时,应当按照规定的会计计量属性进行计量,确定其金额。从会计的角度,会计计量属性反映的是会计要素金额的确定基础。

会计计量属性主要包括历史成本、重置成本、可变现净值、现值和公允价值。

1. 历史成本

历史成本,又称实际成本,是指取得或制造某项财产物资时所实际支付的现金或现金等价物。在历史成本计量下,资产按照其购置时支付的现金或者现金等价物的金额,或者按照购置资产时所付出的对价的公允价值计量。负债按照其因承担现时义务而实际收到的款项或者资产的金额,或者承担现时义务的合同金额,或者按照日常活动中为偿还负债预期需要支付的现金或者现金等价物的金额计量。

按历史成本计量的优点是可靠、简便、数据容易采集;缺点是如间隔时间长,物价发生剧烈变动,可能误导会计信息使用者作出错误的决策。这种方式一般情况下多用于财产、厂房、设备及大部分存货的计量。

2. 重置成本

重置成本又称现时成本,是指按照当前市场条件,重新取得同样一项资产所需支付的现金或现金等价物金额。在重置成本计量下,资产按照现在购买相同或者相似资产所需支付的现金或现金等价物的金额计量。负债按照现在偿付该项债务所需支付的现金或者现金等价物的金额计量。在实务中,重置成本多应用于盘盈固定资产的计量等。

3. 可变现净值

可变现净值是指在正常生产经营过程中,以资产预计售价减去进一步加工成本和销售所必需的预计税金、费用后的净值。在可变现净值计量下,资产按照预计从其持续使用和最终处置中所产生的未来净现金流入量的折现金额计量;而负债则按照预计期限内需要偿还的未来净现金流出量的折现金额。可变现净值通常应用于存货资产减值情况下的后续计量。

4. 现值

现值是指对未来现金流量以恰当的折现率进行折现后的价值,是考虑货币时间价值的一种计量属性。在现值计量下,资产按照其正常对外销售所能收到现金或者现金等价物的金额,扣减该资产至完工时估计将要发生的成本、估计的销售费用以及相关税金后的金额计量。负债按照预计期限内需要偿还的未来净现金流出量的折现金额计量。现值通常用于非流动资产可收回金额和以摊余成本计量的金融资产价值的确定等。

5. 公允价值

公允价值是指在公平交易中,熟悉情况的交易双方自愿进行资产交换或者债务清偿的金额。公允价值主要应用于金融资产和投资性房地产的计量。

在各种会计要素计量属性中,历史成本通常反映的是资产或者负债过去的价值,而重置成本、可变现净值、现值以及公允价值通常反映的是资产或者负债的现时成本或者现时价值,是与历史成本相对应的计量属性。当然这种关系也不是绝对的。另外,公允价值相对于历史成本而言,具有很强的时间概念,也就是说,当前环境下某项资产或负债的历史成本可能是过去环境下该项资产或负债的公允价值,而当前环境下某项资产或负债的公允价值也许就是未来环境下该项资产或负债的历史成本。

企业在对会计要素进行计量时,一般应当采用历史成本,采用重置成本、可变现净值、现值、公允价值计量的,应当保证所确定的会计要素金额能够取得并可靠计量。

【例 2-2】 光华公司 20×0 年 1 月 1 日安装并交付使用了一条生产线,竣工决算成本 130 万元,预计使用 10 年,截至 20×2 年 12 月 31 日,该生产线具有的计量属性如表 2.2 所示。

表 2.2　生产线计量属性表

内容	金额(万元)	计量属性
20×0 年 1 月 1 日竣工决算成本 130 万元	130	历史成本
20×2 年 12 月 31 日如重新购建同样的生产线并已使用 3 年,预计需 105 万元	105	重置成本
20×2 年 12 月 31 日如出售该生产线,预计售价 100 万元,相关销售税费 2 万元	98	可变现净值
若继续使用 7 年,预计每年收益 20 万元,折算成 20×2 年末的价值为 110 万元	110	现值
该生产线在类似市场上,双方自愿交易的价格为 100 万元	100	公允价值

三、会计等式

会计六大要素之间存在着密切的联系,会计等式揭示了这些要素之间的关系。

（一）会计等式概述

会计等式(也称作会计方程式或会计平衡公式),是对各会计要素的内在经济关系,利用数学公式所做的概括表达,是指表明各会计要素之间基本关系的恒等式。企业要进行生产经营活动,必须拥有一定数量的资产。这些资产分布在经济活动的各个方面,表现为不同的占用形态,如货币资金、原材料、房屋建筑物等。另一方面,这些资产均有其来源,企业资产的来源最初只有两个:一是由企业所有者提供的经济资源;二是由企业债权人提供的经济资源。投资者(所有者和债权人)向企业投入经济资源不可能是无偿的,其代价就是对企业的资产享有一定的要求权,这种对资产的要求权,会计上称之为"权益"。然而,债权人与所有者对企业资产的要求权是不一样的,会计上将债权人对企业资产的要求权称为负债(债权人权益),所有者对企业资产的要求权则称为所有者权益。

资产和权益之间存在着相互依存的关系,两者是不可分割的。没有无权益的资产,也没有无资产的权益。从数量上来看,企业资产的总额必然等于权益的总额。因为资产反映的是企业拥有什么样的经济资源和拥有多少经济资源,权益则表明企业这些经济资源的来源渠道,资产和权益是同一事物的两个不同侧面。资产与权益之间的这种关系用公式表示如下:

$$资产 = 权益 \quad 或 \quad 资产 = 负债 + 所有者权益 \quad (2-1)$$

这就是会计等式,其意义在于明确了企业的生产关系,有利于保护债权人和投资人的合法权益;全面反映了企业的资产负债状况,便于进行资产负债比例管理;是在会计实务中设置会计科目与账户、进行复式记账和构筑会计报表的依据。下面将举例说明会计等式的运用。

【例 2-3】 师洋于 20×2 年 1 月 1 日投资 250 000 元开办一家服装店,此时会计等式表示如下:

资产	=负债	+	所有者权益
现金 250 000 元	0		250 000 元(最初的投资)
资产 250 000 元	=负债(0)	+	所有者权益(250 000 元)

【例 2-4】 承例 2-3,1 月 3 日,师洋从市场购买了一个铺面,花费 200 000 元。由于资金不够,向其好友借款 50 000 元,期限为 3 个月(不考虑利息),然后又从市场购买了货架等设备 10 000 元,购进服装 80 000 元。此时会计等式表示如下:

资产	=负债	+	所有者权益
固定资产——铺面(200 000 元)	50 000 元		250 000 元(最初的投资)
固定资产——设备(10 000 元)			
存货 (80 000 元)			
现金 (10 000 元)			

资产(200 000 + 10 000 + 80 000 + 10 000) = 负债(50 000) + 所有者权益(250 000)

【例 2-5】 承例 2-4,自开张以来,师洋的服装店很是红火,截至 1 月 31 日,师洋共获得服装销售收入 170 000 元,所购服装全部售完。此时的会计等式如下:

资产	=负债	+	所有者权益
固定资产——铺面(200 000 元)	50 000 元		250 000 元(最初的投资)
固定资产——设备(10 000 元)			
现金 (180 000 元)			90 000(留存收益)

资产(200 000+10 000+180 000)=负债(50 000)+所有者权益(250 000+90 000)

师洋获得了 170 000 元的现金收入,而进货成本为 80 000 元(在此暂不考虑设备的损耗),我们可知师洋赚得 90 000 元的利润。利润属于企业的所有者,在此例中则属于师洋,如果所有者不将其进行分配,则所赚得的利润就留存于企业(称为留存收益),增加所有者的权益。

【例 2-6】 承例 2-5,如果师洋将所获取的 90 000 元利润中的 10 000 元分配给自己(所有者)。此时会计等式如下:

资产	= 负债	+	所有者权益
固定资产——铺面(200 000 元)	50 000 元		250 000 元(最初的投资)
固定资产——设备(10 000 元)			
现金 (170 000 元)			80 000(留存收益)

资产(200 000+10 000+170 000)=负债(50 000)+所有者权益(250 000+80 000)

由于向所有者分配了 10 000 元利润,留存利润则为 80 000 元(90 000-10 000),企业的所有者权益减少了 10 000 元,现金资产也减少了 10 000 元。

上述实例可帮助我们进一步理解会计等式的基本原理。

1. 企业经营活动所获得的利润或发生的亏损通过所有者权益进入会计等式

债权人权益与所有者权益对企业资产的要求权存在本质的区别,债权人的权益是通过合同的安排,是固定的,即到期偿还本金与利息,相应的风险较小;所有者对企业资产的要求权则是企业的"剩余收益"权,相对风险较大。企业经营成功,赚得利润,利润属于所有者,"剩余收益"增加;反之,若经营失败,发生亏损,损失由所有者承担,"剩余权益"减少。利润或亏损进入会计等式的流程可以表示如下:

资产=负债+所有者权益
        ↑
资本+留存收益(盈余公积+未分配利润)
                ↑——利润或亏损(收入-费用)

由此可见:

$$资产 = 负债 + 所有者权益 + (收入 - 费用) \tag{2-2}$$

这是一个动态的会计等式,表示企业资产在营运过程中增值的情况。收入是所有者权益增加的因素,费用是所有者权益抵减的因素。在会计期末结束时,将收入与费用配比计算出利润,并进行利润分配,转入所有者权益中,会计等式又恢复为

资产=负债+所有者权益

可见,等式(2-2)只是在会计期间内的任一时刻(未结束前)存在,体现企业在某一时期内的资产、负债、所有者权益、收入、费用、利润各会计要素之间的恒等关系。其意义在于把企业一定时期的经营结果考虑进去,把资产负债表和利润表的基本要素全部结合起来。由此可见,企业的经营成果(利润或亏损)通过影响所有者权益,最终会影响企业的财务状况,但变化后的资产、负债和所有者权益之间又会产生新的平衡关系。

2. 在任何时点,会计等式都成立

企业一旦开始正常的经营活动,其资产的形态就会不断地发生变化。这时很难区分哪

些资产是由债权人的资金形成的,哪些资产是由所有者的资金形成的。尤其是大企业,随着经营的不断进行,要做这样的区分几乎是不可能的。如例 2-3 中,我们就难以确定用来购进服装的 80 000 元是全部由所有者投入的,还是有部分借入款。但无论资产处于什么样的形态(如现金、固定资产、商品存货等),都有其来源,不是向债权人借入的就是所有者投入的,或是通过经营赚取的。也就是说,总资产与总权益相等的关系始终不会改变,在任一时点上会计等式都成立。

另外,通过对会计等式"资产 = 负债 + 所有者权益"的重新安排,我们可获得如下等式:

$$资产 - 负债 = 所有者权益 \tag{2-3}$$

"资产 - 负债",在会计上又称为"净资产",因此,可通过此等式来计算任一时点所有者权益的数额。

会计等式两边的金额是不断变化的,导致这种变化的是企业纷繁复杂的经济业务。

(二) 经济业务的发生对会计等式的影响

1. 经济业务的含义

经济业务是指发生于企业经营过程中,进入会计信息系统,引起会计要素发生增减变化的交易、事项或情况。"事项"是"某一实体所遇到的结果",通常指发生在主体内部各部门之间的资源转移,如生产车间领用原材料、设备的消耗等,又称为内部事项;"交易"是指发生在两个(或几个)实体之间的价值转移,又称为外部事项,如购买固定资产、支付款项、取得借款、向另一主体进行投资和捐赠等;"情况"是指"一般不会发生,一般不能预料的情景",如债务人破产导致债权人难以收回应收账款、物价等的变化对资产或负债产生的影响。我国会计工作中,习惯将"事项""交易""情况"统称为"经济业务",指的就是这些发生在各主体之间、主体内部以及外部环境等,将导致会计要素数量发生变化的经济活动。

2. 经济业务对会计等式的影响

进入会计信息系统的每一经济业务都会引起会计要素的变化,从而影响到会计等式。企业发生的经济业务错综复杂,但从企业资产和权益的增减变动来看,归纳起来,所有经济业务不外乎四种情况,如图 2.1 所示。

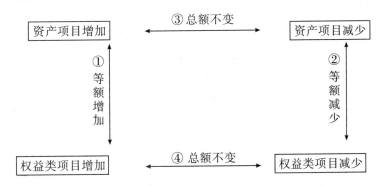

图 2.1 经济业务对会计等式的影响

(1) 引起企业资产和权益(负债或所有者权益)同时等额增加的经济业务。
(2) 引起企业资产和权益(负债或所有者权益)同时等额减少的经济业务。

(3) 引起企业资产内部有关项目之间此增彼减的经济业务。
(4) 引起企业权益内部有关项目之间此增彼减的经济业务。

从以上列举的四类经济业务可看出：任何一项经济业务的发生都会引起资产、负债和所有者权益至少两个项目发生增减变动。凡只涉及资产或权益内部增减的经济业务，即第(3)种和第(4)种类型，不会影响会计等式两边的总额；凡涉及资产和权益同增同减的经济业务，即第(1)种和第(2)种类型，会影响会计等式两边的总额，但等式两边会发生同向同等金额的变动，变动后，等式仍成立。由此可见，任何一项经济业务的发生，都不会影响资产与权益的相等关系。

由于企业权益由负债和所有者权益构成，企业经济业务在会计实务中表现为九种形式，如表2.3所示。

表2.3 企业权益变化表

类型	资产	负债	所有者权益
① 一项资产增加，另一项资产减少	↑↓		
② 一项负债增加，另一项负债减少		↑↓	
③ 一项所有者权益增加，另一项所有者权益减少			↑↓
④ 一项资产增加，一项负债增加	↑	↑	
⑤ 一项资产增加，一项所有者权益增加	↑		↑
⑥ 一项资产减少，一项负债减少	↓	↓	
⑦ 一项资产减少，一项所有者权益减少	↓		↓
⑧ 一项负债增加，一项所有者权益减少		↑	↓
⑨ 一项负债减少，一项所有者权益增加		↓	↑

【例2-7】 假设光华公司在20×2年12月31日的总资产为1 000 000元，负债总额为4 00 000元，所有者权益为600 000元，20×3年1月份发生了下列经济业务：

(1) 购买原材料100 000元，货款已用银行存款支付；
(2) 签发商业票据，清偿到期的应付货款80 000元；
(3) 将资本公积金100 000元转增资本；
(4) 取得银行5年期借款100 000元；
(5) 收到投资者投入维修设备一台，价值300 000元；
(6) 以银行存款偿还已到期的长期借款200 000元；
(7) 所有者抽回资本100 000元，用银行存款支付；
(8) 宣告分派股利50 000元；
(9) 由所有者直接偿还三洋公司到期的3年期借款100 000元，并将其转为投入资本。

上述业务是怎样影响会计等式的呢？以上九项业务对会计等式影响的分析见表2.4。

表 2.4　企业业务会计等式分析表

类型	资产	负债	所有者权益
20×3年1月1日	1 000 000 ＝	400 000 ＋	600 000
① 资产项内此增彼减	原材料增加 100 000 银行存款减少 100 000	不变	不变
② 负债项内此增彼减	不变	应付票据增加 80 000 应付账款减少 80 000	不变
③ 所有者权益项内此增彼减	不变	不变	实收资本增加 100 000 资本公积减少 100 000
④ 资产与负债同增	银行存款增加 100 000	长期借款增加 100 000	不变
⑤ 资产与所有者权益同增	固定资产增加 300 000	不变	实收资本增加 300 000
⑥ 资产与负债同减	银行存款减少 200 000	长期借款减少 200 000	不变
⑦ 资产与所有者权益同减	银行存款减少 100 000	不变	实收资本减少 100 000
⑧ 负债增所有者权益减	不变	应付股利增加 50 000	未分配利润减 50 000
⑨ 负债减所有者权益增	不变	长期借款减少 100 000	实收资本增加 100 000

第二节　会计科目与账户

一、会计科目

会计科目是指对会计要素的具体内容进行分类核算的项目。会计要素是对会计对象的基本分类,资产、负债、所有者权益、收入、费用和利润这六个会计要素又是会计核算和监督的内容。而这六个会计要素对于纷繁复杂的企业经济业务的反映又显得过于粗略。因此,为满足经济管理及有关各方对会计信息的质量要求,必须对会计要素进行细化。即采用一定的形式,对每一个会计要素所反映的具体内容进一步进行分门别类的划分,设置会计科目。

（一）会计科目的意义

会计科目是进行各项会计记录和提供各项会计信息的基础,在会计核算中具有重要意义。其主要表现在：

1. 会计科目是复式记账的基础

复式记账要求每一笔经济业务在两个或两个以上相互联系的账户中进行登记,以反映资金运动的来龙去脉。

2. 会计科目是编制记账凭证的基础

会计凭证是确定所发生的经济业务应记入何种科目以及分门别类登记账簿的凭据。

3. 会计科目为成本计算与财产清查提供了前提条件

通过会计科目的设置,有助于成本核算,使各种成本计算成为可能;而通过账面记录与实际结存的核对,又为财产清查、保证账实相符提供了必备的条件。

4. 会计科目为编制财务报表提供了方便

财务报表是提供会计信息的主要手段,为了保证会计信息的质量及其提供的及时性。财务报表中的许多项目与会计科目是一致的,并根据会计科目的本期发生额或余额填列。

(二)会计科目的分类

1. 按其归属的会计要素分类

会计科目按其所归属的会计要素可以分为资产类、负债类、所有者权益类、成本类、损益类五大类。

(1)资产类科目:是指用于核算资产增减变化,提供资产类项目会计信息的会计科目。按资产的流动性分为反映流动资产的科目和反映非流动资产的科目。

(2)负债类科目:是指用于核算负债增减变化,提供负债类项目会计信息的会计科目。按负债的偿还期限分为反映流动负债的科目和反映长期负债的科目。

(3)所有者权益类科目:是指用于核算所有者权益增减变化,提供所有者权益有关项目会计信息的会计科目。按所有者权益的形成和性质可分为反映资本的科目和反映留存收益的科目。

(4)成本类科目:是用于核算成本的发生和归集情况,提供成本相关会计信息的会计科目。按成本的不同内容和性质可分为反映制造成本的科目和反映劳务成本的科目。

(5)损益类科目:是指用于核算收入、费用的发生或归集,提供一定期间损益相关的会计信息的会计科目。按损益的不同内容可以分为反映收入的科目和反映费用的科目。

2. 按提供信息的详细程度及统驭关系分类

会计科目的级次,是指会计科目按其提供会计的信息详简程度及其统驭关系的分类,可以分为总分类科目和明细分类科目两类。

(1)总分类科目:又称一级科目或总账科目,是指对某一会计要素包含的具体内容,按照其相同特征并结合管理要求,进行总括分类并提供总括会计信息的会计科目。总分类科目反映各种经济业务的概括情况,是进行总分类核算的依据。如"库存现金""应收账款""原材料"等科目,都是总分类科目,又称总账科目。

(2)明细分类科目:又称明细科目或细目,是对某一总分类科目的经济内容所作的进一步分类,辅助总分类科目以反映更为详细、具体的会计信息的科目。如"应付账款"科目按债务人名称或姓名设置明细科目,反映应付账款的具体对象。

注意:在会计工作中,根据企业经济管理和提供会计分类信息指标的需要,还可以在总分类科目下设二级科目,二级科目是介于总分类科目和明细分类科目之间的科目。如果某一总分类科目统驭下的明细科目较多,可以增设二级科目,二级科目比总分类科目提供的指标详细,又比明细分类科目提供的指标概括。例如,在"原材料"总分类科目下,可以按大类材料设二级科目,按品名设明细科目。如表 2.5 所示。

表 2.5 明细分类科目表

总分类科目(一级科目)	明细分类科目	
	二级科目(子目)	明细科目(细目)
原材料	原料及主要材料	甲材料
		乙材料

(3)总分类科目和明细科目的关系是:总分类科目对所属的明细分类科目起着统驭和控制的作用;明细分类科目对其归属的总分类科目起着补充和具体说明的作用。

(三)会计科目的设置

1. 会计科目的设置原则

会计科目反映会计要素的构成及其变化情况,是为投资者、债权人、企业经营管理者等提供会计信息的重要手段,在其设置过程中应努力做到科学、合理、适用,遵循下列原则:

(1)合法性原则。指所设置的会计科目应当符合国家统一的会计制度的规定。为了保证会计信息的可比性,国家财政部门对企业所使用的会计科目都作出了较为具体的规定。企业应当按照国家财政部门制定的会计科目,根据自身的生产经营特点,在不影响会计核算要求和财务报表指标汇总,以及对外提供统一的财务报表的前提下,自行增设、减少或合并某些会计科目。

(2)相关性原则。指所设置的会计科目应当为提供有关各方所需要的会计信息服务,满足对外报告与对内管理的要求。会计科目的设置,是企业分类核算经济业务的基础,也是生成会计信息的基础,设置会计科目应为提供有关各方所需要的会计信息服务,满足企业有关方面对其财务报告的要求。因此,企业必须考虑会计信息的使用者对本企业会计信息的需要,考虑会计信息相关性的要求,设置本企业所适用的会计科目。同时,企业也应当考虑到本企业内部管理的要求,考虑到强化内部经营管理和内部控制对会计信息的要求,为企业提高内部管理水平提供信息支持。

(3)实用性原则。指所设置的会计科目应符合单位自身特点,满足单位实际需要。企业的组织形式、所处行业、经营内容及业务种类等不同,在会计科目的设置上亦应有所区别。会计核算的目的在于客观真实反映企业经营活动情况,提供会计信息。因此,企业在合法性的基础上,应根据企业自身特点,设置符合企业实际情况的会计科目。对于本企业的重要的经济业务,可以按照重要性原则的要求,对于会计科目进行细分,设置更为具体的会计科目,以细化对经济业务的核算;对于一些不很重要的经济业务,或不经常发生的经济业务,也可以对会计科目进行适当的归并。对于会计科目的名称,在不违背会计科目使用原则的基础上,也可以结合本企业的实际情况,设置本企业特有的会计科目。

2. 会计科目表

会计科目如表 2.6 所示。

表 2.6 《企业会计准则——应用指南》会计科目表

顺序	编号	会计科目名称	顺序	编号	会计科目名称
		一、资产类	30	1405	△库存商品
1	1001	△库存现金	31	1406	发出商品
2	1002	△银行存款	32	1407	商品进销差价
3	1003	存放中央银行款项	33	1408	委托加工物资
4	1011	存放同业	34	1411	△周转材料
5	1012	△其他货币资金	35	1421	消耗性生物资产
6	1021	结算备付金	36	1431	贵金属
7	1031	存出保证金	37	1441	抵债资产
8	1101	△交易性金融资产	38	1451	损余物资
9	1111	买入返售金融资产	39	1461	融资租赁资产
10	1121	△应收票据	40	1471	存货跌价准备
11	1122	△应收账款	41	1501	△持有至到期投资
12	1123	△预付账款	42	1502	持有至到期投资减值准备
13	1131	应收股利	43	1503	△可供出售金融资产
14	1132	应收利息	44	1511	△长期股权投资
15	1201	应收代位追偿款	45	1512	长期股权投资减值准备
16	1211	应收分保账款	46	1521	投资性房地产
17	1212	应收分保合同准备金	47	1531	长期应收款
18	1221	△其他应收款	48	1532	未实现融资收益
19	1231	△坏账准备	49	1541	存出资本保证金
20	1301	贴现资产	50	1601	△固定资产
21	1302	拆出资金	51	1602	△累计折旧
22	1303	贷款	52	1603	固定资产减值准备
23	1304	贷款损失准备	53	1604	△在建工程
24	1311	代理兑付证券	54	1605	△工程物资
25	1321	代理业务资产	55	1606	△固定资产清理
26	1401	△材料采购	56	1611	未担保余值
27	1402	在途物资	57	1621	生产性生物资产
28	1403	△原材料	58	1622	生产性生物资产累计折旧
29	1404	△材料成本差异	59	1623	公益性生物资产

续表

顺序	编号	会计科目名称	顺序	编号	会计科目名称
60	1631	油气资产	91	2313	代理兑付证券款
61	1632	累计折耗	92	2314	代理业务负债
62	1701	△无形资产	93	2401	递延收益
63	1702	累计摊销	94	2501	△长期借款
64	1703	无形资产减值准备	95	2502	△应付债券
65	1711	商誉	96	2601	未到期责任准备金
66	1801	长期待摊费用	97	2602	保险责任准备金
67	1811	递延所得税资产	98	2611	保户储金
68	1821	独立账户资产	99	2621	独立账户负债
69	1901	待处理财产损益	100	2701	△长期应付款
		二、负债类	101	2702	未确认融资费用
70	2001	△短期借款	102	2711	专项应付款
71	2002	存入保证金	103	2801	预计负债
72	2003	拆入资金			三、共同类
73	2004	向中央银行借款	104	2901	递延所得税负债
74	2011	吸收存款	105	3001	清算资金往来
75	2012	同业存放	106	3002	货币兑换
76	2021	贴现负债	107	3101	衍生工具
77	2101	交易性金融负债	108	3201	套期工具
78	2111	卖出回购金融资产款	109	3202	被套期项目
79	2201	△应付票据			四、所有者权益类
80	2202	△应付账款	110	4001	△实收资本
81	2203	△预收账款	111	4002	△资本公积
82	2211	△应付职工薪酬	112	4101	△盈余公积
83	2221	△应交税费	113	4102	一般风险准备
84	2231	△应付利息	114	4103	△本年利润
85	2232	△应付股利	115	4104	△利润分配
86	2241	△其他应付款	116	4201	库存股
87	2251	应付保单红利			五、成本类
88	2261	应付分保账款	117	5001	△生产成本
89	2311	代理买卖证券款	118	5101	△制造费用
90	2312	代理承销证券款	119	5201	劳务成本

续表

顺序	编号	会计科目名称	顺序	编号	会计科目名称
120	5301	研发支出	138	6402	△其他业务成本
121	5401	工程施工	139	6403	△税金及附加
122	5402	工程结算	140	6411	利息支出
123	5403	机械作业	141	6421	手续费及佣金支出
		六、损益类	142	6501	提取未到期责任准备金
124	6001	△主营业务收入	143	6502	提取保险责任准备金
125	6011	利息收入	144	6511	赔付支出
126	6021	手续费及佣金收入	145	6521	保单红利支出
127	6031	保费收入	146	6531	退保金
128	6041	租赁收入	147	6541	分出保费
129	6051	△其他业务收入	148	6542	分保费用
130	6061	汇兑损益	149	6601	△销售费用
131	6101	△公允价值变动损益	150	6602	△管理费用
132	6111	△投资收益	151	6603	△财务费用
133	6201	摊回保险责任准备金	152	6604	勘探费用
134	6202	摊回赔付支出	153	6701	△资产减值损失
135	6203	摊回分保费用	154	6711	△营业外支出
136	6301	△营业外收入	155	6801	△所得税费用
137	6401	△主营业务成本	156	6901	△以前年度损益调整

注：△符号表示常用的会计科目。

（四）会计科目的编号

会计科目的编号是根据会计科目的分类和排列序号确定的，一般采用三位数编号法，从左到右第一位表示按经济内容类标志下所属的大类："1"表示资产类，"2"表示负债类，"4"表示所有者权益类，"5"表示成本类，"6"表示损益类；从左到右第二位表示科目在某一大类中所属的小类，按0，1，2，…，9编起；从左到右第三、四位数表示某科目的具体排序，按01，02，03，…，09，10，…，99排编。

二、会计账户

（一）账户的涵义

会计账户也称账户，是根据会计科目开设的，用来分类记录经济业务的具有一定格式和结构的账页。账户由名称和结构两部分构成,连续、系统、全面地记录会计交易或事项,分类反映会计要素各具体项目增减变动情况及其结果。设置会计账户是会计核算的专门方法之一。其的目的是为财务报告的编制提供数据资料。

由于账户是根据会计科目开设的,所以会计科目的分类(按会计要素分类、按提供指标的详细程度分类)同样适用于账户。此外,账户还可以按用途与结构分类(详见第五章)。

(二)账户的格式

账户的格式设计一般应包括以下内容:① 账户的名称,即会计科目;② 日期和摘要,即经济业务发生的时间和内容;③ 凭证号数,即账户记录的来源和依据;④ 增加和减少的金额;⑤ 余额。如表2.7所示。

表 2.7 ××账户

年		凭证		摘要	增(收、借)方								减(付、贷)方								余额							
月	日	种类	号数		十万	万	千	百	十	元	角	分	十万	万	千	百	十	元	角	分	十万	万	千	百	十	元	角	分

记账方法不同,账户的结构也有所不同的,即使采用同一记账方法,不同性质的账户结构也是不同的。但是,不管采用何种记账方法,也不论是何种性质的账户,其基本结构总是相同的。账户一般可以划分为左右两方,每一方再根据实际需要分成若干栏次,用来分类登记经济业务及其会计要素的增加与减少,以及增减变动的结果。

可见,账户的基本结构:实质上就是账页格式中的基本构成部分,是由一左一右两方金额栏构成的。习惯上常用"T"或"丁"表示。至于账户的左方叫什么登记什么,账户的右方叫什么登记什么,在不同的记账方法下有不同的规定,一定时期内登记的增加额和减少额都叫作本期发生额,本期增加发生额和本期减少发生额相抵后的差额,就是本期的期末余额,本期的期末余额就是下期的期初余额。

期末余额=期初余额+本期增加发生额-本期减少发生额

三、会计科目与账户的关系

会计科目与账户是会计学中两个不同的概念,两者既有区别又有联系。

联系:两者都是对会计对象的具体内容在按会计要素分类的基础上所作的进一步分类,两者的名称和反映的经济内容相同;账户的名称就是会计科目;会计科目设置是账户设置的前提。

区别:账户是根据会计科目开设的,以会计科目作为它的名称,并具有一定的格式。会计科目只是账户的名称,它只能表明某项经济内容;而账户可以对会计对象进行连续、系统的记录,以反映某项经济内容的增减变化及结果。

会计科目与账户的关系概况如表2.8所示。

表 2.8　会计账户与会计科目比较

	会计账户	会计科目
相同	会计账户所登记的经济内容与会计科目所反映的经济内容是一致的	
联系	会计账户是根据会计科目开设的,是会计科目的具体运用	会计科目是设置会计账户的依据,是会计账户的名称
区别	会计账户具有一定结构,能具体反映会计要素增减变动情况	会计科目只是会计要素具体内容的分类,本身无结构

在会计实务中两者是不加区别、相互通用的。

思考与练习

一、问答

1. 何谓会计要素？如何理解会计六大要素？
2. 简述经济业务的发生对会计基本等式的影响。
3. 何谓会计科目、会计账户？简述两者的关系。

二、单项选择题

1. 下列属于流动负债的是(　　)。
    A. 预收账款　　　　B. 应收账款　　　　C. 应收票据　　　　D. 应付债券
2. 下列各项中,不属于所有者权益的是(　　)。
    A. 资本公积　　　　B. 盈余公积　　　　C. 未分配利润　　　D. 应付利润
3. 费用是指企业在日常活动中发生的,会导致所有者权益减少的与向所有者分配利润无关的(　　)。
    A. 经济利益的总流出　　B. 生产费用　　C. 人力、物力消耗　　D. 经济损失
4. 现金 1 500 元存入银行,会使企业的资产总额(　　)。
    A. 增加 1 500 元　　B. 减少 1 500 元　　C. 不变　　　　D. 减少 70 元
5. 债务是指由于过去的交易、事项形成的企业需要以(　　)等偿付的现时义务。
    A. 资产或劳务　　B. 债务或劳务　　C. 资产或债务　　D. 资本或债务
6. 某企业资产总额是 120 万元,发生 4 笔经济业务：① 向银行借入 10 万元,存入银行存款户；② 购进原材料 1 万元,以银行存款支付；③ 收回应收账款 3 万元,存入银行；④ 用银行存款偿还应付账款 4 万元。其资产总额应为(　　)。
    A. 128 万元　　　B. 130 万元　　　C. 126 万元　　　D. 132 万元
7. 下列属于反映企业财务状况的会计要素是(　　)。
    A. 收入　　　　B. 所有者权益　　　　C. 费用　　　　D. 利润
8. 下列不属于资产特征的是(　　)。
    A. 是由过去的交易或事项所引起的
    B. 是现在已经承担的责任并且是企业将来要清偿的义务
    C. 是企业拥有或者控制的

D. 能够给企业带来未来经济利益
9. 下列属于企业流动资产的是（　　）。
   A. 预收账款　　　B. 应付票据　　　C. 预付账款　　　D. 无形资产
10. 下列各项中，能够使企业资产总额减少的是（　　）。
    A. 向银行借款　　　　　　　　　B. 向银行借款直接偿还应付账款
    C. 以银行存款偿还借款　　　　　D. 接受投资者投入的资金
11. 下列说法中正确的是（　　）。
    A. 收入是指企业在日常活动中形成的、会导致所有者权益增加的，与所有者投入资本无关的经济利益的总流入
    B. 经济利益的流入必然是由于收入形成的
    C. 只有日常经营活动才会产生支出
    D. 费用就是成本
12. 下列各项中，符合资产定义的是（　　）。
    A. 购入的某项专利权　　　　　　B. 经营租入的设备
    C. 待处理财产损失　　　　　　　D. 计划购入的某项设备
13. 留存收益包括（　　）和未分配利润两部分。
    A. 资本公积　　　B. 盈余公积　　　C. 实收资本　　　D. 营业利润
14. 下列属于所有者权益类科目的是（　　）。
    A. 投资收益　　　B. 营业外收入　　C. 管理费用　　　D. 利润分配
15. 下列不属于账户基本结构的是（　　）。
    A. 登记增加方　　B. 登记减少方　　C. 余额　　　　　D. 账户类型
16. 下列属于负债类科目的是（　　）。
    A. 预付账款　　　B. 预收账款　　　C. 制造费用　　　D. 累计折旧
17. 通常把账户的典型结构简化为（　　）形账户。
    A. "X"　　　　　B. "T"　　　　　C. "M"　　　　　D. "H"
18. 成本类账户可能有余额，可能没有余额，如有余额一般（　　）。
    A. 在借方　　　　B. 在贷方　　　　C. 在借方或贷方　D. 无法确定
19. 下列不属于资产类账户的是（　　）。
    A. 预付账款　　　B. 长期待摊费用　C. 累计折旧　　　D. 预收账款
20. 会计科目是指对（　　）的具体内容进行分类核算的项目。
    A. 会计主体　　　B. 会计要素　　　C. 会计科目　　　D. 会计信息
21. 账户是根据（　　）设置，具有一定格式和结构，用以分类反映会计要素增减变动情况及其结果的载体。
    A. 会计要素　　　B. 会计科目　　　C. 经济事项　　　D. 经济业务

三、多项选择题

1. 资产和权益的恒等关系是（　　）的基础和依据
   A. 设置会计科目　　　　　　　　B. 复式记账法
   C. 编制资产负债表　　　　　　　D. 进行成本计算
2. 收入包括（　　）等。
   A. 主营业务收入　　　　　　　　B. 其他业务收入

  C. 罚款收入   D. 接受捐赠收入

3. 企业在取得收入时可能会影响到的会计要素是(　　)。
  A. 资产   B. 负债
  C. 所有者权益   D. 费用

4. 资产的特征是(　　)。
  A. 过去的交易或事项形成   B. 企业拥有或者控制的
  C. 预期会导致经济利益流出企业   D. 能够给企业带来未来的经济利益

5. 按照收入的定义,下列不属于企业收入的是(　　)。
  A. 主营业务收入   B. 营业外收入   C. 其他业务收入   D. 补贴收入

6. 下列经济业务中引起资产和负债同时增加的有(　　)。
  A. 赊购材料   B. 从银行提取现金
  C. 用银行存款购入各种材料   D. 向银行借款存入银行

7. 下列各项经济业务中,会使企业资产总额和权益总额发生同时增加变化的是(　　)。
  A. 向银行借入半年期的借款,已转入本企业银行存款账户
  B. 赊购设备一台,设备已经交付使用
  C. 收到某投资者投资转入的一批材料,材料已验收入库
  D. 用资本公积转增实收资本

8. 与计算"营业利润"无关的因素是(　　)。
  A. 所得税费用   B. 销售费用   C. 管理费用   D. 无形资产

9. 下列科目中,属于损益类科目的有(　　)。
  A. 主营业务成本   B. 所得税费用
  C. 管理费用   D. 主营业务收入

10. 会计账户按其提供核算指标的详细程度不同,一般分为(　　)。
  A. 资产、负债和所有者权益类账户   B. 实账户和虚账户
  C. 总分类账户   D. 明细分类账户

11. 会计账户是(　　)。
  A. 根据会计科目在一定结构的账页上开设的账户
  B. 按照规定的会计科目设置的
  C. 分类反映会计要素增减变动情况及其结果的载体
  D. 等同于会计科目的

12. 下列说法中,正确的是(　　)。
  A. 账户是根据会计科目设置的
  B. 会计科目就是账户的名称
  C. 会计科目和账户所反映的经济内容是相同的
  D. 账户具有一定的结构,会计科目没有结构问题

13. 下列科目中,属于成本类科目的有(　　)。
  A. 主营业务成本   B. 其他业务成本   C. 生产成本   D. 制造费用

14. 账户的格式设计一般应包括以下(　　)内容。
  A. 账户的名称,即会计科目
  B. 日期和摘要,即经济业务的发生时间和内容

C. 凭证号数,即账户记录的来源和依据

D. 增加或减少的金额及余额

15. ( )不是企业所使用的一级会计科目。

　　A. 外埠存款　　　　B. 库存商品　　　　C. 甲材料　　　　D. 短期借款

16. 下列说法正确的是( )。

　　A. 账户本期的期末余额即为下期的期初余额

　　B. 如果账户在左方记录增加额,则在右方记录减少额

　　C. 账户的余额一般与记录增加额在同一方向

　　D. 会计科目仅仅是对会计要素进行具体分类的项目名称

17. 下列账户中属于所有者权益的是( )。

　　A. 本年利润　　　　B. 实收资本　　　　C. 盈余公积　　　　D. 资本公积

四、判断题

1. 财务成果主要是指企业在一定时期内通过从事生产经营活动而发生的盈利或亏损。( )

2. 会计要素是会计对象的具体化,是对会计对象的基本分类。( )

3. 资产、负债和所有者权益反映企业的财务状况。( )

4. 资产、负债、利润三项会计要素,表现资金运动的相对静止状态。( )

5. 尽管所有者权益和负债都对企业的资产拥有要求权,但他们的权利和义务是不一样的。( )

6. "收入－费用＝利润"这种会计等式,是复式记账法的理论基础,也是编制资产负债表的依据。( )

7. 所有者权益与企业特定的、具体的资产并无直接关系,不与企业任何具体的资产项目发生对应关系。( )

8. 我国会计工作法制化开端的标志是1982年发布的《企业会计准则》。( )

9. 在账户的左右两方中,究竟哪一方记录增加额,哪一方记录减少额,取决于所采用的记账方法和账户所记录的经济内容。( )

10. 会计科目和会计账户的分类口径和核算内容并不完全一致。( )

11. "累计折旧"账户属于资产类账户。( )

12. "预付账款"账户属于负债类账户。( )

13. 对于明细科目较多的会计科目,可在总分类目录下设置二级或多级明细科目。( )

14. 会计科目是对会计要素的具体内容进行科学分类的项目。( )

15. 会计科目具有一定的结构,通常划分为左右两方。( )

16. 在实际工作中人们常常会把会计科目作为账户的同义语。( )

17. 设置明细科目虽然可以获取较为详细的资料,但并不是科目分得越细越好。( )

18. 会计科目按其所提供信息的详细程度及其统驭关系不同,可以分为资产类、负债类、所有者权益类、成本类、损益类等五大类。( )

五、业务练习题

练 习 一

目的:分析会计科目按经济内容的分类。

资料:某企业发生下列各项经济业务:

(1) 存放在出纳处的现金 500 元；
(2) 存放在银行里的资金 144 500 元；
(3) 向银行借入 3 个月期限的临时借款 600 000 元；
(4) 仓库中存放的材料 380 000 元；
(5) 仓库中存放的已完工产品 60 000 元；
(6) 正在加工中的在产品 75 000 元；
(7) 向银行借入 1 年以上期限的借款 1 450 000 元；
(8) 房屋及建筑物 2 400 000 元；
(9) 所有者投入的资本 2 000 000 元；
(10) 机器设备 750 000 元；
(11) 应收外单位的货款 140 000 元；
(12) 应付外单位的材料款 120 000 元；
(13) 以前年度积累的未分配利润 280 000 元；
(14) 对外长期股权投资 500 000 元。

要求：
1. 判断上列各项经济业务的科目名称及所属要素，填入表 2.9。
2. 试算资产总额是否等于负债和所有者权益总额。

表 2.9 按科目经济内容分类表

单位：元

序号	项目	会计科目	资产	负债	所有者权益
1	存放在出纳处的现金	库存现金	500		
2					
3					
4					
5					
6					
7					
8					
9					
10					
11					
12					
13					
14					
合 计					

练 习 二

目的：练习会计基本等式

资料1：××企业20×0年10月初的资产、负债和所有者权益基本情况见表2.10。

表2.10 ××企业基本情况

单位：元

资产	金额	负债和所有者权益	金额
库存现金	1 000	负债	
银行存款	13 000	短期借款	100 000
应收账款	14 000	应付账款	25 000
其他应收款	2 000	应付职工薪酬	5 000
在途物资	10 000		
生产成本	140 000	所有者权益	
原材料	50 000	实收资本	500 000
库存商品	70 000	盈余公积	50 000
固定资产	400 000	未分配利润	20 000
合计	700 000	合计	70 000

资料2：10月份该企业发生下列各项经济业务：

(1) 向甲公司购入原材料一批，计价20 000元，材料验收入库，货款未付；
(2) 生产车间领用材料45 000元，投入生产；
(3) 向银行借入短期借款50 000元，存入银行；
(4) 以现金暂付职工××出差费1 000元；
(5) 以银行存款偿还先前欠甲公司材料款20 000元；
(6) 收到××单位投入资本30 000元，存入银行；
(7) 收回乙公司先前欠货款12 000，存入银行；
(8) 从银行提取现金1 000元；
(9) 以银行存款购入电子计算机一台，价值20 000元；
(10) 以银行存款支付职工医药费5 000元。

要求：将资产、负债和所有者权益各项目的7月初金额和月内增减变化的金额填入表2.11。同时计算出月末余额和合计数（为简化手续，暂不使用"应交税费"科目，下题同）。

表2.11 ××企业月末各项目情况表

单位：元

资产	期初数	本月增加数	本月减少数	月末余额	负债和所有者权益	期初数	本月增加数	本月减少数	月末余额
库存现金					负债				
银行存款					短期借款				
应收账款					应付账款				

续表

资产	期初数	本月增加数	本月减少数	月末余额	负债和所有者权益	期初数	本月增加数	本月减少数	月末余额
其他应收款					应付职工薪酬				
在途物资					负债合计				
生产成本					所有者权益				
原材料					实收资本				
库存商品					盈余公积				
固定资产					未分配利润				
					所有者权益合计				
合计					合计				

六、案例分析

1. 李华准备办一家公司,他有100万元存款,租了一间办公室,花费3.6万元作为三年的租金,支付各种办公费用1.4万元,用银行存款购入90万元商品,同时全部卖出收到货款135万元,货款已经存入银行。请问李华的公司在经过这些经济活动以后是否还符合会计恒等式?

2. 裘真同学在初学会计学时,总是在几个问题上搞不清楚,他向老师提出了几个问题:账户与科目是不是一回事?账户结构是否与不同的记账方法有关系?对于同一个账户来说,期末余额是不是永远固定在一方?每一个账户是不是都反映一种具体的经济业务?为什么还会有虚账户?你能否回答裘真同学提出的问题?

3. 刘老师在讲课时讲到,会计有实账户,比如"原材料",它的期末余额表示材料占有的资金额,"银行存款"账户的期末余额表示银行存款的期末实存额;会计还有一种虚账户,一般期末没有余额。武刚恍然大悟,他认为是不是实账户都有实际经济意义,虚账户都没有经济意义。你认为武刚同学的看法是否正确?

参 考 文 献

[1] 中华人民共和国财政部.企业会计准则:基本准则[EB/OL]. http://www.gov.cn,2006.
[2] 朱小平.初级会计学[M].6版.北京:中国人民大学出版社,2012.
[3] 李海波.新编会计学原理[M].15版.上海:立信会计出版社,2011.
[4] 会计从业资格考试辅导教材编写组.会计基础[M].北京:中国财政经济出版社,2012.
[5] 李占国.基础会计学[M].北京:高等教育出版社,2011.

第三章 复式记账

学习目标

通过本章的学习,理解复式记账的原理,特别是借贷记账法的记账符号、记账规则,掌握借贷记账法的账户结构、会计分录、登记账簿、试算平衡等,熟练运用借贷记账法进行总账与明细账的平行登记。

学习重点

复式记账原理、借贷记账法、总账与明细账的平行登记。

学习难点

复式记账原理、借贷记账法。

第一节 复式记账法

记账方法是根据一定原理、记账符号、记账规则,采用一定计量单位,利用文字和数字在账簿中记录经济业务活动的一种专门方法。目前世界各国普遍采用的是借贷记账法。实际上,在会计学的发展历程中,记账方法总体上经历了从简单到复杂、从单式到复式、从不完善到完善和科学的发展过程。记账方法可分为单式记账和复式记账两种类型。

一、单式记账法

单式记账法是指对发生的经济业务一般只在一个账户中进行单方面记录的一种记账方法。单式记账法比较简单,其账簿记录考虑的主要是货币资金和债权、债务的发生情况,一般只记录"库存现金"账户、"银行存款"账户、"应收账款"账户和"应付账款"账户等,其余事项则不进行记录。例如,用银行存款100 000元购买原材料,在记账时,只记银行存款少了100 000元,至于原材料增加了100 000元则不进行记录。也有同时在现金账与实物账之间记录的,但两个账户分别进行记录,不反映它们之间的联系。这种记账方法具有朴素的自然形成的特点,它只是记录经济业务发生时的一个重要方面,这种单方面的记录造成账户之间的记录没有直接的联系,没有相互平衡的关系,难以反映经济业务的来龙去脉,不便于检查账户记录的正确性、真实性,也不能形成一套完整的账户体系。单式记账法有几千年的历史,但是在15世纪前后随着复式记账法的完善而逐步退出,目前只有极少数小型企业使用单式记账法。

二、复式记账法

记账方法是将企业发生的经济业务运用记账符号和记账规则在账户中予以登记的方法。根据是否以会计等式为记账原理和记录是否完整分为单式记账法和复式记账法两种。

复式记账法是在单式记账法的基础上演变而来的,是指对每一项经济业务,都以相等的金额,同时在相互对应的两个或两个以上的账户中进行记录的记账方法。复式记账包括两个主要内容,一是在两个或两个以上的账户中进行记录;二是以相等的金额进行记录。资金运动的内在规律性是复式记账的理论依据。

如用银行存款100 000元购买原材料这笔经济业务发生后,一方面应记录在"银行存款"账户中,反映银行存款减少的100 000元;另一方面还要记录在"原材料"账户中,反映原材料增加的100 000元。通过账户之间的这种对应关系,全面、清晰地反映经济业务的来龙去脉,从而能够了解经济业务的具体内容。同时,由于经济业务发生后,复式记账法是以相等的金额在有关账户中进行记录,因而便于用试算平衡的原理来检查账户记录的正确性。

1. 复式记账法的特点

(1) 由于对每一项经济业务都要在相互联系的两个或两个以上的账户中做记录。根据账户记录的结果,不仅可以了解每一项经济业务的来龙去脉,而且可以通过会计要素的增减变动全面、系统地了解经济活动的过程和结果。

(2) 由于复式记账要求以相等的金额在两个或两个以上的账户同时记账,因此可以对账户记录的结果进行试算平衡,以检查账户记录的正确性。正因为如此,复式记账法作为一种科学的记账方法一直被广泛地运用。目前,国内外的企业和行政事业单位所采用的记账方法,一般都属于复式记账法。

2. 复式记账法的意义

复式记账法是在市场经济长期发展的过程中,通过会计实践逐步形成和发展起来的。在其他一些会计方法中,如编制会计凭证和登记账簿,都必须运用复式记账法,进行相关反映。所以,在全部会计核算的方法体系中,复式记账法占有重要位置。

3. 复式记账法的分类

复式记账法是相对单式记账法的一个大的概念种类,它包括几种具体的方法,有借贷记账法、增减记账法、收付记账法等。其中,借贷记账法是世界各国普遍采用的一种记账方法。

(1) 借贷记账法:以"借"和"贷"作为记账符号。以"有借必有贷,借贷必相等"作为记账规则。

(2) 收付记账法:以"收"和"付"作为记账符号。以"同收同付,有收有付"作为记账规则。

(3) 增减记账法:以"增"和"减"作为记账符号。以"同类账户,有增有减""异类账户同增同减"作为记账规则。

1993年7月1日起,我国企业开始统一采用借贷记账法;1998年1月1日起,借贷记账法在我国行政、事业单位普遍取代了收付记账法。

第二节 借贷记账法

借贷记账法产生于古代西方,形成于十五世纪,是以"借"和"贷"为记账符号,以"有借必有贷,借贷必相等"为记账规则的一种复式记账方法。

理论依据为

$$资产 = 负债 + 所有者权益$$

一、借贷记账法的特点

1. 记账符号:借贷记账法以"借""贷"为记账符号

"借""贷"二字的含义,最初是从借贷资本家的角度来解释的,借贷资本家以经营货币资金的借入和贷出为主要业务,对于借进的款项,记在贷主(creditor)名下,表示自身的债务增加;对于贷出的款项,则记在借主(debtor)名下,表示自身的债权增加。这样,"借""贷"二字分别表示债权(应收款)、债务(应付款)的变化。随着商品经济的发展,经济活动的内容日趋复杂,记录的经济业务也不再仅限于货币资金的借贷业务,而逐渐扩展到财产物资、经营损益和经营资本等的增减变化。为了求得记账的一致,对于非货币资金借贷业务,也利用"借""贷"说明经济业务的变化情况。因此,"借""贷"二字逐渐失去了原来的字面含义,转化为纯粹的记账符号,代表账户中两个对立的部位,即账户的左方为借方,账户的右方为贷方。

一般说来,"借"表示资产的增加;费用、成本的发生;负债、所有者权益的减少;收入的转出。"贷"表示资产的减少;费用、成本的转出;负债、所有者权益的增加;收入的取得。

2. 记账规则:有借必有贷,借贷必相等

对每笔交易或事项都以相等的金额、相反的方向,同时在两个或两个以上相互联系的账户中进行记录。即按照经济业务的内容,当记入一个或几个账户借方的时候,必须同时以同等的金额在另外一个或一个以上账户的贷方记账,反之,当记入一个或几个账户贷方的时候,必须同时以同等的金额在另外一个或一个以上账户的借方记账。

3. 可设置双重性账户

双重性账户,即账户性质既是资产类账户又是负债类账户,视其期末余额的方向而定。期末余额如在借方,即为资产类账户;如在贷方,即为负债类账户。

4. 根据借贷平衡原理进行试算平衡

试算平衡是检验所有账户记录准确性的一种方法。借贷记账法以"借方金额 = 贷方金额"为其试算平衡公式,有发生额平衡法和余额平衡法两种:

发生额平衡:所有账户的借方发生额合计 = 所有账户的贷方发生额合计。

余额平衡:全部账户期末借方余额合计 = 全部账户期末贷方余额合计。

说明:实际工作中通过编制试算平衡表来进行。

二、借贷记账法的账户结构

1. 资产类账户

资产类账户的结构是:账户的借方记录资产的增加额,贷方记录资产的减额。在一个会计期间内(年、季、月),借方记录的合计数额称作借方发生额,贷方记录的合计数额称作贷方发生额,在每一会计期间的期末将借贷方发生额比较,其差额称作期末余额。资产类账户的期末余额一般在借方。

期末借方余额＝期初借方余额＋本期借方发生额－本期贷方发生额

借方	资产类账户	贷方
期初余额×××		
增加额×××	减少额×××	
本期发生额×××	本期发生额×××	
期末余额×××		

2. 负债及所有者权益类账户

负债及所有者权益类账户的结构与资产类账户正好相反,其贷方记录负债及所有者权益的增加额,借方记录负债及所有者权益的减少额,余额一般在贷方。

期末贷方余额＝期初贷方余额＋本期贷方发生额－本期借方发生额

借方	负债及所有者权益类账户	贷方
		期初余额×××
减少额×××	增加额×××	
本期发生额×××	本期发生额×××	
		期末余额×××

3. 费用、成本类账户

企业在生产经营中要有各种耗费,有成本费用发生,在费用成本抵销收入以前,可以将其看作一种资产。因此,费用成本类账户的结构与资产类账户的结构基本相同,账户的借方记录费用成本的增加额,账户的贷方记录费用成本转入抵销收益类账户(减少)的数额,由于借方记录的费用成本的增加额一般都要通过贷方转出,所以账户通常没有期末余额。如果因某种情况有余额,也表现为借方余额(如"生产成本"账户)。

借方	费用、成本类账户	贷方
增加额×××	减少额×××	
增加额×××	减少额×××	
本期发生额×××	本期发生额×××	

4. 收入类账户

收入类账户的结构与负债及所有者权益的结构基本相同,收入的取得(增加额)记入账户的贷方,收入转出(减少额)则应记入账户的借方,由于贷方记录的收入增加额一般要通过借方转出,所以结转后账户通常没有期末余额。

借方	收入类账户	贷方
减少额×××		增加额×××
减少额×××		增加额×××
本期发生额×××		本期发生额×××

三、借贷记账法会计分录

【例3-1】 盛唐公司20×2年1月各账户月初余额如下:

银行存款　124 000　　　现　　金　　500　　　原材料　150 000

短期借款　 20 000　　　应付账款 15 000　　　实收资本 239 500

1月份发生如下业务:

(1) 1月3日,盛唐公司向银行借入短期借款60 000元,存入银行。

这项经济业务发生后,资产项下的银行存款增加了60 000元,应记在"银行存款"账户的借方,同时负债项下的短期借款也增加了60 000元,应记在"短期借款"账户的贷方。

借:银行存款　　　　　　　　　　　　　　　　　　　　　　　60 000
　　贷:短期借款　　　　　　　　　　　　　　　　　　　　　　60 000

像这样按照复式记账的要求对每笔经济业务确定其应借、应贷账户名称、方向及其金额的记录叫会计分录(记账公式)。

会计分录的构成内容有记账符号、账户名称、变动金额三个基本要素。

会计分录的书写格式为先写借后写贷,借贷方的会计科目和金额要分行、错开写。

(2) 1月5日,盛唐公司从银行提取现金1 000元备用。

这项经济业务发生后,资产项下的库存现金增加了1 000元,应记在"库存现金"账户的借方,同时另一项资产银行存款减少了1 000元,应记在"银行存款"账户的贷方。

借:库存现金　　　　　　　　　　　　　　　　　　　　　　　1 000
　　贷:银行存款　　　　　　　　　　　　　　　　　　　　　　1 000

(3) 1月12日,盛唐公司以银行存款归还应付账款5 000元。

这项经济业务发生后,负债项下的应付账款减少了5 000元,应记在"应付账款"账户的借方,同时资产项下的银行存款也减少了5 000元,应记在"银行存款"账户的贷方。

借:应付账款　　　　　　　　　　　　　　　　　　　　　　　5 000
　　贷:银行存款　　　　　　　　　　　　　　　　　　　　　　5 000

(4) 1月13日,某工厂为本公司偿还20 000元3个月期银行借款,作为对本企业的投资。

这项经济业务发生后,一方面负债项下的短期借款减少了20 000元,应记在"短期借款"账户的借方,另一方面所有者权益项下的实收资本因此增加了20 000元,应记在"实收资本"账户的贷方。

借:短期借款　　　　　　　　　　　　　　　　　　　　　　　20 000
　　贷:实收资本　　　　　　　　　　　　　　　　　　　　　　20 000

以上四项经济业务的会计分录中,每一笔都只涉及一借一贷两个账户,这样的分录我们称之为简单分录。有些经济业务的会计分录要涉及三个或三个以上的账户,我们称之为复合分录。复合分录有一借多贷、一贷多借和多借多贷三种,大多数复合分录可以分解为若干简单分录或相对简单一些的复合分录。

(5) 1月15日,盛唐公司购进原材料10 000元,其中4 000元以银行存款付出,其余6 000元暂欠。

这项经济业务发生后,一方面使得资产项下的原材料增加了10 000元,应记在"原材料"账户的借方,另一方面资产项下的银行存款也因此减少了4 000元,应记在"银行存款"账户的贷方,负债项下的应付账款增加了6 000元,应记在"应付账款"账户的贷方。

借:原材料   10 000
　　贷:银行存款   4 000
　　　　应付账款   6 000
我们可以将之分解为:借:原材料   4 000
　　　　　　　　　　　贷:银行存款   4 000
　　　　　　　　　　 借:原材料   6 000
　　　　　　　　　　　贷:应付账款   6000

从以上五笔会计分录看,每一笔分录都存在着相互联系的两个或两个以上账户之间应借应贷的关系,这种账户间的相互关系,称为账户的对应关系。具有对应关系的账户称为对应账户。

由以上分析可知,编制会计分录一般应经过如下几个步骤:① 分析经济业务涉及哪几个账户;② 分析所涉及账户的性质;③ 分析引起账户的变化是增加还是减少;④ 按格式要求编写成会计分录;⑤ 用"记账规则"检查分录的正确性。

四、登记账簿(过账)

【例3-2】 承例3-1期初余额资料,首先开设账户,登记期初余额;登记1~15日发生的经济业务,并逐一结出每一账户借贷双方的本期发生额合计及期末余额。

银行存款		现金	
月初余额 124 000		月初余额 500	
① 60 000	② 1 000		② 1 000
	③ 5 000		
	⑤ 4 000		
发生额合计 60 000	10 000	发生额合计 1 000	
期末余额 174 000		期末余额 1 500	

原材料		短期借款	
月初余额 150 000			月初余额 20 000
			⑥ 60 000
⑤ 10 000		④ 20 000	
发生额合计 10 000		发生额合计 20 000	60 000
期末余额 160 000			期末余额 60 000

应付账款		实收资本	
	月初余额 15 000		月初余额 239 500
③ 5 000	⑤ 6 000		④ 20 000
发生额合计 5 000	6 000	发生额合计	20 000
	期末余额 16 000		期末余额 259 500

五、试算平衡

对于记账的结果,要根据基本等式和记账规则检查账簿记录正确与否,实际工作中是通过编制实算平衡表进行的。

试算平衡表,又称试算表,它是依据"有借必有贷、借贷必相等"的记账规则而设计的一种表格。分为发生额试算表和余额试算表。

【例3-3】 承例3-2的账簿记录编制试算平衡表。

总分类账户本期发生额及余额表如表3.1所示。

表3.1 总分类账户本期发生额及余额表

账户名称	期初余额		本期发生额		期末余额	
	借方	贷方	借方	贷方	借方	贷方
银行存款	124 000		60 000	10 000	174 000	
库存现金	500		1 000		1 500	
原 材 料	150 000		10 000		160 000	
短期借款		20 000	20 000	60 000		60 000
应付账款		15 000	5 000	6 000		16 000
实收资本		239 500		20 000		259 500
合计	274 500	274 500	96 000	96 000	335 500	335 500

试算平衡只是通过借贷金额是否平衡来检查账户记录是否正确,如果借贷不平衡,可以肯定账户的记录或计算有错误,应进一步查明原因,予以更正,直到实现平衡为止。如果借贷平衡,一般来说,记账正确,但不能因此肯定记账绝对没有错误。因为有些错误并不影响

借贷双方的平衡关系。例如漏记、重记某项经济业务,应借应贷方向相反,应借应贷科目写错或借贷双方发生同等金额的错误等等都难以通过试算平衡检查出来。

第三节 总分类账与明细分类账的平行登记

一、总分类账与明细分类账的概念

总分类账(简称总账)是根据总分类科目开设,用以提供总括指标的账户;明细分类账(简称明细账)是根据明细分类科目开设,用以提供明细指标的账户。在总分类账中进行的核算,称为总分类核算(简称总核算);在明细分类账中进行的核算,称为明细分类核算(简称明细核算)。明细分类核算可以提供更加具体及详细的会计信息指标。各单位在进行总分类核算的同时,应根据管理的需要,进行必要的明细分类核算。

总分类账和明细分类账都是用以提供会计核算指标的,但从其提供指标之间的关系考虑,总分类账对其所属的明细分类账起着统驭和控制的作用,可称为统驭账户;明细分类账对总分类账起着补充和说明的作用,可称为从属账户。

在企业进行会计核算的实务中,是否开设明细分类账取决于经营管理的需要,并不是任何总分类账户都要开设明细分类账户,有些账户没有必要进行明细核算。

平行登记是指经济业务发生后,根据会计凭证,一方面要登记有关的总分类账户,另一方面要同时登记该总分类账所属的各有关明细分类账户。

二、总分类账与明细分类账平行登记的要点

总分类账与明细分类账的平行登记必须做到同依据、同时期、同方向、同金额。

(一)同依据

因为总分类账户与其所属的明细分类账户所反映的会计事项是相同的,只是核算资料的详细程度有所不同,所以登账时所依据的是同一原始凭证,分别以总括指标和详细指标的形式反映同一项内容。为了使总分类账与其所属的明细分类账之间能起到统驭与补充的作用,便于账户核对,并确保核算资料的正确、完整,必须采用平行登记的方法,在总分类账及其所属的明细分类账中进行记录。

(二)同时期

对于需要提供其详细指标的每一项经济业务,应根据审核无误后的记账凭证,一方面记入有关的总分类账户,另一方面要记入同期总分类账所属的有关各明细分类账户。这里所指的同期是指在同一会计期间,而并非必须在同一时刻,因为明细账一般根据记账凭证及其所附的原始凭证于平时登记,而总分类账因会计核算组织程序不同,可能在平时登记,也可能定期登记,但登记总分类账和明细分类账必须在同一会计期间内完成。

(三) 同方向

登记总分类账及其所属的明细分类账的方向应当相同。这里所指的方向,是指所体现的变动方向,而并非相同记账方向。一般情况下,总分类账及其所属的明细分类账都按借方、贷方和余额设栏登记。这时,在总分类账及其所属明细分类账中的记账方向是相同的,债权、债务结算账户即属于这种情况。但有些明细分类账户不按借方、贷方和余额设栏登记,而是按收入、发出、结存或其他容易理解的增减符号设栏登记。如材料明细账有时按收入、发出和结存设数量金额式明细账;还有一些明细账按组成项目设多栏记录,采用多栏式明细账格式。这种情况下,对于某项需要冲减有关组成项目额的事项,只能用红字记入或用蓝字在其相反的记账方向记入,以红字登记表示冲销。如财务费用按其组成项目设置借方多栏式明细账,发生需冲减利息费用的存款利息收入时,总分类账中记入贷方,而其明细账中则以红字记入财务费用(利息费用)项目的借方,以其净发生额来反映利息净支出。这时,在总分类账及其所属的明细分类账中,就不可能按相同的记账符号,以相同的记账方向进行登记,而只能以相同的变动方向进行登记。

(四) 同金额

记入总分类账户的金额与记入其所属的各明细分类账户的金额合计的相等。总分类账户提供总括指标,明细分类账户提供总分类账户所记内容的具体详细指标。所以,记入总分类账的金额与记入其所属各明细分类账户的金额合计的相等。

三、总账与明细账的平行登记的举例

【例 3-4】 假设光华公司"原材料"和"应付账款"总分类账户和所属的各明细分类账户期初余额如表 3.2 所示。

表 3.2 期初余额表

金额单位:元

账户名称		数量	计量单位	单价	金额	
总账	明细账				总账	明细账
原材料					200 000	
	甲材料	5 000	千克	20		100 000
	乙材料	2 000	件	50		100 000
应付账款					80 000	
	远洋公司					40 000
	胜蓝公司					30 000
	幸运公司					10 000

假设本期发生如下几项与原材料和应付账款有关的业务:

(1) 以银行存款偿还上月欠远洋公司货款 40 000 元、胜蓝公司货款 30 000 元。

借:应付账款——远洋公司　　　　　　　　　　　　　40 000
　　　　　　——胜蓝公司　　　　　　　　　　　　　30 000
　　贷:银行存款　　　　　　　　　　　　　　　　　　　　　70 000

(2) 向胜蓝公司购入乙材料 1 000 件,每件 50 元,价款 50 000 元;向幸运公司购入乙材料 2 000 件,每件 50 元,价款 100 000 元,假设不考虑增值税。材料已验收入库,货款均未支付。

借:原材料——乙材料　　　　　　　　　　　　　　　150 000
　　贷:应付账款——胜蓝公司　　　　　　　　　　　　　　　50 000
　　　　　　　　——幸运公司　　　　　　　　　　　　　　　100 000

(3) 向远洋公司购入甲材料 10 000 千克,每千克 20 元,价款 200 000 元;购入丙材料 100 吨,每吨 500 元,价款 50 000 元,假设不考虑增值税。材料已验收入库,货款尚未支付。

借:原材料——甲材料　　　　　　　　　　　　　　　200 000
　　　　　　——丙材料　　　　　　　　　　　　　　　 50 000
　　贷:应付账款——远洋公司　　　　　　　　　　　　　　　250 000

(4) 生产车间因产品生产向仓库领用材料一批,其中,甲材料 12 000 千克,单价 20 元,乙材料 4 500 件,单价 50 元,丙材料 80 吨,单价 500 元,共计 505 000 元。

借:生产成本　　　　　　　　　　　　　　　　　　　505 000
　　贷:原材料——甲材料　　　　　　　　　　　　　　　　　240 000
　　　　　　　——乙材料　　　　　　　　　　　　　　　　　225 000
　　　　　　　——丙材料　　　　　　　　　　　　　　　　　 40 000

(5) 签发商业承兑汇票一张,面额 50 000 元,抵付前欠胜蓝公司货款,同时以银行存款偿还前欠幸运公司货款 80 000 元。

借:应付账款——幸运公司　　　　　　　　　　　　　 80 000
　　　　　　——胜蓝公司　　　　　　　　　　　　　 50 000
　　贷:银行存款　　　　　　　　　　　　　　　　　　　　　 80 000
　　　　应付票据　　　　　　　　　　　　　　　　　　　　　 50 000

应付账款总分类账如表 3.3 所示,原材料总分类账如表 3.4 所示。

表 3.3　应付账款总分类账

会计科目:应付账款

年		凭证		摘要	借方								贷方								借或贷	余额							
月	日	种类	号数		十	万	千	百	十	元	角	分	十	万	千	百	十	元	角	分		十	万	千	百	十	元	角	分
				期初余额																	贷		8	0	0	0	0	0	0
				还货款		7	0	0	0	0	0	0									贷		1	0	0	0	0	0	0
				欠货款										1	5	0	0	0	0	0	贷		1	6	0	0	0	0	0
				欠货款										2	5	0	0	0	0	0	贷		4	1	0	0	0	0	0
				还货款	1	3	0	0	0	0	0	0									贷		2	8	0	0	0	0	0
				本月合计	2	0	0	0	0	0	0	0	4	0	0	0	0	0	0	0	贷		2	8	0	0	0	0	0

表 3.4 原材料总分类账

会计科目:原材料

年		凭证		摘要	借方								贷方								借或贷	余额							
月	日	种类	号数		十万	千	百	十	元	角	分		十万	千	百	十	元	角	分			十万	千	百	十	元	角	分
				期初余额																	借		2	0	0	0	0	0	0
		0		购料		1	5	0	0	0	0	0									借		3	5	0	0	0	0	0
		0		购料		2	5	0	0	0	0	0									借		6	0	0	0	0	0	0
		0		生产领料										5	0	5	0	0	0	0	借			9	5	0	0	0	0
		0		本月合计		4	0	0	0	0	0	0		5	0	5	0	0	0	0	借			9	5	0	0	0	0

远洋公司应付账款明细分类账如表3.5所示,胜蓝公司应付账款明细分类账如表3.6所示,幸运公司应付账款明细分类账如表3.7所示。

表 3.5 远洋公司应付账款明细分类账

会计科目:远洋公司

年		凭证		摘要	借方							贷方							借或贷	余额						
月	日	种类	号数		十万	千	百	十	元	角	分	十万	千	百	十	元	角	分		十万	千	百	十	元	角	分
				期初余额															贷		4	0	0	0	0	0
				还货款		4	0	0	0	0	0								平						0	
				欠货款									2	5	0	0	0	0	贷		2	5	0	0	0	0
				本月合计		4	0	0	0	0	0		2	5	0	0	0	0	贷		2	5	0	0	0	0

表 3.6 胜蓝公司应付账款明细分类账

会计科目:胜蓝公司

年		凭证		摘要	借方							贷方							借或贷	余额						
月	日	种类	号数		十万	千	百	十	元	角	分	十万	千	百	十	元	角	分		十万	千	百	十	元	角	分
				期初余额															贷		3	0	0	0	0	0
				还货款		3	0	0	0	0	0								平						0	
				欠货款									5	0	0	0	0	0	贷		5	0	0	0	0	0
				还货款		5	0	0	0	0	0								平						0	
				本月合计		8	0	0	0	0	0		5	0	0	0	0	0	平						0	

表 3.7 幸运公司应付账款明细分类账

会计科目:幸运公司

年		凭证		摘要	借方							贷方							借或贷	余额						
月	日	种类	号数		十万	千	百	十	元	角	分	十万	千	百	十	元	角	分		十万	千	百	十	元	角	分
				期初余额															贷		1	0	0	0	0	0
				欠货款									1	0	0	0	0	0	贷		1	1	0	0	0	0
				还货款		8	0	0	0	0	0								贷			3	0	0	0	0
				本月合计		8	0	0	0	0	0		1	0	0	0	0	0	贷			3	0	0	0	0

甲材料明细账如表3.8所示,乙材料明细账如表3.9所示,丙材料明细账如表3.10所示。

表 3.8 甲材料明细账

品名：甲材料　　　　规格：　　　　等级：　　　　单位：千克

年		单号	摘要	收入			发出			结存		
月	日			数量	单价	金额	数量	单价	金额	数量	单价	金额
			期初余额							5 000	20	100 000
			购料	10 000	20	200 000				15 000	20	300 000
			生产领料				12 000	20	240 000	3 000	20	60 000
			本月合计	10 000	20	200 000	12 000	20	240 000	3 000	20	60 000

表 3.9 乙材料明细账

品名：乙材料　　　　规格：　　　　等级：　　　　单位：千克

年		单号	摘要	收入			发出			结存		
月	日			数量	单价	金额	数量	单价	金额	数量	单价	金额
			期初余额							2 000	50	100 000
			购料	3 000	50	150 000				5 000	50	250 000
			生产领料				4 500	50	225 000	500	50	25 000
			本月合计	3 000	50	150 000	4 500	50	225 000	500	50	25 000

表 3.10 丙材料明细账

品名：丙材料　　　　规格：　　　　等级：　　　　单位：千克

年		单号	摘要	收入			发出			结存		
月	日			数量	单价	金额	数量	单价	金额	数量	单价	金额
			购料	100	500	50 000				100	500	50 000
			生产领料				80	500	40 000	20	500	10 000
			本月合计	100	500	50 000	80	500	4 000	20	500	10 000

原材料明细账本期发生及余额如表 3.11 所示。应付账款明细账本期发生额及余额表如表 3.12 所示。

表 3.11 原材料明细账本期发生额及余额表

明细账户	计量单位	单价	期初余额		本期发生额				期末余额	
					收入（借方）		发出（贷方）			
			数量	金额	数量	金额	数量	金额	数量	金额
甲材料	千克	20	5 000	100 000	10 000	200 000	12 000	240 000	3 000	60 000
乙材料	件	50	2 000	100 000	3 000	150 000	4 500	225 000	500	25 000
丙材料	吨	500			100	50 000	80	40 000	20	10 000
合计				200 000		400 000		505 000		95 000

表 3.12　应付账款明细账本期发生额及余额表

明细账户	期初余额	本期发生额		期末余额
		借方	贷方	
运洋公司	40 000	40 000	250 000	250 000
胜蓝公司	30 000	80 000	50 000	
幸运公司	10 000	80 000	100 000	30 000
合计	80 000	200 000	400 000	280 000

可见，根据总分类账与其所属明细分类账的平行登记规则记账之后，总分类账与明细分类账之间产生了下列数量关系：

总分类账户期初余额＝明细账户期初余额之和。

总分类账户本期借方发生额＝所属明细分类账户本期借方发生额之和。

总分类账户本期贷方发生额＝所属明细分类账户本期贷方发生额之和。

总分类账户期末余额＝明细账户期末余额之和。

思考与练习

一、问答

1. 简述复式记账的基本原理。

2. 什么是借贷记账法？它有哪些基本特点？

二、单项选择题

1. 在借贷记账法下，"贷"方表示(　　)。

　　A. 资产的增加或负债的减少　　　　B. 资产的增加或负债的增加

　　C. 资产的减少或负债的增加　　　　D. 资产的减少或负债的减少

2. "应付账款"账户期初贷方余额为 78 000 元，本期借方发生额为 230 000 元，贷方发生额为 200 000 元，则期末余额为贷方(　　)。

　　A. 8 000 元　　B. 48 000 元　　C. 30 000 元　　D. 278 000 元

3. 账户的对应关系是指(　　)。

　　A. 借贷必相等　　　　　　　　　　B. 资产与权益平衡关系

　　C. 账户之间的依存关系　　　　　　D. 总账和明细账的关系

4. "本年利润"账户的期末贷方余额表示(　　)。

　　A. 资产　　B. 负债　　C. 损益　　D. 所有者权益

5. 成本类账户期初如有余额，这个余额属于企业的(　　)。

　　A. 资产　　B. 负债　　C. 损益　　D. 权益

6. 下列账户中期末余额一般在借方的是(　　)。

　　A. 累计折旧　　B. 预付账款　　C. 应付账款　　D. 短期借款

7. (　　)是指明每项经济业务应借应贷账户的名称及其金额的记录。

　　A. 记账凭证　　B. 简单分录　　C. 会计分录　　D. 登账

8. 借贷记账法余额试算平衡公式为(　　)。

A. 权益类账户本期期末贷方余额合计＝权益类账户下期期初贷方余额合计
B. 资产类账户本期期末借方余额合计＝资产类账户下期期初借方余额合计
C. 总分类账户期末余额＝所属明细账户期末余额总和
D. 全部账户期末借方余额总和＝全部账户期末贷方余额合计

9. 总分类账户与明细分类账户的主要区别在于(　　)。
A. 记账内容不同　　　　　　　　B. 记账方向不同
C. 记账依据不同　　　　　　　　D. 记录的详细程度不同

10. 成本类账户的结构与(　　)账户的结构相同。
A. 资产类　　B. 负债类　　C. 所有者权益类　　D. 收入类

三、多项选择题

1. 下列各类账户,在借贷记账法下,借方登记增加额的是(　　)。
A. 资产　　B. 负债　　C. 成本　　D. 费用

2. 明细分类账户是(　　)。
A. 按照总分类科目设置　　　　　B. 按照明细分类科目设置
C. 提供总括的核算资料　　　　　D. 提供详细的核算资料

3. 与主营业务收入账户贷方可能有对应关系的账户是(　　)。
A. 应收账款　　B. 银行存款　　C. 预收账款　　D. 应收票据

4. 会计分录是指明每项经济业务(　　)的记录。
A. 应借、应贷账户的方向　　　　B. 应借、应贷账户的名称
C. 应借、应贷的金额　　　　　　D. 应借、应贷账户的结构

5. 借:固定资产　　　　　　　　　　　　80 000
　　贷:银行存款　　　　　　　　　　　50 000
　　　　应付账款　　　　　　　　　　　30 000

上列会计分录所反映的账户对应关系是(　　)。
A. "固定资产"账户是"银行存款"账户的对应账户
B. "银行存款"账户是"固定资产"账户的对应账户
C. "固定资产"账户和"应付账款"账户互为对应账户
D. "银行存款"账户和"应付账款"账户互为对应账户

6. 下列错误中,不能通过试算平衡发现的是(　　)。
A. 某项经济业务重复入账或未入账
B. 应借应贷的账户中借贷方向颠倒
C. 借贷双方同时少记了相等金额
D. 借贷双方一方多记金额,另一方少记金额

7. 下列各项经济业务中,会引起资产总额变化的有(　　)。
A. 从银行取得借款　　　　　　　B. 收到客户以前所欠的货款
C. 开出支票支付欠款　　　　　　D. 用银行存款购买固定资产

8. 有关借贷记账法说法正确的是(　　)。
A. 采用"借""贷"作为记账符号
B. 以"资产＝负债＋所有者权益"这一会计等式作为理论依据
C. 记账规则是"有借必有贷,借贷必相等"
D. 可以进行试算平衡

9. 从银行借入短期借款 6 000 元,用于归还前欠货款,正确的会计记录有( )。
   A. 借记"银行存款"6 000 元
   B. 贷记"短期借款"6 000 元
   C. 借记"应付账款"6 000 元
   D. 贷记"应收账款"6 000 元
10. ( )是对同一经济业务内容进行分层次核算而设置的账户。
    A. 总分类账户
    B. 明细分类账户
    C. 资产权益类账户
    D. 成本损益类账户

四、判断题

1. 所有账户是借方表示增加或减少,还是贷方表示增加或减少,取决于账户所反映的经济内容和账户的性质。( )
2. 平行登记是指把一项经济业务记在总分类账户的同时,也记入有关的明细分类账户。这里所指的"同时",不一定是同一天。( )
3. 成本类账户期末一定没有余额。( )
4. 复式记账法是对每一笔经济业务都要在两个或两个以上的账户中进行相对独立地登记的一种记账方法。( )
5. 通过试算平衡,并不能保证全部记账工作完全正确。( )
6. 借贷记账法下,"借"既可表示资产、成本、费用支出的增加,又可以表示负债、所有者权益、收入成果的减少。( )
7. 某项经济业务记错账户,而方向和金额无误,这类错误可以通过试算平衡发现。( )
8. 负债类账户发生增加额时登记在该账户的贷方,发生减少额时登记在该账户的借方,其余额一般出现在账户的借方。( )
9. 平行登记是指对所发生的每项经济业务事项都要以会计凭证为依据,一方面记在有关总分类账户,另一方面记在有关总分类账户所属明细分类账户的方法。( )
10. 负债和所有者权益类账户的期末余额一般在借方。( )

五、业务练习题

练 习 一

目的:练习借贷记账法

资料1:××企业20×0年7月资产、负债和所有者权益各账户的期初余额见表3.13。

表3.13 各账户期初余额表

单位:元

资产类账户	金额	负债和所有者权益	金额
库存现金	1 000	负债	
银行存款	135 000	短期借款	62 000
应收账款	10 000	应付账款	8 000
生产成本	40 000	负债合计	70 000
原材料	120 000	所有者权益	
库存商品	24 000	实收资本	860 000
固定资产	600 000	所有者权益合计	860 000
总计	930 000	总计	930 000

资料2:7月份该企业发生下列各项经济业务。

(1) 购进材料一批,计价 10 000 元,材料验收入库,货款以银行存款支付;
(2) 生产车间向仓库领用材料 40 000 元,全部投入生产;
(3) 从银行存款户领取现金 400 元;
(4) 以银行存款购入新汽车一辆,计价 100 000 元;
(5) 用银行存款偿还应付供货单位材料款 3 000 元;
(6) 生产车间向仓库领用消耗性材料 25 000 元;
(7) 收到购货单位前欠货款 3 000 元,存入银行;
(8) 以银行存款 16 000 元,归还短期贷款 12 000 元,归还应付供货单位货款 4 000 元;
(9) 其他单位投入资本 20 000 元,存入银行;
(10) 收到购货单位前欠货款 4 000 元,其中,支票 3 600 元(存入银行),现金 400 元。

要求:
1. 根据资料 2 的各项经济业务,用借贷记账法编制会计分录。
2. 根据资料 1 的相关内容,开设各账户(丁字式)登记期初余额和本期发生额,计算期末余额,并编制"总分类账户本期发生额及余额表",如表 3.14 所示。

表 3.14　总分类账户本期发生额及余额表

单位:元

会计科目	期初余额		本期发生额		期末余额	
	借方	贷方	借方	贷方	借方	贷方

练 习 二

目的:练习总账与明细账的平行登记

资料 1:某工厂 20×0 年 3 月 31 日有关总分类账户和明细账户余额如下。

(1) 总分类账户:"原材料"账户借方余额 200 000 元。"应付账款"账户贷方余额 50 000 元。

(2) 明细分类账户:"原材料——甲材料"账户 800 千克,单价 150 元,借方余额 120 000 元。"原材料——乙材料"账户 200 千克,单价 100 元,借方余额 20 000 元。"原材料——丙材料"账户 500 千克,单价 120 元,借方余额 60 000 元。"应付账款——A 公司"账户贷方余额 30 000 元。"应付账款——B 公司"账户贷方余额 20 000 元。

资料 2:某公司 20×0 年 4 月份发生部分经济业务如下。

(1) 以银行存款偿还 A 公司欠货款 15 000 元;
(2) 购进甲材料 100 千克,单价 150 元,税价合计 16 950 元(含增值税 13%),以银行存款支付,材料入库;
(3) 生产车间因产品生产向仓库领用材料一批,计甲材料 200 千克,单价 150 元,乙材料 100 千克,单价 100 元,丙材料 250 千克,单价 120 元,共计 70 000 元;
(4) 以银行存款偿还 B 公司前欠货款 10 000 元;
(5) 向 A 公司购入乙材料 100 千克,单价 100 元,材料入库。货款 11 300 元(含增值税 13%),以银行存款支付。

要求:

1. 根据资料 2 内容编制会计分录。

2. 开设"原材料""应付账款"总账和明细账,并登记期初余额、本期发生额,结账。编制"原材料""应付账款"总账和明细账本期发生额及余额表。

六、案例分析

甄仁珍在一家上市公司做会计主管,发现该公司的"原材料"账和"应收账款"平时不登记总分类账,只是登记明细分类账,往往是等一段时间才补登总分类账;而"固定资产"账户平时不登记明细分类账,只是登记总分类账。他提出这种做法不符合总分类账与明细分类账之间的平行登记原则,但是财会部门经理认为这样做没有违反平行登记。你认为谁的看法正确?

参 考 文 献

[1] 中华人民共和国财政部.企业会计准则:基本准则[EB/OL]. http://www.gov.cn,2006.
[2] 朱小平.初级会计学[M].6 版.北京:中国人民大学出版社,2012.
[3] 李海波.新编会计学原理[M].15 版.上海:立信会计出版社,2011.
[4] 赵惠芳.企业会计学[M].3 版.北京:高等教育出版社,2007.
[5] 张志康.会计学原理[M].大连:东北财经大学出版社,2011.

第四章 借贷记账法的运用

学习目标

通过本章学习,熟悉制造业生产经营活动中的主要经济业务类型,掌握制造业生产经营活动的资金筹集、材料供应、产品生产、产品销售、财务成果核算、资金退出等经济业务的核算方法。了解相关的业务流程及规范要求。通过练习能够较熟练地运用借贷记账法。

学习重点

制造业的生产经营活动的核算与账务处理。

学习难点

制造业的生产经营活动的核算与账务处理。

前述企业会计的对象是指企业在生产经营活动中的资金运动,包括资金投入、资金使用、资金退出三个阶段。制造业是以产品的生产和销售为主要经营活动的营利性经济组织。其生产经营活动包括产品生产前的准备过程(供应过程)、产品的加工制造过程(生产过程)、产品的出手和款项结算过程(销售过程)以及处于供、产、销两头的投资过程(包括资金的筹集)和财务成果的计算和分配过程。企业从事生产经营活动的过程也就是企业发展各种经济业务的过程。

第一节 资金筹集业务及其核算

任何企业要进行生产经营,都必须有一定的资金。资金的来源主要表现为两个方面:一是由企业所有者提供;二是由企业的债权人提供。

一、资金筹集业务概述

由企业所有者投入的资金按其投入企业的时间先后可分为创立时的初始投资和创立后的追加投资两种。

创立时的初始投资是设立企业的必要条件,也称为资本金。它是企业在工商行政管理部门登记的注册资金。资本金按其投资主体的不同可分为国家投资、法人投资、个人投资和外商投资等。投资者可以用现金投资,也可以用材料物资、固定资产、无形资产等形式投资。投资者投入企业的资本,在企业正常生产经营期间,除依法转让外,一般不得抽回。

随着企业生产规模的扩大和业务的发展,原先的资本金难免捉襟见肘、入不敷出。这时可以由投资者追加资本,也可以向银行等金融机构借入资金或向社会发行股票、债券等筹集资金。本节主要介绍投资者投入资本和向金融机构借入资本的核算。向金融机构借入的资本金按其还款期限的长短可分为短期借款和长期借款。短期借款是指还款期限在一年以下的借款。长期借款是指还款期限在一年以上的借款。

二、资金筹集业务的账户设置

（一）"实收资本"账户

该账户是所有者权益类账户（股份有限公司设"股本"账户），核算企业投资者投入企业的各种资产的价值。该账户借方登记的是依法减少的所有者投入的资本,贷方登记的是投资者以现金、存款、固定资产、材料、无形资产等形式投入资本的增加额,期末余额在贷方,反映投资者投入企业的资本总额。明细账可以按投资者设置。

"实收资本"账户 T 形结构如图 4.1 所示。

借方	实收资本	贷方
		期初余额:期初实收资本的实有额
实收资本的减少额	实收资本的增加额	
		期末余额:期末实收资本的实有额

图 4.1 "实收资本"账户结构图

（二）"资本公积"账户

该账户是所有者权益类账户,用来核算企业所有者投入的资金超过其在注册资本中所占份额的部分。该账户借方登记的是资本公积金的减少额,贷方登记的是资本公积金的增加额,期末余额在贷方,反映企业资本公积金的实际结存额。本账户应按资本公积的类别设置明细账。

"资本公积"账户 T 形结构如图 4.2 所示。

借方	资本公积	贷方
		期初余额:期初资本公积的实有额
资本公积的减少额	资本公积的增加额	
		期末余额:期末资本公积的结存额

图 4.2 "资本公积"账户结构图

(三)"固定资产"账户

该账户是资产类账户,用以核算和监督企业固定资产的增减变化情况。该账户借方登记固定资产原始价值数的增加额,贷方登记固定资产原始价值数的减少额,期末余额在借方,表示期末实际结存的固定资产原始价值额。该账户应按固定资产的种类等设置明细分类账户,进行明细分类核算。

"固定资产"账户T形结构如图4.3所示。

借方	固定资产	贷方
期初余额:期初固定资产原价的结余		
固定资产取得成本的增加		固定资产取得成本的减少
期末余额:期末固定资产原价的结余		

图4.3 "固定资产"账户结构图

(四)"无形资产"账户

该账户是资产类账户,用以核算和监督企业无形资产的增减变化情况。该账户借方登记无形资产的增加额,贷方登记无形资产的减少额,期末余额在借方,表示期末无形资产的成本。该账户应按无形资产的种类等设置明细分类账户,进行明细分类核算。

"无形资产"账户T形结构如图4.4所示。

借方	无形资产	贷方
期初余额:期初无形资产成本		
无形资产的增加额		无形资产的减少额
期末余额:期末无形资产的成本		

图4.4 "无形资产"账户结构图

(五)"短期借款"账户

该账户是负债类账户,用以核算和监督短期借款的借入和归还情况。该账户贷方登记取得的借款数额,借方登记已归还借款数额,期末贷方余额,表示尚未归还的借款数。短期借款的利息应计入财务费用,从当期营业收入中补偿,不在"短期借款"账户中反映。"短期借款"账户按借款种类设置明细账户,进行明细分类核算。

"短期借款"账户T形结构如图4.5所示。

借方	短期借款	贷方
		期初余额:期初短期借款结余额
短期借款的偿还(减少)		短期借款的取得(增加)
		期末余额:期末短期借款结余额

图4.5 "短期借款"账户结构图

（六）"长期借款"账户

该账户是负债类账户，用以核算和监督企业向银行或其他金融机构借入的期限在1年以上（不含1年）的各项借款。该账户贷方登记取得借款的本金，借方登记偿还借款的本金，期末余额在贷方，表示尚未归还的本金。"长期借款"账户应当按照贷款单位和贷款种类，分别设置"本金""利息调整"等进行明细核算。

"长期借款"账户T形结构如图4.6所示。

借方	长期借款	贷方
		期初余额：尚未偿还借款本息的结余额
长期借款本息的偿还（减少）		长期借款本金的取得和未付利息的计算（增加）
		期末余额：尚未偿还长期借款本息的结余额

图4.6 "长期借款"账户结构图

（七）"银行存款"账户

该账户是资产类账户，用以核算和监督企业在银行与其他金融机构的存款情况。该账户借方登记存款的增加额，贷方登记存款的减少额，期末余额在借方，表示实际结余的存款额。

"银行存款"账户T形结构如图4.7所示。

借方	银行存款	贷方
期初余额：期初银行存款的实有额		
银行存款的增加额		银行存款的减少额
期末余额：期末银行存款的实有额		

图4.7 "银行存款"账户结构图

（八）"财务费用"账户

该账户是损益类账户，用来核算和监督企业为筹集生产经营所需资金而发生的费用，包括利息支出（减利息收入）、汇兑差额以及相关的手续费等。该账户的借方登记企业发生的各项财务费用；贷方登记期末转入当期损益的数额；期末结转后本账户无余额。

"财务费用"账户T形结构如图4.8所示。

借方	财务费用	贷方
期初余额一般为零		
发生的费用利息支出、手续费、汇总损失		利息收入期末转入"本年利润"账户
期末余额一般为零		

图4.8 "财务费用"账户结构图

(九)"应付利息"账户

该账户是负债类账户,用来核算企业按照合同约定应支付的利息。该账户的借方登记企业已偿付的利息;贷方登记按照合同约定应付而未付的利息;期末余额在贷方。"应付利息"按债权人设置明细科目进行明细核算。

"应付利息"账户 T 形结构如图 4.9 所示。

借方	应付利息	贷方
		期初余额:未付的利息结余额
企业已偿付的利息		应付而未付的利息
		期末余额:尚未支付的利息结余额

图 4.9 "应付利息"账户结构图

三、资金筹集业务的会计核算

(一)投入资本的核算

投资者包括国家、法人、个人、外商等,投资者可以用货币资金投资,也可以用厂房、机器设备、材料物资、无形资产等形式投资。不论何种投资形式,必须经过会计师事务所注册会计师验资确认,经工商管理部门注册登记。投入资本又称为注册资本金。

企业接受的货币资金按实收款入账,接受的各项实物资产与无形资产按评估确认价入账;企业的实收资本应按照实际收到的投资额入账。

【例 4-1】 12 月 3 日华泰公司接受某单位投入货币资金 200 000 元(已存入银行存款账户中),投入的固定资产经评估确认价值为 300 000 元。

【分析】 这项经济业务涉及"银行存款""固定资产"和"实收资本"三个账户。投入资产的增加应分别记入"银行存款"和"固定资产"账户的借方,形成的权益应记入"实收资本"账户的贷方。对这项经济业务应作如下会计分录:

```
借:银行存款                         200 000
   固定资产                         300 000
   贷:实收资本                              500 000
```

【例 4-2】 12 月 4 日华泰公司接受外商投资一项专利权,经评估确认价值为 180 000 元。

【分析】 这项经济业务涉及"无形资产""实收资本"两个账户。无形资产增加应记入"无形资产"账户的借方,形成的权益应记入"实收资本"账户的贷方。对这项经济业务应作如下会计分录:

```
借:无形资产                         180 000
   贷:实收资本                              180 000
```

【例 4-3】 12 月 6 日华泰公司接受蓝天公司投资一项固定资产,价值为 300 000 元,双方确定所占财产份额为 60%。

【分析】 这项经济业务涉及"固定资产""实收资本""资本公积"三个账户。固定资产增加应记入"固定资产"账户的借方,形成的权益应记入"实收资本""资本公积"账户的贷方。对这项经济业务应作如下会计分录:

借:固定资产　　　　　　　　　　　　　　　　　300 000
　　贷:实收资本　　　　　　　　　　　　　　　　180 000
　　　　资本公积　　　　　　　　　　　　　　　　120 000

(二) 借入资金的核算

【例 4-4】 12 月 9 日华泰公司向银行借入期限为 9 个月的借款 80 000 元。

【分析】 这项经济业务涉及"银行存款"和"短期借款"账户。存款的增加应记入"银行存款"账户的借方,负债的形成应记入"短期借款"账户的贷方。对这项经济业务应作如下会计分录:

借:银行存款　　　　　　　　　　　　　　　　　80 000
　　贷:短期借款　　　　　　　　　　　　　　　　80 000

【例 4-5】 12 月 12 日华泰公司向银行借入期限为 3 年的借款 300 000 元,年利率为 9%,该借款准备用于购买机器设备。

【分析】 这项经济业务涉及"银行存款"和"长期借款"账户,银行存款增加应记入"银行存款"账户的借方,长期负债的形成应记入"长期借款"账户的贷方。对这项经济业务应作如下会计分录:

借:银行存款　　　　　　　　　　　　　　　　　300 000
　　贷:长期借款　　　　　　　　　　　　　　　　300 000

【例 4-6】 12 月 31 日,华泰公司预提借款利息,短期借款利息 400 元,长期借款利息 2 250 元。

【分析】 短期借款利息一般是按季结算的,按照权责发生制的要求,该季每月负担的利息费用要按月预提。因此,这笔经济业务表明,企业预提利息费用在增加的同时,预提应付款项也增加。利息费用增加,记入"财务费用"账户的借方,短期借款利息预提款增加,记入负债类账户"应付利息"账户的贷方;长期借款利息的形成应记入"长期借款"账户的贷方。对这项经济业务应作如下会计分录:

借:财务费用　　　　　　　　　　　　　　　　　2 650
　　贷:应付利息——短期借款　　　　　　　　　　400
　　　　长期借款——利息　　　　　　　　　　　　2 250

第二节 购置与供应业务的核算

一、购置与供应业务概述

企业筹集资金的目的是为了运用资金进行生产经营,从而实现资金价值的增值,取得利润。制造企业取得资金后,将购建厂房、购买机器设备(劳动资料);采购生产需要的各种材料物资等(劳动对象),为制造市场需要的产品作准备。

制造业企业的购置供应过程,是为生产产品做准备的过程。为了生产产品,就要做好多方面的物资准备工作,其中较为重要的就是准备劳动资料,即购建固定资产,以及准备劳动对象,即购买原材料等。

(一)购置固定资产业务

固定资产应按其取得时的成本作为入账价值,取得时的成本包括买价、进口关税等税金、运输和保险等相关费用,以及为使固定资产达到预定可使用状态前所必要的支出。按照国家税务总局的规定:自2009年1月1日起,在全国实行增值税转型改革,允许生产经营用固定资产进行进项税额的抵扣。准予抵扣的固定资产范围仅限于现行增值税征税范围内的固定资产,包括机器、机械、运输工具以及其他与生产、经营有关的设备、工具、器具。

(二)采购材料业务

采购材料业务是指从采购材料开始,直到材料验收入库的整个过程。在这个过程中,企业要与供应单位或其他有关单位办理款项的结算,以支付采购材料的货款和运输费、装卸费等各种采购费用。这些采购费用,形成了材料的采购成本。材料货款的结算、采购费用的支付、材料采购成本的计算、材料验收入库等均为采购供应过程的主要经济业务。它是产品制造企业经营过程的第一个阶段。

在采购供应过程中,主要涉及下列两个方面的业务内容:

一是取得材料,并由仓库验收入库。

企业一旦支付了所购进材料的款项,该材料的所有权即归属于企业,可以将其作为一项资产加以确认。这时需要对材料进行计价,材料的计价原则是按其实际成本计价,即从支付货款开始,到材料验收入库为止的全部支出,通常称为材料的采购成本。采购成本主要包括两部分:材料买价和采购费用。材料的买价是材料采购成本的主要部分,采购费用是指材料的运输费、装卸费、保险费以及材料验收入库前的挑选整理费等各种费用。

二是与供应单位或其他单位办理款项结算。

购进材料的业务一方面是取得材料,另一方面是要支付款项。只有两方面的经济活动都完成,购进业务才算结束。人们当然都希望是一手交钱一手交货,但很多时候并不能做到这一点。有时出于对采购货物质量方面的考虑,购买方可能要求验货后再付款;有时某种材料市场紧俏,购货方也许同意先付款,再收货。所以,在与供应单位或其他单位办理结算时会出现三种情况:① 购料与付款同时发生(简称为现购);② 先购进材料,延期付款(简称为赊购);③ 预付材料款购料(简称为预购)。

二、采购供应业务的账户设置

为了及时核算采购供应业务,正确计算固定资产的实际成本与材料采购成本,反映资金的占用与变动情况,反映与供应单位的结算关系,需要设置与运用下列账户:

(一)"在建工程"账户

该账户是资产类账户。该账户是用来核算企业各种工程成本的账户。该账户借方登记企业各种工程的实际支出,贷方登记完工转出的各项工程的实际成本。余额在借方,表示正在进行尚未完工的或虽已完工但尚未办理竣工决算的工程实际支出以及尚未使用的工程物资的实际成本。

"在建工程"账户T形结构如图4.10所示。

借方	在建工程	贷方
期初余额:期初未完工工程成本		
工程发生的全部支出		结转完工工程成本
期末余额:期末未完工工程成本		

图4.10 "在建工程"账户结构图

(二)"在途物资"账户

该账户是资产类账户,用于采用实际成本(或进价)进行材料日常核算的企业,核算货款已付尚未验收入库的购入材料的采购成本。企业外购材料的采购成本由买价和采购费用组成,其中采购费用包括运输费、搬运费、装卸费、保险费等。该账户的借方登记外购材料的实际采购成本(包括买价与采购费用),贷方登记验收入库材料的实际成本,月末余额在借方,表示尚未验收入库的在途材料实际成本。按材料的品种、规格设置明细分类账,或按照供应单位进行明细分类核算。一般还按采购成本的项目设置专栏。

"在途物资"账户T形结构如图4.11所示。

借方	在途物资	贷方
期初余额:至上期末止在途材料成本		
外购材料的实际采购成本		验收入库材料的实际成本
期末余额:尚未验收入库的在途材料 实际成本		

图4.11 "在途物资"账户结构图

(三)"原材料"账户

该账户是资产类账户,核算企业各种库存原材料(包括原料及主要材料、辅助材料、外购半成品、修理备用件、包装材料、燃料等)的收入、发出、结存情况。借方登记验收入库材料的实际成本,贷方登记从仓库发出材料的实际成本,月末余额在借方,表示月末仓库库存材料的实际成本。本账户应按原料的类别、品种、规格分别设置明细分类账户。

"原材料"账户T形结构如图4.12所示。

借方	原材料	贷方
期初余额:期初库存材料实际成本		
验收入库材料实际成本的增加		库存材料实际成本的减少
期末余额:期末库存材料实际成本		

图4.12 "原材料"账户结构图

(四)"应付账款"账户

该账户是负债类账户,核算企业因采购材料、接受劳务等,应向销货单位或提供劳务单位支付的款项。借方登记应付账款的偿还,贷方登记赊购材料等发生的应付账款的增加,月末余额在贷方,表示月末尚未偿还的应付账款。本账户按照不同的应付账款单位设置明细分类账户。

"应付账款"账户T形结构如图4.13所示。

借方	应付账款	贷方
		期初余额:期初尚未偿还的应付款
偿还应付供应单位款项(减少)		应付供应单位款项的增加
		期末余额:期末尚未偿还的应付款

图4.13 "应付账款"账户结构图

(五)"应付票据"账户

该账户是负债类账户,核算企业对外发生债务时开出并承兑的商业汇票。贷方登记企业赊购货物发生债务时开出并承兑的商业汇票的金额,借方登记到期偿还的商业汇票款或到期无款支付而转入"应付账款"的款项,月末余额在贷方,反映尚未到期偿还的商业汇票的金额。本账户设置商业承兑汇票、银行承兑汇票两个明细科目,进行明细分类核算。

另外,企业应当设置"应付票据备查簿",详细登记每一应付票据的种类、号数、签发日期、到期日、票面金额、票面利率。合同交易号、收款人姓名或单位名称,以及付款日期和金额等资料。应付票据到期结清时,应当在备查簿内逐笔注销。

"应付票据"账户T形结构如图4.14所示。

第四章 借贷记账法的运用

借方	应付票据	贷方
		期初余额：期初尚未到期的商业汇票的结余额
到期应付票据的减少		开出、承兑商业汇票的增加
		期末余额：期末尚未到期的商业汇票的结余额

图 4.14 "应付票据"账户结构图

（六）"应交税费"账户

该账户是负债类账户，指企业在一定时期内取得的营业收入、实现的利润、占用的国家资源及从事其他应税项目经营，要按照规定向国家缴纳各种税金、教育费附加、矿产资源补偿费等（要提前计入有关科目）。应交税费是指企业在生产经营过程中产生的，按照税法规定计算应向国家缴纳的各种税费。企业一般设置"应交税费"账户进行总分类核算。账户的贷方登记应缴纳的各种税费等，包括增值税、消费税、营业税、所得税、资源税、土地增值税、城市维护建设税、房产税、土地使用税、车船税、教育费附加、矿产资源补偿费和企业代扣代缴的个人所得税；借方登记实际缴纳的各种税费。期末余额一般在贷方，表示企业尚未缴纳的各种税费金额，如果期末金额在借方，则表示企业多缴或尚未抵扣的各种税费。

需要特别注意的是，企业应缴纳的印花税、耕地占用税、契税、车辆购置税等一般不需要预计应交的各种税费，不必通过"应交税费"账户核算。

"应交税费"账户T形结构如图4.15所示。

借方	应交税费	贷方
期初余额：至上期末止多交的税费		期初余额：至上期末止未交的税费
实际缴纳的各种税费 （增值税进项税额）		计算出的应交而未交的税费 （增值税销项税额）
期末余额：至本期末止多交的税费		期末余额：至上期末止未交的税费

图 4.15 "应交税费"账户结构图

（七）"预付账款"账户

该账户是资产类账户，核算企业按照购货合同预先支付给供货单位的货款（在供货单位未到合同约定的供货时间时，购买单位不拥有相应货物的所有权，这时其预付的货款只是一种暂付款，仍保有对这笔货款的所有权）。本账户借方登记预付账款的增加，贷方登记收到货物时对预付账款的冲减数额，期末余额一般在借方，反映期末已预付但尚未到货的款项。本账户按照供货单位设置明细分类账户，进行明细分类核算。

"预付账款"账户T形结构如图4.16所示。

借方	预付账款	贷方
期初余额:期初尚未结算的预付款		
预付供应单位款项的增加	冲销预付供应单位的款项	
期末余额:期末尚未结算的预付款		

图 4.16 "预付账款"账户结构图

三、采购供应业务的会计核算

(一)固定资产购置业务的核算

【例 4-7】 华泰公司 12 月 5 日购入不需要安装的机器设备一台,买价 1 000 000 元,增值税 130 000 元,运费 3 000 元,全部款项以银行存款支付。

【分析】 这项经济业务涉及"固定资产""应交税费"和"银行存款"三个账户。购买的全部成本记入"固定资产"账户的借方,根据现行税法规定,一般纳税人销售货物、劳务、有形动产租赁服务或者进口货物,税率为 13%;纳税人销售交通运输、邮政、基础电信、建筑、不动产租赁服务,销售不动产,转让土地使用权,销售或者进口下列货物,税率为 9%。本书涉及的增值税均适用此规定。采购所发生的运费 3000 元按 9%的税率计税 270 元可以抵扣;银行存款减少记入"银行存款"账户贷方。这项经济业务应作如下会计分录:

借:固定资产——某设备　　　　　　　　　　　　　1 003 000
　　应交税费——应交增值税(进项税额)　　　　　　130 270
　　贷:银行存款　　　　　　　　　　　　　　　　　1133 270

【例 4-8】 华泰公司 12 月 8 日购入需要安装的机器设备一台,买价 1 000 000 元,增值税 130 000 元,运费 3 000 元,全部款项以银行存款支付,经过 10 天的安装调试正式投入使用,安装调试费用 2 000 元,员工培训免费,款项未付。

【分析】 这项经济业务涉及"在建工程""固定资产""应交税费""银行存款""应付账款"等账户。需要安装的设备购买的全部成本先记入"在建工程"账户的借方,等到安装完毕,再由"在建工程"转入"固定资产"账户;根据税法规定,采购所发生的运费的 9%可以抵扣;银行存款减少记入"银行存款"账户贷方。这项经济业务应作如下会计分录:

借:在建工程——某设备　　　　　　　　　　　　　1 003 000
　　应交税费——应交增值税(进项税额)　　　　　　130 270
　　贷:银行存款　　　　　　　　　　　　　　　　　1 133 270
借:在建工程——某设备　　　　　　　　　　　　　2 000
　　贷:应付账款　　　　　　　　　　　　　　　　　2 000
正式投用时:
借:固定资产　　　　　　　　　　　　　　　　　　1 005 790
　　贷:在建工程——某设备　　　　　　　　　　　　1 005 790

（二）材料采购业务的核算

【例 4-9】 12月10日华泰公司向盛源公司购入甲材料6 000千克，价款24 000元，增值税进项税额3 120元，发生运杂费1 200元，所有款项以银行存款支付，材料尚未到达。

【分析】 这项经济业务涉及"在途物资"和"银行存款""应交税费"三个账户。采购成本增加记入"在途物资"账户的借方；银行存款减少记入"银行存款"账户的贷方；税金记入"应交税费"账户的借方。这项经济业务应作如下会计分录：

运杂费的进项税额＝1 200×9%＝108(元)

借：在途物资——甲材料　　　　　　　　　　　　　　　　　25 200
　　应交税费——应交增值税(进项税额)　　　　　　　　　　 3 228
　贷：银行存款　　　　　　　　　　　　　　　　　　　　　 28 428

【例 4-10】 12月12日华泰公司向亿佳公司购入乙材料10 000千克，单价3元，价款30 000元，增值税进项税额3 900元，对方代垫运杂费1 000元并转来普通运输发票，所有款项均未支付，材料已验收入库。

【分析】 这项经济业务涉及"在途物资"和"应付账款""应交税费"三个账户，采购成本增加记入"在途物资"账户的借方；购货欠款增加记入"应付账款"账户贷方；税金记入"应交税费"账户的借方。同时，材料验收入库，应记入"原材料"账户的借方与"在途物资"账户的贷方。这项经济业务应作如下会计分录：

借：在途物资——乙材料　　　　　　　　　　　　　　　　　31 000
　　应交税费——应交增值税(进项税额)　　　　　　　　　　 3 900
　贷：应付账款——亿佳公司　　　　　　　　　　　　　　　 34 990
借：原材料——乙材料　　　　　　　　　　　　　　　　　　 31 000
　贷：在途物资——乙材料　　　　　　　　　　　　　　　　 31 000

【例 4-11】 12月14日华泰公司向丹凤公司购入甲材料5 000千克，单价4元，价款20 000元，增值税进项税额2 600元，对方代垫运杂费900元并转来相关票证，签发并承兑期限为4个月的一张商业承兑汇票，材料尚未到达。

【分析】 这项经济业务涉及"在途物资"和"应付票据""应交税费"三个账户。采购成本增加记入"在途物资"账户的借方；购货签发并承兑商业承兑汇票，记入"应付票据"账户的贷方；税金记入"应交税费"账户的借方。这项经济业务应作如下会计分录：

借：在途物资——甲材料　　　　　　　　　　　　　　　　　20 900
　　应交税费——应交增值税(进项税额)　　　　　　　　　　 2 681
　贷：应付票据——丹凤公司　　　　　　　　　　　　　　　 23 581

【例 4-12】 12月15日华泰公司以银行存款向亿佳公司支付前欠购货款36 100元。

【分析】 这项经济业务涉及"应付账款""银行存款"两个账户。支付欠款记入"应付账款"账户的借方；存款的付出记入"银行存款"账户贷方。这项经济业务应作如下会计分录：

借：应付账款——亿佳公司　　　　　　　　　　　　　　　　36 100
　贷：银行存款　　　　　　　　　　　　　　　　　　　　　36 100

【例4-13】 12月16日华泰公司以银行存款向亿佳公司预先支付购货款50 000元。

【分析】 这项经济业务涉及"预付账款""银行存款"两个账户。预付购货款记入"预付账款"账户的借方;存款的付出记入"银行存款"账户贷方。这项经济业务应作如下会计分录:

借:预付账款——亿佳公司　　　　　　　　　　　　　　　50 000
　　贷:银行存款　　　　　　　　　　　　　　　　　　　　　50 000

【例4-14】 12月17日,华泰公司向盛源公司和丹凤公司购入的甲材料已到达,并验收入库。

【分析】 这项经济业务涉及"原材料"账户与"在途物资"账户,材料验收入库,应记入"原材料"账户的借方与"在途物资"账户的贷方。这项经济业务应作如下会计分录:

借:原材料——甲材料　　　　　　　　　　　　　　　　　46 100
　　贷:在途物资——甲材料　　　　　　　　　　　　　　　　46 100

(三)材料采购成本的计算

材料的成本一般由材料的买价和采购费用构成。材料的买价是指购货发票中所注明的货款金额。而采购费用是指采购过程中支付的其他各种费用,主要包括采购过程中发生的运输费、包装费、装卸费、保险费、仓储费;材料在运输途中发生的合理损耗;材料入库之前发生的整理挑选费用;按规定应计入材料采购成本中的各种税金(如进口材料支付的关税)等等。

在计算材料采购成本时,凡是可以分清费用是属于哪种产品的,如材料的买价,可直接根据有关凭证记入该种材料的成本;对于不能分清费用是属于哪种产品的,如购买多种材料所发生的运输费,可先按一定的标准在有关产品之间进行分配,然后再据以记入有关材料的成本。一定的标准应根据采购费用的不同情况来确定,如运杂费用,一般可按采购材料重量的比例分配,或按采购材料买价的比例分配,或按采购材料体积的比例分配。

$$采购费用分配率 = \frac{应分配的采购费用总额}{材料总重量(总体积、买价总额等)}$$

某种材料应分配的采购费用 = 该种材料的重量(体积、买价等) × 采购费用分配率

【例4-15】 12月20日华泰公司向亿佳公司购入甲材料6 000千克,单价4元;购入乙材料12 000千克,单价3元;进项增值税78 200元;发生运杂费2 700元。货款以银行存款支付。材料已验收入库(运费按材料的重量分配)。

运杂费进项税额 = 2 700 × 9% = 243(元)

计算材料采购成本:

　　　　采购费用分配率 = 2 700/(6 000 + 12 000) = 0.15(元/千克)
　　　　甲材料应分配的运费 = 6 000 × 0.15 = 900(元)
　　　　乙材料应分配的运费 = 12 000 × 0.15 = 1 800(元)
　　　　甲材料的采购成本 = 6 000 × 4 + 900 = 24 900(元)
　　　　乙材料的采购成本 = 12 000 × 3 + 1 800 = 37 800(元)

材料采购成本计算单如表4.1所示。

表 4.1　材料采购成本计算单

金额单位:元

材料名称	计量单位	数量	单价	买价	运杂费	实际采购成本	
						总成本	单位成本
甲材料	千克	6 000	4	24 000	900	24 900	4.15
乙材料	千克	12 000	3	36 000	1 800	37 800	3.15
合计		18 000		60 000	2 700	62 700	

【分析】　购进材料这项经济业务涉及"预付账款""原材料""应交税费"三个账户;补付余款涉及"银行存款"与"预付账款"两个账户;这项经济业务应作如下会计分录:

购入材料时:

借:在途物资——甲材料　　　　　　　　　　　　　　　　24 900
　　　　　　——乙材料　　　　　　　　　　　　　　　　37 800
　　应交税费——应交增值税(进项税额)　　　　　　　　　8 043
　贷:银行存款　　　　　　　　　　　　　　　　　　　 70 743

材料验收入库时:

借:原材料——甲材料　　　　　　　　　　　　　　　　　24 900
　　　　　——乙材料　　　　　　　　　　　　　　　　　37 800
　贷:在途物资——甲材料　　　　　　　　　　　　　　　24 900
　　　　　　　——乙材料　　　　　　　　　　　　　　　37 800

第三节　产品生产业务的核算

一、产品生产业务概述

制造业的根本任务是生产加工市场需要的产品,生产阶段就是从企业利用设备对原材料加工开始到产品完工为止的过程。在产品生产过程中,必然会发生各种耗费,如:材料费、人工费、厂房与设备的磨损、水电费、管理费用、利息费用等,因此,生产阶段涉及的经济业务主要就是生产过程中发生的各项费用的归集、分配,产品成本的计算等。

企业在生产过程中发生的费用,可以统称为生产费用。生产费用按其与所生产产品关系的密切程度可分为直接费用和间接费用。直接费用是指直接为生产产品而花费的直接材料、直接人工等。直接材料是指企业在产品生产过程中,直接用于产品生产、构成产品实体的材料,包括原料及主要材料、外购半成品以及有助于产品形成的其他辅助材料等。直接人工是指直接从事产品生产的工人的职工薪酬。间接费用通常我们称为"制造费用",是指间接为生产产品而花费的各项支出,主要是企业生产车间(部门)为组织和管理生产所发生的费用。如生产车间管理人员的职工薪酬、机器设备的折旧费、修理费、机物料消耗、车间水电

费、车间办公费等。

在企业生产经营期间,除了上述为生产产品而花费的直接费用和间接费用外,还有一些费用与产品生产关系不密切,很难归属于某种产品,但为维持企业的生产经营能力又必须发生的费用,这些费用发生时间清晰、金额确定,我们称为期间费用。包括管理费用、财务费用和销售费用。管理费用是指企业为组织和管理生产经营所发生的费用,如行政管理部门的职工薪酬、办公费、差旅费、业务招待费等。财务费用是企业在筹资等财务活动中发生的费用,如企业经营期间发生的利息净支出、汇兑净损失、银行手续费等。销售费用是指企业在销售商品与材料及提供劳务过程中发生的应由本企业负担的各项费用,如应由企业负担的运输费、装卸费、展览费、包装费、保险费、广告费以及为销售本企业商品而专设的销售机构的职工薪酬、业务费、折旧费等经营费用等。

制造业企业为生产一定种类和数量的产品所支付的直接费用和间接费用的总和,就是产品的生产成本。直接费用直接计入产品成本;间接费用由于无法分清是为哪种产品服务的,所以要先归集,然后在会计期末采用一定的方法分配计入产品成本;期间费用直接计入当期损益,由本期利润承担,不计入产品成本。

二、产品生产业务的账户设置

为正确、合理地归集和分配各项生产费用,及时地计算各种产品制造成本,正确核算管理费用和财务费用,在生产过程中应设置"生产成本""制造费用""管理费用""财务费用""应付职工薪酬""库存商品"等账户。

(一)"生产成本"账户

该账户是成本类账户,用来核算和监督企业在产品生产过程中所发生的一切生产费用,计算确定产品实际生产成本。它的借方登记企业在产品生产过程中所发生的全部生产费用;贷方登记转出的完工产成品实际成本;月末借方余额,表示尚未完工的在产品的实际成本。为了具体核算每一种产品的生产成本,可以按照生产产品的品名或种类设置明细分类账户,进行明细分类核算。

"生产成本"账户T形结构如图4.17所示。

借方	生产成本	贷方
期初余额:期初在产品成本		
发生的生产费用: 直接材料、直接人工、制造费用		结转完工验收入库产成品成本
期末余额:期末在产品成本		

图4.17 "生产成本"账户结构图

(二)"制造费用"账户

该账户是成本类账户,用于核算和监督车间为组织和管理生产而发生的各项间接费用。该账户借方登记车间发生的各项间接费用;贷方登记月度终了将全部制造费用分配计入有关产品成本的金额;月末一般无余额。为了具体核算制造费用的发生情况,可以按不同的生产车间及制造费用的项目设置明细分类账户,进行明细分类核算。

"制造费用"账户T形结构如图4.18所示。

借方	制造费用	贷方
期初余额一般为零		
归集车间范围内发生的各项间接费用		期末分配转入"生产成本"账户
期末余额一般为零		

图4.18 "制造费用"账户结构图

(三)"累计折旧"账户

该账户是"固定资产"账户的调整账户,用来核算和监督固定资产因磨损而减少的价值。企业固定资产在使用过程中磨损的价值,是通过计提折旧的方式逐步转移到产品成本或期间费用中去的。因此,计提折旧就表明生产费用或期间费用的增加。同时,由于固定资产发生了磨损,固定资产的价值也相应减少,但因管理的需要,"固定资产"账户要始终反映企业固定资产的原值,其减少金额应通过"累计折旧"账户来核算。所以该账户的贷方登记固定资产因计提折旧而减少的金额,即固定资产折旧的增加金额;借方登记已提固定资产折旧的减少或转销数额;月末贷方余额表示现有固定资产已计提的累计折旧额。

"累计折旧"账户T形结构如图4.19所示。

借方	累计折旧	贷方
		期初余额:期初所持有的固定资产累计折旧额
固定资产折旧的减少(注销)		提取的固定资产折旧的增加
		期末余额:期末所持有的固定资产累计折旧额

图4.19 "累计折旧"账户结构图

(四)"应付职工薪酬"账户

该账户是负债类账户,用来核算和监督企业根据有关规定应付给职工的各种薪酬。该账户的贷方登记实际发生的计入成本、费用的应付职工的薪酬数额;借方登记实际已经支付的薪酬数额;月末可能有余额,若余额在贷方,表示期末尚未支付的薪酬额;若余额在借方,表示期末多发的薪酬额。本科目应当按照"工资""职工福利""社会保险费""住房公积金""工会经费""职工教育经费""解除职工劳动关系补偿"等应付职工薪酬项目进行明细核算。

"应付职工薪酬"账户T形结构如图4.20所示。

借方	应付职工薪酬	贷方
		期初余额:期初应付未付的职工薪酬
实际支付的职工薪酬		月末计算分配的职工薪酬
		期末余额:期末应付未付的职工薪酬

图 4.20 "应付职工薪酬"账户结构图

（五）"库存商品"账户

该账户是资产类账户，制造业企业"库存商品"账户是用来核算和监督已生产完工并验收入库产品的增减变动及结存情况。该账户的借方登记生产完工并已验收入库的产成品实际成本；贷方登记发出产成品的实际成本；月末余额在借方，表示库存产成品的实际成本。

制造业企业的产成品一般应按实际成本进行核算。在这种情况下，产成品的收入、发出和销售，平时只登记数量不登记金额；月度终了，计算入库存成品的实际成本；对发出和销售的产成品，可以采用先进先出法、加权平均法、个别计价法等方法确定其实际成本。核算方法一经确定，不得随意变更。如果制造业企业的产成品种类较多，也可以按计划成本进行产成品的日常核算，其实际成本与计划成本之间的差异，可以单独设置"产品成本差异"账户进行核算。在这种情况下，产成品的收入、发出，平时可以用计划成本进行核算，月度终了，计算入库产成品的实际成本，并将实际成本与计划成本之间的差异记入"产品成本差异"账户。

"库存商品"账户 T 形结构如图 4.21 所示。

借方	库存商品	贷方
期初余额:期初库存产品实际成本		
生产完工并已验收入库的产成品实际成本		发出产成品的实际成本
期末余额:期末库存产品实际成本		

图 4.21 "库存商品"账户结构图

（六）"管理费用"账户

该账户是损益类账户，管理费用是企业行政管理部门为组织和管理经营活动而发生的费用，包括公司经费、工会经费、职工教育经费、劳动保护费、董事会费、咨询费、审计费、诉讼费、排污费、绿化费、房产税、车船使用税、土地使用税、印花税、技术转让开发费、业务招待费等，通过设置"管理费用"账户来核算。该账户的借方登记企业发生的各项管理费用，贷方登记企业转入"本年利润"账户的管理费用，结转后，本账户应无余额。本账户应按照费用项目设置明细账户进行明细核算。企业生产车间和行政管理部门等发生的固定资产修理费用等后续支出，也在本账户核算。

"管理费用"账户 T 形结构如图 4.22 所示。

借方	管理费用	贷方
期初余额一般为零		
发生的各项管理费用		转入"本年利润"账户
期末余额一般为零		

图 4.22 "管理费用"账户结构图

三、产品生产成本的计算

产品成本主要通过"生产成本"和"制造费用"科目核算。"生产成本"科目核算企业进行工业性生产发生的各项生产成本。"制造费用"科目核算企业生产车间(部门)为生产产品和提供劳务而发生的各项间接费用,包括生产车间发生的机物料消耗、管理人员的工资、折旧费、办公费、水电费、季节性停工损失等。期末,在生产一种产品的车间中,制造费用可以直接计入产品成本;在生产多种产品的车间中,企业应根据制造费用的性质,合理选择分配方法,将制造费用分配计入各种产品成本。

四、产品生产业务的会计核算

下面就通过实例来介绍生产过程中材料、人工、制造费用的归集、分配及最终计算出产品成本的方法。

(一)材料费用的核算

企业生产中耗费的材料,按受益对象不同分别进行归集处理,一是生产产品直接消耗的材料,直接记入各产品的"生产成本"账户;二是车间耗用的消耗性材料记入"制造费用"账户;三是厂部、销售部门等耗用的材料记入"管理费用""销售费用"等账户。

【例 4-16】 华泰公司本月仓库发出的材料(月末根据各种材料领料凭证汇总整理)见表 4.2。

表 4.2 材料耗用汇总表　　　　金额单位:元

用途	甲材料			乙材料			金额合计
	数量	单价	金额	数量	单价	金额	
生产产品耗用							
A 产品耗用	1 000	4.50	4 500	500	3.60	1 800	6 300
B 产品耗用	2 000	4.50	9 000	1 000	3.60	3 600	12 600
小计	3 000	4.50	13 500	1 500	3.60	5 400	18 900
生产车间一般耗用	500	4.50	2 250	300	3.60	1 080	3 330
企业管理部门耗用	800	4.50	3 600	400	3.60	1 440	5 040
专设销售机构耗用	600	4.50	2 700	500	3.60	1 800	4 500
合计	4 900	4.50	22 050	2 700	3.60	9 720	31 770

【分析】 这项经济业务涉及"原材料""生产成本""制造费用""管理费用"和"销售费用"5个账户。生产产品耗用材料,应记入"生产成本"账户的借方,车间一般耗用材料,应记入"制造费用"账户的借方,企业行政管理部门耗用材料,应记入"管理费用"账户的借方,专设销售机构耗用材料,应记入"销售费用"账户的借方,仓库发出原材料,应记入"原材料"账户的贷方。对这项经济业务应作如下会计分录:

```
借:生产成本——A产品                         6 300
        ——B产品                        12 600
   制造费用                              3 330
   管理费用                              5 040
   销售费用                              4 500
  贷:原材料——甲材料                         22 050
        ——乙材料                         9 720
```

(二)人工费用的核算

人工费用是企业为职工花费的费用,也称为职工薪酬。是指企业为获得职工提供的服务而给予各种形式的报酬以及其他相关支出。包括企业为职工在职期间和离职后提供的全部货币性薪酬和非货币性福利。提供给职工配偶、子女或其他被赡养人的福利等,也属于职工薪酬。主要内容为:

(1)职工工资、奖金、津贴和补贴。
(2)职工福利费。
(3)医疗保险、养老保险、失业保险、工伤保险和生育保险等社会保险费。
(4)住房公积金。
(5)工会经费和职工教育经费。
(6)非货币性福利。
(7)因解除与职工的劳动关系给予的补偿。
(8)其他与获得职工提供的服务相关的支出。

企业根据有关规定应付给职工的各种薪酬,包括职工工资、奖金、津贴和补贴、职工福利费等应通过"应付职工薪酬"科目进行核算。"应付职工薪酬"账户属于负债类账户,该账户借方核算的是实际支付给职工的各种薪酬及支付的工会经费、职工教育经费、交纳的社会保险费、住房公积金等,该账户贷方登记的是企业应付未付的职工工资、奖金、津贴、福利费等,期末余额一般在贷方,反映的是应付未付的职工薪酬等。该账户的明细账可以根据工资、职工福利、工会经费、职工教育经费、社会保险费、住房公积金等设置。

企业发生的应付职工薪酬,应按其用途分配计入有关的成本费用中去。生产工人的职工薪酬应记入各种产品"生产成本"账户中,车间、管理部门员工的职工薪酬,应分别记入"制造费用""管理费用"等账户。

【例4-17】 12月12日华泰公司开出现金支票,从银行提取现金62 000元,以备发工资。

【分析】 这项经济业务涉及"库存现金"和"银行存款"两个账户。从银行提取现金,应记入"库存现金"账户的借方,"银行存款"账户的贷方。对这项经济业务应作如下会计分录:

```
借:库存现金                              62 000
  贷:银行存款                              62 000
```

第四章 借贷记账法的运用

【例 4-18】 12月12日华泰公司以现金62 000元发放职工工资。

【分析】 这项经济业务涉及"库存现金"和"应付职工薪酬"两个账户。应付职工薪酬减少应记入"应付职工薪酬"账户的借方,现金的减少应记入"库存现金"账户的贷方。对这项经济业务应作如下会计分录:

借:应付职工薪酬——工资　　　　　　　　　　　　　　　　62 000
　　贷:库存现金　　　　　　　　　　　　　　　　　　　　　　62 000

【例 4-19】 12月30日华泰公司分配本月应付职工工资62 000元,其中生产工人工资36 000元(其中:生产A产品工人工资20 000元,生产B产品工人工资16 000元),车间管理人员工资8 000元,公司行政管理人员工资12 000元,专设销售机构人员工资6 000元。

【分析】 这项经济业务涉及"生产成本""制造费用""管理费用""销售费用"和"应付职工薪酬"5个账户。生产A产品、B产品应负担的工人工资属于直接人工费,应记入"生产成本"账户的借方;车间管理人员工资属于间接人工费,应记入"制造费用"账户的借方;企业行政管理人员工资属于期间费用,应记入"管理费用"账户的借方;专设销售机构人员工资属于期间费用,应记入"销售费用"账户的借方;本月发生的应付给职工的工资表明企业负债的增加,应记入"应付职工薪酬"账户的贷方。对这项经济业务应作如下会计分录:

借:生产成本——A产品　　　　　　　　　　　　　　　　　20 000
　　　　　　——B产品　　　　　　　　　　　　　　　　　16 000
　　制造费用　　　　　　　　　　　　　　　　　　　　　　　8 000
　　管理费用　　　　　　　　　　　　　　　　　　　　　　　12 000
　　销售费用　　　　　　　　　　　　　　　　　　　　　　　6 000
　　贷:应付职工薪酬——工资　　　　　　　　　　　　　　　62 000

【例 4-20】 12月31日华泰公司以职工工资总额的14%计提职工福利费。(说明:职工福利费等职工薪酬,按照新会计准则,国家没有明确规定计提基础和计提比例,由企业根据实际情况合理确定。)

【分析】 这项经济业务涉及"生产成本""制造费用""管理费用""销售费用"和"应付职工薪酬"五个账户。生产工人的福利费属于直接人工,应记入"生产成本"账户的借方,车间管理人员的福利费属于间接费用,应记入"制造费用"账户的借方,厂部行政管理人员的福利费属期间费用,应记入"管理费用"账户的借方,专设销售机构人员的福利费属于期间费用,应记入"销售费用"账户的借方,计提职工福利费表明对职工负债的增加,应记入"应付职工薪酬"账户的贷方。对这项经济业务应作如下会计分录:

借:生产成本——A产品　　　　　　　　　　　　　　　　　2 800
　　　　　　——B产品　　　　　　　　　　　　　　　　　2 240
　　制造费用　　　　　　　　　　　　　　　　　　　　　　　1 120
　　管理费用　　　　　　　　　　　　　　　　　　　　　　　1 680
　　销售费用　　　　　　　　　　　　　　　　　　　　　　　840
　　贷:应付职工薪酬——职工福利　　　　　　　　　　　　　8 680

(三)制造费用的核算

制造费用是企业为生产产品和提供劳务而发生的各项间接费用。应按费用发生的地点和用途在"制造费用"账户进行归集。到了会计期末,企业应当选择合理的分配标准,将制造费用分配计入产品成本。所选择的标准,应当与所分配的费用之间有较密切的关系,使分配的结果能体现受益原则,即受益大的产品多负担费用;反之,则少负担费用。制造费用分配标准有多种,如生产工时、生产工人工资、机器工时等。其分配的基本公式是:

$$制造费用分配率 = \frac{制造费用总额}{各种产品分配标准(生产工时或生产工人工资等)合计}$$

$$某种产品应负担的制造费用 = 该种产品的分配标准 \times 分配率$$

【例 4-21】 12月10日华泰公司生产车间的机器设备出现故障,由外单位人员维修,支付维修费用6 000元,用银行存款支付。

【分析】 这项经济业务涉及"制造费用"和"银行存款"两个账户。机器设备的维修费属间接费用,应记入"制造费用"账户的借方,银行存款的减少,应记入"银行存款"账户的贷方。对这项经济业务应作如下会计分录:

借:制造费用　　　　　　　　　　　　　　　　　　　　　　　　6 000
　　贷:银行存款　　　　　　　　　　　　　　　　　　　　　　　　　6 000

【例 4-22】 12月12日,华泰公司接到水电部门付款通知,应付车间耗用水电费计12 000元,管理部门耗用水电费4 000元,增值税税款2 720元,款项已付。

【分析】 这项经济业务涉及"制造费用""管理费用""银行存款""应交税费"4个账户。车间耗用水电费,应记入"制造费用"账户的借方,管理部门耗用水电费,应记入"管理费用"账户的借方,支付进项增值税应记入"应交税费——应交增值税"账户的借方,已付账款应记入"银行存款"账户的贷方。对这项经济业务应作如下会计分录:

借:制造费用　　　　　　　　　　　　　　　　　　　　　　　　12 000
　　管理费用　　　　　　　　　　　　　　　　　　　　　　　　　4 000
　　应交税费——应交增值税(进项税额)　　　　　　　　　　　　2 720
　　贷:银行存款　　　　　　　　　　　　　　　　　　　　　　　　　18 720

【例 4-23】 12月30日,华泰公司用银行存款支付本月份生产设备的保险费2 400元。

【分析】 这笔业务一方面是生产设备的保险费,使企业的生产费用增加,记入"制造费用"账户的借方,另一方面使企业的银行存款减少,记入"银行存款"的贷方。对这项经济业务应作如下会计分录:

借:制造费用　　　　　　　　　　　　　　　　　　　　　　　　2 400
　　贷:银行存款　　　　　　　　　　　　　　　　　　　　　　　　　2 400

【例 4-24】 12月31日华泰公司计提本月固定资产折旧费24 000元,其中,生产车间应提折旧费20 000元,行政管理部门使用的固定资产应提折旧费4 000元。

【分析】 这项经济业务涉及"制造费用""管理费用""累计折旧"3个账户。生产部门使用固定资产计提的折旧费属于生产成本中的固定资产损耗,是一种间接生产费用,应记入"制造费用"账户的借方,管理部门使用固定资产的损耗费,应记入"管理费用"账户的借方,计提固定资产折旧表明原有固定资产价值减少了,即累计折旧增加,应记入"累计折旧"账户的贷方。对这项经济业务应作如下会计分录:

借:制造费用 20 000
　　管理费用 4 000
　贷:累计折旧 24 000

【例 4-25】 月末,按生产 A、B 两种产品的生产工人的工资比例分配制造费用 52 850 元。

【分析】 企业当期发生的制造费用在"制造费用"账户归集后,就应在各受益对象之间采用适当的标准进行分配。通常的分配标准有生产工时、生产工人工资、机器工时等。总体分配的原则就是要使分配的结果能体现受益原则,即受益大的产品多负担费用;受益小的产品少负担费用。

$$制造费用分配率 = \frac{制造费用总额}{各种产品分配标准(生产工时或生产工人工资)合计}$$

某种产品应负担的制造费用 = 该种产品的分配标准 × 分配率

制造费用分配率 = 52 850/(20 000 + 16 000) = 1.4681

A 产品应负担制造费用 = 20 000 × 1.4681 = 29 362(元)

B 产品应负担制造费用 = 16 000 × 1.4681 = 23 488(元)

制造费用分配如表 4.3 所示。

表 4.3　制造费用分配表　　　金额单位:元

产品名称	生产工人工资	分配率	分配金额
A 产品	20 000		29 362
B 产品	16 000		23 488
合计	36 000	1.4681	52 850

【分析】 这项经济业务涉及"生产成本"和"制造费用"两个账户。产品应负担的制造费用应记入"生产成本"账户的借方,结转制造费用应记入"制造费用"账户的贷方。对这项经济业务应作如下会计分录:

借:生产成本——A 产品 29 362
　　　　　　——B 产品 23 488
　贷:制造费用 52 850

根据上述有关资料登记制造费用明细账,如表 4.4 所示。

表 4.4　制造费用明细账

车间名称:　　　　　　　　　　　　　　　　　　　　　　　　　　金额单位:元

年		凭证号数	摘要	机物料消耗	工资	福利费	修理费	折旧费	水电费	合计
月	日									
			材料费分配表	3 330						3 330
			工资分配表		8 000					8 000

续表

年		凭证号数	摘要	机物料消耗	工资	福利费	修理费	折旧费	水电费	合计
月	日									
			福利费分配表			1 120				1 120
			修理费				6 000			6 000
			折旧费					20 000		20 000
			水电费						12 000	12 000
			保险费				2 400			2 400
			本月合计	3 330	8 000	1 120	8 400	20 000	12 000	52 850
			分配转出	3 300	8 000	1 120	8 400	20 000	12 000	52 850

(四) 本期完工产品制造成本的确定和结转

产品生产费用通过前述的费用归集和分配后,都已归集到了生产成本账户,最后就可以将归集到某种产品的各项费用(包括期初在产品成本和本期发生的费用)在本月完工产品和月末在产品之间进行分配,最终确定完工产品的制造成本。在月末没有在产品的情况下,生产成本明细账内归集的费用总额就是完工产品的总成本,总成本除以本月该种产品产量,就是单位成本。

【例 4-26】 本月生产 A 产品(1 500 件)58 462 元、B 产品(1 000 件)54 328 元,全部验收合格并入库。

根据上述有关资料登记生产成本明细分类账,如表 4.5 和表 4.6 所示。

表 4.5 A 产品生产成本明细分类账

产品名称:A 产品   金额单位:元

年		凭证号数	摘要	借方			
月	日			直接材料	直接人工	制造费用	合计
略	略	略	期初在产品成本				
			材料费用	6 300			6 300
			生产工人工资		20 000		20 000
			生产工人福利费		2 800		2 800
			分配制造费用			29 362	29 362
			生产费用合计	6 300	22 800	29 362	58 462
			结转完工产品成本	6 300	22 800	29 362	58 462

表 4.6 B产品生产成本明细分类账

产品名称:B产品　　　　　　　　　　　　　　　　　　　　金额单位:元

年		凭证号数	摘要	借方			
月	日			直接材料	直接人工	制造费用	合计
略	略	略	期初在产品成本				
			材料费用	12 600			12 600
			生产工人工资		16 000		16 000
			生产工人福利费		2 240		2 240
			分配制造费用			23 488	23 488
			生产费用合计	12 600	18 240	23 488	54 328
			结转完工产品成本	12 600	18 240	23 488	54 328

【分析】 经计算确定的本期完工产品的制造成本,要从"生产成本"账户的贷方转入"库存商品"账户的借方,并登记总账和明细账,称为完工产品成本的结转。

借:库存商品——A产品　　　　　　　　　　　　　　58 462
　　　　　　——B产品　　　　　　　　　　　　　　54 328
　贷:生产成本——A产品　　　　　　　　　　　　　　58 462
　　　　　　——B产品　　　　　　　　　　　　　　54 328

第四节　产品销售业务的核算

一、产品销售业务概述

销售过程是企业生产经营活动的最后阶段。制造企业通过产品销售,收回货币资金,完成了资金由成品资金形态转化为货币资金形态的过程,从而保证了企业再生产活动的顺利进行。

在销售过程中,企业一方面取得销售商品的收入,另一方面也要付出相应的产品,为制造这些产品已发生了各种耗费,为销售这些产品还会有新的耗费。前者是生产环节的耗费,后者是销售环节的耗费。这些都需要由销售收入弥补。为了确定耗费的补偿尺度,在确认收入实现的同时,必须确认与实现收入相关的成本费用。与收入实现相关的成本费用包括:① 产品销售成本,即销售产品的制造成本。销售成本采用直接配比方式,将产品的销售成本与销售收入直接对应确认。② 销售费用,即为销售产品而发生的费用,如广告费、运输费、装卸费、推销费、包装费等等。一般企业发生的销售费用与实现的销售收入之间没有直接配比关系,但销售费用一般与期间有关。因此,销售费用通常采用期间配比的方式,即将本期发生的销售费用全部由当期实现的收入弥补。③ 按照税法的规定,企业只要实现了销售,就必须依据税法向国家缴纳税金。主要有增值税和其他地方性税种及国家要求缴纳的流转税附加等(某些制造业企业可能还会涉及营业税、消费税等,基础会计阶段不作要求)。企业销售商品取得的收入,扣除因销售商品而发生的实际成本、企业日常活动应负担的税金及附加,即为企业的主营业务利润,这是企业营业利润的主要构成部分。

此外,企业还会发生一些除产品销售以外的其他销售业务,如销售材料、销售包装物、出租包装物、出租固定资产、转让无形资产使用权等,这些其他业务收入,扣除相应的其他业务成本,形成企业的其他业务利润。

二、产品销售业务的账户设置

(一)"主营业务收入"账户

该账户是损益类账户,用来核算和监督企业在一定会计期间因销售商品、提供劳务而取得的收入。该账户贷方登记企业销售商品、提供劳务而取得的收入;借方登记销货退回数额和在期末结转入"本年利润"账户的数额;期末结转后本账户应无余额。"主营业务收入"账户应按销售商品的类别或品种开设明细分类账户,进行明细分类核算。

"主营业务收入"账户T形结构如图4.23所示。

借方	主营业务收入	贷方
		期初余额一般为零
销售退回等 期末转入"本年利润"账户的净收入		实现的主营业务收入(增加)
		期末余额一般为零

图4.23 "主营业务收入"账户结构图

(二)"主营业务成本"账户

该账户是损益类账户,用来核算和监督企业已销售商品的实际生产成本。该账户借方登记已销售商品、提供劳务的实际成本数;贷方登记应冲减的销售成本和期末转入"本年利润"账户的已销售商品成本的结转数;期末结转后该账户无余额。"主营业务成本"账户应按销售商品的类别或品种开设明细分类账户,进行明细分类核算。

"主营业务成本"账户T形结构如图4.24所示。

借方	主营业务成本	贷方
期初余额一般为零		
发生的主营业务成本		期末转入"本年利润"账户的 主营业务成本
期末余额一般为零		

图4.24 "主营业务成本"账户结构图

(三)"税金及附加"账户

该账户是损益类账户,用来核算和监督企业经营活动发生的营业税、消费税、城市维护建设税、资源税和教育费附加等相关税费。该账户的借方登记企业按规定计算的应交纳的消费税、营业税等税金数额;贷方登记企业收到的返还的消费税、营业税等,及期末转入"本年利润"账户的数额;期末结转后本账户应无余额。该账户应按销售商品的类别或品种开设明细分类账户,进行明细分类核算。

"税金及附加"账户T形结构如图4.25所示。

借方	税金及附加	贷方
期初余额一般为零		
计算出的营业税、消费税、城市维护建设税等	期末转入"本年利润"账户的税金及附加额	
期末余额一般为零		

图4.25 "税金及附加"账户结构图

(四)"其他业务收入"账户

该账户是损益类账户,用来核算和监督企业除主营业务以外的其他经营活动实现的收入,包括出租固定资产、出租无形资产、出租包装物和商品、销售材料等实现的收入。该账户贷方登记企业取得的其他业务收入;借方登记转入"本年利润"账户的数额;期末结转后本账户无余额。"其他业务收入"账户按照其他业务的类别设置明细分类账户,进行明细分类核算。

"其他业务收入"账户T形结构如图4.26所示。

借方	其他业务收入	贷方
	期初余额一般为零	
期末转入"本年利润"账户的其他业务收入	实现的其他业务收入(增加)	
	期末余额一般为零	

图4.26 "其他业务收入"账户结构图

(五)"其他业务成本"账户

该账户是损益类账户,用来核算和监督企业除主营业务活动以外的其他经营活动所发生的支出,包括销售材料的成本、出租固定资产的累计折旧、出租无形资产的累计摊销、出租包装物的成本或摊销额等(企业付主营业务活动以外的其他经营活动发生的相关税费,在"税金及附加"科目核算,不在本科目核算)。该账户借方登记企业发生的其他业务成本数;贷方登记转入"本年利润"账户数额;期末结转后本账户应无余额。"其他业务成本"账户应按照其他业务的种类设置明细分类账户,进行明细分类核算。

"其他业务成本"账户T形结构如图4.27所示。

借方	其他业务成本	贷方
期初余额一般为零		
其他业务成本的发生(增加)		期末转入"本年利润"账户的其他业务成本
期末余额一般为零		

图 4.27 "其他业务成本"账户结构图

(六)"销售费用"账户

该账户是损益类账户,用来核算企业销售商品和材料、提供劳务的过程中发生的各种费用,包括保险费、包装费、展览费和广告费、运输费、装卸费等以及为销售本企业商品而专设的销售机构(含销售网点、售后服务网点等)的职工薪酬、业务费、折旧费等经营费用。该账户借方登记各项销售费用的发生数,贷方登记转出数,期末无余额。该账户按照费用项目设置明细账户,进行明细分类核算。

"销售费用"账户T形结构如图4.28所示。

借方	销售费用	贷方
期初余额一般为零		
发生的销售费用		期末转入"本年利润"账户的销售费用额
期末余额一般为零		

图 4.28 "销售费用"账户结构图

(七)"应收账款"账户

该账户是资产类账户,用来核算企业因销售商品、提供劳务等应向购货单位或接受劳务单位收取的款项。不单独设置"预收账款"账户的企业,预收的账款也在本账户核算。该账户的借方登记经营收入发生的应收款和已转作坏账损失又收回的应收款,以及代购货单位垫付的包装、运杂费等;贷方登记实际收到的应收款项和企业将应收款改用商业汇票结算而收到的商业汇票,以及转作坏账的应收账款。月末借方余额,表示尚未收回的款项。本账户按购货单位或接受劳务单位设置明细账户,进行明细分类核算。

"应收账款"账户T形结构如图4.29所示。

借方	应收账款	贷方
期初余额:截至上期末应收未收款余额		期初余额:截至上期末预收款余额
发生的应收账款(增加)		收回的应收账款(减少)
期末余额:截至本期末应收未收款余额		期末余额:截至本期末预收款余额

图 4.29 "应收账款"账户结构图

（八）"应收票据"账户

该账户是资产类账户，用来核算企业销售商品而收到购买单位开出并承兑的商业承兑汇票或银行承兑汇票的增减变动及其结余情况的账户。企业收到购买单位开出并承兑的商业汇票，表明企业票据应收款的增加，应记入账户的借方；票据到期收回款项表明企业应收票据款的减少，应记入账户的贷方；期末该账户如有余额应在借方，表示尚未到期的票据应收款项的结余额。该账户按票据种类设置明细账户。为了解每一应收票据的结算情况，企业应设置"应收票据备查簿"逐笔登记每一应收票据的详细资料。

"应收票据"账户T形结构如图4.30所示。

借方	应收票据	贷方
期初余额：期初尚未收回的票据应收款		
本期收到的商业汇票（增加）		到期（或提前贴现）票据（减少）
期末余额：期末尚未收回的票据应收款		

图4.30 "应收票据"账户结构图

（九）"预收账款"账户

该账户是负债类账户，用来核算企业按照合同的规定预收购买单位订货款的增减变动及其结余情况。其贷方登记预收购买单位订货款的增加，借方登记销售实现时冲减的预收货款。期末余额如在贷方，表示企业预收款的结余额，期末余额如在借方，表示购货单位应补付给本企业的款项。本账户应按照购货单位设置明细账户，进行明细分类核算。

注：对于预收账款业务不多的企业，可以不单独设置"预收账款"账户，而将预收的款项直接记入"应收账款"账户的贷方，此时，应收账款账户就成为双重性质的账户。

"预收账款"账户T形结构如图4.31所示。

借方	预收账款	贷方
期初余额：截至上期末购货方应补付的款项		期初余额：截至上期末预收款的结余
预收货款的减少		预收货款的增加
期末余额：截至本期末购货方应补付的款项		期末余额：截至本期末预收款的结余

图4.31 "预收账款"账户结构图

三、产品销售业务的会计核算

【例4-27】 12月13日华泰公司向吉利公司销售A产品2 000件，每件售价70元，计货款140 000元，销项税额为18 200元，货款及增值税税款已向银行办理托收。

【分析】 这项经济业务涉及"主营业务收入""应交税费——应交增值税"和"应收账款"三个账户。销售商品取得收入应记入"主营业务收入"账户的贷方；向购货方收取的销项增值税应记入"应交税费——应交增值税"账户的贷方；应收款的增加应记入"应收账款"账户

的借方。对这项经济业务应作如下会计分录:

借:应收账款——吉利公司　　　　　　　　　　　　　　　158 200
　　贷:主营业务收入　　　　　　　　　　　　　　　　　　140 000
　　　　应交税费——应交增值税(销项税额)　　　　　　　 18 200

【例 4-28】 12 月 14 日华泰公司以银行存款支付广告费 5 000 元。

【分析】 这笔经济业务涉及"销售费用"和"银行存款"两个账户,企业销售费用增加的同时,银行存款减少。因此,费用增加,记入"销售费用"账户的借方;银行存款减少,记入"银行存款"账户的贷方。对这项经济业务应作如下会计分录:

借:销售费用　　　　　　　　　　　　　　　　　　　　　5 000
　　贷:银行存款　　　　　　　　　　　　　　　　　　　　5 000

【例 4-29】 12 月 19 日华泰公司接银行通知,托收吉利公司销货款 163 800 元,已收妥入账。

【分析】 这笔经济业务涉及"银行存款"和"应收账款"两个账户。销售的货款已收到,银行存款增加,应收款项减少。银行存款增加,记入"银行存款"账户的借方;应收款项减少,记入"应收账款"账户的贷方。对这项经济业务应作如下会计分录:

借:银行存款　　　　　　　　　　　　　　　　　　　　　163 800
　　贷:应收账款——吉利公司　　　　　　　　　　　　　　163 800

【例 4-30】 12 月 20 日华泰公司向攀登公司销售 B 产品 1 600 件,每件售价 100 元,计货款 160 000 元,销项税额为 20 800 元,攀登公司支付货款 50 000 元,余款攀登公司开出并承兑商业汇票一张,三个月后付款。

【分析】 这项经济业务涉及"银行存款""应收票据""主营业务收入""应交税费——应交增值税"4 个账户。收取的货款记入"银行存款"账户的借方;尚欠的货款记入"应收票据"账户的借方;销售产品取得收入记入"主营业务收入"账户的贷方;应向购货方收取的增值税应记入"应交税费——应交增值税"账户的贷方。对这项经济业务应作如下会计分录:

借:银行存款　　　　　　　　　　　　　　　　　　　　　50 000
　　应收票据——攀登公司　　　　　　　　　　　　　　　130 800
　　贷:主营业务收入　　　　　　　　　　　　　　　　　　160 000
　　　　应交税费——应交增值税(销项税额)　　　　　　　 20 800

【例 4-31】 12 月 31 日,华泰公司销售甲材料 700 千克,单位售价 6 元,销售款 4 200 元,销项增值税 546 元,款项已全部收取存入银行。

【分析】 这项经济业务涉及"其他业务收入""应交税费——应交增值税""银行存款"3 个账户。材料的销售不是企业的主营业务,而是企业的其他业务。取得销售材料的收入应记入"其他业务收入"账户的贷方;向购货方收取的销项增值税应记入"应交税费——应交增值税"账户的贷方;销售款已存入银行,应记入"银行存款"账户的借方。对这项经济业务应作如下会计分录:

借:银行存款　　　　　　　　　　　　　　　　　　　　　4 746
　　贷:其他业务收入　　　　　　　　　　　　　　　　　　4 200
　　　　应交税费——应交增值税(销项税额)　　　　　　　 546

【例 4-32】 12月31日华泰公司结转已销售甲材料的实际成本3 150元。

【分析】 这项经济业务涉及"其他业务成本"账户与"原材料"账户。材料的销售收入(见例4-31)已记入"其他业务收入",那么按照配比原则与销售收入相对应的销售成本就要记入"其他业务成本"。即销售成本增加记入"其他业务成本"账户的借方;原材料减少,记入"原材料"账户的贷方。对这项经济业务应作如下会计分录:

借:其他业务成本　　　　　　　　　　　　　　　　　　3 150
　　贷:原材料——甲材料　　　　　　　　　　　　　　　　　　3 150

【例 4-33】 12月31日华泰公司结转已售A、B产品的实际成本,已售A产品的生产成本是80 000元;已售B产品的生产成本是96 000元。

【分析】 这项经济业务涉及"库存商品"账户与"主营业务成本"账户。产品售出确认收入后,还要按配比原则确认与销售收入对应的销售成本。销售成本增加应记入"主营业务成本"账户的借方;库存商品因销售而减少,应记入"库存商品"账户的贷方。对这项经济业务应作如下会计分录:

借:主营业务成本——A产品　　　　　　　　　　　　　　80 000
　　　　　　　　——B产品　　　　　　　　　　　　　　96 000
　　贷:库存商品——A产品　　　　　　　　　　　　　　　　80 000
　　　　　　　　——B产品　　　　　　　　　　　　　　　　96 000

【例 4-34】 12月31日,华泰公司计算并结转应交纳城市维护建设税税款644.98元,教育费附加276.42元。

【分析】 这项经济业务涉及"税金及附加""应交税费"两个账户。计征的税费,应记入"税金及附加"账户的借方;应交城建税与应交教育费附加应记入"应交税费"账户的贷方。对这项经济业务应作如下会计分录:

借:税金及附加　　　　　　　　　　　　　　　　　　　921.40
　　贷:应交税费——应交城建税　　　　　　　　　　　　　　644.98
　　　　　　　——应交教育费附加　　　　　　　　　　　　276.42

第五节　财务成果业务的核算

一、财务成果形成的核算

(一)财务成果形成的业务概述

财务成果是企业在一定会计期间最终的经营成果,表现为实现的利润或发生的亏损。利润包括收入减去费用后的净额、直接计入当期利润的利得和损失等。根据利润形成的过程,利润有营业利润、利润总额和净利润三个层次的概念。

(二)财务成果形成的核算账户设置

1. "本年利润"账户

该账户是所有者权益类账户,核算企业在本年度实现的净利润(或亏损)总额。本账户借方登记月末转入的各项费用类账户数额和年末转入利润分配账户的全年累计实现利润,贷方登记月末转入的各项收入类账户数额和年末转入利润分配账户的全年累计亏损。平时期末余额在贷方或借方,贷方余额反映年度内各月累计实现净利润数,借方余额反映年度内各月累计亏损数。年末将本账户全部余额转入"利润分配——未分配利润"账户后,余额为零。不设置明细账户。

"本年利润"账户T形结构如图4.32所示。

借方	本年利润	贷方
期末转入的各项费用:		期末转入的各项收入:
主营业务成本		主营业务收入
其他业务成本		其他业务收入
税金及附加		投资净收益
管理费用		营业外收入
财务费用		
投资净损失		
营业外支出		
所得税费用		
期末余额:累计亏损		期末余额:累计净利润

图4.32 "本年利润"账户结构图

2. "所得税费用"账户

所得税费用是企业按照国家税法的规定,对企业某一经营年度实现的经营所得和其他所得,按照规定的所得税税率计算缴纳的一种税款。

该账户是损益类账户,核算企业按照税法规定从当期损益中扣除的所得税。本账户借方登记企业按税法规定从当期利润中扣除的所得税费用,贷方登记转入本年利润数额,结转后期末无余额。

"所得税费用"账户T形结构如图4.33所示。

借方	所得税费用	贷方
期初余额一般为零		
计算出来的所得税费用		期末转入"本年利润"账户的所得税费用额
期末余额一般为零		

图4.33 "所得税费用"账户结构图

3. "营业外收入"账户

该账户是损益类账户,核算企业发生的与企业生产经营无直接关系的各项收入,如罚没利得、政府补助利得、确实无法支付而按规定程序经批准后转作营业外收入的应付款项等。本账户贷方登记各项营业外收入项目的发生额,借方登记转入本年利润账户的数额,结转后期末无余额。本账户按收入项目设明细账。

"营业外收入"账户T形结构如图4.34所示。

借方	营业外收入	贷方
		期初余额一般为零
期末转入"本年利润"账户的营业外收入		实现的主营业务收入(增加)
		期末余额一般为零

图4.34 "营业外收入"账户结构图

4. "营业外支出"账户

该账户是损益类账户,核算企业发生的与企业生产经营无直接关系的各项支出,如罚款支出、捐赠支出、非常损失等。本账户借方登记各项营业外支出项目的发生额,贷方登记转入本年利润账户的数额,结转后期末无余额。本账户按支出项目设置明细账。

"营业外支出"账户T形结构如图4.35所示。

借方	营业外支出	贷方
期初余额一般为零		
营业外支出的发生(增加)		期末转入"本年利润"账户的营业外支出
期末余额一般为零		

图4.35 "营业外支出"账户结构图

5. "投资收益"账户

该账户是损益类账户,核算企业根据长期股权投资准则确认的投资收益或投资损失。其贷方登记投资收益数额,以及期末转入"本年利润"账户投资净损失数额;借方登记投资损失及期末转入"本年利润"的投资净收益数额;结转后期末无余额。本账户按投资收益的种类设置明细账。

"投资收益"账户T形结构如图4.36所示。

借方	投资收益	贷方
		期初余额一般为零
投资损失、期末转入"本年利润"的投资净收益数额		投资收益数额
		期末余额一般为零

图4.36 "投资收益"账户结构图

（三）财务成果形成的会计核算

【例 4-35】 12月8日，华泰公司收到一笔罚款收入1 200元，存入银行。

【分析】 这项业务发生后，一方面营业外收入增加，应记入"营业外收入"账户的贷方，另一方面银行存款增加，应记入"银行存款"账户的借方。对这项经济业务应作如下会计分录：

借：银行存款　　　　　　　　　　　　　　　　　　　1 200
　　贷：营业外收入　　　　　　　　　　　　　　　　　　　1 200

【例 4-36】 12月16日，华泰公司收到政府补助20 000元，已存入银行。

【分析】 这项业务发生后，一方面营业外收入增加，应记入"营业外收入"账户的贷方，另一方面银行存款增加，应记入"银行存款"账户的借方。对这项经济业务应作如下会计分录：

借：银行存款　　　　　　　　　　　　　　　　　　　20 000
　　贷：营业外收入　　　　　　　　　　　　　　　　　　　20 000

【例 4-37】 12月31日，华泰公司以银行存款26 000元捐赠地震灾区。

【分析】 这项经济业务涉及"营业外支出"和"银行存款"两个账户。营业外支出增加应记入"营业外支出"账户借方；银行存款减少应记入"银行存款"账户的贷方。对这项经济业务应作如下会计分录：

借：营业外支出　　　　　　　　　　　　　　　　　　26 000
　　贷：银行存款　　　　　　　　　　　　　　　　　　　　26 000

【例 4-38】 12月31日，华泰公司收到联营企业所分配的投资红利10 000元，存入银行。

【分析】 这项经济业务涉及"银行存款"和"投资收益"两个账户。银行存款增加应记入"银行存款"账户的借方；投资收益增加应记入"投资收益"账户贷方。对这项经济业务应作如下会计分录：

借：银行存款　　　　　　　　　　　　　　　　　　　10 000
　　贷：投资收益　　　　　　　　　　　　　　　　　　　　10 000

【例 4-39】 12月31日，华泰公司结转当期收入、费用等损益类账户。各账户当期累计发生额如下：

主营业务收入：　　　　贷方余额300 000元；
其他业务收入：　　　　贷方余额4 200元；
营业外收入：　　　　　贷方余额21 200元；
投资收益：　　　　　　贷方余额10 000元；
主营业务成本：　　　　借方余额176 000元；
其他业务成本　　　　　借方余额3 150元；
税金及附加：　　　　　借方余额921.40元；
营业外支出：　　　　　借方余额26 000元；
管理费用：　　　　　　借方余额26 720元；

销售费用: 借方余额 16 340 元；
财务费用: 借方余额 2 650 元；

对这项经济业务应作如下会计分录：

借：主营业务收入	300 000
其他业务收入	4 200
营业外收入	21 200
投资收益	10 000
贷：本年利润	335 400
借：本年利润	251 781.40
贷：主营业务成本	176 000
其他业务成本	3 150
税金及附加	921.40
营业外支出	26 000
管理费用	26 720
销售费用	16 340
财务费用	2 650

利润总额 = 335 400 − 251 781.40 = 83 618.60（元）

【例 4-40】 依据例 4-39 资料 12 月份利润总额为 83 618.60 元，计算华泰公司 12 月份所得税费用。

【分析】 所得税费用 = 83 618.60 × 25% = 20 904.65（元）

这项经济业务涉及"所得税费用"和"应交税费"两个账户。所得税费用的形成应记入"所得税费用"账户的借方；应交而未交的所得税应记入"应交税费"账户的贷方。对这项经济业务应作如下会计分录：

计提所得税：

借：所得税费用——当期所得税费用	20 904.65
贷：应交税费——应交所得税	20 904.65

期末所得税费的结转：

借：本年利润	20 904.65
贷：所得税费用——当期所得税费用	20 904.65

当年的净利润 = 83 618.60 − 20 904.65 = 62 713.95（元）

二、财务成果分配的核算

（一）财务成果分配的业务概述

企业实现的净利润，应按照国家的规定和投资者的决议进行合理的分配。企业净利润的分配涉及各个方面的利益关系，必须遵循兼顾投资人利益、企业利益以及企业职工利益的原则对净利润进行分配。根据《中华人民共和国公司法》等有关法规的规定，企业当期实现的净利润要按照法定程序进行分配。分配顺序依次是：

（1）弥补以前年度亏损。在五年内可以用税前利润弥补亏损；还可以用以前年度提取的法定盈余公积弥补。亏损未弥补完之前,不得提取法定盈余公积金和法定公益金。

(2) 提取盈余公积。公司制按本年实现净利润10%比例提取法定盈余公积;非公司制企业按不低于10%的比例提取。企业提取的法定盈余公积累计超过其注册资本的50%以上的,可不再提取。公司制企业提取法定盈余公积后经股东大会决议,可提取任意盈余公积。

(3) 向投资者分配利润。

(4) 保留一定量的未分配利润。

注意:利润分配须按法定顺序进行。

公司制企业可根据股东大会的决议提取任意盈余公积金,非公司制企业经类似权力机构批准也可提取任意盈余公积金。

未分配利润是企业经过弥补亏损、提取法定盈余公积、提取任意盈余公积和向投资者分配利润等利润分配之后剩余的利润,它是企业留待以后年度进行分配的历史结存的利润,它是所有者权益的一个重要组成部分。相对于所有者权益的其他部分来说,企业对于未分配利润的使用分配有较大的自主权,应当在资产负债表的所有者权益项目中单独反映。企业如发生亏损,可以按规定由以后年度利润进行弥补。

盈余公积和未分配利润又合称为"留存收益"。

(二) 财务成果分配的核算账户设置

1. "利润分配"账户

该账户是所有者权益类账户,用来核算企业利润的分配(或亏损的弥补)和历年分配(或弥补)后的积存余额情况。其借方登记实际分配的利润额,包括提取的盈余公积金和分配给投资人的利润以及年末从"本年利润"账户转入的全年累计亏损额;贷方平时一般无发生额,年末贷方登记用盈余公积金弥补的亏损额以及年末从"本年利润"账户转入的全年实现的净利润额。平时期末余额在借方,表示累计利润分配数,年末贷方余额为未分配利润,年末借方余额为未弥补亏损数。"利润分配"账户应按利润分配去向分别开设明细分类账户,一般开设"提取法定盈余公积""提取任意盈余公积""应付现金股利或利润""转作股本的股利""盈余公积补亏"和"未分配利润"等明细账户进行明细核算。

"利润分配"账户T形结构如图4.37所示。

借方	利润分配	贷方
实际分配的利润额		盈余公积补亏
提取法定盈余公积		年末从"本年利润"账户转入的全年净利润
应付现金股利		
转作资本的股利		
年末转入的亏损		
年内余额:已分配的利润额		期末余额:期末未分配利润
年末余额:未弥补亏损额		

图4.37 "利润分配"账户结构图

2. "盈余公积"账户

该账户是所有者权益类账户,用以核算和监督企业从税后利润中提取的盈余公积金。该账户贷方登记从企业税后利润中提取的盈余公积金的数额;借方登记盈余公积金弥补亏损或转增资本等方面的数额;期末余额在贷方,表示盈余公积金的实际结存数。本账户一般下设法定盈余公积、任意盈余公积等明细账户,进行明细分类核算。

"盈余公积"账户T形结构如图4.38所示。

借方	盈余公积	贷方
		期初余额:期初结余的盈余公积金
实际使用的盈余公积金(减少)		年末提取的盈余公积金(增加)
		期末余额:期末结余的盈余公积金

图4.38 "盈余公积"账户结构图

3. "应付股利"账户

该账户是负债类账户,用以核算和监督企业经董事会或股东大会或类似机构决议确定分配的现金股利或利润(企业分配的股票股利,不通过本科目核算)。该账户贷方登记应付投资者股利或利润的增加数;借方登记企业实际支付的现金股利或利润数;期末余额在贷方,反映企业尚未支付的现金股利或利润。本账户按投资者类型设置明细账户,进行明细分类核算。

"应付股利"账户T形结构如图4.39所示。

借方	应付股利	贷方
		期初余额:期初尚未支付的利润或股利
实际支付的利润或股利		应付未付的利润或股利
		期末余额:尚未支付的利润或股利

图4.39 "应付股利"账户结构图

(三)财务成果分配的会计核算

【例4-41】 根据以上资料,华泰公司12月份实现净利润62 713.95元,按税后利润10%提取法定盈余公积,按税后利润5%提取任意盈余公积。

【分析】 这项业务发生后,一方面使盈余公积增加,应记入"盈余公积"账户的贷方,另一方面对税后利润进行分配,应记入"利润分配"账户的借方。对这项经济业务应作如下会计分录:

借:利润分配——提取法定盈余公积　　　　　　　　　　6 271.40
　　　　　　——提取任意盈余公积　　　　　　　　　　3 135.70
　贷:盈余公积——法定盈余公积　　　　　　　　　　　　6 271.40
　　　　　　——任意盈余公积　　　　　　　　　　　　3 135.70

【例4-42】 根据以上资料,华泰公司12月份实现净利润62 713.95元,按税后利润

20%对投资者分配税后红利。

【分析】 这项业务发生后,一方面使应付利润增加,应记入"应付股利"账户的贷方,另一方面对税后利润进行分配,应记入"利润分配"账户的借方。对这项经济业务应作如下会计分录:

借:利润分配——应付现金股利或利润　　　　　　12 542.79
　　贷:应付股利　　　　　　　　　　　　　　　　12 542.79

【例 4-43】 华泰公司12月末,将"本年利润"账户的贷方余额(净利润)62 713.95元转入"利润分配——未分配利润"账户。

【分析】 这项业务发生后,一方面使本年利润减少,应记入"本年利润"账户的借方,另一方面当年税后净利润增加,应记入"利润分配——未分配利润"账户的贷方。对这项经济业务应作如下会计分录:

借:本年利润　　　　　　　　　　　　　　　　　62 713.95
　　贷:利润分配——未分配利润　　　　　　　　　62 713.95

【例 4-44】 华泰公司12月末,将"利润分配"账户的借方余额21 949.89元转入"利润分配——未分配利润"账户。

【分析】 这项业务发生后,一方面转出已分配利润,应记入"利润分配"账户的贷方,另一方面当年未分配利润减少,应记入"利润分配——未分配利润"账户的借方。对这项经济业务应作如下会计分录:

借:利润分配——未分配利润　　　　　　　　　　21 949.89
　　贷:利润分配——提取法定盈余公积　　　　　　6 271.40
　　　　　　　　——提取任意盈余公积　　　　　　3 135.70
　　　　　　　　——应付现金股利或利润　　　　　12 542.79

【例 4-45】 华泰公司12月31日,开出金额为12 542.79元的银行转账支票分别向投资者支付应分配的利润。

【分析】 这项业务发生后,一方面使得企业的资产项目"银行存款"减少12 542.79元,应记入"银行存款"账户的贷方;另一方面使得企业的负债项目"应付利润"减少12 542.79元,应记入"应付利润"账户的借方。对这项经济业务应作如下会计分录:

借:应付股利——×××投资者　　　　　　　　　12 542.79
　　贷:银行存款　　　　　　　　　　　　　　　　12 542.79

第六节　资金退出业务的核算

一、资金退出业务概述

企业在生产经营过程中,除了发生前述资金投入业务、采购供应业务、产品生产业务、产品销售业务和财务成果业务外,还会发生资金退出企业业务。资金退出渠道包括用银行存款交纳各种税金,向投资者、股东支付利润或现金股利,减少企业资本,偿还债务本金与利息等业务。

二、资金退出业务的账户设置

发生资金退出业务,涉及"银行存款""应交税费""实收资本""应付股利""长期借款""短期借款"等账户,大部分在前面各节都已涉及,这里不再赘述。

三、资金退出业务的会计核算

下面举例说明这些经济业务的核算。

【例 4-46】 12 月 31 日华泰公司用银行存款 48 040.05 元交纳税金,其中应交增值税 26 214 元,应交所得税 20 904.65 元,应交城市维护建设税 644.98 元,应交教育附加费 276.42 元。

【分析】 这项经济业务的发生涉及"银行存款"和"应交税费"两个账户,银行存款的减少是资产的减少,应交税金减少是负债的减少,应编制如下的会计分录:

```
借:应交税费——应交增值税              26 214
         ——应交所得税              20 904.65
         ——应交城市维护建设税           644.98
         ——应交教育附加费             276.42
   贷:银行存款                    48 040.05
```

【例 4-47】 12 月 31 日华泰公司用银行存款 12 542.79 元支付应付投资者利润。

【分析】 这项经济业务的发生涉及"银行存款"和"应付股利"两个账户,应付利润的减少是负债的减少,应编制如下会计分录:

```
借:应付股利                     12 542.79
   贷:银行存款                    12 542.79
```

【例 4-48】 12 月 31 日华泰公司用银行存款支付联营期满的某单位投资款 250 000 元。

【分析】 这笔经济业务表明用银行存款归还到期的联营投资款,应同时减少银行存款和实收资本,记入"实收资本"账户的借方和"银行存款"账户的贷方。应编制如下会计分录:

```
借:实收资本                     250 000
   贷:银行存款                    250 000
```

思考与练习

一、单项选择题

1. 下列各账户中,期末可能有余额在借方的是(   )。

A. 管理费用 B. 生产成本
C. 销售费用 D. 主营业务成本

2. 通过"累计折旧"账户对"固定资产"账户进行调整,反映固定资产的( )。
   A. 净值 B. 增加价值 C. 减少价值 D. 原始价值

3. 甲企业购进材料100吨,货款计1 000 000元,并以银行存款支付该材料的运杂费1 000元,保险费5 000元,增值税进项税为130 000元。则该材料的采购成本为( )元。
   A. 1 000 000 B. 1 005 000
   C. 1 005 930 D. 1 006 000

4. 下列各项目中,应计入"制造费用"账户的是( )。
   A. 生产产品耗用的材料 B. 机器设备的折旧费
   C. 生产工人的工资 D. 行政管理人员的工资

5. 下列费用中,不计入当期损益的是( )。
   A. 管理费用 B. 财务费用
   C. 销售费用 D. 制造费用

6. 某企业本月支付厂部管理人员工资15 000元,支付厂部半年(含本月)修理费1 200元,生产车间保险费3 000元。该企业本月管理费用发生额为( )。
   A. 15 000元 B. 16 200元
   C. 15 200元 D. 19 200元

7. 下列项目中属于营业外收入的有( )。
   A. 产品销售的收入 B. 出售废料收入
   C. 固定资产盘盈 D. 出租固定资产的收入

8. 下述各项目中,应计入"销售费用"账户的是( )。
   A. 为销售产品而发生的广告费 B. 销售产品的价款
   C. 已销产品的生产成本 D. 销售产品所收取的税款

9. 销售产品时应交销售税金,应借记的科目是( )。
   A. "主营业务收入" B. "税金及附加"
   C. "应交税费" D. "所得税费用"

10. 某工业企业发生下列收入,属于其他业务收入的是( )。
    A. 销售产品取得的收入 B. 销售材料取得的收入
    C. 提供工业性劳务取得的收入 D. 处置固定资产净收益

11. 某企业"本年利润"账户5月末账面余额为58万元,表示( )。
    A. 5月份实现的利润总额 B. 1~5月份累计实现的营业利润
    C. 1~5月份累计实现的主营业务利润 D. 1~5月份累计实现的利润总额

12. 企业实际收到投资者投入的资金属于企业所有者权益中的( )。
    A. 固定资产 B. 银行存款
    C. 实收资本 D. 资本公积

13. 年末结转后,"利润分配"账户的贷方余额表示( )。
    A. 利润实现额 B. 利润分配额
    C. 未弥补亏损 D. 未分配利润

14. 一般将企业所有者权益中的盈余公积和未分配利润称为( )。

A. 实收资本 B. 资本公积
C. 留存收益 D. 所有者权益

15. 企业发生的下列经济业务中,能引起资产和负债同时增加的业务是( )。
A. 用银行存款购买原材料 B. 预收销货款存入银行
C. 提取盈余公积金 D. 年终结转净利润

16. 企业当年实现净利润500万元,按10%提取盈余公积金,决定向投资人分配利润100万元。则企业当年的未分配利润为( )万元。
A. 350 B. 500
C. 600 D. 125

17. 企业"应付账款"账户的贷方余额反映的是( )。
A. 应付给供货单位的款项 B. 预付给供货单位的款项
C. 预收购货单位的款项 D. 应收购货单位的款项

18. 某企业为增值税一般纳税人。本期外购原材料一批,发票注明买价20 000元,增值税额为2 600元,入库前发生的挑选整理费用为1 000元,则该批原材料的入账价值为( )元。
A. 21 000 B. 20 000
C. 23 400 D. 24 400

二、多项选择题

1. 企业在生产经营过程中,销售商品取得的收入,可能( )。
A. 增加资产 B. 增加负债
C. 减少负债 D. 增加所有者权益
E. 增加资产或减少负债

2. 下列应计入材料采购成本的有( )。
A. 采购人员的差旅费 B. 材料买价
C. 运输途中的合理损耗 D. 材料入库前的挑选整理费

3. 下列属于期间费用的是( )。
A. 制造费用 B. 管理费用
C. 财务费用 D. 销售费用

4. 下列费用中,属于直接计入产品成本的是( )。
A. 生产工人的工资 B. 为生产产品而耗费的材料
C. 机器设备的修理费 D. 行政管理人员的工资

5. 下列费用中,属于生产过程中发生的费用有( )。
A. 车间机器设备折旧费 B. 材料采购费用
C. 生产工人工资 D. 生产产品耗用的材料
E. 车间照明用电费

6. 计提固定资产折旧时,与"累计折旧"账户对应的账户为( )。
A. 生产成本 B. 制造费用
C. 管理费用 D. 待摊费用
E. 银行存款

7. 下列项目应计入"利润分配"账户借方的是( )。

A. 提取的公积金 B. 计算所得税费用
C. 年末转入的亏损额 D. 分配给投资者的利润

8. 某制造业企业采购A、B两种材料,下列采购支出属于直接费用的有(　　)。
A. 两种材料的运费 B. A材料的买价
C. 两种材料的装卸费 D. B材料的买价
E. B材料的包装费

9. 贷记银行存款,则借记的会计科目可能是(　　)。
A. 库存现金 B. 本年利润
C. 应付职工薪酬 D. 主营业务成本

10. 月末结转后无余额的账户是(　　)。
A. "主营业务收入"账户 B. "主营业务成本"账户
C. "累计折旧"账户 D. "财务费用"账户
E. "营业外支出"账户

11. "本年利润"账户余额(　　)。
A. 年度中间可能在贷方 B. 年度中间可能在借方
C. 可能等于零 D. 年末结转后无余额
E. 年末一定有余额

12. 企业购进材料时,借记"在途物资"账户,可能贷记的账户有(　　)。
A. 应交税费 B. 预付账款
C. 应付账款 D. 应付票据
E. 银行存款

13. 企业的资本按照投资主体的不同,分为(　　)。
A. 国家投入资本 B. 法人投入资本
C. 外商投入资本 D. 投入货币资本
E. 个人投入资本

14. 企业实现的净利润应进行下列分配:(　　)。
A. 计算缴纳所得税 B. 支付银行借款利息
C. 提取法定盈余公积金 D. 提取任意盈余公积金
E. 向投资人分配利润

15. "税金及附加"账户借方登记的内容有(　　)。
A. 所得税费用 B. 增值税
C. 消费税 D. 教育费附加
E. 城市维护建设税

三、判断题

1. "在途物资"账户期末如有借方余额,表示在途材料的实际成本。(　　)
2. 固定资产在使用过程中的磨损,表明固定资产价值的减少,应计入"固定资产"账户的贷方。(　　)
3. 企业本期预收的销货款,属企业本期的收入。(　　)
4. 材料采购费用一般直接体现在当期损益中,因此采购费用属于期间费用。(　　)
5. 企业生产工人的工资和福利费应计入产品生产成本。(　　)

6. "累计折旧"账户是用来记录固定资产减少额的。（　　）
7. 生产车间的耗费均应计入"生产成本"账户的借方。（　　）
8. 行政管理部门领用的原材料应计入"制造费用"账户的借方。（　　）
9. 营业利润是企业的营业收入减去营业成本、销售费用及税金及附加后的余额。（　　）
10. "利润分配——未分配利润"明细账户的借方余额为未弥补亏损。（　　）
11. "生产成本"账户期末如有借方余额，为尚未加工完成的各项在产品成本。（　　）
12. 企业当期实现的净利润提取了法定盈余公积金与任意盈余公积金之后的余额即为企业的未分配利润。（　　）

四、业务练习题

练 习 一

目的：练习资金筹集业务的核算。

资料：甲公司发生下列经济业务：

（1）接受某单位投入的一批原材料，专用发票上注明的价款是 200 000 元，增值税是 26 000 元。

（2）向银行借入 3 个月期借款 100 000 元存入银行。

（3）向银行借入 3 年期借款 800 000 元存入银行。

（4）从银行存款中支付本季度短期借款利息 32 000 元。

（5）以银行存款偿还短期借款 50 000 元，长期借款 100 000 元。

（6）收到某公司投入本企业商标权一项，投资双方确认的价值为 200 000 元。

（7）按规定将盈余公积金 30 000 元转作资本金。

要求：

根据上述资料编制会计分录。

练 习 二

目的：练习采购供应业务的核算。

资料：中发公司某年 8 月份发生下列经济业务：

（1）从万华公司购进甲材料 1 000 公斤，每公斤 30 元；乙材料 800 公斤，每公斤 20 元，甲、乙材料价款共计 46 000 元，发生运费 360 元，增值税进项税额 5 980 元。材料尚未验收入库，货款已用银行存款支付。

（2）从中瑞工厂购进丙材料 4 800 公斤，每公斤 40 元，增值税进项税额 24 960 元，款项采用商业汇票结算方式结算。企业开出并承兑半年期商业承兑汇票一张，材料尚在途中。

（3）以银行存款向海河工厂预付购买乙材料货款 196 000 元。

（4）企业收到海河工厂发运来的、预付货款的乙材料，并验收入库。该批材料买价 170 000 元，运输发票载明的增值税进项税额 22 100 元，运杂费 1 200 元，预付货款 196 000 元，余款原路退回。

（5）企业购入生产用不需要安装的设备一台，买价 10 000 元，增值税 1 300 元，普通运输发票载明的运杂费 1 250 元，保险费 250 元，全部款项已用银行存款支付。

要求：

根据上述经济业务编制会计分录。

练 习 三

目的：练习产品生产业务的核算。

资料:某企业某年10月份发生下列经济业务:

(1) 本月生产领用材料情况如表4.7所示。

表4.7　　　　　　　　　　　　　　　　　　　金额单位:元

用途	甲材料	乙材料	合计
A产品	32 000	45 000	77 000
B产品	68 000	38 000	106 000
车间一般耗用	2 000	500	2 500
合计	102 000	83 500	185 500

(2) 结算本月应付工资68 000元,其中生产A产品生产工人工资30 000元,生产B产品生产工人工资20 000元,车间管理人员工资10 000元,厂部管理人员工资8 000元。

(3) 按工资总额14%计提职工福利费。

(4) 从银行存款提取现金68 000元。

(5) 用现金发放职工工资68 000元。

(6) 用银行存款支付厂部第四季度的报纸杂志费660元。

(7) 用银行存款支付本月水电费计5 200元,其中车间分配3 700元,厂部分配1 500元。

(8) 按规定标准计提本月固定资产折旧费4 830元,其中生产用固定资产折旧费为3 800元,厂部固定资产折旧费1 030元。

(9) 按生产工人工资的比例分摊并结转本月制造费用。

(10) 本月投产A产品100件,全部完工;B产品300件,全部未完工。A产品已全部完工入库,结转完工产品成本。

要求:

根据上述经济业务编制会计分录。

练 习 四

目的:练习产品销售业务的核算。

资料:某企业某年8月份发生下列经济业务:

(1) 10日销售给易达工厂A产品600件,每件800元,共计480 000元,为易达工厂代垫运费950元,以银行存款支付。应向易达工厂收取的增值税销项税额62 400元。全部款项尚未收回。

(2) 11日销售给乙工厂B产品100件,每件200元,共计20 000元,应向乙工厂收取增值税销项税额2 600元。全部款项收讫存入银行。

(3) 15日以银行存款支付销售A、B产品的运输费、装卸费2 600元。

(4) 18日采用商业汇票结算方式向红欣公司销售B产品150件,每件300元,价款45 000元,应收增值税销项税额5 850元,收到对方签发的6个月的商业承兑汇票。

(5) 20日预收东兴公司货款280 000元,存入银行。

(6) 25日向预付货款的东兴公司发出A产品250件,每件售800元,共计200 000元,增值税销项税额26 000元,冲销预收货款,多收款项以银行存款退还东兴公司。

(7) 月末结转本月销售A、B产品的生产成本。A产品单位生产成本680元,B产品单位生产成本为100元。

(8) 以银行存款支付销售产品广告费5 000元。
(9) 按规定计算出本月应负担的税金及附加4 800元。

要求：

根据上述经济业务编制会计分录。

练 习 五

目的：练习利润实现和利润分配的核算。

资料：某企业12月份发生下列经济业务：

(1) 年末取得罚款收入24 000元存入银行。
(2) 对外捐赠款31 400元，用银行存款支付。
(3) 向东昌公司销售甲产品400件，每件售价1 500元，共计600 000元，应向该公司收取的增值税销项税额78 000元。价税款通过银行转账已收讫。
(4) 根据合同规定向茂源公司销售乙产品600件，每件售价800元，价款共计480 000元，以银行存款代垫运费3 000元，应收增值税62 400元。价税款及代垫运费尚未收到。
(5) 用现金支付离退休人员工资3 080元。
(6) 用银行存款支付短期借款利息1 000元。（借款利息已预提）
(7) 用银行存款支付广告费5 000元。
(8) 销售材料，取得价款6 000元，销项增值税780元，全部款项已收到存入银行。
(9) 月末，结转已销售产品的生产成本，其中：已销售甲产品生产成本400 000元；已销售乙产品生产成本330 000元；已销售材料成本4 500元。
(10) 月末，计算出本月应负担的税金及附加3 500元。
(11) 月末，将本月收入结转"本年利润"账户。
(12) 月末，将本月费用、支出结转"本年利润"账户。
(13) 月末，按25%所得税率计提并结转本月应交所得税。
(14) 月末，按净利润10%提取法定盈余公积，按净利润5%提取任意盈余公积金。
(15) 企业决定本年度向投资者分配利润30 000元。
(16) 将"本年利润"的贷方余额（净利润）结转入"利润分配"账户。
(17) 计算年末未分配利润。

要求：

根据上列经济业务编制会计分录。

练 习 六

目的：练习资金退出业务的核算。

资料：某公司某年8月发生下列业务：

(1) 5日用银行存款22 000元交纳税金，应交所得税8 500元，应交城市维护建设税7 000元，应交营业税3 500元，应交教育费附加3 000元。
(2) 6日用银行存款300 000元支付应付投资者利润。
(3) 8日以银行存款偿还短期借款50 000元，长期借款100 000元。
(4) 10日用银行存款支付联营期满的某单位投资款150 000元。

要求：

根据上列经济业务编制会计分录。

练 习 七

目的:练习企业综合经济业务的核算。

资料:远大公司某年12月发生如下经济业务:

(1) 1日向民申工厂购入甲材料20吨,每吨1 000元,购入乙材料20吨,每吨500元。增值税3 900元,货款未付。

(2) 2日以银行存款支付普通运输发票上载明的甲、乙材料共同运杂费500元(运杂费按材料重量比例分配),甲、乙材料均已运到,验收入库,结转其实际采购成本。

(3) 3日仓库发出甲材料16吨,每吨1 000元,用于A产品生产,发出乙材料8吨,每吨500元,其中6吨用于B产品生产,2吨用于车间一般性耗用。

(4) 5日销售给华达公司A产品3 000件,每件售价100元,B产品4 000件,每件售价50元,增值税率为13%,货款、税款收到,存入银行。

(5) 7日向银行提现65 000元,以备发放工资。

(6) 8日以现金65 000元发放工资。

(7) 10日结算本月职工工资,其中A产品生产工人工资44 000元,B产品生产工人工资11 000元,车间管理人员工资5 000元,行政管理人员工资5 000元。

(8) 15日以银行存款支付本月产品广告费10 000元,预付下年度报刊订阅费1 200元。

(9) 16日预提应由本月份负担的银行借款利息500元。

(10) 18日计提本月固定资产折旧7 000元,其中车间固定资产应提折旧4 000元,行政管理部门应提折旧3 000元。

(11) 20日以银行存款支付招待费2 000元。

(12) 22日以银行存款1 000元支付车间仪表修理费。

(13) 25日将本月发生的制造费用按A、B产品生产工人工资比例分配计入生产成本。

(14) 26日本月生产的A产品全部完工验收入库,结转其实际生产成本,B产品尚未完工。

(15) 28日结转本月已销A产品成本,A产品单位销售成本为20元。

(16) 31日将本月收入转入"本年利润"账户。

(17) 31日将本月费用、支出转入"本年利润"账户。

(18) 31日,按利润总额的25%计算应交所得税。

(19) 31日将所得税转入"本年利润"账户。

(20) 31日按净利润的10%提取法定盈余公积金,给投资者分红100 000元,予以结转。

(21) 31日将净利润结转"利润分配"账户的贷方。

(22) 31日计算年末未分配利润的金额。

要求:

根据上述资料编制会计分录。

参 考 文 献

[1] 陈国辉,迟旭升.基础会计[M].大连:东北财经大学出版社,2011.
[2] 会计从业资格考试辅导教材编写组.会计基础[M].北京:中国财政经济出版社,2014.
[3] 李海波.新编会计学原理[M].上海:立信会计出版社,2014.
[4] 吴国萍.基础会计学[M].上海:上海财经大学出版社,2014.

第五章 会计账户分类

学习目标

通过本章学习,应该了解账户分类的意义和作用,理解并掌握账户按其经济内容的分类和账户按其用途和结构的分类,理解各类账户之间的区别和联系,掌握各类账户在提供核算指标方向上的规律性。

学习重点

各种账户的共性及内在联系,账户分类的主要标志。

学习难点

账户按经济内容的分类,账户按用途和结构的分类。

第一节 概 述

一、账户分类的目的与标志

为了满足会计信息使用者的信息需求,需要运用会计科目在账簿中开设一系列的账户。每一个账户都有其特定的核算内容,只能运用于特定的经济业务核算,对某项经济业务中某一方面的会计数据进行分类记录,从某一个侧面来反映会计要素的变化及结果。每个账户都有它独特的经济性质、用途和结构,一般不能用其他账户来替代。正因为这样,每个账户才有区别于其他账户的特征。作为反映各种会计要素手段的账户之间,必然不是相互孤立的,它们之间相互依存,互为条件,其增减变动在数量金额上是互相关联的关系。也就是说,账户之间存在着某种共性。账户的整体集合构成一个完整的有机体系。只有完整地运用这个体系,才能反映和监督会计对象的全部内容。为了正确地设置和运用账户就需要从理论上进一步认识各个账户的经济内容、用途结构及其在整个账户体系中的地位和作用。在了解各账户特性的基础上,了解各账户的共性和相互之间的联系,掌握各账户在提供会计信息方面的规律性。会计应按账户的共性有机地对其分类,进一步了解各账户的具体内容,明确和掌握各账户之间的内在联系与区别,掌握账户的使用方法,正确地设置和运用账户,以满足会计信息使用者的信息需求。

凡在提供会计信息方面有共同性的账户,就它们的共同性而言属于一类账户。而它们之间的共性也成为该类账户的共同性标志。为了进一步研究账户各自的特性和它们的共同性,应研究和掌握账户的分类标志。账户的分类标志一般有三种:按经济内容分类,按用途和结构分类,按与会计报表的关系分类。

二、账户分类的作用

科学地进行账户分类,具有以下作用:

(一)便于设置完整的账户体系,全面反映企业经营活动情况

由于各单位的经营活动特点不同,资金运动的内容不同,所涉及的账户体系也就不同。要想有效地反映和监督单位的经营活动,就要从本单位经营活动的特点出发,选择能够反映本单位经营活动的账户体系。它要求会计工作者必须了解不同类型的账户包括哪些具体的账户,它们反映的具体经济内容是什么,这些账户的发生额和余额能提供什么样的核算资料。只有这样,才能选择合适的账户建立本单位的账户体系。使它们能全面系统地记录本单位的经济活动过程和结果,为会计信息使用者提供所需的信息。

(二)便于设计会计账簿的格式

在单位内部会计管理中,由于不同经营活动各具特点,对不同性质的会计要素的信息披露方式是不一样的。如对于一般的有形资产的增减变动以及结余额,不仅要向有关管理当局披露有关金额方面的信息,而且还应适当披露有关实物量方面的信息;对于像负债和所有者权益类的会计要素,就只能披露有关时间和金额方面的信息了;另外,对于一些费用类要素,不仅要反映费用的总额,还要按项目反映费用构成的详细情况。上述不同的会计信息,要通过账户在会计账簿中体现出来。对于既要提供金额又要提供实物方面信息的账户,在相应的会计账簿格式设计时,应设置和运用数量金额式账页格式;对于只需披露有关时间和金额方面信息的账户,在相应的会计账簿格式设计时,应设置和运用三栏式账页格式;对于不仅要反映费用的总额,还要反映费用构成的详细情况方面信息的账户,在相应的会计账簿格式设计时,应设置和运用多栏式账页格式。会计账户的设置,应考虑便于设计会计账簿格式的问题。

(三)便于编制会计报表

会计六要素的增减变动过程及其结果,最终要以会计报表的形式反映出来。编制会计报表所需的相关数据资料是由各个相应的账户提供的。不同的会计报表,反映的经济内容不同,其相关数据资料的来源也不相同。为了及时、正确地编制会计报表,要根据特定会计报表所反映的经济内容,正确确定编制每张会计报表所需的数据资料是来自于哪些账户,这些账户能提供什么样的会计信息。例如,资产负债表是用来反映某一时点的财务状况的,是对某一时点企业现存经济资源和它们的来源的说明。它的数据资料由资产、负债和所有者权益三类账户提供。若不能正确确定为编制会计报表提供数据资料的账户,就不能正确编制会计报表。因此,掌握账户分类及账户的经济内容、用途和结构,有利于正确编制会计报表。

第二节　账户按经济内容分类

一、账户按经济内容分类的意义

账户的经济内容,是指账户所反映的会计对象的具体内容,按账户的经济内容对账户进行分类,就是按账户所反映的会计对象的具体内容对账户进行分类。在借贷记账法下,不同会计对象增减变动的记账方向是不同的,不同的会计对象有不同的账户结构和用途。明确了账户的经济内容,就为明确账户的用途和结构打下了一个良好的基础;另外,不同的会计报表包含不同的会计要素,明确了账户的经济内容,就能正确掌握会计账户和相应会计报表之间的关系。因此,通过对账户按经济内容分类,可以为更好地运用借贷记账法,更确切地了解每类和每个账户具体应核算和监督的内容,为设置能适应本单位的经营管理需要、科学完整的账户体系,同时为学习账户的其他分类打下基础。

二、账户按经济内容分类的内容

如前所述,按账户的经济内容分类,实质上是按会计对象的具体内容进行分类。企业的会计对象就是资金运动,资金运动可分为静态和动态两种运动形式。资产、负债、所有者权益构成资金静态运动,而收入、费用和利润则构成资金动态运动,于是按经济内容分类建立的账户体系,应包括反映资金运动的静态账户和反映资金运动的动态账户两类。反映资金运动的静态账户应由反映资产、负债和所有者权益的账户所组成;反映资金运动的动态账户应由反映收入、费用和利润的账户所组成。

（一）资产类账户

资产类账户是核算企业各种资产增减变动及结余额的账户。资产按流动性不同,又可以分为流动资产和非流动资产两类,因而资产类账户也可分为反映流动资产的账户和反映非流动资产的账户两类:反映流动资产的账户有"库存现金""银行存款""应收账款""其他应收款""原材料""库存商品"等账户;反映非流动资产的账户有"长期股权投资""固定资产""累计折旧""在建工程""无形资产"和"长期待摊费用"等账户。

（二）负债类账户

负债类账户是核算企业各种负债增减变动及结余额的账户。按照负债的还款期不同,又可以分为核算流动负债的账户和核算非流动负债的账户两类:核算流动负债的账户有"短期借款""应付账款""其他应付款""应付职工薪酬""应交税费""应付利息""应付股利"等账户;核算非流动负债的账户有"长期借款""应付债券""长期应付款"等账户。

(三) 所有者权益类账户

所有者权益类账户是核算企业所有者权益增减变动及结余额的账户。按照所有者权益的来源和构成，又可分为核算所有者原始投资的账户、核算经营积累的账户及核算所有者权益其他来源的账户三类：核算所有者原始投资的账户有"实收资本"账户；核算经营积累的账户有"盈余公积"等账户；核算所有者权益其他来源的账户有"资本公积"等账户。

(四) 收入类账户

这里的收入是指广义的收入。收入类账户是核算企业在生产经营过程中所取得的各种经济利益的账户。按照收入的不同性质和内容，又可以分为核算营业收入的账户和核算非营业收入的账户两类：核算营业收入的账户有"主营业务收入""其他业务收入"等账户；核算非营业收入的账户有"营业外收入"账户。

(五) 费用类账户

这里的费用是指广义的费用。费用类账户是核算企业在生产经营过程中发生的各种费用支出的账户。按照费用的不同性质和内容，费用账户又可以分为核算经营费用的账户和核算非经营费用的账户两类：核算经营费用的账户有"生产成本""制造费用""主营业务成本""税金及附加""其他业务成本""销售费用""管理费用""财务费用"和"资产减值损失"等账户。核算非经营费用的账户有"营业外支出""所得税费用"等账户。

(六) 利润类账户

利润类账户是核算利润的形成和分配情况的账户。可分为核算利润形成情况的账户和核算利润分配情况的账户两类：核算利润形成情况的账户有"本年利润"账户；核算利润分配情况的账户有"利润分配"账户。

第三节　账户按用途与结构分类

一、账户按用途和结构分类的意义

账户按经济内容分类，可以使我们了解完整的账户体系包括哪些账户，各类账户所核算的会计对象的具体内容是什么。这对于正确区分账户的经济性质，合理地设置和运用账户以满足经营管理的需要具有重要意义。但是，仅按经济内容对账户进行分类，还不能使我们了解各种账户的作用，以及它们如何向会计信息的使用者提供所需的信息。为了运用账户来记录经济业务，掌握账户在提供会计信息方面的规律性，就需要在按经济内容分类的基础上，进一步研究账户按用途和结构分类。

账户的用途是指设置和运用账户的目的是什么，通过账户记录能够提供什么核算指标。如设置"固定资产""原材料"等实物资产账户的目的是为了反映相应的实物资产，通过这些账户记录能够提供相应的实物资产的增减变动及结余额方面的核算资料。

账户的结构是指在账户中如何记录经济业务,以取得各种必要的核算指标。在不同的记账方法下,记录经济业务的具体方法是不同的,即反映会计要素的增减变动及结余额(如果有余额的话)的方法不同。在借贷记账法下,账户的结构具体是指账户的借方核算什么内容,账户的贷方核算什么内容,期末余额(如果有余额的话)在哪方,具体表示什么内容。按经济内容分类是账户的基本分类方法,按用途和结构分类的账户体系是对按经济内容分类的账户体系的必要补充。

二、账户按用途和结构分类的内容

现以工业企业为例,说明在借贷记账法下,按用途和结构分类的账户体系。按用途和结构分类的账户体系,包括基本账户、调整账户、成本账户和损益计算账户四大类。基本账户具体又可分为盘存账户、投资权益账户、结算账户和跨期摊配账户;调整账户根据调整方式不同,又可分为抵减账户和抵减附加账户;成本账户具体又可分为集合分配账户、成本计算账户和对比账户;损益计算账户具体又可分为收入计算账户、费用计算账户和财务成果计算账户。以下简要说明各类账户的用途、结构和特点。

(一)盘存账户

盘存账户是用来核算、监督各项财产物资和货币资金(包括库存有价证券)的增减变动及其实有数的账户。它是任何企业单位都必须设置的基本账户。在这类账户中,借方登记各项财产物资和货币资金的增加数,贷方登记其减少数;余额是在借方,表示期末各项财产物资和货币资金的实有数。这类账户一般都可以通过盘点进行清查,核对账实是否相符。属于盘存类的账户有"库存现金""银行存款""原材料""库存商品""固定资产"等账户。

盘存账户的特点是:可以通过财产清查的方法,即实地盘点和对账的方法,核对货币资金和实物资产的实际结存数与账面结存数是否相符,并检查其经营管理上存在的问题。除"库存现金"和"银行存款"账户外,其他盘存账户普遍运用数量金额式等明细分类账,可以提供实物和价值两种指标。

(二)所有者投资账户

所有者投资账户是用来核算投资者投资的增减变动及实有额的账户。它是任何企业单位都必须设置的基本账户。在这类账户中,贷方登记投资者投资的增加数或其他所有者权益的增值额,借方登记投资者投资的减少数或其他所有者权益的抵减额。若其余额在贷方,表示投资者权益的实有数额;若没有余额或其余额在借方,在有限责任公司的企业组织形式下,表示投资者的权益已降至零。属于这一类账户的有"实收资本""资本公积""盈余公积"等。

资本公积产生的主要原因在于资本溢价,属于资本的非经营性积累;盈余公积是留存收益形成的公积金,是企业经营活动中产生的资本增值。这两部分,由于所有权属于企业的投资者,本质上是投资者对企业的一种权益性投入。因此,将"资本公积""盈余公积"账户归入所有者投资账户。

所有者投资账户的特点是:有的账户(如"实收资本")应按照企业的投资者分别设置明

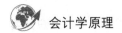

细分类账户,以便反映各投资者对企业实际拥有的所有者权益数额;投资权益账户只提供价值指标。

(三) 结算账户

结算账户是用来核算和监督企业与其他单位或个人之间往来账款结算业务的账户。由于结算业务性质的不同,决定了结算账户具有不同的用途和结构,结算账户按用途和结构分类,具体又可分为债权结算账户、债务结算账户和债权债务结算账户三类。

债权结算账户也称资产结算账户,是用来核算和监督企业债权的增减变动和实有数以"应收账款"或"预付账款"项目列在资产负债表的资产方,将属于债务部分的余额以"应付账款"或"预收账款"项目列在资产负债表的负债和所有者权益方,以便如实地反映债权债务的实际状况。

如果企业不单独设置"预收账款"账户,而用"应收账款"账户同时核算企业应收账款和预收账款的增减变动情况和结果,这时的"应收账款"账户就是一个债权债务结算账户。同理,如果企业不单独设置"预付账款"账户,而用"应付账款"账户同时核算企业应付账款和预付账款的增减变动情况和结果,则此时的"应付账款"账户就是一个债权债务结算账户。结算账户的特点是:按照结算业务的对方单位或个人,设置明细分类账户,以便及时进行结算和核对账目;结算账户只提供价值指标;结算账户要根据期末余额的方向来判断其性质,当余额在借方时,是债权结算账户,当余额在贷方时,是债务结算账户。

(四) 跨期摊配账户

跨期摊配账户是用来核算和监督应由若干个会计期间共同负担的费用,并将这些费用摊配给各个相应的会计期间的账户。企业在生产经营过程中所发生的费用,有些是应由几个会计期间共同负担的,按权责发生制要求,必须严格划分费用的归属期,把应由若干个会计期间共同负担的费用,合理地分摊到各个会计期间。为此,需要设置跨期摊配账户来实现权责发生制的要求,"长期待摊费用"账户是典型的跨期摊配账户。跨期摊配账户的借方用来登记跨期费用的实际支出数,贷方用来登记由各个会计期间负担的费用摊配数。

(五) 抵减账户

抵减账户亦称备抵账户,是用抵减相关被调整账户金额的方法反映被调整账户的实际余额的账户。其调整可用下列公式表示:被调整账户余额-备抵账户余额=被调整账户的实际余额。由于备抵账户对被调整账户的调整,实际上是对被调整账户余额的抵减,因此,被调整账户余额的方向与备抵账户的余额方向必定相反。如果被调整账户的余额方向在借方(或贷方),则备抵账户的余额方向一定在贷方(或借方)。

"累计折旧""固定资产减值准备""坏账准备"和"存货跌价准备"等账户是较典型的抵减账户。"累计折旧""固定资产减值准备"账户是用来调整"固定资产"账户的。用"固定资产"账户的账面余额(原始价值)与"累计折旧""固定资产减值准备"账户的账面余额相抵减,可以取得有关固定资产耗损和减值方面的数据,其差额就是固定资产现有的实际价值(实际净值)。通过这三个账户余额的对比分析,可以了解固定资产的新旧程度、资金占用费状况、减值情况和生产能力。"坏账准备"账户是用来抵减"应收账款"等账户的,用"应收账款"等账户的账面余额与"坏账准备"账户的账面余额相抵减,可以取得有关可收回相关债权方面的数据,其差额就是可收回的相关债权额。"存货跌价准备"账户是用来抵减存货项目的,用存货项目的账面余额与"存货跌价准备"账户的账面余额相抵减,可以取得有关存货的实际价值方面的数据,其差额就是存货的实际价值。

（六）抵减附加账户

抵减附加账户亦称备抵附加账户,是既用来抵减,又用来增加被调整账户的余额,以求得被调整账户的实际余额的账户。抵减附加账户既可以作为抵减账户,又可以作为附加账户来发挥作用,兼有两种账户的功能(所谓附加账户,是用来增加被调整账户的余额,以求得被调整账户的实际余额的账户。在实际工作中,很少设置单纯的附加账户)。这类账户在某一时刻执行的是哪种功能,取决于该账户的余额与被调整账户的余额在方向上是否一致,当其余额与被调整账户余额在不同方向时,它所起的是抵减作用；当其余额与被调整账户余额在相同方向时,它所起的是附加作用。

"材料成本差异"账户就是"原材料"账户的抵减附加调整账户。当"材料成本差异"账户是借方余额时,表示实际成本大于计划成本的超支数。用"原材料"账户的借方余额加上"材料成本差异"账户的借方余额,就是原材料的实际成本。当"材料成本差异"账户是贷方余额时,表示实际成本小于计划成本的节约数,用"原材料"账户的借方余额减去"材料成本差异"账户的贷方余额,即为原材料的实际成本。

（七）集合分配账户

集合分配账户是用来汇集和分配经营过程中某一阶段所发生的某种间接费用,借以核算、监督有关间接费用计划执行情况,以及间接费用分配情况的账户。设置这类账户,一方面可以对某一经营过程中实际发生的间接费用和计划指标进行比较,考核间接费用的超支和节约情况,另一方面也便于将这些费用摊配出去。集合分配账户,借方登记费用的发生额,贷方登记费用的分配额,在一般情况下,登记在这类账户中的费用,期末应全部分配出去,通常没有余额。集合分配账户的特点是：具有明显的过渡性质,平时用它来归集那些不能直接计入某个成本计算对象的间接费用,期末将费用全部分配出去,由有关成本计算对象负担；这类账户期末费用分配后一般应无余额。

（八）成本计算账户

成本计算账户是用来核算和监督经营过程中应计入特定成本计算对象的经营费用,并确定各成本计算对象实际成本的账户。设置和运用成本计算账户,对于正确计算材料采购、产品生产和产品销售的实际成本,考核有关成本计划的执行和完成情况具有重要的作用。成本计算账户的借方汇集应计入特定成本计算对象的全部费用(其中,一部分是在费用发生时直接记入的,另一部分是先记入集合分配账户,在会计期末通过一定的分配方法转到成本计算账户)。贷方反映转出的某一成本是计算对象的实际成本。期末余额一般在借方,表示尚未完成的某一阶段成本对象的实际成本。如"生产成本"账户,借方余额表示尚未完成生产过程的在产品的实际成本。属于成本计算类的账户有："材料采购""在途物资""生产成本"等账户。成本计算账户的特点是：除了设置总分类账户外,还应按照各个成本计算对象和成本项目设置专栏,分别设置明细分类账户,进行明细分类核算；既提供实物指标,又提供价值指标。

（九）计价对比账户

对比账户是用来核算经营过程中某一阶段某项经济业务按照两种不同的计价标准进行对比，借以确定其业务成果的账户。按计划成本进行材料日常核算的企业所设置的"材料采购"账户，就属于对比账户。该账户的借方登记材料的实际成本、贷方登记按照计划价格核算的材料的计划成本，通过借贷双方两种计价对比，可以确定材料采购业务成果。这类账户的特点是：借贷两方的计价标准不一致；期末确定业务成果转出后，该账户的借方余额是剔除了计价差异后的按借方计价方式计价的资产价格。例如"材料采购"账户的借方余额表示按实际成本计价的在途材料成本。

（十）收入计算账户

收入计算账户是用来核算和监督企业在一定时期（月、季或年）内所取得的各种收入和收益的账户。收入计算账户的贷方登记取得的收入和收益，借方登记收入和收益的减少数和期末转入"本年利润"账户的收入和收益额。由于当期实现的全部收入和收益都要在期末转入"本年利润"账户，所以收入计算账户期末无余额。属于这一类账户的有："主营业务收入""其他业务收入"等账户。收入计算账户的特点：除了设置总分类账户外，还应按照业务类别设置明细分类账，进行明细分类核算；收入计算账户只提供价值指标。

（十一）费用计算账户

费用计算账户是用来核算和监督企业在一定时期（月、季或年）内所发生的应计入当期损益的各项费用、成本和支出的账户。费用计算账户的借方登记费用支出的增加额，贷方登记费用支出的减少数和期末转入"本年利润"账户的费用支出数。由于当期发生的全部费用支出数都要于期末转入"本年利润"账户，所以该类账户期末无余额。

属于这一类的账户有："主营业务成本""税金及附加""其他业务成本""销售费用""管理费用""财务费用""营业外支出""所得税费用"等账户。费用计算账户的特点是：除了设置总分类账户外，还应按业务内容、费用支出项目等设置明细分类账户，进行明细分类核算；费用计算账户只提供价值指标。

（十二）财务成果计算账户

财务成果计算账户是用来反映企业在一定时期内全部生产经营活动最终成果的账户。"本年利润"账户属于典型的财务成果计算账户。该账户的结构是：贷方记录期末从各收入类账户结转记入的本期发生的收入额；借方记录期末从各费用类账户结转记入的本期发生的费用额；期末余额若为贷方，则表示一定时期内收入大于费用的差额，即本期实现的净利润；期末余额若为借方，则表示一定时期内收入小于费用的差额，即本期发生的亏损总额。年末，需将"本年利润"账户实现的净利润或发生的亏损，从相反的方向结转至"未分配利润"账户，结转后无余额。但是，在年度内，财务成果账户呈现为累计性账户，无论是何月，账面记录的净利润或亏损均表示为截至本月累计发生额。故年度内各月，财务成果计算账户或有贷方余额，或有借方余额。

财务成果计算账户的特点有：其一，体现会计核算的配比原则，将一定时期发生的收入，与形成这些收入的耗费在空间上、时间上通过该账户实行配比，反映经营结果；其二，任何一个报告期末的余额,均为累计发生额;其三,只需提供价值指标;其四,年末结转其累计余额后,无余额。财务成果计算账户只提供价值指标。1~11月份期末有余额,在贷方即是利润数,在借方则是亏损数,年终结账后无余额。

思考与练习

一、单项选择题

1. 在下列所有者权益账户中,反映所有者原始投资的账户是(　　)。
   A. 实收资本　　　　B. 盈余公积　　　　C. 本年利润　　　　D. 利润分配
2. "生产成本"账户如有借方余额时,按其用途结构分类属于(　　)。
   A. 计价对比类账户　　　　　　　　B. 盘存类账户
   C. 集合分配类账户　　　　　　　　D. 跨期摊配类账户
3. 下列不属于盘存账户的是(　　)。
   A. 固定资产　　　　B. 长期投资　　　　C. 应收账款　　　　D. 库存商品
4. 下列不属于抵减账户的是(　　)。
   A. 利润分配　　　　B. 坏账准备　　　　C. 累计折旧　　　　D. 预提费用
5. "税金及附加"账户按其经济内容分类属于(　　)。
   A. 负债类账户　　　B. 收入类账户　　　C. 费用计算类账户　D. 费用类账户
6. 下列账户中属于抵减附加账户的是(　　)。
   A. 坏账准备　　　　　　　　　　　B. 材料成本差异
   C. 利润分配　　　　　　　　　　　D. 累计折旧
7. "材料成本差异"账户用来抵减附加(　　)。
   A. "原材料"账户　　　　　　　　　B. "材料采购"账户
   C. "生产成本"账户　　　　　　　　D. "库存商品"账户
8. 下列账户按用途结构分类不属于费用计算类账户的有(　　)。
   A. 管理费用　　　　B. 财务费用　　　　C. 制造费用　　　　D. 销售费用
9. 结算账户的期末余额(　　)。
   A. 在借方　　　　　　　　　　　　B. 在贷方
   C. 可能在借方,也可能在贷方　　　　D. 以上都不对
10. 下列哪一类账户不是按用途和结构分类的类别(　　)。
    A. 成本计算类账户　　　　　　　　B. 财务成果计算类账户
    C. 费用类账户　　　　　　　　　　D. 投资权益账户
11. 在企业不单设"预付账款"账户时,对于预付款业务可在(　　)。
    A. "应收账款"账户反映　　　　　　B. "预收账款"账户反映
    C. "应付账款"账户反映　　　　　　D. "其他往来"账户反映
12. "累计折旧"账户按其经济内容分类属于(　　)。
    A. 费用类账户　　　B. 抵减账户　　　　C. 负债类账户　　　D. 资产类账户
13. 下列账户中,既属于结算账户,又属于负债类账户的是(　　)。
    A. "应收账款"账户　　　　　　　　B. "预收账款"账户

C. "应收票据"账户 D. "预付账款"账户

14. 债权债务结算账户的贷方登记( )。
   A. 债权的增加
   B. 债务的增加,债权的减少
   C. 债务的增加
   D. 债务的减少,债权的增加

15. 投资权益账户( )。
   A. 只提供货币指标
   B. 只提供实物指标
   C. 可以提供实物和货币两种指标
   D. 一般提供实物指标,有时也提供货币指标

16. 属于集合分配账户的是( )。
   A. "实收资本"账户
   B. "制造费用"账户
   C. "生产成本"账户
   D. "管理费用"账户

17. 下列说法正确的是( )。
   A. "待摊费用"和"预提费用"账户都是费用账户
   B. "待摊费用"和"预提费用"账户用途结构不同
   C. "待摊费用"和"预提费用"账户用途结构有相同点
   D. "待摊费用"和"预提费用"账户性质相同

18. 下列说法错误的是( )。
   A. 抵减账户与其被抵减账户反映的经济内容相同
   B. 抵减账户与其被抵减账户反映的经济内容不一定相同
   C. 抵减账户不能离开被抵减账户而独立存在
   D. 有抵减账户就有被抵减账户

19. 下列属于损益表账户的有( )。
   A. 本年利润账户
   B. 利润分配账户
   C. 制造费用账户
   D. 管理费用账户

20. "材料采购"账户按其用途结构分类,在材料按计划成本核算的条件下( )。
   A. 仅是成本计算账户
   B. 仅是对比账户
   C. 仅是费用账户
   D. 既是成本计算账户,又是对比账户

二、多项选择题

1. 按其不同标志分类,"材料采购"账户可能属于( )。
   A. 资产类账户
   B. 盘存类账户
   C. 计价对比类账户
   D. 成本计算类账户
   E. 费用账户

2. 账户的用途是指通过账户记录( )。
   A. 能提供什么核算指标
   B. 怎样记录经济业务
   C. 表明开设和运用账户的目的
   D. 观察借贷方登记的内容
   E. 判断账户期末余额的方向

3. 下列账户期末一般没有余额的是( )。
   A. 收入计算类账户
   B. 费用计算类账户
   C. 盘存类账户
   D. 集合分配类账户

E. 结算类账户

4. 下列可能属于盘存账户的有( )。
   A. "材料采购"账户
   B. "长期投资"账户
   C. "银行存款"账户
   D. "固定资产"账户
   E. "本年利润"账户

5. 下列账户期末如有余额在借方的是( )。
   A. 债权结算账户
   B. 投资权益账户
   C. 盘存账户
   D. 成本计算账户
   E. 跨期摊配账户

6. 下列属于投资权益账户的是( )。
   A. 本年利润
   B. 实收资本
   C. 利润分配
   D. 资本公积
   E. 盈余公积

7. 所谓账户的结构,是指账户如何提供核算指标,即( )。
   A. 账户期末余额的方向
   B. 账户余额表示的内容
   C. 账户借方核算的内容
   D. 账户贷方核算的内容
   E. 运用账户的目的

8. "待摊费用"账户按其不同标志分类可能属于( )。
   A. 资产类账户
   B. 集合分配类账户
   C. 费用类账户
   D. 跨期摊配类账户
   E. 成本计算类账户

9. 反映流动资产的账户有( )。
   A. 应收账款
   B. 预提费用
   C. 待摊费用
   D. 原材料
   E. 库存商品

10. 下列属于债权结算账户的有( )。
    A. 预付账款
    B. 应付账款
    C. 应收账款
    D. 应收票据
    E. 预收账款

11. 下列账户属于费用账户的有( )。
    A. 制造费用
    B. 财务费用
    C. 管理费用
    D. 待摊费用
    E. 预提费用

12. 账户分类的主要标志有( )。
    A. 账户的经济内容
    B. 账户的名称
    C. 账户的用途和结构
    D. 账户与会计报表的关系
    E. 账户的统驭关系

13. 下列盘存账户中,通过设置和运用明细账可以提供数量和金额两种指标的有( )。
    A. "银行存款"账户
    B. "现金"账户
    C. "原材料"账户
    D. "库存商品"账户

E. "生产成本"账户

14. 关于"本年利润"账户,下列说法中正确的有（　　）。
    A. 期末如为贷方余额,表示累积实现的净利润
    B. 期末如为贷方余额,表示本期实现的利润总额
    C. 期末如为借方余额,表示累积发生的亏损额
    D. 年末如为贷方余额,表示未分配利润额
    E. 年度中间一般有余额

15. 在生产过程中,用来归集制造产品的生产费用,计算产品生产成本的账户有（　　）。
    A. "制造费用"账户　　　　　　　　B. "库存商品"账户
    C. "物资采购"账户　　　　　　　　D. "生产成本"账户
    E. "主营业务成本"账户

三、判断题

1. 之所以要对账户进行分类,是为了了解各个账户的特性,探讨各个账户之间的区别。（　　）
2. "本年利润"账户和"利润分配"账户按其用途结构分类同属于一个类别。（　　）
3. "主营业务收入"账户是反映营业收入的账户,"其他业务收入"账户是反映非营业收入的账户。（　　）
4. 按经济内容分类分出的费用类账户是核算企业在经营过程中发生的各种费用支出的账户,这里的费用是指狭义的费用。（　　）
5. 账户按其经济内容划分归为一类,则按其用途和结构划分也必定归为一类。（　　）
6. 调整账户按其调整方式的不同又可以分为抵减账户和抵减附加账户。（　　）
7. 投资权益账户是用来核算投资者投资的增减变动及其实有额的账户,在任何企业组织形式下,投资权益类账户的期末余额都不可能在借方。（　　）
8. 抵减附加账户的期末余额方向不是固定的,当其余额在借方时,起着抵减作用,当其余额在贷方时,起着附加作用。（　　）
9. 集合分配类账户是用来归集应由某个成本计算对象负担的间接费用的账户,因而具有明显的过渡性质,期末一般都有余额。（　　）
10. 企业的利润在没有分配之前属于企业的所有者权益,所有者权益应反映在企业的资产负债表中,因而"本年利润"和"利润分配"账户均属于资产负债表账户。（　　）

参 考 文 献

[1] 陈国辉,迟旭升.基础会计[M].大连:东北财经大学出版社,2012.
[2] 陈少华.会计学原理[M].厦门:厦门大学出版社,2010.
[3] 杜兴强.会计学原理[M].北京:高等教育出版社,2009.
[4] 卜华.会计学[M].徐州:中国矿业大学出版社,2011.

第六章 会计凭证

学习目标

通过本章的学习,要求掌握会计凭证的填制与审核的方法;理解会计凭证是进行会计核算和会计监督的重要环节;了解会计凭证传递与保管的方法。

学习重点

会计凭证、原始凭证、记账凭证、会计凭证传递、会计凭证保管。

学习难点

凭证要素、凭证的填制与审核。

第一节 会计凭证概述

一、会计凭证的概念

会计凭证,简称凭证,是记录经济业务、明确经济责任和据以登记账簿的书面证明。依据可靠性会计原则,会计主体办理任何一项经济业务,都必须办理凭证手续,由执行和完成该项经济业务的有关人员取得或填制会计凭证,记录经济业务的发生日期、具体内容以及数量和金额,并在凭证上签名或盖章,对经济业务的合法性、真实性和正确性负完全责任。所有会计凭证由会计部门审核无误后才能作为记账的依据。因此,填制和审核会计凭证,是会计核算的基本方法之一,也是会计核算工作的起点,是一切会计核算资料得以产生的基础。

二、会计凭证的意义

会计凭证的意义主要表现在以下几个方面:

1. 会计凭证是提供原始资料、传导经济信息的工具

会计信息是经济信息的重要组成部分。它一般是通过数据,以凭证、账簿、报表等形式反映出来的。随着生产的发展,及时准确的会计信息在企业管理中的作用愈来愈重要。任

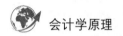

何一项经济业务的发生,都要编制或取得会计凭证。会计凭证是记录经济活动的最原始资料,是经济信息的载体。通过会计凭证的加工、整理和传递,可以直接取得和传导经济信息,既协调了会计主体内部各部门、各单位之间的经济活动,保证生产经营各个环节的正常运转,又为会计分析和会计检查提供了基础资料。

2. 会计凭证是登记账簿的依据

任何单位,每发生一项经济业务,如现金的收付、商品的进出,以及往来款项的结算等,都必须通过填制会计凭证,来如实记录经济业务的内容、数量和金额,然后经过审核无误,才能登记入账。如果没有合法的凭证作依据,任何经济业务都不能登记到账簿中去。因此,做好会计凭证的填制和审核工作,是保证会计账簿资料真实性、正确性的重要条件。

3. 会计凭证是加强经济责任制的手段

由于会计凭证记录了每项经济业务的内容,并要由有关部门和经办人员签章,这就要求有关部门和有关人员对经济活动的真实性、正确性、合法性负责。这样,无疑会增强有关部门和有关人员的责任感,促使他们严格按照有关政策、法令、制度、计划或预算办事。如有发生违法乱纪或经济纠纷事件,也可借助于会计凭证确定各经办部门和人员所负的经济责任,并据以进行正确的裁决和处理,从而加强经营管理的岗位责任制。

4. 会计凭证是实行会计监督的条件

通过会计凭证的审核,可以查明各项经济业务是否符合法规、制度的规定,有无贪污盗窃、铺张浪费和损公肥私行为,从而发挥会计的监督作用,保护各会计主体所拥有资产的安全完整,维护投资者、债权人和有关各方的合法权益。

三、会计凭证的分类

在社会的扩大再生产过程中,千千万万个企事业、国家机关等单位的经济活动内容极其丰富,形式多种多样,用以反映、记录这些经济活动的会计凭证,也必然是五花八门、难以其数。为了正确认识和运用这些会计凭证,必须按照不同的标准对其进行分类。其中,最基本的,是按会计凭证填制程序和用途的不同,分为原始凭证和记账凭证两大类。

1. 原始凭证

原始凭证俗称单据。它是在经济业务发生或完成时,由业务经办人员直接填制或取得,载明经济业务具体内容和完成情况,具有法律效力的书面证明。它是进行会计核算的原始资料和主要依据,凡是不能证明经济业务发生或完成情况的各项单据,如购货申请单、购销合同、银行对账单等就不能作为原始凭证。

原始凭证按其来源不同,可分为自制原始凭证和外来原始凭证两种。

自制原始凭证是由本单位经办业务的部门和人员在执行或完成某项经济业务时所填制的、仅供本单位内部使用的凭证。自制原始凭证按其填制手续和内容不同,又可分为一次凭证、累计凭证和汇总原始凭证三种。

一次凭证,亦称一次有效凭证,是指只记载一项经济业务或同时记载若干项同类经济业务,填制手续一次完成的凭证。例如,领料单(见表6.1)、增值税专用发票(见表6.2)等都是一次凭证。一次凭证只能反映一笔业务的内容,使用方便灵活,但数量较多,核算较麻烦。

表 6.1
（企业名称）

领料单位：　　　　　　　　　　　　　　**领料单**　　　　　　　　　　　　编　号：
用　途：　　　　　　　　　　　　　　　年　月　日　　　　　　　　　　　　第　仓库：

材料类别	材料编号	材料名称	规格	计量单位	数量		单价	金额
					请领	实发		

记账：　　　　　　　　　　　　发料人：　　　　　　　　　　　　领料人：

表 6.2
增值税专用发票　　　　　　　　　　　　　　　　　　　NO：

开票日期：　年　月　日

购货单位	名　称				纳税人登记号			
	地址、电话				开户银行及账号			
商品或劳务名称	规格型号	计量单位	数量	单价	金额	税率（%）	税额	
合　计								
价税合计（大写）		拾　万　仟　佰　拾　元　角　分　¥						
销售单位	名　称				纳税人登记号			
	地址、电话				开户银行及账号			

销货单位（章）：　　　　收款人：　　　　复核：　　　　开票人：

累计凭证，亦称多次有效凭证，是指连续记载一定时期内不断重复发生的同类经济业务，填制手续是在一张凭证中重复多次才能完成的凭证。例如，限额领料单（见表6.3）就是

表 6.3
（企业名称）
限额领料单

领用车间：　　　　　　　　名称规格：　　　　　　　　计划产量：
用　途：　　　　　　　　　计量单位：　　　　　　　　单位消耗定额：
材料类别编号：　　　　　　领用定额：　　　　　　　　单价：

日期	请领数量	实发数量	累计实发数量	领料车间负责人签章	领料人签章

供应部门负责人：　　　　生产计划部门负责人：　　　　仓库管理员：

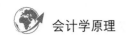

一种累计凭证。使用累计凭证,由于平时随时登记发生的经济业务,并计算累计数,期末计算总数后作为记账的依据,所以能减少凭证数量,简化凭证填制手续。

汇总原始凭证(亦称原始凭证汇总表),是根据许多同类经济业务的原始凭证定期加以汇总而重新编制的凭证。例如,月末根据月份内所有领料单汇总编制的领料单汇总表(亦称发料汇总表),格式见表6.4,就是汇总原始凭证。汇总原始凭证可以简化编制记账凭证的手续,但它本身不具备法律效力。

表 6.4
(企业名称)
发料汇总表

材料类别:　　　　　　　　　　　　　　　　　　　　　　　　　　附发料单　　张

领用部门	上　旬	中　旬	下　旬	月　计
合　计				

会计主管:　　　　　　　　　审核:　　　　　　　　　制表:

外来原始凭证是指在经济业务发生或完成时,从其他单位或个人直接取得的凭证。例如,供货单位开来的发货票,职工出差取得的车票、飞机票,银行开来的收款或付款通知等都属于外来原始凭证。外来原始凭证一般都是一次凭证。

2. 记账凭证

记账凭证是根据原始凭证进行归类、整理编制的会计分录凭证。它是登记账簿的直接依据。由于原始凭证种类繁多、格式不一,不便于在原始凭证上编制会计分录,据以记账,所以有必要将各种原始凭证反映的经济内容加以归类整理,确认为某一会计要素后,编制记账凭证,再根据记账凭证直接登记账簿。从原始凭证到记账凭证是经济信息转换成会计信息的过程,是会计的初始确认阶段。原始凭证作为记账凭证的重要附件和依据,附于记账凭证的背面,这样,既有利于记账工作的顺利进行,又可通过两证之间的相互制约,避免差错,保证账簿记录的正确无误。

记账凭证按其用途不同,可以分为专用记账凭证和通用记账凭证两类。专用记账凭证是指分类反映经济业务的记账凭证。这种记账凭证按其反映经济业务的内容不同,又可分为收款凭证、付款凭证和转账凭证。收款凭证和付款凭证是用来反映货币资金收入、付出业务的凭证。货币资金的收入、付出业务就是直接引起库存现金或银行存款增减变动的业务,如用现金发放职工工资、以银行存款支付费用、收到销货款存入银行等。转账凭证是用来反映非货币资金业务的凭证。非货币资金业务亦称转账业务,是指不涉及货币资金增减变动的业务,如向仓库领料、产成品交库、分配费用等。

通用记账凭证是指用来反映所有经济业务的记账凭证。

专用记账凭证的一般格式,见表6.5、表6.6、表6.7。至于通用记账凭证,其一般格式与转账凭证相同。

表 6.5
（企业名称）
收款凭证

借方科目：　　　　　　　　　　　年　月　日　　　　　　　　　　　收字　　号
　　　　　　　　　　　　　　　　　　　　　　　　　　　　　　　　附件　　张

摘要	贷方科目		金额	记账
	一级科目	二级或明细科目		
合 计				

会计主管：　　　　记账：　　　　出纳：　　　　审核：　　　　填制：

表 6.6
（企业名称）
付款凭证

贷方科目：　　　　　　　　　　　年　月　日　　　　　　　　　　　付字　　号
　　　　　　　　　　　　　　　　　　　　　　　　　　　　　　　　附件　　张

摘要	借方科目		金额	记账
	一级科目	二级或明细科目		
合 计				

会计主管：　　　　记账：　　　　出纳：　　　　审核：　　　　填制：

表 6.7
（企业名称）
转账凭证

　　　　　　　　　　　　　　　　年　月　日　　　　　　　　　　　转字　　号
　　　　　　　　　　　　　　　　　　　　　　　　　　　　　　　　附件　　张

摘要	一级科目	二级或明细科目	借方金额	贷方金额	记账
合 计					

会计主管：　　　　记账：　　　　出纳：　　　　审核：　　　　填制：

记账凭证按其填列会计科目的数目不同，可分为单式记账凭证和复式记账凭证两类。单式记账凭证是一种把一笔经济业务的会计分录拆开，分散记录在几张凭证上的记账凭证。即在一张记账凭证上只填列每笔会计分录中的一方科目，每笔经济业务涉及几个科目，就应填制几张记账凭证。填列借方科目的称为借项记账凭证，填列贷方科目的称为贷项记账凭证。这样，每笔会计分录至少要填制两张单式记账凭证，用编号将其联系起来，以便查对。设置单式记账凭证的目的，一是便于汇总，即每张凭证只汇总一次，并且可减少差错；二是为了实行会计部门内部的岗位责任制,即每个岗位人员都应对与其有关的账户负责;三是利于贯彻内部控制制度,防止差错和舞弊。但由于凭证张数多,不易保管,填制凭证的工作量较大,故使用的单位较少。单式记账凭证的一般格式,见表6.8、表6.9。

表6.8
(企业名称)
借项记账凭证
年 月 日

对应科目:　　　　　　　　　　　　　　　　　　　　　　　　编号:
　　　　　　　　　　　　　　　　　　　　　　　　　　　　　附件　张

摘要	一级科目	二级或明细科目	金额	记账
合　计				

会计主管:　　记账:　　出纳:　　审核:　　填制:

表6.9
(企业名称)
贷项记账凭证
年 月 日

对应科目:　　　　　　　　　　　　　　　　　　　　　　　　编号:
　　　　　　　　　　　　　　　　　　　　　　　　　　　　　附件　张

摘要	一级科目	二级或明细科目	借方金额	记账
合　计				

会计主管:　　记账:　　出纳:　　审核:　　填制:

复式记账凭证是在一张凭证上完整地列出每笔会计分录所涉及的全部科目。上述专用记账凭证和通用记账凭证均为复式记账凭证。复式记账凭证的优点是在一张凭证上就能完整地反映一笔经济业务的全貌,且填写方便,附件集中,便于凭证的分析及审核。其缺点是不便于分工记账及科目汇总。

记账凭证按其包括的内容不同,可以分为单一记账凭证、汇总记账凭证和科目汇总表(亦称记账凭证汇总表、账户汇总表)三类。

单一记账凭证是指只包括一笔会计分录的记账凭证。上述的专用记账凭证和通用记账凭证,均为单一记账凭证。

汇总记账凭证是指根据一定时期内同类单一记账凭证定期加以汇总而重新编制的记账凭证。其目的是为了简化总分类账的登记手续。汇总记账凭证又可进一步分为汇总收款凭证、汇总付款凭证和汇总转账凭证。

科目汇总表是指根据一定时期内所有的记账凭证定期加以汇总而重新编制的记账凭证。其目的也是为了简化总分类账的登记手续。科目汇总表的一般格式见表6.13。

综上所述,可将会计凭证的分类归纳如图 6.1 所示。

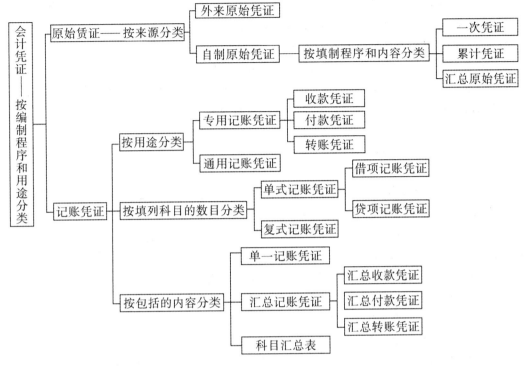

图 6.1 会计凭证分类归纳图

第二节 原 始 凭 证

一、原始凭证的基本内容

经济业务的内容是多种多样的,记录经济业务的原始凭证所包括的具体内容也各不相同。但每一种原始凭证都必须客观地、真实地记录和反映经济业务的发生、完成情况,都必须明确有关单位、部门及人员的经济责任。这些共同的要求,决定了每种原始凭证都必须具备以下几方面的基本内容或基本要素:
(1) 原始凭证的名称;
(2) 填制凭证的日期及编号;
(3) 接受凭证的单位名称;
(4) 经济业务的内容(摘要)、数量、单价和金额;
(5) 填制凭证单位的签章;
(6) 有关人员(部门负责人、经办人员)的签章。
有些原始凭证除了包括上述基本内容以外,为了满足计划、统计等其他业务工作的需要,还要列入一些补充内容。例如,在有些原始凭证上,还要注明与该笔经济业务有关的计划指标、预算项目和经济合同等等。

各会计主体根据会计核算和管理的需要,按照原始凭证应具备的基本内容和补充内容,可设计和印制适合本主体需要的各种专用原始凭证。为了加强宏观管理,强化监督,堵塞偷税、漏税的漏洞,各有关主管部门也可为同类经济业务设计统一的通用原始凭证。例如,由中国人民银行设计统一的银行汇票、本票、支票,由交通部门设计统一的客运、货运单据,由税务部门设计统一的发货票、收款收据等。这样,不但可使反映同类经济业务的原始凭证内容在全国统一,便于加强监督管理,而且也可以节省各会计主体的印刷费用。

二、原始凭证的填制

填制或取得原始凭证,是会计工作的起点,也是会计核算的基础环节。正确填制原始凭证,是保证会计核算工作与会计信息质量的关键。

自制原始凭证的填制有三种形式:一是根据实际发生或完成的经济业务,由经办人员直接填制,如"入库单""领料单"等;二是根据账簿记录对有关经济业务加以归类、整理填制,如月末编制的制造费用分配表、利润分配表等;三是根据若干张反映同类经济业务的原始凭证定期汇总填制,如各种汇总原始凭证等。

外来原始凭证,虽然是由其他单位或个人填制的,但它同自制原始凭证一样,也必须具备为证明经济业务完成情况和明确经济责任所必需的内容。

尽管各种原始凭证的具体填制依据和方法不尽相同,但就原始凭证应反映经济业务、明确经济责任而言,其填制必须严格遵循以下基本要求:

(一)记录真实

凭证上记载的经济业务,必须与实际情况相符合,决不允许有任何歪曲或弄虚作假。对于实物的数量、质量和金额,都要经过严格的审核,确保凭证内容真实可靠。从外单位取得的原始凭证如有丢失,应取得原签发单位盖有"财务专用章"的证明,并注明原凭证的号码、所载金额等内容,由经办单位负责人批准后,可代作原始凭证;对于确实无法取得证明的,如火车票、轮船票、飞机票等,可由当事人写出详细情况,由经办单位负责人批准后,也可代作原始凭证。

(二)手续完备

原始凭证的填制手续,必须符合内部牵制原则的要求。凡是填有大写和小写金额的原始凭证,大写与小写金额必须相符;购买实物的原始凭证,必须有实物的验收证明;支付款项的原始凭证,必须有收款方的收款证明。一式几联的凭证,必须用双面复写纸套写(本身具有复写纸功能的除外)。作废时应加盖"作废"戳记,并连同存根一起保留,不得撕毁。单页凭证必须用钢笔填写;销货退回时,除填制退货发票外,必须取得对方的收款收据或开户行的汇款凭证,不得以退货发票代替收据;各种借出款项的收据,必须附在记账凭证上,收回借款时,应另开收据或退回收据副本,不得退回原借款收据。经有关部门批准办理的某些特殊业务,应将批准文件作为原始凭证的附件或在凭证上注明批准机关名称、日期和文件字号。

(三) 内容完整

凭证中的基本内容和补充内容都要详尽地填写完整,不得漏填或省略不填。如果项目填写不全,则不能作为经济业务的合法证明,也不能作为有效的会计凭证。为了明确经济责任,原始凭证必须有经办部门和人员签章。从外单位取得的原始凭证,必须有填制单位的公章或财务专用章;从个人取得的原始凭证,必须有填制人员的签名或盖章。自制原始凭证必须有经办部门负责人或其指定人员的签名或盖章。对外开出的原始凭证,必须加盖本单位的公章或财务专用章。

(四) 书写规范

原始凭证上的文字,要按规定书写,字迹要工整、清晰,易于辨认,不得使用未经国务院颁布的简化字。合计的小写金额前要冠以人民币符号"￥"(用外币计价、结算的凭证,金额前要加注外币符号,如"HK＄""US＄"等),币值符号与阿拉伯数字之间不得留有空白;所有以元为单位的阿拉伯数字,除表示单价等情况外,一律填写到角分,无角分的要以"0"补位。汉字大写金额数字,一律用正楷字或行书字书写,如壹、贰、叁、肆、伍、陆、柒、捌、玖、拾、佰、仟、万、亿、元(圆)、角、分、零、整(正)。大写金额最后为"元"的应加写"整"(或"正")字断尾。

阿拉伯金额数字中间有"0"时,汉字大写金额要写"零"字,如￥1 409.50,汉字大写金额应写成"人民币壹仟肆佰零玖元伍角"。阿拉伯金额数字中间连续有几个"0"时,汉字大写金额中可以只写一个"零"字,如￥6 007.14,汉字大写金额应写成"人民币陆仟零柒元壹角肆分"。阿拉伯金额数字万位或元位是"0",或者数字中间连续有几个"0",元位也是"0",但千位、角位不是"0"时,汉字大写金额中可以只写一个"零"字,也可以不写"零"字,如￥1 580.32,应写成"人民币壹仟伍佰捌拾元零叁角贰分",或者写成"人民币壹仟伍佰捌拾元叁角贰分";又如￥509 000.45,应写成"人民币伍拾万玖仟元零肆角伍分",或者写成"人民币伍拾万零玖仟元肆角伍分"。阿拉伯金额数字角位是"0",而分位不是"0"时,汉字大写金额"元"后面应写"零"字,如￥16 409.02,应写成"人民币壹万陆仟肆佰零玖元零贰分"。

原始凭证记载的各项内容均不得涂改。原始凭证有错误的应当由出具单位重开或者更正,更正处应当加盖出具单位印章。对于支票等重要的原始凭证若填写错误,一律不得在凭证上更正,应按规定的手续注销留存,另行重新填写。

(五) 填制及时

每笔经济业务发生或完成后,经办业务的有关部门和人员必须及时填制原始凭证,并及时送交会计部门,以免影响会计凭证的正常传递。会计核算的及时性原则的要求,首先应从这里开始。

三、原始凭证的审核

为了保证原始凭证内容的真实性和合法性,防止不符合填制要求的原始凭证影响会计信息的质量,必须由会计部门对一切外来的和自制的原始凭证进行严格的审核。审核工作主要包括以下两个方面:

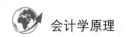

（一）形式上的审核

1. 鉴别原始凭证的真伪

尤其是银行支票、汇票、增值税发票、收据等，必须认真检验有无舞弊、是否冒充或假造。

2. 凭证的填制是否符合规定的要求

如凭证要素项目填写是否齐全、数字计算是否正确、大小写金额是否相符、数字和文字书写是否清晰、有无涂改、有关单位与人员是否签名盖章等。

（二）内容上的审核

对原始凭证内容的审核主要是以国家颁布的财经法规、财会制度，以及本单位制定的有关规则、预算和计划为依据，审核经济业务是否合法、合规、合理。有无弄虚作假、违法乱纪、贪污舞弊的行为；审核经济活动的内容是否符合规定的开支标准，是否符合规定的审核权限与手续，有无背离勤俭节约、经济效益原则和内部控制制度的要求。

总之，原始凭证的审核是一项十分细致而严肃的工作，必须坚持原则，依法办事。对于不真实、不合法的原始凭证，会计人员有权不予受理，并要向单位负责人报告；对于记载不准确、不完整的原始凭证应予以退回，并要求按照国家统一的会计制度的规定更正、补充；对内容上不合规、不合法、不真实的原始凭证，应拒绝办理并立即上报单位领导，特别是各种弄虚作假、严重违法的原始凭证，在不予受理的同时，应当予以扣留，请求查明原因，追究当事人的责任，这是会计机构、会计人员结合日常工作实行会计监督的基本形式和重要环节。原始凭证经审核无误后，才能作为编制记账凭证和登记明细分类账的依据。

第三节　记 账 凭 证

一、记账凭证的基本内容

记账凭证虽然种类不一，编制依据各异，但各种记账凭证的主要作用都在于对原始凭证进行归类整理，运用账户和复式记账方法，编制会计分录，为登记账簿提供直接证据。因此，所有记账凭证不仅要概括地反映经济业务的基本情况，还要满足便于记账、减少差错、提高记账工作效率、保证记账工作质量的要求，所以，记账凭证都必须具备下列基本内容或基本要素：

(1) 记账凭证的名称；

(2) 填制凭证的日期；

(3) 记账凭证的编号；

(4) 经济业务的内容摘要；

(5) 经济业务所涉及的会计科目、金额及记账方向；

(6) 所附原始凭证的张数；

(7) 填制单位的名称及有关人员的签章。

二、记账凭证的填制

(一)填制凭证的基本要求

各种记账凭证的填制,除严格按原始凭证的填制要求外,还应注意以下几点:

1. 摘要简明

记账凭证的摘要应用简明扼要的语言,概括出经济业务的主要内容。既要防止简而不明,又要避免过于繁琐。为了满足登记明细分类账的需要,对不同性质的账户,其摘要填写应有所区别。例如,反映原材料等实物资产的账户,摘要中应注明品种、数量、单价;反映现金、银行存款或借款的账户,摘要中应注明收付款凭证和结算凭证的号码,以及款项增减原因、收付款单位名称等。

2. 科目运用准确

必须按会计制度统一规定的会计科目填写,不得任意简化或改动,不得只写科目编号,不写科目名称;同时,二级和明细科目也要填列齐全。应"借"、应"贷"的记账方向和账户对应关系必须清楚;编制复合会计分录,应是一"借"多"贷"或一"贷"多"借",一般不编多"借"多"贷"的会计分录。

3. 连续编号

采用通用记账凭证,可按全部经济业务发生的先后顺序编号,每月从第1号编起;采用专用记账凭证,可按凭证类别分类编号,每月从收字第1号、付字第1号和转字第1号编起。若一笔经济业务需填制多张记账凭证的,可采用"分数编号法",即按该项经济业务的记账凭证数量编列分号。例如,某笔经济业务需编制三张转账凭证,凭证的序号为58时,这三张凭证的编号应分别为转字第 $58\frac{1}{3}$ 号、$58\frac{2}{3}$ 号、$58\frac{3}{3}$ 号。每月月末最后一张记账凭证的号旁边要加注"全"字,以免凭证散失。

4. 附件齐全

记账凭证所附的原始凭证必须完整无缺,并在凭证上要注明所附原始凭证的张数,以便核对摘要及所编会计分录是否正确无误。若两张或两张以上的记账凭证依据同一原始凭证,则应在未附原始凭证的记账凭证上注明"原始凭证×张,附于第×号凭证之后",或者附原始凭证的复印件,以便日后查阅。

一张原始凭证所列支出需要几个单位共同负担的,应将其他单位负担部分,开出原始凭证分割单,向有关单位进行分摊。分割单的内容与原始凭证基本相同,但需另增费用分摊情况栏目。

(二)记账凭证的填制方法

记账凭证分为通用记账凭证和专用记账凭证两种。通用记账凭证的格式和填制方法与专用记账凭证中的转账凭证相同,所以,下面分别说明三种专用记账凭证的填制方法。

采用专用记账凭证时,收款凭证和付款凭证是根据有关现金、银行存款和其他货币资金收付业务的原始凭证填制的。涉及银行存款和其他货币资金的收付业务,一般应以银行盖章的单据(如送款单、收款通知等)作为原始凭证。这样做是为了保证收付业务的可靠性,也便于同银行账核对。对于库存现金、银行存款和其他货币资金之间的收付业务(亦称相互划转业务),如从银行提取现金、把现金送存银行、开外埠存款账户等,为避免重复记账,一般只需编制付款凭证,而不再编制收款凭证。出纳人员对于已经收讫的收款凭证和已经付款的付款凭证及其所附的各种原始凭证,都要加盖"收讫"或"付讫"的戳记,以免重收重付。

转账凭证除了根据有关转账业务的原始凭证填制外,还有的是根据账簿记录填制,如根据有关资产账户提取减值准备,将收入、费用类账户的月末余额转入"本年利润",将"本年利润"账户的年末余额转入"利润分配"账户以及更正账簿错误等。账簿记录编制的记账凭证一般没有原始凭证,所以并非所有的记账凭证都附原始凭证。

【例 6-1】 恒昌公司 20×2 年 12 月 8 日从茂林公司收回上月销售商品款 10 万元,款项已存入银行。

由于这项业务的发生导致银行存款增加,所以需要记载在收款凭证中。恒昌公司填制的收款凭证如表 6.10 所示。

表 6.10 恒昌公司收款凭证

借方科目:银行存款　　　　　　20×2 年 12 月 8 日　　　　　　收字第 20 号

附件 2 张

摘要	贷方科目		金额	记账
	一级科目	明细科目		
收回上月销货款	应收账款	茂林公司	100 000.00	
合　计			¥100 000.00	

会计主管:　　　　记账:　　　　出纳:　　　　审核:　　　　填制:

【例 6-2】 恒昌公司 20×2 年 12 月 18 日开出转账支票一张,支付华美公司购货款 8 万元。

由于这项业务的发生导致银行存款减少,所以需要记载在付款凭证中。恒昌公司填制的付款凭证如表 6.11 所示。

表 6.11 恒昌公司付款凭证

贷方科目:银行存款　　　　　　20×2 年 12 月 8 日　　　　　　付字第 35 号

附件 2 张

摘要	借方科目		金额	记账
	一级科目	明细科目		
归还销货款	应付账款	华美公司	80 000.00	
合　计			¥80 000.00	

会计主管:　　　　记账:　　　　出纳:　　　　审核:　　　　填制:

【例 6-3】 恒昌公司 20×2 年 12 月 18 日向茂林公司销售价值 18 万元的商品一批,款项尚未收到。

恒昌公司转账凭证如表 6.12 所示。

第六章 会计凭证

表 6.12　恒昌公司转账凭证

20×2 年 12 月 28 日　　　　　　　　　　　　　　　　　　　　　　转字第 55 号
　　　　　　　　　　　　　　　　　　　　　　　　　　　　　　　　附件 3 张

摘要	一级科目	明细科目	借方金额	贷方金额	记账
赊销商品一批	应收账款	茂林公司	180 000.00		
	主营业务收入			180 000.00	
	合　　计		¥180 000.00	¥180 000.00	

会计主管：　　　　记账：　　　　出纳：　　　　审核：　　　　填制：

　　由于大中型企业经济业务繁杂，记账凭证数量较多，为了简化登记总分类账的手续，可以在月内分数次把记账凭证进行汇总，编制汇总记账凭证或科目汇总表，然后据以登记总分类账。

　　汇总记账凭证分为汇总收款凭证、汇总付款凭证和汇总转账凭证三种。汇总收款凭证根据收款凭证分别按现金和银行存款账户的借方设置，并按对应的贷方账户归类汇汇总付款凭证是根据付款凭证分别按现金和银行存款账户的贷方设置，并按对应的账户归类汇总。汇总转账凭证是根据转账凭证按账户的贷方设置，并按对应的借方归类汇总。这三种汇总记账凭证都应定期（如每五天或每旬）汇总一次，每月填制一张。为了便于汇总，对转账凭证的对应关系，要求保持一"借"一"贷"或一"贷"多"借"，而不宜采用一"借"多"贷"。汇总记账凭证可以反映账户的对应关系，便于了解经济业务的来龙去脉，进而利于分析和检查。但是，汇总的工作量也较繁重，汇总记账凭证的一般格式见表 6.13、表 6.14、表 6.15。

表 6.13　汇总收款凭证

借方账户：　　　　　　　　　年　　月　　日　　　　　　　　　　第　　号

贷方账户	金　额				记　账	
	上旬	中旬	下旬	合计	借方	贷方

表 6.14　汇总付款凭证

贷方账户：　　　　　　　　　年　　月　　日　　　　　　　　　　第　　号

借方账户	金　额				记　账	
	上旬	中旬	下旬	合计	借方	贷方

　　科目汇总表是根据收款凭证、付款凭证和转账凭证，按照相同的会计科目归类，定期（每五天或每旬）汇总填制。为了便于填制科目汇总表，所有记账凭证的账户对应关系应保持一借一贷，转账凭证在填制时最好复写两联，一联作为借方账户的转账凭证，另一联作为贷方

账户的转账凭证。这样,就可简化汇总的手续,也能减少差错。同汇总记账凭证相比较,科目汇总表既可简化总分类账的登记手续,又能起到全部账户发生额的试算平衡作用,汇总的工作还比较简单,但它最大的缺点是无法反映账户的对应关系。科目汇总表的一般格式见表6.15。

表6.15 科目汇总表
年 月 日至 日

会计科目	总账页数	本期发生额		记账凭证起讫号数
		借方	贷方	

三、记账凭证的审核

记账凭证是登记账簿的直接依据,为了保证账簿记录的正确性,以及整个会计信息的质量,记账前必须由专人对已编制的记账凭证进行认真、严格的审核。审核的内容主要有以下几个方面:

(1) 审核记账凭证是否附有原始凭证,记账凭证的内容与所附原始凭证的内容是否相符,金额是否一致。

(2) 审核凭证中会计科目的使用是否正确,二级或明细科目是否齐全;账户对应关系是否清晰;金额计算是否准确无误。

(3) 审核记账凭证中有关项目是否填列齐全,有关人员是否签名盖章。

在审核中若发现记账凭证填制有错误,应查明原因,予以重填或按规定方法及时更正。只有经审核无误的记账凭证,才能据以记账。

第四节 会计凭证的传递与保管

一、会计凭证的传递

会计凭证的传递,是指会计凭证从取得或填制时起,经过审核、记账、装订到归档保管时止,在单位内部各有关部门和人员之间按照规定的时间、路线办理业务手续和进行传递的程序或环节。

(一) 科学、合理地组织会计凭证传递程序的意义

(1) 科学、合理地组织会计凭证的传递,能使会计凭证沿着最短途径、以最快速度流转,有利于各部门和有关人员及时处理和登记经济业务;有利于协调单位内部各部门、人员的工

作,从而缩短业务处理的进程、提高会计工作效率。

(2) 科学、合理地组织会计凭证的传递,有利于加强经济责任制,实行会计监督。会计凭证的传递程序,一方面体现了单位内部有关部门、人员之间的分工与协作关系;一方面形成了各个环节自我监督和相互敦促的制约机制。因为,任何一个环节出现梗阻,都将影响凭证的正常流转,乃至影响经济活动的顺利进行。例如,对材料收入业务的凭证传递,就应明确规定:在材料运达企业后,需多长时间验收入库,由谁负责填制收料单,又由谁在何时将收料单送交会计及其他有关部门;会计部门由谁负责审核收料单,由谁在何时编制记账凭证和登记账簿,又由谁负责整理或保管凭证等等。这样,既可以把材料收入业务从验收入库到登记入账的全部工作在本单位内部进行分工,并通过各部门的协作来共同完成,同时也便于考核经办业务的有关部门和人员是否按照规定的会计手续办事。

(3) 科学、合理地组织会计凭证的传递,有利于合理地组织经济活动,改善经营管理。会计凭证客观地反映了经济业务的发生与完成情况,会计凭证的传递程序则相应地显示了经济活动的走向与轨迹,如果凭证发生滞留或积压,一定程度上反映了经济活动的异常,这对及时发现问题、改善经营管理、更好地组织经济活动具有极为现实的意义。

(二) 科学、合理地制定会计凭证传递工作的内容

会计凭证传递工作主要包括凭证的传递路线、传递时间和传递手续三个方面的内容。

1. 制订会计凭证的传递路线

各种会计凭证记载着不同的经济业务,它们所涉及的部门和人员各不相同,需要办理的手续也有差别。为了能够及时利用会计凭证所反映的经济业务的情况,各单位应根据经济业务的特点、经营管理的需要、组织机构与人员分工情况,为各种会计凭证制订科学、合理的传递程序与环节,明确规定会计凭证的联次及流程,作为各业务部门和会计机构处理会计凭证的工作规范。既要使会计凭证经过必要的环节进行审核和处理,又要避免会计凭证在不必要的环节停留,从而保证会计凭证沿着最简捷、最合理的路线传递。

2. 规定会计凭证的传递时间

会计凭证的传递时间是指各种凭证在各经办部门、环节所停留的最长时间。它应考虑各部门和有关人员,在正常情况下办理经济业务所需时间来合理确定。明确会计凭证的传递时间,使各环节的工作环环相扣、相互制约,能防止拖延处理和积压凭证,保证会计工作的正常秩序,提高工作效率。一切会计凭证的传递和处理,都应在报告期内完成。否则,将会影响会计核算的及时性。

3. 严格会计凭证的传递手续

会计凭证的传递手续是指在凭证传递过程中的衔接手续。凭证的传递手续应该做到既完备严密,又简便易行。凭证的收发、交接都应按一定的手续制度办理,以保证会计凭证的安全和完整。

总之,会计凭证的传递事实上是企事业单位的一项管理制度,涉及面广,尤其是原始凭证,涉及的部门与人员较多。因此,会计凭证的传递路线、传递时间和传递手续的制订,要以会计机构为主,在调查研究的基础上,会同有关部门与人员,多方协商,共同确定。此外,还应根据实际情况的变化及时加以修改,以确保会计凭证传递的科学化、制度化。

二、会计凭证的保管

会计凭证全面记录了一个单位的经济活动情况,逐一明确了各项业务的经济责任,而且是登记账簿的合法依据,是重要的历史记录和经济档案。为了便于随时查阅利用,各种会计凭证在办理好各项业务手续,并据以记账后,应由会计部门加以整理、归类,并送交档案部门妥善保管。

会计凭证的保管,是会计档案管理工作的重要内容,应做好以下几个环节的管理工作:

(一) 会计凭证的整理归类

会计部门在记账以后,应定期(一般为每月)将会计凭证加以归类整理,即把记账凭证及其所附原始凭证,按记账凭证的编号顺序进行整理,在确保记账凭证及其所附原始凭证完整无缺后,将其折叠整齐,加上封面、封底,装订成册,并在装订线上加贴封签,以防散失和任意拆装。在封面上要注明单位名称、凭证种类、所属年月和起讫日期、起讫号码、凭证张数等。会计主管或指定装订人员要在装订线封签处签名或盖章,然后入档保管。

对于那些数量过多或各种随时需要查阅的原始凭证,可以单独装订保管,在封面上注明记账凭证的日期、编号、种类,同时在记账凭证上注明"附件另订"。各种经济合同和重要的涉外文件等凭证,应另编目录,单独登记保管,并在有关记账凭证和原始凭证上相互注明日期和编号。

(二) 会计凭证的造册归档

每年的会计凭证都应由会计部门按照归档的要求,负责整理立卷或装订成册。当年的会计凭证,在会计年度终了后,可暂由会计部门保管1年,期满后,原则上应由会计部门编造清册移交本单位档案部门保管。档案部门接收的会计凭证,原则上要保持原卷册的封装,个别需要拆封重新整理的,应由会计部门和经办人员共同拆封整理,以明确责任。会计凭证必须做到妥善保管,存放有序,查找方便,并要防止毁损、丢失和泄密。

(三) 会计凭证的借阅

会计凭证原则上不得借出,如有特殊需要,须报请批准,但不得拆散原卷册,并应限期归还。需要查阅已入档的会计凭证时,必须办理借阅手续。原始凭证不得外借,其他单位因特殊原因需要使用原始凭证时,经本单位负责人批准,可以复制。但向外单位提供的原始凭证复印件,应在专设的登记簿上登记,并由提供人员和收取人员共同签名或盖章。

(四) 会计凭证的销毁

会计凭证的保管期限,一般为1年。保管期未满,任何人都不得随意销毁会计凭证。按规定销毁会计凭证时,必须开列清单,报经批准后,由档案部门和会计部门共同派员监销。在销毁会计凭证前,监督销毁人员应认真清点核对,销毁后,在销毁清册上签名或盖章,并将监销情况报告本单位负责人。

一、问答

1. 什么是会计凭证？它在会计工作中的地位与作用如何？
2. 原始凭证应具备哪些基本内容？
3. 如何填制和审核原始凭证？
4. 记账凭证应具备哪些基本内容？
5. 如何填制和审核记账凭证？
6. 科学、合理地组织会计凭证的传递有什么实际意义？

二、单项选择题

1. "限额领料单"属于(   )。
   A. 一次凭证   B. 编制记账凭证   C. 汇兑原始凭证   D. 累计凭证
2. 不能作为记账依据的是(   )。
   A. 发货票   B. 经济合同   C. 入库单   D. 收货票
3. 自制原始凭证按其填制方法，可以分为(   )。
   A. 原始凭证和记账凭证   B. 收款凭证和付款凭证
   C. 单项凭证和多项凭证   D. 一次凭证和累计凭证
4. 从银行提取现金，按规定应编制(   )。
   A. 现金收款凭证   B. 银行存款付款凭证
   C. 转账凭证   D. 银行存款收款凭证
5. 《会计法》规定原始凭证不得涂改、刮擦、挖补。对于金额有误的原始凭证，应(   )。
   A. 由出具单位重新开
   B. 由出具单位在凭证上更正并由经办人签名
   C. 由出具单位在凭证上更正并由出具单位负责人签名
   D. 由出具单位在凭证上更正并由经办人签名加盖出具单位印章
6. 需要查阅已入档的会计凭证是必须办理借阅手续。其他单位因特殊原因需要使用原始凭证时，经本单位的(   )批准，可以复制。
   A. 财务部负责人   B. 总会计师
   C. 总经理   D. 单位负责人
7. 下列项目中属于外来原始凭证的是(   )。
   A. 收料单   B. 销货发票   C. 购货发票   D. 订货合同
8. 会计凭证按其填制的程序和用途的不同，可分为(   )。
   A. 单式凭证和复式凭证   B. 原始凭证和记账凭证
   C. 一次凭证和累计凭证   D. 收款凭证和付款凭证
9. 下列科目中，能填列在收款凭证左上角"借方科目"栏的是(   )。
   A. 银行存款   B. 物资采购   C. 主营业务收入   D. 应收账款
10. 某记账凭证的借方科目为"本年利润"，贷方科目为"管理费用"，则(   )。
    A. 应附有费用发票   B. 应附有费用支付单
    C. 应附有费用分配单   D. 不需附原始凭证

三、多项选择题

1. 记账凭证的内容包括（　　）。
   A. 经济业务摘要　　B. 会计科目　　C. 借贷方向　　D. 金额　　E. 日期

2. 以下哪些是记账凭证应具有的共同的基本内容？（　　）。
   A. 填制凭证的日期和凭证的编号　　B. 会计科目的名称、记账方向和金额
   C. 所附原始凭证的张数　　　　　　D. 制证、复核、会计主管等有关人员的签章

3. 专用凭证包括（　　）。
   A. 收款凭证　　　　　B. 转账凭证　　　　　C. 一次凭证
   D. 累计凭证　　　　　E. 付款凭证

4. 下列（　　）属于原始凭证。
   A. 工资单　　　　　　B. 银行转账凭证　　　C. 购货合同
   D. 产量登记簿　　　　E. 产品入库单

5. 通过会计凭证的填制和审核，可以（　　）。
   A. 检查经济业务的合法性、合规性
   B. 检查经济业务的连续性、系统性
   C. 加强岗位责任制
   D. 如实、及时地反映经济业务的发生和完成情况

6. 下列记账凭证中可以不附原始凭证的有（　　）。
   A. 收款凭证　　　　　B. 更正错账的记账凭证　　C. 转账凭证
   D. 复式记账凭证　　　E. 结账的记账凭证

7. 专用记账凭证的编号方法有（　　）。
   A. 任意编号法　　　　B. 双重编号法　　　　C. 字号编号法
   D. 分数编号法　　　　E. 自然编号法

8. 企业购入材料一批,货款已付,材料也已验收入库。该笔业务的发生应编制的全部会计凭证是（　　）。
   A. 领料单　　　　　　B. 收料单　　　　　　C. 一次凭证
   D. 银行存款付款凭证　E. 转账凭证

9. 审核原始凭证主要包括以下内容（　　）。
   A. 凭证所记录的经济业务是否合法　　　B. 项目是否填列齐全
   C. 有关人员是否签名盖章　　　　　　　D. 数字计算是否正确
   E. 会计科目运用是否正确

10. 企业在制定会计凭证传递程序时,应考虑的问题有（　　）。
    A. 经济业务特点和人员分工情况
    B. 经营管理的需要
    C. 凭证的数量和账簿登记工作量
    D. 办理业务必要手续需要的时间
    E. 凭证交接的签收制度

四、判断题

1. 原始凭证是由会计部门填制的,是登记账簿的直接依据。（　　）
2. 转账凭证不能反映现金、银行存款的增减变动。（　　）

3. 记账凭证是根据原始凭证填制的,用以记录经济业务、明确经济责任、具有法律效力的书面证明,是记账的依据。(　　)

4. 将现金存入银行的业务,可以既编制现金付款凭证,又编制银行存款收款凭证,然后分别据以登记入账。(　　)

5. 更正错账和结账的记账凭证,可以不附原始凭证。(　　)

6. 外来原始凭证都是一次凭证。(　　)

7. 发料凭证汇总表属于累计凭证。(　　)

8. 各种原始凭证,都应由会计人员填制。(　　)

9. 将会计凭证划分为原始凭证和记账凭证两大类的主要依据是凭证填制的人员。(　　)

10. 银行对账单是会计核算的重要原始凭证。(　　)

五、业务题

目的:练习记账凭证的填制。

资料:利明公司20×7年3月份发生下列经济业务:

(1) 从银行取得借款300 000元存入存款账户。

(2) 甲产品200件完工入库,单位成本58元。

(3) 以银行存款1 000元支付罚款。

(4) 以银行存款支付银行贷款手续费200元。

(5) 以转账支票支付前欠A公司材料采购款32 000元。

(6) 计算分配公司本月职工工资,其中生产工人工资60 000元,车间管理人员工资5 000元,厂部管理人员工资30 000元,专设销售机构人员工资4 000元。

(7) 从银行提取现金100 000元,然后将其中99 000元用于发放职工工资。

(8) 在财产清查中发现账外新设备一台,估计价值30 000元。

(9) 以转账支票预付下半年财产保险费1 200元。

(10) 职工李明报销医药费260元,以现金付讫。

(11) 预提本月银行借款利息3 200元。

(12) 以银行存款偿还银行借款100 000元。

(13) 以现金支付业务招待费380元。

(14) 以银行存款35 000元购入生产设备一台。

(15) 以银行存款缴纳企业所得税8 000元。

要求:

1. 根据上述经济业务填制收款凭证、付款凭证和转账凭证。

2. 编制上述记账凭证时,一般要附哪些原始凭证?

参 考 文 献

[1] 中华人民共和国财政部.企业会计准则:基本准则[EB/OL]. http://www.gov.cn,2006.

[2] 中华人民共和国财政部.中华人民共和国会计法[M].北京:法律出版社,1999.

[3] 李海波.新编会计学原理[M].15版.上海:立信会计出版社,2011.

[4] 会计从业资格考试辅导教材编写组.会计基础[M].北京:中国财政经济出版社,2012.

[5] 唐国平.会计学基础[M].北京:高等教育出版社,2007.

第七章 会计账簿

学习目标

通过本章的学习,要求学习者掌握账簿设置和登记的有关知识和技能,了解会计账簿的种类和格式,熟练掌握账簿的登记技术、记账规则和错账的更正方法等。

学习重点

会计账簿,账簿格式及登记,记账规则,错账的更改方法。

学习难点

账簿的各种分类,错账的更正方法。

第一节 会计账簿概述

一、会计账簿的概念

企业发生交易或者事项之后,必须取得原始凭证,并且根据审核无误的原始凭证填写记账凭证,从而证明该项交易或事项的完成情况。但由于会计凭证数量多,格式不一,且又分散,每张凭证只能反映个别交易或事项的内容,不能全面、连续、系统地反映和控制企业某一类和全部交易或事项的增减变动情况,而且不便于查阅。因此,各单位必须在会计凭证的基础上设置和登记有关账簿。

会计账簿,简称账簿,是以会计凭证为依据,用以全面、系统、序时、分类地记录和反映各项经济业务的簿籍(或账本、卡片和表册)。它是由具体专门格式并以一定形式联结在一起的若干账页所组成,即为联结成整体的账户。在会计账簿中,按一定的程序和方法登记经济业务所引起的会计要素的增减变化,称为记账。设置和登记会计账簿是会计核算的一种专门方法。登记账簿可以把会计凭证上所反映的大量、分散的交易或事项内容,加以集中和归类整理,记录到账簿中去。

二、会计账簿的作用

各单位每发生一项经济业务,都必须取得或填制原始凭证,并根据审核无误的原始凭证及有关资料填制记账凭证。通过记账凭证的填制和审核,可以反映和监督单位每一项经济业务的发生和完成情况。但是由于会计凭证数量多,格式不一,所提供的资料比较分散,缺乏系统性,每张凭证一般只能反映个别经济业务的内容。为了连续、系统、全面地反映单位在一定时期内的某一类和全部经济业务及其引起的资产与权益的增减变化情况,给经济管理提供完整而系统的会计核算资料,并为编制会计报表提供依据,就需要设置会计账簿,把分散在会计凭证中的大量核算资料加以集中和归类整理,分门别类地记录在账簿中。因此,每一单位都应按照国家统一的会计制度和会计业务的需要设置和登记会计账簿。通过账簿记录,既能对经济活动进行序时核算,又能进行分类核算;既可提供各项总括的核算资料,又可提供明细核算资料。

合理的设置和登记账簿,能系统地记录和提供企业经济活动的各种数据。它对加强企业经济核算,改善并提高企业经营有着重要意义和作用,主要表现在以下三个方面:

(1) 通过设置和登记账簿,可以系统地归纳和积累会计核算的资料,为改善企业经营管理,合理使用资金提供资料。通过账簿的序时核算和分类核算,把企业承包经营情况,收入的构成和支出的情况,财物的购置、使用、保管情况、全面、系统地反映出来,用于监督计划、预算的执行情况和资金的合理有效使用,促使企业改善经营管理。

(2) 通过设置和登记账簿,可以为计算财务成果、编制会计报表提供依据。根据账簿记录的费用、成本和收入、成果资料,可以计算一定时期的财务成果,检查费用、成本、利润计划的完成情况。经核对无误的账簿资料,及其加工的数据为编制会计报表提供总括和具体的资料,是编制会计报表的主要依据。

(3) 通过设置和登记账簿,利用账簿的核算资料,为开展财务分析和会计检查提供依据。通过对账簿资料的检查、分析,可以了解企业贯彻有关方针、政策、制度的情况,要以考核各项计划的完成情况。另外,对资金使用是否合理,费用开支是否符合标准,经济效益有无提高,利润的形成与分配是否符合规定等作出分析、评价,从而找出差距,挖掘潜力,提出改进措施。

三、会计账簿的分类

为了满足经营管理的需要,每一账簿体系中包含的账簿是多种多样的,它们各自独立、又相互补充。为了便于了解和使用,必须从不同的角度对会计账簿进行分类。可以按其账页格式、用途和外表形式等不同标准进行分类。

(一) 按账页的格式分类

会计账簿按其账页的格式不同,可以分为两栏式账簿、三栏式账簿、多栏式账簿、数量金额式账簿和横线登记式账簿。

1. 两栏式账簿

是指只有借方和贷方两个基本金额栏目的账簿。普通日记账一般采用两栏式。

2. 三栏式账簿

是指其账页的格式主要部分为借方、贷方和余额三栏或者收入、支出和余额三栏的账簿。三栏式账簿又可分为设对方科目和不设对方科目两种。区别在于摘要栏和借方科目栏之间是否有一栏"对方科目"栏。有"对方科目栏"的,称为设对方科目的三栏式账簿;不设"对方科目"栏的,称为不设对方科目的三栏式账簿。它主要适用于各种日记账、总分类账以及资本、债权债务明细账等。

3. 多栏式账簿

是指根据经济业务的内容和管理的需要,在账页的"借方"和"贷方"栏内再分别按照明细科目或某明细科目的各明细项目设置若干专栏的账簿。这种账簿可以按"借方"和"贷方"分别设专栏,也可以只设"借方"专栏,"贷方"的内容在相应的借方专栏内用红字登记,表示冲减。收入、费用明细账一般均采用这种格式的账簿。

4. 数量金额式账簿

是指在账页中分社"借方""贷方"和"余额"或者"收入""发出"和"结存"三大栏,并在每一大栏内分设数量、单价和金额等三小栏的账簿,数量金额式账簿能够反映出财产物资的实物数量和价值量。原材料和库存商品、产成品等明细账一般采用数量金额式账簿。

5. 横线登记式账簿

是指账页分为借方和贷方两个基本栏目,每一个栏目再根据需要分设若干栏次,在账页两方的同一行记录某一经济业务自始至终所有事项的账簿。它主要适用于需要逐笔结算的经济业务的明细账,如物资采购、应收账款等明细账。

(二) 按用途分类

会计账簿按其用途不同,可分为序时账簿、分类账簿和备查账簿。

1. 序时账簿

序时账簿又称日记账,是按经济业务发生和完成时间的先后顺序进行登记的账簿。序时账簿可以用来反映和控制某一类型交易或事项或全部交易或事项的发生或完成情况。序时账簿有两种:一种用来登记全部经济业务发生情况的日记账,具有格式统一,使用方便等特点,称为普通日记账。它既适用于设置特种日记账的企业,也适用于未设置特种日记账的企业。普通日记账通常把每天发生的经济业务按业务发生的先后顺序记入账簿中,依次作为登记分类账的依据,故又称分录日记账。另外一种是用于记录某一类经济业务发生情况的日记账,这类业务通常属于重复发生的大量的特定交易类型,如现金的收付、原材料的采购、产品销售等。特种日记账的设置取决于企业的业务性质以及这类业务发生的频繁程度,如现金收入日记账、现金支出日记账、销货日记账和购货日记账。在我国会计实务中,为了简化记账手续,大多数企业一般只设库存现金日记账和银行存款日记账,而不设普通日记账。库存现金和银行存款日记账的格式见表7.1、表7.2。

(1) 普通日记账的设置和登记。普通日记账是逐日序时登记特种日记账以外的经济业务的账簿。在不设特种日记账的企业,则要序时地逐笔登记企业的全部经济业务,因此普通日记账也称分录簿。

普通日记账一般分为"借方金额"和"贷方金额"两栏,登记每一分录的借方账户和贷方账户及金额,这种账簿不结余额。

第七章 会计账簿

表 7.1
库存现金日记账　　　　　　　　　　　　　第　　页

年		凭证字号	摘要	对应账户	收入	支出	结余
月	日						

表 7.2
银行存款日记账　　　　　　　　　　　　　第　　页

年		凭证字号	摘要	结算凭证		对应账户	收入	支出	余额
月	日			种类	编号				

（2）特种日记账的设置和登记。常用的特种日记账是"现金日记账"和"银行存款日记账"。在企业、行政、事业单位中，现金日记账和银行存款日记账的登记，有利于加强货币资金的日常核算和监督，有利于贯彻执行国家规定的货币资金管理制度。

① 现金日记账。现金日记账是用来核算和监督库存现金每日的收入、支出和结存状况的账簿。它由出纳人员根据现金收款凭证、现金付款凭证和银行存款付款凭证，按经济业务发生时间的先后顺序，逐日逐笔进行登记。

现金日记账的结构一般采用"收入""支出""结余"三栏式。现金日记账中的"年、月、日""凭证字号""摘要"和"对方科目"等栏，根据有关记账凭证登记；"收入"栏根据现金收款凭证和引起现金增加的银行存款付款凭证登记（从银行提取现金，只编制银行存款付款凭证）；"支出"栏根据现金付款凭证登记。每日终了，应计算全日的现金收入、支出合计数，并逐日结出现金余额，与库存现金实存数核对，以检查每日现金收付是否有误。每月期末，应结出当期"收入"栏和"支出"栏的发生额和期末余额，并与"现金"总分类账户核对一致，做到日清月结，账实相符。如账实不符，应查明原因。

② 银行存款日记账。银行存款日记账用来核算和监督银行存款每日的收入、支出和结存情况的账簿。它是由出纳人员根据银行存款收款凭证、银行存款付款凭证和现金付款凭证按经济业务发生时间的先后顺序，逐日逐笔进行登记的序时账簿。银行存款日记账应按企业在银行开立的账户和币种分别设置，每个银行存款账户设置一本银行存款日记账。

银行存款日记账的结构一般也采用"收入""支出"和"结余"三栏式，由出纳人员根据银行存款的收、付款凭证,逐日逐笔按顺序登记。对于将现金存入银行的业务,因习惯上只填制现金付款凭证,不填制银行存款收款凭证,所以此时的银行存款收入数,应根据相关的现金付款凭证登记。另外,因在办理银行存款收付业务时,均根据银行结算凭证办理,为便于和银行对账,银行存款日记账还设有"结算凭证种类和号数"栏,单独列出每项存款收付所依据的结算凭证种类和号数。银行存款日记账和现金日记账一样,每日终了时要结出余额,做到日清,以便检查监督各项收支款项,避免出现透支现象,同时也便于同银行对账单进行核对。银行存款日记账的格式同现金日记账的格式相似。

现金日记账和银行存款日记账都必须使用订本账簿。

2. 分类账簿

分类账簿是对全部经济业务按照会计要素的具体类别而设置的分类账户进行分类登记的账簿。按照总分类账户分类登记经济业务事项的是总分类账簿,简称总账,按照明细分类账户分类登记经济业务事项的是明细分类账簿,简称明细账。明细账提供详细的会计信息,是对总账的补充和具体化,并受总账的控制和统驭。

分类账簿可以分别反映和控制各项资产、负债、所有者权益、收入、费用和利润的增减变化情况及其结果。分类账簿提供的核算信息是编制会计报表的主要依据。总分类账的格式见表7.3。

表7.3 总分类账

账户名称   总页
                                                                      分页

年		凭证字号	摘要	借方	贷方	借或贷	余额
月	日						

分类账簿和序时账簿的作用不同。序时账簿能提供连续、系统的财务信息,反映企业资金运动的全貌;分类账簿则是按照经营和决策的需要而设置的账户,归纳并汇总各类信息,反映资金运动的各种形式、状态及其构成。分类账簿在账簿组织中占有重要的地位,只有通过分类账簿,才能把数据按账户形式不同分类,满足编制会计报表的需要。此外,在实际工作中,序时账簿和分类账簿还可以结合为一本,既进行序时登记,又进行总分类登记的联合账簿,这种账簿称为联合账簿。最典型的联合账簿就是"日记总账"。

(1)总账的格式和登记方法。总账是按照总分类科目设置,用以登记全部经济业务的账簿。它能够全面、总括地反映经济活动情况并为编制会计报表提供资料,任何单位都要设置总账。

总账的登记方式因单位业务量的多少而各不相同。经济业务少的单位可以按记账顺序直接地逐笔登记总账;经济业务多的单位,可采用汇总登记方式,即根据记账凭证汇总图(又称为科目汇总图)、汇总记账凭证等定期汇总一次登记总账。

总账必须采用订本式账簿。总账的账页格式因账务处理程序不同而有所不同,一般有三栏式总账和多栏式总账两种。

① 三栏式总账的格式。三栏式总账是在账页内只设借方、贷方和余额三个金额栏,按在账页中是否设置对方科目,又可分为不反映对方科目三栏式总账和反映对方科目的三栏式总账,其格式和内容如表7.4、表7.5所示。

表7.4 总账(不反映对方科目的三栏式)

账户名称:应收账款　　　　　　　　　　　　　　　　　　　　　　　单位:元

20×8年		凭证字号	摘要	借方金额	贷方金额	借或贷	金额
月	日						
1	1		上午结转			借	55 000
	8	转	向光华公司赊销商品	16 000		借	71 000
	10	银	收到大华公司前欠货款		30 000	借	41 000
	31		本月发生额及余额	67 000	85 000	借	37 000

表7.5 总账(反映对方科目的三栏式)

账户名称:应收账款　　　　　　　　　　　　　　　　　　　　　　　单位:元

20×8年		凭证字号	摘要	对方科目	借方金额	贷方金额	借或贷	金额
月	日							
1	1		上午结转				借	55 000
	8	转 1	向光华公司赊销商品	主营业务收入	16 000		借	71 000
	10	银 5	收到大华公司前欠货款	银行存款		30 000	借	41 000
	31		本月合计		67 000	85 000	借	37 000

② 多栏式总账的格式。多栏式总账,是把序时记录和总分类记录结合在一起的联合账簿,这种账簿又称为日记总账。由于它具有序时账和总账的作用,所以采用这种账簿,能够避免重复记账,提高工作效率,并能一目了然地了解和分析经济活动情况。它适用于经济业务比较简单和会计科目不多的单位。

③ 总账的登记。总账登记的依据和方法,主要取决于本单位所采用的账务处理程序,可以直接根据记账凭证逐笔进行登记,也可以根据记账凭证汇总,编制成科目汇总图或汇总记账凭证,再进行登记。月终,在全部经济业务登记入账后,结出各账户本期发生额和期末余额。

(2) 明细分类账的格式和登记方法。明细分类账是按照明细科目开设账户,提供某一类经济业的详细核算资料,是对总账提供总括核算资料的必要补充,同时也是编制会计报表的依据之一。因此,各单位应根据实际需要设置明细账,明细账多采用活页账,格式一般有三栏式、数量金额式和多栏式三种。

① 三栏式明细账。三栏式明细账的账页格式与三栏式总账相同,即账页内只设借方、

贷方和余额三个金额栏,不设数量栏。这种格式适用于只需要进行金额核算,不需要进行数量核算的债权、债务结算类账户,如"应收账款""应付账款"等账户的明细分类核算。其格式和内容如表7.6所示。

表7.6 明细分类账(三栏式)

账户名称:应付账款——甲公司

单位:元

20×8年		凭证字号	摘要	借方	贷方	借或贷	余额
月	日						
1	1		上年结转			贷	6 800
	略	转 1	购入材料货款未付		3 700	贷	10 500
		银 1	偿还货款	6 800		贷	3 700
	31		本期发生及余额	90 000	67 000	贷	12 700

② 数量金额式明细账。数量金额式明细账的账页,分别设有收入、发出、结存的数量栏和金额栏。这种格式适用于既要进行金额核算,又要进行实物数量核算的各种财产物资账户,如"原材料""库存商品"等账户的明细分类核算。其格式和内容如表7.7所示。

表7.7 "原材料"明细分类账(数量金额式)

类　　　别:A材料　　　　　　　　　　　　　　编　　号:137
品名或规格:　　　　　　　　　　　　　　　　　存放地点:2号库
储 备 定 额:　　　　　　　　　　　　　　　　　计量单位:千克

年		凭证字号	摘要	收入			发出			结存		
月	日			数量	单价	金额	数量	单价	金额	数量	单价	金额
2	1		期初余额							500	3	1 500
	略	转 2	购入	800	3	2 400				1 300	3	3 900
		转 18	发出				1 200	3	3 600	100	3	300
			合计	800	3	2 400	1 200	3	3 600	100	3	300

(3) 多栏式明细账。多栏式明细账是根据经济业务的特点和经营管理的要求,在一张账页内按明细账户或明细项目分设若干专栏,用以登记各个明细账户或明细项目的金额。这种账页格式适用于成本、费用、收入和财务成果等账户,如"生产成本""管理费用""营业外收入""本年利润""利润分配"等账户的明细分类核算。成本、费用类明细账可设借方多栏式,其格式和内容如表7.8所示。

表 7.8 明细分类账(借方多栏式)

账户名称:管理费用　　　　　　　　　　　　　　　　　　　　　　　单位:元

20×8年		凭证字号		摘要	借方(项目)					贷方	余额
月	日				差旅费用	办公费用	工资福利	折旧	合计		
4	1	转	1	报销差旅费用	3 000				3 000		3 000
		银	1	购买办公用品		590			590		3 500
	略	转	12	分配工资及福利费			4 500		4 500		8 090
		转	13	计提折旧				900	900		8 990
		转	20	转入本年利润账户						8 990	0
	30			本期发生额及余额	3 000	590	4 500	900	8 990	8 990	0

收入类明细账可设贷方多栏式,其格式和内容如表 7.9 所示。

表 7.9 明细分类账(贷方多栏式)

账户名称:营业外收入　　　　　　　　　　　　　　　　　　　　　　单位:元

20×8年		凭证字号		摘要	贷方(项目)					贷方	余额
月	日				处置固定资产	盘盈利得	罚没利得	捐赠利得	…	合计	
7	3	转	1	处置固定资产净收入	7 000					7 000	7 000
		转	7	转入原材料盘盈		500				500	7 500
	略	现	12				5 000			5 000	57 500
		现	17	收到现金捐赠			300			300	57 800
		转	20	收到罚没收入 转入本年利润账户							12 800	0
	31			本期发生额及余额	7 000	500	300	50 000	…	12 800	12 800	0

财务成果明细账一般按借方和贷方分设多栏,其格式和内容如表 7.10 所示。

表7.10 明细分类账(借方、贷方均多栏式)

账户名称:本年利润　　　　　　　　　　　　　　　　　　　　　　　　　　单位:元

| 20×8年 | | 凭证字号 | 摘要 | 借方(项目) | | | | | | 合计 | 贷方(项目) | | 合计 | 借或贷 | 余额 |
月	日			主营业务成本	主营业务税金	管理费用	销售费用	财务费用	营业外支出	…		主营业务收入	营业外收入			
2		略														

各种明细账的登记方法,应根据各单位的业务量大小、管理需要以及所记录的经济业务的内容而定,可根据记账凭证、原始凭证或原始凭证汇总图逐日逐笔或定期汇总登记。一般来说固定资产、债权债务等明细账应逐日逐笔登记;库存商品、原材料、收入、费用等明细账可以逐笔登记,也可以定期汇总后登记。

总账和明细账的关系非常密切。首先,总账是所属明细账的总括,对明细账起着统驭的作用;明细账是总账的详细记录,对总账起着补充说明的作用。其次,两者登记的依据相同,都是根据同一笔经济业务所编制的凭证来进行登记的。但是,它们之间也存在着差异。总账提供的经济信息是总括性的,而明细账提供的信息是具体的。

3. 备查账簿

备查账簿,简称备查账,是对某些能在序时账簿和分类账簿等主要账簿中不进行登记或者登记不够详细的经济业务事项进行补充登记时使用的账簿,又称为辅助账簿。这些账簿可以对某些经济业务的内容提供必需的参考资料,但是它记录的信息不须编入会计报表中,所以也称表外记录。备查账簿没有固定格式,可由各单位根据管理的需要自行设置与设计。如租入固定资产登记簿、应收票据备查簿、受托加工来料登记簿。

(三) 按外形特征分类

会计账簿按其外形特征不同,可以分为订本式账簿、活页式账簿和卡片式账簿。

1. 订本式账簿

订本账簿,也称订本账,是指在账簿启用前就把具有账户基本结构并连续编号的若干张账页固定地装订成册的账簿。这种账簿的优点是:可以避免账页散失,防止账页被随意抽换,比较安全。其缺点是:由于账页固定,不能根据需要增加或减少,不便于按需要调整各账户的账页,也不便于分工记账。这种账簿一般用于总分类账、现金日记账和银行存款日记账。

2. 活页式账簿

活页式账簿,也称活页账,是指年度内账页不固定装订成册,而是将其放置在活页账夹中的账簿。当账簿登记完毕之后(通常是一个会计年度结束之后),才能将账页予以装订,加具封面,并给各账页连续编号。这种账簿的优点是:随时取放,便于账页的增加和重新排列,便于分工记账和记账工作电算化;缺点是:账页容易散失和被随意抽换。活页账在年度终了时,应及时装订成册,妥善保管。各种明细分类账一般采用活页账式。

3. 卡片式账簿

卡片式账簿,又称卡片账,是指由许多具有一定格式的卡片组成,存放在一定卡片箱内的账簿。卡片账的卡片一般装在卡片箱内,不用装订成册,随时可存放,也可跨年度长期使用。这种账簿的优点是:便于随时查阅,也便于按不同要求归类整理,不易损坏;其缺点是:账页容易散失和随意抽换。因此,在使用时应对账页连续编号,并加盖有关人员图章,卡片箱应由专人保管,更换新账后也应封扎保管,以保证其安全。在我国,单位一般只对固定资产和低值易耗品等资产明细账采用卡片账形式。

四、会计账簿与会计账户的关系

会计账簿是账户的表现形式,两者既有区别又有联系。账户是在账簿中以规定的会计科目开设户头,用以规定不同的账簿所记录的内容,账户存在于账簿之中,账簿中的每一账页就是账户的存在形式和信息载体。如果没有账户也就没有所谓的账簿;如果没有账簿,账户也成了一种抽象的东西,无法存在。但是账簿只是一种外在形式,账户才是它的真实内容。账簿序时分类地记载经济业务,是在个别账户中完成的,也可以说,账簿是由若干张账页组成的一个整体,而开设于账页上的账户则是这个整体上的个别部分。因此,账簿和账户的关系,是形式和内容的关系。

第二节 账簿的设置与登记

一、会计账簿设置的原则

会计账簿的设置和登记,包括确定账簿的种类,设计账页的格式、内容和规定账簿登记的方法等。各企业必须按照国家统一会计制度的规定,结合本企业会计业务的需要,设置必要的账簿,并认真做好记账工作。设置会计账簿一般应遵循以下原则:

1. 规范性原则

账簿是会计信息的重要载体,是编制会计报表的基础,因此,设置账簿要符合国家相关财经管理制度的规定,不能违反财经制度"账外设账",满足监督管理的需要。

2. 适应性原则

设置账簿要适应企业规模和特点。账簿的种类和数量应与企业的经济业务数量相适应,账簿的格式力求简明实用,尽量考虑人力、财力、物力的节约,注意防止重复记账。

3. 完整性原则

设置账簿要全面完整,保证连续、系统地核算各项经济业务,为经营管理提供全面、完整、有用的会计信息,满足企业经营管理的需要。

账簿的设置要组织严密、层次分明。账簿之间要互相衔接、互相补充、互相制约,能清晰地反映账户间的对应关系,以便能提供完整、系统的资料。

二、会计账簿的基本内容

各种会计账簿所记录的经济业务内容不同,其种类和格式多种多样,但各种主要账簿均应具备下列基本内容:

1. 封面

账簿封面主要标明账簿的名称和记账单位的名称。如总账、现金日记账、银行存款日记账、原材料明细账等,便于使用和查询。

2. 扉页

账簿扉页主要用于载明经管人员一览表,其应填列的内容主要有:经管人、移交人和移交日期、接管人和接管日期(其格式和内容见表7.11)和账户目录(格式和内容见表7.12)。

表7.11 账簿启用及经管人员一览表

单位名称:＿＿＿＿＿＿＿＿＿　　　　　账簿名称:＿＿＿＿＿＿＿＿＿
账簿编号:＿＿＿＿＿＿＿＿＿　　　　　账簿册数:＿＿＿＿＿＿＿＿＿
启用日期:＿＿＿＿＿＿＿　账簿页数:＿＿＿＿＿＿＿　记账人员:＿＿＿＿＿＿＿

移交日期			移交人		接管日期			接管人		会计主管	
年	月	日	姓名	盖章	年	月	日	姓名	盖章	姓名	盖章

表7.12 账户目录

账户名称	页数	账户名称	页数	账户名称	页数

3. 账页

账页是用来记录具体经济业务的载体,其格式因记录经济业务的内容的不同而有所不同,但每张账页上应载明的主要内容有:

(1) 账户的名称:一级会计科目、二级会计科目或明细科目。
(2) 日期栏:登记入账日期。
(3) 凭证种类和编号栏:登记凭证的种类和凭证编号。
(4) 摘要栏:登记经济业务内容的简要说明。
(5) 金额栏:登记经济业务的增减变动和余额。
(6) 总页次和分户页次栏:登记该账簿的总页码和各账户所在页码。
(7) 会计账簿的启用和记账规则。

4. 封底

封底通常没有具体内容,但它与封面一起构成一个完整的账簿,并保护账簿少受磨损。

三、会计账簿的启用和记账规则

(一) 会计账簿的启用

为了会计账簿记录的合法性和会计资料的真实性、完善性,明确经济业务,会计账簿应由专人负责登记。启用会计账簿应遵守下列规则:

1. 认真填写封面及账簿启用和经管人员一览表

启用会计凭证时应在账簿封面上写明单位名称和账簿名称,并在账簿扉页附账簿启用和经办人员一览表(简称启用表)。启用表内容主要包括:账簿名称、启用日期、账簿页数、记账人员和会计机构负责人、会计主管人员姓名,并加盖名章和单位公章。

启用订本式账簿,应当从第一页到最后一页顺序编定页数,不得跳页、缺页;使用活页式账簿,应当按账户顺序编号,并要定期装订成册;装订后再按实际使用的账页顺序编定页码,另加目录,记明每个账户的名称和页次。卡片式账簿在使用前应当登记卡片登记簿。

2. 严格交接手续

记账人员或者会计机构负责人、会计主管人员调动工作时,必须办理账簿交接手续,在账簿启用和经管人员一览表中注明交接日期、交接人员和监交人员姓名,并由双方交接人员签名或者盖章,以明确有关人员的责任,增强有关人员的责任感,维护会计记录的严肃性。

3. 及时结转旧账

每年年初更换新账时,应将旧账的各账户余额过入新账的余额栏,并在摘要栏中注明"上年结转"字样。

(二) 记账规则

1. 根据审核无误的会计凭证登记账簿

记账的依据是会计凭证,记账人员在登记账簿之前,应当首先审核会计凭证的合法性、完整性和真实性,这是确保会计信息的重要措施。

2. 记账时要做到准确完整

记账人员记账时,应当将会计凭证的日期、编号、经济业务内容摘要、金额和其他有关资料记入账内。每一会计事项,要按平行登记方法,一方面记入有关总账,另一方面记入总账所属的明细账,做到数字准确、摘要清楚、登记及时、字迹清晰工整。记账后,要在记账凭证上签章并注明所记账簿的页数,或画"√"表示已经登记入账,避免重记、漏记。

3. 书写不能占满格

为了便于更正记账和方便查账,登记账簿时,书写的文字和数字上面要留有适当的空格,不要写满格,一般应占格距的1/2,最多不能超过2/3。

4. 按顺序连续登记

会计账簿应当按照页次顺序连续登记,不得跳行、隔页。如果发生跳行、隔页的,应当将空行、空页用红色墨水对角划线注销,并注明"作废"字样,或者注明"此行空白""此页空白"字样,并由经办人员盖章,以明确经济责任。

5. 正确使用蓝黑墨水和红墨水

登记账簿要用蓝黑墨水或碳素墨水书写,不得使用圆珠笔或者铅笔书写。这是因为,各种账簿归档保管年限,国家规定一般都在10年以上,有些关系到重要经济资料的账簿,则要长期保管,因此要求账簿记录保持清晰、耐久,以便长期查核使用,防止涂改。红色墨水只能在以下情况下使用:冲销错账;在未设借贷等栏的多栏式账页中,登记减少数;在三栏式账户的余额栏前,如未印明余额方向的,在余额栏内登记负数余额;根据国家统一会计制度的规定可以使用红字登记的其他会计记录。在会计上,书写墨水的颜色用错了,会传递错误的信息,红色表示对正常记录的冲减。

6. 结出余额

凡需要结出余额的账户,应按时结出余额,现金日记账和银行日记账必须逐日结出余额;债权债务明细账和各项财产物资明细账,每次记账后,都要随时结出余额;总账账户平时每月需要结出月末余额。结出余额后,应当在"借或贷"栏内写明"借"或者"贷"字样以说明余额的方向。没有余额的账户,应当在"借或贷"栏内写"平"字,并在余额栏内用"0"表示,一般来说,"0"应放在"元"位。

7. 过次承前

每页登记完毕结转下页时,应当结出本页合计数及余额,写在本页最后一行和下页第一行有关栏内,并在摘要栏分别写明"过次页"和"承前页"字样,以保证账簿记录的连续性。也可以将"本页合计数"字样及金额只写在下页第一行有关栏内,并在摘要栏内注明"承上页"字样。

对需要结计本月发生额账户,结计"过次页"的本页合计数应当自本月初起至本页末止的发生额合计数,对需要结计本年累计发生额的账户,结计"过次页"的本页合计数应当为自年初起至本页末止的累计数;对既不需要结计本月发生额也不需要结计本年累计发生额的账户,可以只将每页末的余额结转次页。

8. 账簿记录错误应按规定的办法更正

账簿记录发生错误时,不得括、擦、挖、补,随意涂改或用褪色药水更改字迹,应根据错误的情况,按规定的方法进行更正。

对实行会计电算化的单位,用计算机打印的会计账簿必须连续编号,经审核无误后装订成册,并由记账人员和会计机构负责人(或会计主管人员)签字或者盖章,以防止账页丢失或被抽换,保证会计资料的完整性。总账和明细账应当定期打印。发生收款和付款业务的,在输入收款凭证和付款凭证的当天,必须打印出现金日记账和银行存款日记账,并与库存现金核对无误。

四、对账

对账,就是核对账目,是保证会计账簿记录质量的重要程序。在会计工作中,由于种种原因,难免会发生记账、计算等差错,也难免会出现账实不符的现象。为了保证各账簿记录和会计报表的真实、完整和正确,如实地反映和监督经济活动,各单位必须做好对账工作。

账簿记录的准确与真实可靠,不仅取决于账簿的本身,还涉及账簿与凭证的关系,账簿记录与实际情况是否相符的问题等。所以,对账应包括账簿与凭证的核对、账簿与账簿的核对、账簿与实物的核对。把账簿记录的数字核对清楚,做到账证相符、账账相符和账实相符。对账工作至少每年进行一次。对账的主要内容有:

（一）账证核对

账证核对是指将会计账簿记录与会计凭证包括记账凭证和原始凭证有关内容进行核对。由于会计账簿是根据会计凭证登记的，两者之间存在钩稽关系，因此，通过账证核对，可以检查、验证会计账簿记录与会计凭证的内容是否正确无误，以保证账证相符。各单位应当定期将会计账簿记录与其相应的会计凭证记录（包括时间、编号、内容、金额、记录方向等）逐项核对，检查是否一致。如有不符之处，应当及时查明原因，予以更正。保证账证相符，是会计核算的基本要求之一，也是账账相符、账实相符和账表相符的基础。

（二）账账核对

账账核对是指将各种会计账簿之间相对应的记录进行核对。由于会计账簿之间相对应的记录存在着内在联系，因此，通过账账相对，可以检查、验证会计账簿记录的正确性，以便及时发现错账，予以更正，保证账账相符。账账核对的内容主要包括：

(1) 总分类账各账户借方余额合计数与贷方余额合计数核对相符。
(2) 总分类账各账户余额与其所属明细分类账各账户余额之和核对相符。
(3) 现金日记账和银行存款日记账的余额与总分类账中"现金"和"银行存款"账户余额核对相符。
(4) 会计部门有关财产物资的明细分类账余额与财产物资保管或使用部门登记的明细账核对相符。

（三）账实核对

账实核对是在账账核对的基础上，将各种财产物资的账面余额与实存数额进行核对。由于实物的增减变化、款项的收付都要在有关账簿中如实反映，因此，通过会计账簿记录与实物、款项的实有数进行核对，可以检查、验证款项、实物会计账簿记录的正确性，以便于及时发现财产物资和货币资金管理中存在的问题，查明原因，分清责任，改善管理，保证账实相符。账实核对的主要内容包括：

(1) 现金日记账账面余额与现金实际库存数核对相符。
(2) 银行存款日记账账面余额与开户银行对账单核对相符。
(3) 各种材料、物资明细分类账账面余额与实存数核对相符。
(4) 各种债权债务明细账账面余额与有关债权、债务单位或个人的账面记录核对相符。

在实际工作中，账实核对一般要结合财产清查进行。有关财产清查的内容和方法将在以后的章节介绍。

五、错账更正

登记会计账簿是一项很细致的工作。在记账工作中，可能由于种种原因会使账簿记录发生错误，有的是填制凭证和记账时发生的单纯笔误；有的是写错了会计科目、金额等；有的是合计时计算错误；有的是过账错误，登记账簿中发生的差错，一经查出就应立即更正。对于账簿记录错误，不准涂改、挖补、刮擦或者用药水消除字迹，不准重新抄写，而必须根据错误的具体情况和性质，采用规范的方法予以更正。错账更正方法通常有划线更正法、红字更正法和补充登记法等几种。

（一）划线更正法

划线更正法,也称红线更正法,是指用红线划销账簿的错误记录,并在划线上方写出正确记录的一种方法。这种方法适用于期末结账前发现账簿记录有错误,而记账凭证并无错误,只是过账时不慎,发生文字或数字记录笔误情况。更正的方法是:先在错误的文字或数字上划一条红色横线,表示注销;然后将正确的文字或数字用蓝字或黑字写在被注销的文字或数字的上方,并由记账人员在更正处盖章,以明确责任。但应注意,对于错误的数字应当全部划销,不能只划销写错的个别数字,而且对划销的数字,不允许全部涂抹,应当使原有字迹仍能辨认,以备日后查考。

【例7-1】某企业20××年6月4日以现金支付行政管理部门购买的文具用品1 357元,已编制现金付款凭证,借记"管理费用"科目1 357元,贷记"现金"科目1 357元。记账员根据记账凭证登记"管理费用"账簿时,将1 357元误记为1 537元。

更正方法:应将"管理费用"账簿中错误数字1 537元全部用红线注销,然后再用蓝字在其上方写上正确的数字1 357元,并加盖记账员名章,不能只删改"53"两个数字。

（二）红字更正法

红字更正法,又称红字冲账法,是指用红字冲销原来的错误记录,以更正和调整账簿记录的一种方法。这种方法适用于以下两种情况:

(1)记账后,发现记账凭证中的应借、应贷的会计科目有错误,致使账簿记录错误。更正的方法是:先用红字填制一张与原错误记账凭证会计科目、借贷方向和金额完全相同的记账凭证,在摘要栏注明"冲销某月某日第×号记账凭证的错账",并据以用红字登记入账,以冲销原账簿的错误记录;然后用蓝字填制一张正确的记账凭证,在摘要栏内写明"更正某月某日记账凭证",并据以登记入账。

【例7-2】某企业20××年6月5日专设销售机构领用5 600元材料。

(1)编制"转字1号"记账凭证时将应记入"销售费用"科目5 600元误记为"管理费用"科目5 600元,并已登记入账。即

借:管理费用　　　　　　　　　　　　　　　　　　　　　5 600
　贷:原材料　　　　　　　　　　　　　　　　　　　　　　　5 600

更正时,先用红字金额(以下用"☐"表示红字)填制一张与原错误记账凭证相同的记账凭证,并用红字登记入账。

(2)冲销20××年6月5日转字1号记账凭证错误时:

借:管理费用　　　　　　　　　　　　　　　　　　　　　|5 600|
　贷:原材料　　　　　　　　　　　　　　　　　　　　　　|5 600|

然后,再用蓝字填制一张正确的记账凭证,并据以登记入账。

(3)更正20××年6月5日转字1号记账凭证时:

借:销售费用　　　　　　　　　　　　　　　　　　　　　5 600
　贷:原材料　　　　　　　　　　　　　　　　　　　　　　　5 600

以上有关账户的更正记录如下所示。

原材料		管理费用	销售费用
期初余额×××	本期发生： (1) 5 600 (2) 5 600 (3) 5 600	本期发生： (1) 5 600 (2) 5 600	本期发生： (3) 5 600

第二，记账后，发现记账凭证所记金额大于应记金额，而应借、应贷的会计科目并无错误，致使账簿记录错误，也应采用红字更正法予以更正。更正方法是：会计科目借贷方向不变，只将正确数字与错误数字之间的差额，即多记的金额用红字填制一张记账凭证，在摘要栏内写明"冲销某月某日第×号记账凭证多记金额"，并据以登记入账，以冲销多记的金额。

【例 7-3】 某企业20××年6月8日购买材料2 500元，货款尚未支付。

(1) 编制"转字3号"记账凭证时，将应记入"材料采购"和"应付账款"科目2 500元误记为25 000元，并已登记入账。即：

借：材料采购　　　　　　　　　　　　　　　　　　　　25 000
　　贷：应付账款　　　　　　　　　　　　　　　　　　　　　25 000

更正时，应将多记的22 500＝(25 000－2 500)元用红字填制一张记账凭证，并据以登记入账。

(2) 冲销20××年6月8日转字3号记账凭证多记金额时：

借：材料采购　　　　　　　　　　　　　　　　　　　　22 500
　　贷：应付账款　　　　　　　　　　　　　　　　　　　　　22 500

以上有关账户的更正记录如下所示。

应付账款	材料采购
本期发生： (1) 25 000 (2) 22 500	本期发生： (1) 25 000 (2) 22 500

（三）补充登记法

补充登记法，也称蓝字补记法，是指记账之后，如果发现记账凭证中应借、应贷的账户没有错误，但所记金额小于应记金额，造成账簿中所记金额也小于应记金额，这种错账应采用补充登记法进行更正。更正的方法是：将少记金额用蓝笔填制一张与原错误记账凭证会计科目相同的记账凭证，并在摘要栏内注明"补记某月某日第×号凭证"并予以登记入账，补足原少记金额，使错账得以更正。

【例 7-4】 某企业20××年6月15日购入机器设备一台，用银行存款支付价款46 000元。

(1) 编制"银付8号"记账凭证时，将应记入"固定资产"和"银行存款"科目46 000元误

157

记为4 600元,并已登记入账。即:

借:固定资产　　　　　　　　　　　　　　　　　　　　　　　　4 600
　　贷:银行存款　　　　　　　　　　　　　　　　　　　　　　　　4 600

更正时,应将少记的(46 000-4 600)=41 400元用蓝字填制一张记账凭证,并据以登记入账。

(2) 补充20××年6月15日银付8号记账凭证少记金额时:

借:固定资产　　　　　　　　　　　　　　　　　　　　　　　　32 400
　　贷:银行存款　　　　　　　　　　　　　　　　　　　　　　　　32 400

以上有关账户的更正记录如下所示。

银行存款		固定资产	
期初余额××	本期发生:	期初余额××	
	(1) 3 600	本期发生:	
	(2) 41 400	(1) 3 600	
		(2) 41 400	

错账更正的三种方法红字更正法和补充登记法都是用来更正因记账凭证错误而产生的记账错误,如果非因记账凭证的差错而产生的记账错误,只能用划线更正法更正。

以上三种方法对当年内发现填写记账凭证或者登记账错误而采用的更正方法,如果发现以前年度记账凭证中有错误(指会计科目和金额)并导致账簿登记出现差错,应当用蓝字或黑字填制一张更正的记账凭证。因错误的账簿记录已经在以前会计年度终了进行结账或决算,不可能将已经决算的数字进行红字冲销,只能用蓝字或黑字凭证对除文字外的一切错误进行更正,并在更正凭证上特别注明"更正××年度错账"的字样。

第三节　结账和账簿的更换与保管

一、结账

结账,是把在一定时期内发生的全部经济业务登记入账的基础上,按规定的方法将各种账簿的记录进行小结,计算并记录本期发生额和期末余额。

为了正确反映一定时期内在账簿中已经记录的经济业务,总结有关经济活动和财务状况,为编制会计报表提供资料,各单位应在会计期末进行结账。会计期间一般按日历时间划分为年、季、月,结账于各会计期末进行,所以分为月结、季结、年结。

(一)结账的基本程序

结账前,必须将属于本期内发生的各项经济业务和应由本期受益的收入、负担的费用全部登记入账。在此基础上,才可保证结账的有用性,确保会计报表的正确性。不得把将要发

生的经济业务提前入账,也不得把已经在本期发生的经济业务延至下期(甚至以后期)入账。结账的基本程序具体表现为:

(1) 将本期发生的经济业务事项全部登记入账,并保证其正确性。

(2) 根据权责发生制的要求,调整有关账项,合理确定本期应计的收入和应计的费用。

① 应计收入和应计费用的调整。

应计收入是指那些已在本期实现、因款项未收而未登记入账的收入。企业发生的应计收入,主要是本期已经发生且符合收入确认标准,但尚未收到相应款项的商品或劳务。对于这类调整事项,应确认为本期收入,借记"应收账款"等科目,贷记"营业收入"等科目;待以后收到款项时,再借记"现金"或"银行存款"等科目,贷记"应收账款"等科目。

② 收入分摊和成本分摊的调整。

收入分摊是指企业已经收取有关款项,但未完成或未全部完成销售商品或提供劳务,需在期末按本期已完成的比例,分摊确认本期已实现收入的金额,并调整以前预收款项时形成的负债,如企业销售商品预收定金、提供劳务预收佣金。在收到预收款项时,应借记"银行存款"等科目,贷记"预收账款"等科目;在以后提供商品或劳务、确认本期收入时,借记"预收账款"等科目,贷记"营业收入"等科目。

成本分摊是指企业的支出已经发生,能使若干个会计期间受益,为正确计算各个会计期间的盈亏,将这些支出在其受益期间进行分配。如企业已经支出,但应由本期或以后各期负担的待摊费用,购建固定资产和无形资产的支出等。企业在发生这类支出时,应借记"待摊费用""固定资产""无形资产"等科目,贷记"银行存款"等科目。在会计期末进行摊销时,应借记"制造费用""管理费用""销售费用"等科目,贷记"待摊费用""累计折旧""累计摊销"等科目。

③ 将损益类账户转入"本年利润"账户,结平所有损益类账户。

④ 结算出资产、负债和所有者权益账户的本期发生额和余额,并结转下期。

(二) 结账的基本方法

结账时,应当结出每个账户的期末余额。需要结出当月(季、年)发生额的账户,如各项收入、费用账户等,应单列一行登记发生额,在摘要栏内注明"本月(季)合计"或"本年累计"。结出余额后,应在余额前的"借或贷"栏内写"借"或"贷"字样,没有余额的账户,应在余额栏前的"借或贷"栏内写"平"字,并在余额栏内用"0"表示。为了突出本期发生额及期末余额,表示本会计期间的会计记录已经截止或者结束,应将本期与下期的会计记录明显分开,结账一般都划"结账线"。划线时,月结、季结用单线,年结划双线。划线应划红线并应划通栏线,不能只在账页中的金额部分划线。

结账时应根据不同的账户记录,分别采用不同的结账方法:

(1) 总账账户的结账方法。总账账户平时只需结计月末余额,不需要结计本月发生额。每月结账时,应将月末余额计算出来并写在本月最后一笔经济业务记录的同一行内,并在下面通栏划单红线。年终结账时,为了反映全年各会计要素增减变动的全貌,便于核对账目,要将所有总账账户结计全年发生额和年末余额,在摘要栏内注明"本年累计"字样,并在"本年累计"行下划双红线。

(2) 现金日记账、银行存款日记账和需要按月结计发生额的收入、费用等明细账的结账方法。现金日记账、银行存款日记账和需要按月结计发生额的各种明细账,每月结账时,要在每月的最后一笔经济业务下面通栏划单红线,结出本月发生额和月末余额写在红线下面,并在摘要栏内注明"本月合计"字样,再在下面通栏划单红线。

(3) 不需要按月结计发生额的债权、债务和财产物资等明细分类账的结账方法。对这类明细账,每次记账后,都要在该行余额栏内随时结出余额,每月最后一笔余额即为月末余额。也就是说,月末余额就是本月最后一笔经济业务记录的同一行内的余额。月末结账时只需在最后一笔经济业务记录之下通用栏划单红线即可,无需再结计一次余额。

(4) 需要结计本年累计发生额的收入、成本等明细账的结账方法。对这类明细账,先按照需按月结计发生额的明细账的月结方法进行月结,再在"本月合计"行下的摘要栏内注明"本年累计"字样,并结出自年初起至本月末止的累计发生额,再在下面通栏划单红线。12月末的"本年累计"就是全年累计发生额,全年累计发生额下面通栏划双红线。

(5) 年度终了结账时,有余额的账户,要将其余额结转到下一会计年度,并在摘要栏内注明"结转下年"字样;在下一会计年度新建有关会计账簿的第一行余额栏内填写上年结转的余额,并在摘要栏内注明"上年结转"字样。结转下年时,既不需要编制记账凭证,也不必将余额再记入本年账户的借方或贷方,使本年有余额的账户的余额变为零,而是使有余额的账户的余额如实反映在账户中,以免混淆有余额账户和无余额的账户的区别。

若由于会计准则或会计制度改变而需要在新账中改变原有账户名称及其核算内容的,可将年末余额按新会计准则或会计制度的要求编制余额调整分录,或编制余额调整工作底稿,将调整后的账户余额抄入新账的有关账户余额栏内。

二、会计账簿的更换

账簿的更换是指在会计年度终了,将上年旧账更换为下一年度的新账。即年度终了,将有关账户的余额直接记入新账的余额栏内,不需要编制记账凭证。具体方法是:在本年有余额的账户"摘要"栏内注明"结转下年"字样。在新账中,注明各账户的年份,在第一行"日期"栏内写明1月1日;凭证字号栏不填;注明余额的借贷方向,在"余额"栏填写金额。

建立新账并不是所有的账簿都要更换新的。一般总账、日记账和大多数明细账应每年更换一次。但是有些财产物资明细账和债权债务明细账,因为材料品种、规格繁多以及往来单位较多,如在更换新账时重新登记一遍,工作量较大,所以可以跨年度使用,不必每年换一次。第二年使用时,可直接在上年终了的双红线下面记账,各种备查账簿也可以连续使用。

三、会计账簿的保管

会计账簿同会计凭证和会计报表一样,都属于会计档案,是重要的经济档案,各单位必须按规定妥善保管,确保其安全与完整,并充分加以利用。

(一) 会计账簿的装订整理

在年度终了更换新账簿后,应将使用过的各种账簿(跨年度使用的账簿除外)按时装订整理立卷。

(1) 装订前,首先要按账簿启用和经管人员一览表的使用页数核对各个账户是否相符,账页数是否齐全,序号排列是否连续;然后按会计账簿封面、账簿启用表、账户目录、该账簿按页数顺序排列的账页、装订封底的顺序装订。

（2）对活页账簿，要保留已使用过的账页，将账页数填写齐全，除去空白页并撤掉账夹，用质地好的牛皮纸做封面和封底，装订成册。多栏式、三栏式、数量金额式等活页账不得混装，应按同类业务、同类账页装订在一起。装订好后，应在封面上填明账目的种类，编号卷号，并由会计主管人员和装订人员签章。

（3）装订后会计账簿的封口要严密，封口处要加盖有关印章。封面要齐全、平整，并注明所属年度和账簿名称和编号。不得有折角、缺角、错页、掉页、加空白纸的现象。会计账簿要按保管期限分别编制卷号。

（二）按期移交档案部门进行保管

年度结账后，更换下来的账簿，可暂由本单位财务会计部门保管一年，期满后原则上应由财务会计部门移交本单位档案部门保管。移交时需要编制移交清册，填写交接清单，交接人员按移交清册和交接清单项目核查无误后签章，并在账簿使用日期栏内填写移交日期。

已归档的会计账簿作为会计档案提供给本单位使用，原件不得借出，如有特殊需要，须经上级主管单位或本单位领导、会计主管人员批准，在不拆散原卷册的前提下，可以提供查阅或者复制，并要办理登记手续。

会计账簿是重要的会计档案之一，必须严格按《会计档案管理办法》规定的保管年限妥善保管，不得丢失和任意销毁。通常总账（包括日记总账）和明细账保管期限为15年；日记账保管期限为15年，但现金和银行存款日记账保管期限为25年；固定资产卡片账在固定资产报废清理后保管5年；辅助账簿保管期限为15年。实际工作中，各单位可以根据实际利用的经验、规律和特点，适当延长有关会计档案的保管期限，但必须有较为充分的理由。

思考与练习

一、问答

1. 什么是会计账簿？会计账簿的作用有哪些？
2. 会计账簿设置的原则是什么？
3. 订本式账簿、活页式账簿、卡片式账簿的优缺点是什么？分别适用于什么情况？
4. 登记账簿有哪些规则呢？

二、单项选择题

1. 备查账簿是企业（　　）。
   A. 必设账簿　　B. 根据需要设置　　C. 内部账簿　　D. 外部账簿
2. 下列账户的明细账采用的账页适用于三栏式账页的是（　　）。
   A. 原材料　　B. 应收账款　　C. 管理费用　　D. 销售费用
3. 总分类账簿一般采用（　　）。
   A. 活页账　　B. 数量金额式　　C. 订本账　　D. 卡片账
4. 收入费用明细账一般适用（　　）。
   A. 多栏式明细账　　　　　　B. 三栏式明细账
   C. 数量金额式明细账　　　　D. 平行式明细账

5. 财产物资明细账一般适用（　　）。
   A. 多栏式明细账　　　　　　　　B. 三栏式明细账
   C. 数量金额式明细账　　　　　　D. 以上都不是
6. 一般情况下，不需要根据记账凭证登记的账簿是（　　）。
   A. 明细分类账　　B. 总分类账　　C. 备查账簿　　D. 特种日记账
7. 从银行提取现金，登记现金日记账的依据是（　　）。
   A. 现金收款凭证　　　　　　　　B. 现金付款凭证
   C. 银行存款收款凭证　　　　　　D. 银行存款付款凭证
8. 某会计人员在记账时将记入"银行存款"科目借方的 5 100 元误记为 510 元。会计人员在查找该项错账时，应采用的方法是（　　）。
   A. 除 2 法　　B. 差数法　　C. 尾数法　　D. 除 9 法
9. 现金和银行存款日记账，据有关凭证（　　）。
   A. 逐日汇总登记　　　　　　　　B. 定期汇总登记
   C. 逐日逐笔登记　　　　　　　　D. 一次汇总登记
10. 总账账簿登记的依据和方法（　　）。
    A. 记账凭证逐笔登记　　　　　　B. 汇总记账凭证定期登记
    C. 取决于采用的会计核算组织形式　D. 科目汇总表定期登记
11. "应收账款"明细账的格式一般采用（　　）。
    A. 数量金额式　　B. 多栏式　　C. 订本式　　D. 三栏式
12. 多栏式明细账格式一般适用于（　　）。
    A. 债权、债务类账户　　　　　　B. 财产、物资类账户
    C. 费用成本类和收入成果类账户　D. 货币资产类账户
13. "原材料"明细账的格式一般采用（　　）。
    A. 数量金额式　　B. 横线登记式　　C. 三栏式　　D. 多栏式
14. 按照经济业务发生时间的先后顺序逐日逐笔进行登记的账簿是（　　）。
    A. 总分类账簿　　B. 序时账簿　　C. 备查账簿　　D. 明细分类账簿
15. 年度结账时，除结算出本年四个季度的发生额合计数，记入第四季度季结的下一行，在摘要栏注明"本年累计"字样外，还应在该行下画（　　）红线。
    A. 一道　　B. 双道　　C. 三道　　D. 四道
16. 会计人员在填制记账凭证时，将 650 元错记为 560 元，并且已登记入账，月末结账时发现此笔错账，更正时应采用的便捷方法是（　　）。
    A. 画线更正法　　　　　　　　　B. 红字更正法
    C. 补充登记法　　　　　　　　　D. 核对账目的方法
17. 如果发现记账凭证所用的科目正确，只是所填金额大于应填金额，并已登记入账，应采用（　　）更正。
    A. 画线更正法　　B. 红字更正法　　C. 平行登记法　　D. 补充登记法

三、多项选择题
1. 任何会计主体都必须设置的账簿有（　　）。
   A. 日记账簿　　B. 备查账簿　　C. 总分类账簿　　D. 明细分类账簿
2. 明细分类账的账页格式一般有（　　）。

A. 三栏式　　　　B. 数量金额式　　　C. 多栏式　　　　D. 以上都不
3. 在账簿记录中,红笔只能适用( )。
　　A. 错账更正　　B. 冲账　　　　　C. 结账　　　　　D. 登账
4. 错账更正的方法有( )。
　　A. 红字更正法　B. 划线更正法　　C. 补充登记法　　D. 挖补法
5. 登记银行存款日记账依据为( )。
　　A. 银行存款收款凭证　　　　　　B. 银行存款付款凭证
　　C. 部分现金收款凭证　　　　　　D. 部分现金付款凭证
6. 多栏式明细账的账页格式一般适用于( )进行的明细核算。
　　A. 资产类账户　B. 收入类账户　　C. 费用类账户　　D. 成本类账户
7. 账簿按填制的程序和用途可分为( )。
　　A. 日记账　　　B. 分类账　　　　C. 备查账　　　　D. 订本账
8. 在下列选项中,可采用划线更正法的是( )。
　　A. 在结账前,发现记账凭证无误,但登账时金额有笔误
　　B. 结账时,计算的期末余额有错误
　　C. 发现记账凭证金额错误,并已登记入账
　　D. 发现记账凭证金额错误,原始凭证无误,记账凭证尚未登记入账
9. 除9法查找错数适用于以下情况( )。
　　A. 将数字写小　B. 将数字写大　　C. 邻数颠倒　　　D. 借方金额遗漏
10. 明细分类账可以根据( )登记。
　　A. 原始凭证　　B. 记账凭证　　　C. 科目汇总表　　D. 经济合同
11. 必须采用订本式账簿的有( )。
　　A. 原材料明细账　　　　　　　　B. 现金日记账
　　C. 银行存款日记账　　　　　　　D. 应付账款明细账
　　E. 总分类账
12. "红字更正法"适用于( )。
　　A. 记账前,发现记账凭证上的文字或数字有误
　　B. 记账后,发现原记账凭证上应借、应贷科目填错
　　C. 记账后,发现原记账凭证上所填金额小于应填金额
　　D. 记账后,发现原记账凭证上所填金额大于应填金额
　　E. 账簿上数字计算错误
13. 下列错误中,可以通过试算平衡发现的有( )。
　　A. 借方发生额大于贷方发生额　　B. 应借应贷科目颠倒
　　C. 借方余额小于贷方余额　　　　D. 漏记一项经济业务
　　E. 重记一项经济业务
14. 对账的主要内容有( )。
　　A. 账簿资料的内外核对　　　　　B. 账证核对
　　C. 账账核对　　　　　　　　　　D. 账实核对
15. 三栏式明细账格式适用于( )。
　　A. "应收账款"明细账　　　　　　B. "生产成本"明细账

C. "应付账款"明细账　　　　　　D. "制造费用"明细账

四、判断题

1. 序时账簿和分类账簿可结合在一本账簿中进行登记。（　　）
2. 会计年度终了,应将活页账装订成册,活页账一般只适用于总分类。（　　）
3. 总分类账的登记,可以根据记账凭证登记,也可以根据科目汇总表或汇总记账凭证总登记。（　　）
4. 日记账是逐笔序时登记的,故月末不必与总账进行核对。（　　）
5. 对于记账过程中的数字错误,若个别数码错误,采用划线更正法时,只将错误划去并填上正确数码即可。（　　）
6. 在结账前,若发现登记的记账凭证科目有错误,必须用划线更正法予以更正。（　　）
7. "原材料"账户的明细核算通常是采用三栏式明细账。（　　）
8. 现金日记账和银行存款日记账必须采用订本式账簿。（　　）
9. 总分类账对明细分类账起着统驭作用。（　　）
10. 账簿与账户是形式与内容的关系。（　　）
11. 总账只进行金额核算,提供价值指标,不提供实物指标;而明细账有的只提供价值指标,有的既提供价值指标,又提供实物指标。（　　）
12. 多栏式明细账格式适应有关费用、成本和收入、成果等科目。（　　）

五、业务题

练　习　一

目的:练习三栏式现金日记账和银行存款日记账的登记方法。

资料:广州太阳公司20×7年6月"库存现金"借方余额3 200元,"银行存款"借方余额45 000元。6月份发生以下经济业务:

(1) 6月2日,向银行借入为期6个月的借款100 000元,存入银行。
(2) 6月3日,向本市红光公司购进甲材料60吨,单价400元,货款24 000元,货款已用支票支付,材料已验收入库。
(3) 6月4日,以银行存款14 600元偿还前欠红星公司货款。
(4) 6月5日,用现金支付3日所购材料的运杂费400元。
(5) 6月6日,职工王放出差借差旅费2 000元,经审核开出现金支票。
(6) 6月8日,从银行提取现金15 000元,以备发放职工工资。
(7) 6月10日,以现金15 000元发放职工工资。
(8) 6月12日,以现金500元支付职工困难补助。
(9) 6月15日,销售商品40吨,单价800元,货款已收到。
(10) 6月18日,用银行存款支付销售商品所发生的费用600元。
(11) 6月25日,收到华夏公司前欠货款18 000元,存入银行。
(12) 6月26日,职工王放出差回来报销差旅费1 900元,余额退回。
(13) 6月30日,用银行存款28 000元交纳税金。

要求:
1. 根据资料编制会计分录,并按经济业务的顺序编号(为简化核算,不考虑增值税)。
2. 设置"现金日记账"和"银行存款日记账",登记并结出发生额和余额。

练 习 二

目的：练习错账的更正方法。

资料：东方公司20×7年8月发生以下错账：

(1) 8日，管理人员张一出差，预借差旅费1 000元，用现金支付，原编记账凭证的会计分录为：

借：管理费用　　　　　　　　　　　　　　　　　　　　　1 000
　　贷：库存现金　　　　　　　　　　　　　　　　　　　　　　　1 000

并已登记入账。

(2) 18日，用银行存款支付前欠A公司货款11 700元，原编记账凭证会计分录为：

借：应付账款——A公司　　　　　　　　　　　　　　　　11 700
　　贷：银行存款　　　　　　　　　　　　　　　　　　　　　　11 700

会计人员在登记"应付账款"账户时，将"11 700"元误写为"1 170"。

(3) 30日，企业计算本月应交所得税34 000元，原编记账凭证会计分录为：

借：所得税费用　　　　　　　　　　　　　　　　　　　　3 400
　　贷：应交税费　　　　　　　　　　　　　　　　　　　　　　3 400

并已登记入账。

要求：

1. 说明以上错账应采用的更正方法。
2. 对错账进行更正。

参 考 文 献

[1] 中华人民共和国财政部.企业会计准则：基本准则[EB/OL].http://www.gov.cn,2006.
[2] 中华人民共和国财政部.中华人民共和国会计法[M].北京：法律出版社,1999.
[3] 崔智敏,陈爱玲.会计学基础[M].北京：中国人民大学出版社,2005.
[4] 李占国.基础会计学[M].2版.北京：高等教育出版社,2010.
[5] 会计从业资格考试辅导教材编写组.会计基础[M].北京：中国财政经济出版社,2012.

第八章 财产清查

学习目标

通过本章学习,了解财产清查的含义与种类;熟练掌握在实地盘存制和永续盘存制下确定期末存货数量、期末存货成本的基本方法,以及财产清查结果的账务处理方法。

学习重点

存货的盘存制度,财产清查的方法,财产清查结果的处理。

学习难点

编制银行存款余额调节表,在实地盘存制和永续盘存制下确认存货成本和清查结果的处理。

第一节 财产清查的意义和种类

一、财产清查的意义

企业依照以前各章所讲的各种会计核算方法,将在一定会计期间内各项财产(包括财产物资、货币资金和各种往来款项)的变动和结存情况,通过编制必需的会计凭证,记入各种有关的账簿,经过检查核对,证明"账证相符、账账相符"后,可以说明会计账簿是否依据会计凭证进行了正确、系统的登记。但在实际工作中,即使账账相符,由于种种原因,往往还出现各项财产的账面数额与实际结存数不符的情况。造成账实不符的原因很多,一般说来,主要有以下两方面:

(1)客观原因。各项财产物资在保管过程中,由于发生物理或化学的变化,可能发生质量上的变异和数量上的自然损耗。

(2)主观原因。由于各种手续不严或计量、检验的错误,致使在收发财产时,发生品种、数量和质量上的差错;由于管理不善或工作人员的失误,在收发财产和登记凭证、账簿时,发生漏记、错记或计算上的错误;由于不法分子营私舞弊、贪污盗窃而发生的财产物质的损失;由于会计人员在收支或记账上疏忽大意,使现金、银行存款等各种货币资金和各种往来款项出现账面数额与实际数额不符等。

为保证会计资料真实性，做到账实相符，必须在账簿记录基础上，运用财产清查这一专门方法，对企业的各项财产进行定期或不定期的盘点和核对。

所谓财产清查，就是通过对实物、现金的实地盘点和对银行存款、往来款项的核对，确定各项财产物资、货币资金和债权、债务的实存数，从而查明账存数与实存数是否相符的一种专门方法。

财产清查，对于保证会计资料的真实可靠，改善经营管理，提高管理水平，具有十分重要的意义，主要表现在以下几个方面：

(1) 搞好财产清查，可以保证会计资料真实与准确。通过财产清查，可以查明各项财产的实存数及其与账存数的差异，并分析差异发生的原因和责任，以便采取必要措施，保证账实相符。

(2) 搞好财产清查，可保护企业财产的安全与完整。通过财产清查，能够查明财产物资保管情况是否良好，有无管理不善，致使财产物资遭受损失浪费、霉烂变质。损坏丢失，或者被非法挪用、贪污盗窃的情况，并采取有效措施加以防范。

(3) 搞好财产清查，可查明各项财产的储备和利用情况。通过财产清查，能查明有无储备不足或积压、呆滞以及不配套的财产物资。对储备不足的，设法补足，保证生产上的需要；对积压、呆滞和不配套的，及时处理，充分发挥财产物资的潜力。

(4) 搞好财产清查，可以促使企业对外经济往来的正常进行。通过财产清查，查明各种往来款项的结算，以便及时处理债权、债务的长期拖欠、发出商品的无故拒付等情况。

(5) 搞好财产清查，可建立健全财产管理与核算制度，改善经营管理。通过财产清查，查明有关财产验收、保管、收发、调拨以及现金出纳、账款结算等手续和制度的贯彻执行情况。

二、财产清查的种类

1. 企业的财产清查按清查的范围不同可划分为全部清查和局部清查

全部清查是指对企业的所有财产进行全面彻底的清查、盘点和核对。这种清查范围广，清查彻底，一般只在年终结算前进行一次。但在单位破产、合并或改变隶属关系时，为了明确经济责任，也要进行全部清查。

局部清查是指根据实际需要对一部分财产所进行的清查。这种清查范围小，工作量轻，一般在平时进行。在一般情况下，除了年终全部清查外，凡是性质比较流动，易于短缺损耗的材料、在产品、商品等物资，每月还需要轮流盘点或重点抽查一次；其中比较贵重的，每月由会计人员或稽核人员监督清查；库存现金，每日业务终了时应由出纳人员自行盘点一次；银行存款和银行借款至少每月同银行核对一次；各项人欠、欠人款项，应经常同债务人或债权人核对。

2. 企业的财产清查按清查的时间不同可划分为定期清查和不定期清查

定期清查是在规定时期对资产所进行的清查，一般是在年度、季度或月度结账时进行。这种清查可以是全部清查，也可以是局部清查。

不定期清查是指随时根据实际情况的需要而临时进行的财产清查。同定期清查一样，它可以是全部清查，也可以是局部清查。这种清查主要是在以下几种情况下进行的，即

(1) 更换财产、物资和现金经管人员时；
(2) 财产发生非常灾害或意外损失时；
(3) 上级主管单位、财政机关和银行等部门对企业进行会计检查时；
(4) 进行临时性财产核资工作时。

3. 企业的财产清查按清查的内容不同可划分为实物资金的清查、货币资金的清查和结算资金的清查

实物资金的清查是指对企业所拥有的各项实物形态财产物资进行的清查，是通过现场盘点实物数量进行的；货币资金的清查是指对企业在银行的存款和库存现金所进行的清查，是通过与银行核对账目和盘点库存现金数量来进行的；结算资金的清查是指对企业债权、债务进行的清查，是通过与有关单位核对账目进行的。

第二节 财产物资的盘存制度

财产物资的盘存制度，有永续盘存制和实地盘存制两种。在不同的财产物资盘存制度下，各项财产物资在账簿中的记录方法是不同的。

一、永续盘存制

永续盘存制又称账面盘存制，是指企业为加强财产物资的管理，及时反映财产物资的增减结存情况，对各项财产物资的增加、减少，都要根据有关原始凭证在财产物资明细账中逐笔、连续地登记，并随时计算出其结存数额的一种盘存核算方法。账面结存数的计算公式为

期末结存数 = 期初结存数 + 本期收入数 − 本期发出数

永续盘存制有利于加强财产物资的管理，在财产物资增减结存变动时，从数量和金额两方面进行控制，有利于随时与预定的库存限额进行对比，及时合理地组织财产物资的购销和处理，加速资金周转。这种盘存制度的不足之处是日常的账簿登记、核算工作量大。由于主客观原因的存在，即使采取了永续盘存制，也可能发生账实不符的情况，因此，必须将永续盘存制和实地盘点有机结合起来，通过定期或不定期盘点，确保永续盘存制的贯彻执行。

二、实地盘存制

实地盘存制是指企业平时对财产物资只登记增加数，不登记减少数，每到结账时，根据实地盘点的实存数倒推出各项财产物资的减少数，并据以登记入账的一种盘存核算方法。其计算公式是

期初结存数 + 本期收入数 − 期末盘点实存数 = 本期减少数

实地盘存制由于平时不逐笔登记财产物资的减少数，所以账面上不能随时反映财产物资的增减结存情况，而是以存计销，以存计耗。虽然工作比较简化，但手续不严密，甚至把物资的短缺隐含在发出数量之内，因而不利于加强财产物资的管理，没有特殊原因，一般企业不宜采用。

第三节　财产清查的方法

一、财产清查前的准备工作

财产清查不仅要涉及有关物资保管部门,而且要涉及各车间和各个职能部门,甚至到每一个职工。财产清查不仅需处理好人与物之间的关系,而要处理好人与人之间的关系。因此,它是一项涉及面广,工作量大,非常复杂细致的工作。为了做好财产清查工作,使它发挥应有的积极作用,在进行全面清查以前,必须充分做好准备工作。财产清查的准备工作,主要有以下几项:

(1) 做好思想动员和组织落实工作。
(2) 确定清查范围和具体对象。
(3) 制定好财产清查的工作计划。
(4) 会计人员应将截至清查日止的有关实物财产的收发凭证全部登记入账,结出总账和明细账余额,并认真核对,保证账证、账账相符,为财产清查提供了正确可靠的依据。
(5) 有关人员在清查地点准备好各种必要的度量衡器具,并对它们进行严格检查,以保证计量的精确可靠。

二、实物资产和库存现金的清查

各种实物资产的清查应当按照清查计划有步骤地进行,以免重复或遗漏。在盘点时首先要查明各种实物资产的名称、规格。这些名称、规格必须以财产目录和材料目录所规定的为准,不能任意变更以免混淆不清。在验明名称规格以后,再盘点数量并检验其质量。

为明确经济责任和便于查核,在实物资产进行清查时,有关保管人员必须在场。对于各种正在使用中的实物,如在用固定资产、工具仪器等的盘点,有关的实物人员和使用人员应当参加盘点。

对于各种实物的盘点结果,应如实填制"盘存单"如表8.1所示,并由盘点人员和实物保管人员签章。盘存单一般可以填制一式三份,一份由清点人员留存备查;一份交实物经管人保存;一份交财会部门与账面记录相核对,作为进行账务处理的原始凭证。

表8.1　盘存单

单位名称:
财产类别:　　　　　　　　盘点时间:　　　　　　　　存放地点:

编号	名称	计量单位	数量	单价	金额	备注

盘点人签章:　　　　　　　　　　　　　　　　　　　　实物保管人签章:

为了进一步搞清清查盘点结果与账面数额是否一致,还需要根据"盘存单"和有关账簿记录,填制"账存实存对比表",确定盘盈或盘亏,作为调整账簿记录的原始凭证,并用以分析差异原因,作出适当处理。在实际工作中,为简化编表工作,账存实存对比表上通常只编列账实不符的物资,对账实完全相符的物资并不列入账存实存对比表,这样的对比表主要是反映盘盈盘亏情况的,因此一般也称为"盘盈盘亏报告表"。其一般格式如表 8.2 所示。

表 8.2　账存实存对比表

财产类别：　　　　　　　　　　　　年　月　日

编号	名称及规格	计量单位	单价	实际盘存		账面盘存		盘盈		盘亏		备注
				数量	金额	数量	金额	数量	金额	数量	金额	

主管：　　　　　　　　复核：　　　　　　　　制表：

对于企业库存现金的清查,是通过实地盘点的方法,将库存现金的清点实数与截止清查日由出纳员保管的现金日记账的余额进行核对。为了明确责任,清点时,出纳员必须在场,注意不允许白条、借条、收据抵充库存现金。库存现金的盘点,除了要清查库存现金的数额外,还需要检查库存数是否超过银行核定的限额。如果超过了限额,应立即将超过部分存入银行。清点完毕,要根据盘点的结果,认真填制"库存现金盘点报告表",作为掌握现金实有额的一个重要原始依据。其一般格式如表 8.3 所示。

表 8.3　库存现金盘点报告表

单位名称：　　　　　　　　　　　　年　月　日

账存金额	实有金额	对比结果		备注
		盘盈	盘亏	

盘点人签章：　　　　　　　　　　　　　　　　出纳员签章：

三、银行存款和往来款项的清查

（一）银行存款的清查

银行存款日记账的核对主要包括三个环节:一是银行存款日记账与银行存款收、付款凭证相互核对,做到账证相符。二是银行存款日记账与银行存款总账相互核对,做到账账相符。上述两个核对环节均属于企业自身的对账。三是银行存款日记账与银行开出的银行存款对账单进行的相互逐笔核对,账实核对。

在核对过程中,如出现企业银行日记账与银行对账单双方余额不一致,除企业或银行在记账时产生差错应立即更正外,主要是企业与银行各自的账簿记录中存在未达账项。所谓未达账项是指由于企业与银行取得凭证在传递时间上的差异,导致记账时间不一致而发生

的一方已取得结算凭证并已登记入账,而另一方由于尚未取得结算凭证尚未入账的款项。未达账项有以下四种类型:

(1) 银行已记作企业存款的增加,而企业尚未收到收款通知,因而尚未记账的款项。如托收货款和银行支付给企业的存款利息等。

(2) 银行已记作企业存款的减少,而企业尚未收到付款的通知,因而尚未记账的款项。如银行代企业支付的公用事业费用和向企业收取的借款利息等。

(3) 企业已记作银行存款的增加,而银行尚未办妥入账手续。如企业销售商品收到其他单位的转账支票并已记账,由于银行尚未收到转入的款项而尚未入账等。

(4) 企业已记作银行存款的减少,而银行尚未支付入账的款项。如企业开出转账支票,对方尚未到银行办理转账手续的款项等。

上述任何一种类型的未达账项存在,都会使企业银行存款日记账余额与银行对账单余额不符。

企业在与银行对账过程中,如发现未达账项,应编制"银行存款余额调节表"进行调节。调节后双方余额如果仍不相符,则需进一步查明原因,直至核对相符。现举例说明"银行存款余额调节表"的具体编制方法。

【例 8-1】 信和公司 20×2 年 8 月 31 日银行存款日记账的余额为 250 800 元,而银行转来的对账单的余额为 182 600 元,经过逐笔核对发现有以下未达账项:

8 月 29 日,企业委托银行代收的款项 234 050 元,银行已经收妥入账,企业尚未接到银行的收款通知;

8 月 29 日,企业因采购材料开出转账支票 156 450 元,持票人尚未到银行办理转账;

8 月 30 日,企业销售商品收到购入单位送存的转账支票,列明金额 450 000 元,企业尚未将转账支票及时送存银行;

8 月 31 日,银行代企业支付某项公用事业费用 8 700 元,企业尚未接到银行的付款通知。

根据以上资料编制"银行存款余额调节表",调整双方余额,如表 8.4 所示。

表 8.4 银行存款余额调节表

项目	金额(元)	项目	金额(元)
银行账:银行对账单余额	182 600	企业账:银行存款日记账	250 800
加:送存转账支票	450 000	加:银行代收款	234 050
减:开出转账支票	156 450	减:银行代付公用事业费	8 700
调节后银行账存款余额	476 150	调节后企业账存款余额	476 150

采用这种方法进行调整,若在双方记账无差错的情况下,调节后的余额一般应相等,表明企业当时实际可以动用的款项。

需要指出的是:① "银行存款余额调节表"只是为了核对账目,并不能作为调节银行存款账面余额的原始凭证。对于因未达账项而使双方账面余额出现的差异,无需作账面调整,待结算凭证到达后再进行账务处理,登记入账。② 期末,企业的银行存款日记账余额与从开户银行取得的对账单的余额进行核对,以及根据未达账项编制"银行存款余额调节表"的

工作应由出纳以外的会计核对和编制。

银行存款的检查,是通过企业银行存款日记账账面余额与银行的对账单进行核对,并编制"银行存款余额调节表"进行的。

银行对于各存款户的款项收付,通常都于每月初将上月份的逐笔存款和支款数额,抄具一种"对账单",送交存款户核对。企业按月接到银行的对账单时,应当与企业的会计记录(如银行存款日记账、解款回单、支票存根等)相核对。从理论上说,除非记账或计算上有误,这两方面的余额应当彼此相等。但在实际上常常由于出现"未达账项",使双方账面余额不相符合。所谓未达账项,是指一方已经入账,而另一方因尚未接到有关凭证而未入账的款项。

（二）往来款项的清查

往来款项的清查,也是采取同对方核对账目的方法进行的。首先,将有关往来款项正确完整地登记入账。然后,逐户编制一式两联的对账单,送交对方单位进行核对,如对方单位核对无误,应在回单上盖章后退回发出单位;如对方发现数字不符,应在回单上注明不符原因后退回发出单位,或者另抄对账单退回,作为进一步核对的依据。发出单位收到对方的回单后,对错误的账目应及时查明原因,并按规定的手续和方法加以更正。最后,再根据清查结果编制"往来款项清查报告",其一般格式如表 8.5 所示。

表 8.5　往来款项清查报告

××企业　　　　　　　　　　　　　　　年　　月　　日

明细分类账户		调查结果		不符的原因分析				
单位名称	金额	相符	不相符	未达账项	拖付款项	争执款项	无法收回	其他

记账员签章：　　　　　　　　　　　　　　　　　　清查人员签章：

第四节　财产清查结果的处理

通过财产清查所发现的有关财产物资管理和会计核算上的问题,必须以国家有关的政策、法令和制度为依据,严肃认真地做好清查结果的处理工作。首先,客观地分析账实不符的原因,明确经济责任,并按规定程序如实地将盘盈、盘亏情况及处理意见,报请有关部门处理。其次,积极处理积压物资,及时清理长期不清的债权债务,以提高财产物资的使用效益;对于长期不清的债权、债务和发生争执的往来款项,应指定专人负责查明原因,限期清理。再次,针对财产清查中所发现的问题,应当总结经验教训,建立健全有关财产物资管理制度,提出改进措施,加强财产物资管理的岗位责任制,保护财产安全完整。最后,调整账簿记录,保证账实相符。下面主要说明财产清查结果的账务处理。

一、盘盈的处理

企业在财产清查中盘盈的固定资产,作为前期差错处理。企业在财产清查中盘盈的固定资产,在按管理权限报经批准处理前应先通过"以前年度损益调整"科目核算。盘盈的固定资产,应按重置成本确定其入账价值,借"固定资产"科目,贷记"以前年度损益调整"科目。报经批准后,借记"以前年度损益调整",贷记"盈余公积"和"利润分配——未分配利润"。

【例8-2】 20×2年1月20日丁公司在财产清查过程中,发现20×1年12月购入的一台设备尚未入账,重置成本为30 000元(假定与其计税基础不存在差异)。根据《企业会计准则第28号——会计政策、会计估计变更和差错更正》规定,该盘盈固定资产作为前期差错进行处理。假定丁公司按净利润的10%计提法定盈余公积,不考虑相关税费及其他因素的影响。丁公司应编制如下会计分录:

(1)盘盈固定资产时:

借:固定资产	30 000
贷:以前年度损益调整	30 000

(2)结转为留存收益时:

借:以前年度损益调整	30 000
贷:盈余公积——法定盈余公积	3 000
利润分配——未分配利润	27 000

【例8-3】 某企业经财产清查,发现盘盈钢材100公斤,经查明是由于收发计量上错误造成的,按单位成本2元/公斤入账,其账务处理如下:

批准前:

借:原材料	2 000
贷:待处理财产损溢——待处理流动资产损溢	2 000

批准后:

借:待处理财产损溢——待处理流动资产损溢	2 000
贷:管理费用	2 000

二、盘亏及毁损的处理

发生盘亏及毁损的财产物资,应先记入"待处理财产损溢"账户,查明原因,根据不同情况,按规定程序报经批准后进行账务处理。盘亏及毁损的固定资产的净值经核实批准后从"待处理财产损溢"账户转入"营业外支出"账户。对于盘亏及毁损的流动资产,由于造成亏损的原因不同,分别以下情况,进行账务处理。

(1)属于自然损耗产生的定额内合理的亏损。经批准后即可转作管理费用。

(2)属于超定额短缺及毁损,能确定过失人的应由过失人员赔偿。属于保险责任范围的,应向保险公司索赔,扣除过失人或保险公司赔款及残料价值后,计入管理费用。

(3)属于非常损失造成的毁损,扣除保险公司赔款和残料价值后,计入营业外支出。

【例8-4】 某企业在清查中,发现盘亏设备一台,其原价为10 000元,累计折旧

3 000元。

批准前：

借：待处理财产损溢——待处理固定资产损溢 7 000
　　累计折旧 3 000
　　贷：固定资产 10 000

批准后：

借：营业外支出 7 000
　　贷：待处理财产损溢——待处理固定资产损溢 7 000

【例 8-5】 某公司发生盘亏甲产成品 10 件，单位实际成本 100 元，经查明，属于定额内合理损耗。

批准前：

借：待处理财产损溢——待处理流动资产损溢 1 000
　　贷：产成品 1 000

批准后：

借：管理费用 1 000
　　贷：待处理财产损溢——待处理流动资产损溢 1 000

【例 8-6】 某企业盘亏 A 材料 10 吨，单位成本 180 元，经查明，是由于过失人造成的材料毁损，应由过失人赔偿 1 000 元，毁损材料残值 100 元。

批准前：

借：待处理财产损溢——待处理流动资产损溢 1 800
　　贷：原材料——A 材料 1 800

批准后，分别不同情况处理：

(1) 由过失人赔偿的 1 000 元。

借：其他应收款 1 000
　　贷：待处理财产损溢——待处理流动资产损溢 1 000

(2) 残料作价入库。

借：原材料——A 材料 100
　　贷：待处理财产损溢——待处理流动资产损溢 100

(3) 扣除过失人的赔款和残值后的盘亏数计入管理费用。

借：管理费用 700
　　贷：待处理财产损溢——待处理流动资产损溢 700

【例 8-7】 某公司盘亏 B 材料一批，实际成本 5 000 元，经查明，是非常事故造成的损失。

批准前：

借：待处理财产损溢——待处理流动资产损溢 5 000
　　贷：原材料——B 材料 5 000

批准后：

借：营业外支出——非常损失 5 000
　　贷：待处理财产损溢——待处理流动资产损溢 5 000

一、问答
试述存货盘存制度及其优缺点。

二、单项选择题
1. 现金清查的方法是( )。
   A. 技术测算法 B. 实地盘点法
   C. 外调核对法 D. 与银行对账单相核对
2. 实地盘存制与永续盘存制的主要区别是( )。
   A. 盘点的方法不同 B. 盘点的目标不同
   C. 盘点的工具不同 D. 盘亏结果处理不同
3. 一般而言,单位撤销、合并时,要进行( )。
   A. 定期清查 B. 全面清查 C. 局部清查 D. 实地清查
4. 对于现金的清查,应将其结果及时填列( )。
   A. 盘存单 B. 实存账存对比表
   C. 现金盘点报告表 D. 对账单
5. 银行存款清查的方法是( )。
   A. 日记账与总分类账核对
   B. 日记账与收付款凭证核对
   C. 日记账和对账单核对
   D. 总分类账和收付款凭证核对
6. 对于大量成堆难于清点的财产物资,应采用的清查方法是( )。
   A. 实地盘点法 B. 抽样盘点法
   C. 查询核对法 D. 技术推算盘点法
7. 在记账无误的情况下,造成银行对账单和银行存款日记账不一致的原因是( )。
   A. 应付账款 B. 应收账款 C. 未达账项 D. 外埠存款
8. 实存账存对比表是调整账面记录的( )。
   A. 记账凭证 B. 转账凭证 C. 原始凭证 D. 累计凭证
9. 下列项目的清查应采用询证核对法的是( )。
   A. 原材料 B. 应付账款 C. 实收资本 D. 短期投资
10. "待处理财产损溢"账户未转销的借方余额表示( )。
    A. 尚待处理的盘盈数 B. 尚待处理的盘亏和毁损数
    C. 已处理的盘盈数 D. 已处理的盘亏和毁损数
11. 对财产物资的收发都有严密的手续,且在账簿中有连续的记载便于确定结存灵敏度的制度是( )。
    A. 实地盘存制 B. 权责发生制
    C. 永续盘存制 D. 收付实现制
12. 对于盘盈的固定资产的净值经批准后应贷记的会计科目是( )。

A. 营业外收入　　　　　　　　　　B. 营业外支出
　　C. 管理费用　　　　　　　　　　　D. 待处理财产损溢
13. 企业对于无法收回的应收账款应借记的会计科目是(　　)。
　　A. 财务费用　　B. 营业外支出　　C. 待处理财产损溢　　D. 管理费用
14. "待处理财产损溢"账户未转销的贷方余额表示(　　)。
　　A. 已处理的财产盘盈
　　B. 结转已批准处理的财产盘盈
　　C. 转销已批准处理财产盘亏和毁损
　　D. 尚待批准处理的财产盘盈数大于尚待批准处理的财产盘亏和毁损数的差额
15. 采用实地盘存制,平时账簿记录中不能反映(　　)。
　　A. 财产物资的购进业务　　　　　　B. 财产物资的减少数额
　　C. 财产物资的增加和减少数额　　　D. 财产物资的盘盈数额
16. 核销存货的盘盈时,应贷记的会计科目是(　　)。
　　A. 管理费用　　　　　　　　　　　B. 营业外收入
　　C. 待处理财产损溢　　　　　　　　D. 其他业务收入
17. 对债权债务的清查应采用的方法是(　　)。
　　A. 询证核对法　　　　　　　　　　B. 实地盘点法
　　C. 技术推算盘点法　　　　　　　　D. 抽样盘存法

三、多项选择题

1. 使企业银行存款日记账余额大于银行对账单余额的未达账项是(　　)。
　　A. 企业先收款记账而银行未收款未记的款项
　　B. 银行先收款记账而企业未收款未记的款项
　　C. 企业和银行同时收款的款项
　　D. 银行先付款记账而企业未付款未记账的款项
　　E. 企业先付款记账而银行未付款未记账的款项
2. 财产物资的盘存制度有(　　)。
　　A. 收付实现制　　　B. 权责发生制　　　C. 永续盘存制
　　D. 实地盘存制　　　E. 岗位责任制
3. 财产清查按照清查的时间可分为(　　)。
　　A. 全面清查　　　　B. 局部清查　　　　C. 定期清查
　　D. 不定期清查　　　E. 内部清查
4. 企业进行全部清查主要发生的情况有(　　)。
　　A. 年终决算后　　　B. 清产核资时　　　C. 关停并转时
　　D. 更换现金出纳时　E. 单位主要负责人调离时
5. 财产清查按照清查的执行单位不同,可分为(　　)。
　　A. 内部清查　　　　B. 局部清查　　　　C. 定期清查
　　D. 不定期清查　　　E. 外部清查
6. "银行存款余额调节表"是(　　)。
　　A. 原始凭证　　　　B. 盘存表的表现形式　　C. 只起到对账作用
　　D. 银行存款清查的方法　E. 调整账面记录的原始依据

7. 常用的实物财产清查方法包括（　　）。
   A. 实地盘点法　　　B. 技术推算法　　　C. 函证核对法
   D. 抽样盘点法　　　E. 永续盘存法
8. 按清查的范围不同，可将财产清查分为（　　）。
   A. 全面清查　　　B. 局部清查　　　C. 定期清查
   D. 内部清查　　　E. 外部清查
9. 采用实地盘点法进行清查的项目有（　　）。
   A. 固定资产　　　B. 库存商品　　　C. 银行存款
   D. 往来款项　　　E. 现金
10. 定期清查的时间一般是（　　）。
    A. 年末　　　B. 单位合并　　　C. 中外合资时
    D. 季末　　　E. 月末
11. 核对账目法适用于（　　）。
    A. 固定资产的清查　　　B. 现金的清查　　　C. 银行存款的清查
    D. 短期借款的清查　　　E. 预付账款的清查
12. 进行财产清查的作用是（　　）。
    A. 便于宏观管理
    B. 保证各项财产物资的安全完整
    C. 提高会计资料的质量，保证其真实可靠
    D. 有利于改善企业经营管理，挖掘财产物资潜力
    E. 有利于准确地编制收付款凭证
13. 全面清查的对象包括（　　）。
    A. 货币资金　　　B. 各种实物资产　　　C. 往来款项
    D. 在途材料、商品　　　E. 委托加工、保管的物资
14. 编制"银行存款余额调节表"时，计算调节后的余额应以企业银行存款日记账余额（　　）。
    A. 加企业未入账的收入款项　　　B. 加银行未入账的收入款项
    C. 加双方都未入账的收入款项　　　D. 加企业未入账的支出款项
    E. 减企业未入账的支出款项
15. 财产清查结果的处理步骤是（　　）。
    A. 核准数字，查明原因　　　B. 调整凭证，做到账实相符
    C. 调整账簿，做到账实相符　　　D. 进行批准后的账务处理
    E. 销毁账簿资料
16. 对于盘亏的财产物资，经批准后进行账务处理，可能涉及的借方账户有（　　）。
    A. 管理费用　　　B. 营业外支出　　　C. 营业外收入
    D. 其他应收款　　　E. 待处理财产损益
17. 进行不定期清查的情况有（　　）。
    A. 更换财产和现金保管人员时
    B. 发生自然灾害和意外损失时
    C. 会计主体发生改变或隶属关系变动时

D. 财税部门对本单位进行会计检查时
E. 企业关停并转、清产核资、破产清算时

18. 下列可用作原始凭证,调整账簿记录的有(   )。
    A. 实存账存对比表   B. 未达账项登记表
    C. 现金盘点报告表   D. 银行存款余额调节表
    E. 结算款项核对登记表

19. "实存账存对比表"是(   )。
    A. 财产清查的重要报表   B. 会计账簿的重要组成部分
    C. 调整账簿的原始凭证   D. 资产负债表的附表之一
    E. 分析盈亏原因,明确经济责任的重要依据

四、判断题

1. 会计部门要在财产清查之前将所有的经济业务登记入账并结出余额。做到账账相符、账证相符,为财产清查提供可靠的依据。(   )

2. 采用先进先出法,在物价上涨时,会过低估计企业的当期利润和库存存货价值;反之,会高估企业存货价值和当期利润。(   )

3. 采用后进先出法,期末结存存货的账面价值是反映最近的进货成本,而发出存货的成本则反映最早进货的成本。(   )

4. 采用加权平均法,平时无法从账上提供发出和结存存货的单价及金额,因而不利于加强对存货的管理。所以,它只是理论上的一种方法,一般不为企业所采用。(   )

5. 采用后进先出法,在物价持续上涨时,能减少通货膨胀给企业带来的不利影响,这是会计核算谨慎性原则的具体体现。(   )

6. 对在银行存款清查时出现的未达账项,可编制银行存款余额调节表来调整,编制好的银行存款余额调节表是调节账面余额的原始凭证。(   )

7. 存货发出的计价方法不同,不仅会影响企业资产负债表中的负债和损益项目,同时也会影响企业资产负债表中资产项目。(   )

8. 实地盘存制是指平时根据会计凭证在账簿中登记各种财产的增加数和减少数,在期末时再通过盘点实物,来确定各种财产的数量,并据以确定账实是否相符的一种盘存制度。(   )

9. 未达账项是指在企业和银行之间,由于凭证的传递时间不同,而导致了记账时间不一致,即一方已接到有关结算凭证已经登记入账,而另一方由于尚未接到有关结算凭证尚未入账的款项。(   )

10. 为了反映和监督各单位在财产清查过程中查明的各种资产的盈亏或毁损及报废的转销数额,应设置"待处理财产损溢"账户,该账户属于资产类性质账户。(   )

五、业务练习题

某企业20××年9月30日银行存款的账面余额为135 400元,开户银行送来对账单,其银行存款余额为112 100元。经查对,发现有以下几笔未达账项:

1. 9月29日,有一批产品销售款项16 500元,银行已记账,收款通知尚未送达企业。

2. 9月30日,企业开出转账支票一张购买办公用品,计12 500元,企业已减少银行存款,银行尚未记账。

3. 9月30日,银行为企业支付电费25 100元,银行已入账,减少企业存款,企业尚未

记账。

4. 9月30日,企业收到外单位购货款,计15 000元,企业已收款,银行尚未记账。

5. 银行代企业划付银行借款利息12 200元,银行已记账,付款通知尚未送达企业。

要求:编制银行存款余额调节表(表8.6)。

表8.6 银行存款余额调节表

20××年9月30日　　　　　　　　　　　单位:元

项目	余额	项目	余额
银行存款日记账余额		银行对账单余额	
调节后的余额		调节后的余额	

参 考 文 献

[1] 陈国辉,迟旭升.基础会计[M].大连:东北财经大学出版社,2012.

[2] 陈少华.会计学原理[M].厦门:厦门大学出版社,2010.

[3] 杜兴强.会计学原理[M].北京:高等教育出版社,2009.

[4] 卜华.会计学[M].徐州:中国矿业大学出版社,2011.

第九章 会计核算程序

学习目标

掌握记账凭证核算组织程序、科目汇总表核算组织程序、汇总记账凭证核算组织程序的特点、适用范围。

理解各种具体组织程序的异同。

了解多栏式日记账核算组织程序、日记总账核算组织程序。

学习重点

记账凭证核算组织程序、科目汇总表核算组织程序、汇总记账凭证核算组织程序的特点、适用范围。

学习难点

科目汇总表和汇总记账凭证的编制。

第一节 会计核算程序概述

一、会计核算程序的概念

会计核算程序也称会计核算组织程序,是以账簿体系为核心,把会计凭证、会计账簿、记账方法、记账程序和编制会计报表有机结合起来的技术组织方式。即从原始凭证的整理、汇总,记账凭证的填制、汇总,日记账、明细分类账、总分类账的登记,到会计报表编制的步骤和方法。

二、组织会计核算程序的要求

会计核算程序的确定,一般应符合三项要求:

(1)要与本单位的性质、规模和业务的繁简等相适应,以保证会计核算的顺利进行。

(2)要使提供的会计核算资料既及时、准确,又系统、全面,以利于及时掌握资金运动现状,有效地参与经营决策。

(3) 在保证核算资料及时、准确的基础上,要力求提高会计核算的效率,节省核算费用。

三、会计核算程序的分类

目前,我国企业、事业、行政机关等单位会计一般采用的会计核算程序主要有:
(1) 记账凭证核算程序;
(2) 汇总记账凭证核算程序;
(3) 科目汇总表核算程序;
(4) 日记总账核算程序;
(5) 多栏式日记账核算程序。

第二节 记账凭证核算程序

一、记账凭证会计核算程序的特点

记账凭证会计核算组织程序是指对发生的经济业务事项,都要根据原始凭证或汇总原始凭证编制记账凭证,然后直接根据记账凭证逐笔登记总分类账的一种会计核算组织程序,它是最基本的会计核算组织程序,其他核算组织程序都是在此基础上发展演变而形成的。

二、记账凭证会计核算程序的凭证账簿设置

在记账凭证会计核算组织程序中,记账凭证可以是通用记账凭证,也可以分设收款凭证、付款凭证和转账凭证的专用凭证。

采用记账凭证会计核算程序,一般设置现金日记账、银行存款日记账、总分类账和明细分类账。现金、银行存款日记账和总分类账均可用三栏式;明细分类账可根据需要用三栏式或数量金额式或多栏式,在这种核算形式下,总分类账一般是按户设页。

三、记账凭证会计核算程序的记账程序

(一) 基本程序

基本程序如图 9.1 所示。

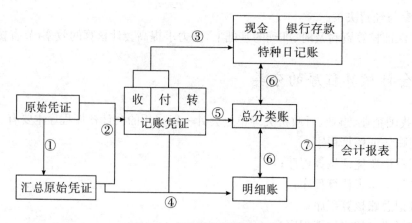

图 9.1 记账凭证核算程序图

(二) 程序说明

(1) 根据原始凭证编制汇总原始凭证。
(2) 根据审核无误的原始凭证或者汇总原始凭证,编制记账凭证(包括收款、付款和转账凭证三类)。
(3) 根据收、付款凭证逐日逐笔登记特种日记账(包括现金、银行存款日记账)。
(4) 根据原始凭证、汇总原始凭证和记账凭证编制有关的明细分类账。
(5) 根据记账凭证逐笔登记总分类账。
(6) 月末,将现金、银行存款日记账的余额以及各种明细账的余额合计数,分别与总账中有关账户的余额核对相符。
(7) 月末,根据经核对无误的总账和有关明细账的记录,编制会计报表。

四、业务举例

【例 9-1】 月初余额和本月业务资料均承第三章例 3-1。

(1) 1 月份发生如下业务,根据以下业务的原始凭证编制记账凭证:

① 1 月 3 日业务,编制银行存款收款凭证,如表 9.1 所示。

表 9.1 收款凭证

借方科目:银行存款　　　　　20×2 年 1 月 3 日　　　　　银收 1 号

摘要	贷方科目	账页	金额	
			一级科目	二级或明细科目
取得借款存入银行	短期借款		60 000	
合计			¥60 000	

② 1 月 5 日业务,编制银行存款付款凭证,如表 9.2 所示。

表 9.2 付款凭证

贷方科目:银行存款　　　　　　　　20×2年1月5日　　　　　　　　　银付1号

摘要	借方科目	账页	金额	
			一级科目	二级或明细科目
从银行提取现金	库存现金		1 000	
合计			¥1 000	

③ 1月12日业务,编制银行存款付款凭证,如表9.3所示。

表 9.3 付款凭证

贷方科目:银行存款　　　　　　　　20×2年1月12日　　　　　　　　银付2号

摘要	借方科目	账页	金额	
			一级科目	二级或明细科目
支付前欠货款	应付账款		5 000	
合计			¥5 000	

④ 1月13日业务,编制转账凭证,如表9.4所示。

表 9.4 转账凭证

2012年1月13日　　　　　　　　　　　　　　　　　　　　　　　　转字1号

摘要	会计科目	账页	借方金额		贷方金额	
			一级科目	二级或明细科目	一级科目	二级或明细科目
债务转化为资本	短期借款		20 000			
	实收资本				20 000	
合计			¥20 000		¥20 000	

⑤ 1月15日业务,编制银行存款付款凭证和转账凭证,如表9.5、表9.6所示。

表 9.5 付款凭证

贷方科目:银行存款　　　　　　　　20×2年1月15日　　　　　　　　银付3号

摘要	借方科目	账页	金额	
			一级科目	二级或明细科目
购买材料	原材料		4 000	
合计			¥4 000	

表 9.6 转账凭证

20×2年1月15日　　　　　　　　　　　　　　　　　　　　　　　　转字 2 号

摘要	会计科目	账页	借方金额		贷方金额	
			一级科目	二级或明细科目	一级科目	二级或明细科目
购买材料,款未付	原材料		6 000			
	应付账款				6 000	
合计			¥6 000		¥6 000	

(2) 根据收付款凭证登记现金日记账和银行存款日记账,见表 9.7 和表 9.8。

表 9.7 现金日记账

20×2年		凭证		摘要	对方科目	借方	贷方	余额
月	日	字	号					
1	1			期初余额		500		500
1	3	银付	1	提取现金	银行存款	1 000		1 500
				本日合计				
1	31			本月合计		1 500	0	1 500

表 9.8 银行存款日记账

20×2年		凭证		摘要	对方科目	借方	贷方	余额
月	日	字	号					
1	1			期初余额				124 000
1	3	银收	1	取得借款存入银行	短期借款	60 000		184 000
				本日合计		60 000		184 000
1	5	银付	1	提取现金	库存现金		1 000	
				本日合计			1 000	183 000
1	12	银付	2	支付前欠货款	应付账款		5 000	
				本日合计			5 000	178 000
1	15	银付	3	购买材料	原材料		4 000	
				本日合计			4 000	174 000
1	31			本月合计		60 000	10 000	174 000

(3) 根据原始凭证和记账凭证登记有关的明细分类账(略)。

(4) 根据记账凭证登记总分类账,见表 9.9、表 9.10、表 9.11、表 9.12、表 9.13、表 9.14。

表9.9 库存现金总分类账

会计科目：库存现金

20×2年		凭证		摘要	借方	贷方	借或贷	余额
月	日	字	号					
1	1			期初余额			借	500
1	5	银付	1	提取现金	1 000		借	1 500
1	31			本月合计	1 000		借	1 500

表9.10 银行存款总分类账

会计科目：银行存款

20×2年		凭证		摘要	借方	贷方	借或贷	余额
月	日	字	号					
1	1			期初余额			借	124 000
1	3	银收	1	取得借款存入银行	60 000		借	184 000
1	5	银付	1	提取现金		1 000	贷	183 000
1	12	银付	2	支付前欠货款		5 000	贷	178 000
1	15	银付	3	购买材料		4 000	贷	174 000
1	31			本月合计	60 000	10 000	借	174 000

表9.11 原材料总分类账

会计科目：原材料

20×2年		凭证		摘要	借方	贷方	借或贷	余额
月	日	字	号					
1	1			期初余额			借	150 000
1	15	银付	3	购买材料	4 000		借	154 000
1	15	转字	2	购买材料	6 000		借	160 000
1	31			本月全计	10 000		借	160 000

表9.12 短期借款总分类账

会计科目：短期借款

20×2年		凭证		摘要	借方	贷方	借或贷	余额
月	日	字	号					
1	1			期初余额			贷	20 000
1	3	银收	1	取得借款存入银行		60 000	贷	80 000
1	13	转字	1	债务转化为资本	20 000		借	60 000
1	31			本月合计	20 000	60 000	贷	60 000

表 9.13 应付账款总分类账

会计科目:应付账款

20×2年		凭证		摘要	借方	贷方	借或贷	余额
月	日	字	号					
1	1			期初余额			贷	150 000
1	12	银付	2	支付前欠货款	5 000		借	10 000
1	15	转字	2	购买材料		6 000	贷	16 000
1	31			本月合计	5 000	6 000	贷	16 000

表 9.14 实收资本总分类账

会计科目:实收资本

20×2年		凭证		摘要	借方	贷方	借或贷	余额
月	日	字	号					
1	1			期初余额			贷	259 000
1	13	转字	1	债务转化为资本		20 000	贷	259 500
1	31			本月合计		20 000	贷	259 500

(5) 月末,将现金、银行存款日记账的余额以及各种明细账的余额合计数,分别与总账中有关账户的余额核对相符。

(6) 月末,根据经核对无误的总账有关明细账的记录,编制会计报表,本书以资产负债表为例,见表 9.15。

表 9.15 资产负债表

编制单位:盛唐公司　　　　　　　20×2 年 1 月 31 日　　　　　　　　单位:元

资产	月初数	月末数	负债	月初数	月末数
流动资产:			流动负债:		
货币流金	124 500	175 500	短期借款	20 000	60 000
存货	150 000	160 000	应付账款	15 000	16 000
流动资产合计	274 500	335 500	流动负债合计	35 000	76 000
非流动资产:			非流动负债:		
固定资产			长期借款		
非流动资产合计			非流动负债合计		
			负债合计	35 000	76 000
			所有者权益:		
			实收资本	239 500	259 500
			资本公积		
			盈余公积		
			未分配利润		
			所有者权益合计	239 500	259 500
资产合计	274 500	335 500	负债及所有者权益合计	274 500	335 500

五、记账凭证会计核算程序的优缺点和适用范围

采用记账凭证会计核算程序的优点是程序简便。由于这种核算形式是根据记账凭证直接登记总账,记账程序简便。

采用这种核算形式的缺点是根据记账凭证直接登记总账,在业务量较大时会增加登记总账的工作量。因此,这种核算形式一般只适用于规模较小、经济业务较少的单位。

第三节 汇总记账凭证核算程序

一、汇总记账凭证会计核算程序的特点

汇总记账凭证会计核算程序的基本特点是根据原始凭证或汇总原始凭证编制记账凭证,定期根据记账凭证分类编制汇总收款凭证、汇总付款凭证和汇总转账凭证,再根据汇总记账凭证登记总分类账的一种会计核算组织程序。

二、汇总记账凭证会计核算程序的凭证账簿设置

汇总记账凭证须分为汇总收款凭证、汇总付款凭证和汇总转账凭证三种,分别根据收款、付款、转账三种记账凭证汇总填制。现金日记账和银行存款日记账采用三栏式,总分类账可以是三栏式,也可以是多栏式,明细分类账可采用三栏式、数量金额式或多栏式。

三、汇总记账凭证会计核算程序的记账程序

(一)基本程序

基本程序如图9.2所示。

(二)程序说明

(1)根据原始凭证编制汇总原始凭证。
(2)根据原始凭证或汇总原始凭证,编制记账凭证。
(3)根据收款凭证、付款凭证逐笔登记现金日记账和银行存款日记账。
(4)根据原始凭证、汇总原始凭证和记账凭证,登记各种明细分类账。
(5)根据各种记账凭证编制有关汇总记账凭证。
(6)根据各种汇总记账凭证登记总分类账。
(7)期末,现金日记账、银行存款日记账和明细分类账的余额同有关总分类账的余额核对相符。

(8) 期末,根据总分类账和明细分类账的记录,编制会计报表。

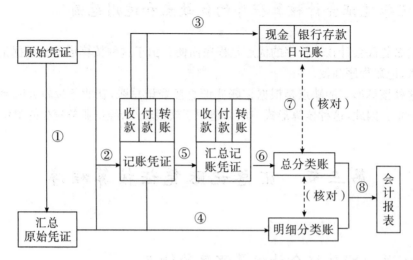

图 9.2

四、汇总记账凭证的编制

(一)汇总收款凭证的编制

1. 汇总收款凭证编制方法

汇总收款凭证,是根据现金、银行存款的收款凭证,分别按"库存现金"和"银行存款"科目的借方设置,定期按贷方科目加以归类汇总,月终时结出合计数,并据以登记总账。

汇总记账凭证定期编制,间隔天数视业务量多少而定,一般为每隔5天或10天,每月汇总编制一张,月终结出合计数,据以登记总分类账。

2. 汇总收款凭证编制举例

【例9-1】 信和公司12月1~10日发生如下现金收款业务。其中收回其他应收款业务有2笔;实现其他业务收入业务有3笔;收回应收账款业务有1笔。在收款凭证上编制的会计分录如下:

(1) 借:库存现金   450
     贷:其他应收款   450
(2) 借:库存现金   780
     贷:其他业务收入   780
(3) 借:库存现金   500
     贷:应收账款   500
(4) 借:库存现金   6 000
     贷:其他业务收入   6 000
(5) 借:库存现金   600
     贷:其他应收款   600
(6) 借:库存现金   1 800

贷：其他业务收入　　　　　　　　　　　　　　　　　　　　　　　　1 800

按借方科目"库存现金"设置汇总收款凭证，按贷方科目"其他应收款""其他业务收入""应收账款"进行汇总，可以计算出信和公司1～10日对应于"库存现金"科目的其他会计科目的发生额为：

"其他应收款"科目发生额为：450+600=1 050（元）。

"其他业务收入"科目发生额为：780+6 000+1 800=8 580（元）。

"应收账款"科目发生额为：500元。

根据1～10日汇总结果，填入信和公司本月汇总收款凭证的相应栏次，汇总收款凭证的填制见表9.16。

表9.16　汇总收款凭证

借方科目：库存现金　　　　　　　　　　　　　　　　　　　　　　　　编号：

贷方科目	金额				总账页数	
	1～10号凭证	11～20号凭证	21～30号凭证	合计	借方	贷方
	1～6号	7～10号	11～15号			
其他应收款	1 050					
其他业务收入	8 580	略	略	略	略	略
应收账款	500					
合计	10 130					

（二）汇总付款凭证的编制

1. 编制汇总付款凭证的基本方法

汇总付款凭证，是指按"库存现金"和"银行存款"科目的贷方分别设置、按其对应的借方科目进行归类汇总的一种汇总记账凭证。一般5天或10天汇总一次，月终计算出合计数，据以登记总分类账。

2. 汇总付款凭证的编制举例

【例9-2】　信和公司12月1～10日发生如下银行存款付款业务。其中偿还应付账款业务有2笔，偿还应付票据业务有1笔；购置固定资产业务有2笔；归还短期借款业务有1笔。在付款凭证上编制会计分录如下：

（1）借：应付账款　　　　　　　　　　　　　　　　　　　　　　　　2 000
　　　贷：银行存款　　　　　　　　　　　　　　　　　　　　　　　　　　2 000

（2）借：固定资产　　　　　　　　　　　　　　　　　　　　　　　　40 000
　　　贷：银行存款　　　　　　　　　　　　　　　　　　　　　　　　　　40 000

（3）借：应付账款　　　　　　　　　　　　　　　　　　　　　　　　4 500
　　　贷：银行存款　　　　　　　　　　　　　　　　　　　　　　　　　　4 500

（4）借：应付票据　　　　　　　　　　　　　　　　　　　　　　　　6 000
　　　贷：银行存款　　　　　　　　　　　　　　　　　　　　　　　　　　6 000

（5）借：短期借款　　　　　　　　　　　　　　　　　　　　　　　　4 800

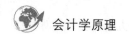

		4 800
(6)借:固定资产	20 000	
贷:银行存款		20 000

计算出信和公司1~10日对应于"银行存款"科目的其他会计科目的发生额为:

"应付账款"科目发生额为:2 000+4 500=6 500(元)。

"应付票据"科目发生额为:6 000元。

"固定资产"科目发生额为:40 000+20 000=60 000(元)。

"短期借款"科目发生额为:4 800元。

根据1~10日汇总结果,填入信和公司本月汇总付款凭证的相应栏次,汇总付款凭证的填制见表9.17。

表9.17　汇总付款凭证

贷方科目:银行存款　　　　　　　　　　　　　　　　　　　　　　编号:

借方科目	金额				总账页数	
	1~10号凭证	11~20号凭证	21~30号凭证	合计	借方	贷方
	1~6号	7~10号	11~15号			
应付账款	6 500					
应付票据	6 000	略	略	略	略	略
固定资产	60 000					
短期借款	4 800					
合计	77 300					

(三)汇总转账凭证的编制

1. 编制汇总转账凭证的基本方法

汇总转账凭证,一般根据转账凭证的贷方科目设置,并按其对应的借方科目归类汇总,定期进行填列,月终时结出本科目的合计数,并据以登记总账。应当指出,汇总转账凭证只能是一贷一借或一贷多借,而不能相反。如果在汇总转账凭证中科目对应关系是多借多贷或一借多贷的会计分录,应分解为几个简单会计分录,然后再予以汇总记账。

2. 汇总转账凭证的编制举例

【例9-3】 信和公司12月1~10日发生发出材料的转账业务共6笔。其中生产产品的业务有2笔,制造部门一般耗用业务有2笔;与产品销售有关的耗用业务有1笔;企业管理部门耗用业务有1笔。在付款凭证上编制会计分录如下:

(1)借:生产成本	5 000	
贷:原材料		5 000
(2)借:销售费用	2 000	
贷:原材料		2 000
(3)借:管理费用	1 500	
贷:原材料		1 500

(4)借:制造费用　　　　　　　　　　　　　　　　　　15 000
　　贷:原材料　　　　　　　　　　　　　　　　　　　　　　　15 000
(5)借:生产成本　　　　　　　　　　　　　　　　　　35 000
　　贷:原材料　　　　　　　　　　　　　　　　　　　　　　　35 000
(6)借:制造费用　　　　　　　　　　　　　　　　　　 5 000
　　贷:原材料　　　　　　　　　　　　　　　　　　　　　　　 5 000

按贷方科目"原材料"设置汇总转账凭证,按借方科目,"生产成本""制造费用""管理费用""销售费用"进行汇总,可以计算出信和公司1~10日对应于"原材料"科目的其他会计科目的发生额为:

"生产成本"科目发生额为:5 000+35 000=40 000(元)。

"制造费用"科目发生额为:15 000+5 000=2 0000(元)。

"管理费用"科目发生额为:2 000元。

"销售费用"科目发生额为:1 500元。

根据1~10日汇总结果,填入信和公司本月汇总转账凭证的相应栏次,汇总转账凭证的填制见表9.18。

表9.18　汇总转账凭证

贷方科目:原材料　　　　　　　　　　　　　　　　　　　　　　　　　　　　　　编号:

借方科目	金额				总账页数	
	1~10号凭证	11~20号凭证	21~30号凭证	合计	借方	贷方
	1~6号	7~10号	11~15号			
生产成本	40 000					
制造费用	20 000	略	略	略	略	略
管理费用	2 000					
销售费用	1 500					
合计	63 500					

五、编制汇总记账凭证需要注意的事项

虽然各种汇总记账凭证的编制方法不尽相同,但每一种汇总记账凭证都是依据同类专用记账凭证汇总编制而成的。即专用记账凭证有收款凭证、付款凭证和转账凭证三种,经汇总以后形成的汇总记账凭证相应的也有汇总收款凭证、汇总付款凭证和汇总转账凭证三种。此外,采用汇总记账凭证时,凭证的编号标法有一定变化。应在汇总记账凭证的种类前加"汇"字。如"汇现收字第×号""汇现付字第×号""汇银收字第×号""汇银付字第×号"和"汇转字第×号"等。

六、汇总记账凭证会计核算程序的优缺点和适用范围

汇总记账凭证核算组织程序的优点是由于总分类账是定期根据汇总记账凭证进行登

记,因此,减轻了登记总分类账的工作。同时,由于汇总记账凭证是根据记账凭证按照科目对应关系进行编制的,因此,它可以明确地反映科目对应关系,反映经济业务的来龙去脉,便于检查、分析和核对账目。

汇总记账凭证核算组织程序的缺点是由于汇总转账凭证是按照会计科目的贷方设置和编制的,因此,在企业经济业务不多的企业中,涉及贷方科目的转账凭证,不会出现很多,这起不到简化记账工作的作用。该种核算形式一般适用于企业规模较大、经济业务量较多的单位。

第四节 科目汇总表核算程序

一、科目汇总表会计核算程序的特点及凭证、账簿的要求

科目汇总表会计核算程序是在记账凭证会计核算程序基础上发展起来的。它的基本特点是:根据记账凭证定期编制科目汇总表,然后根据科目汇总表登记总分类账在科目汇总表会计核算程序下,对凭证和账簿的要求基本上和记账凭证会计核算程序相同,但还需要编制"科目汇总表",作为登记总分类账的依据。

二、科目汇总表会计核算程序的记账程序

（一）基本程序

基本程序如图9.3所示。

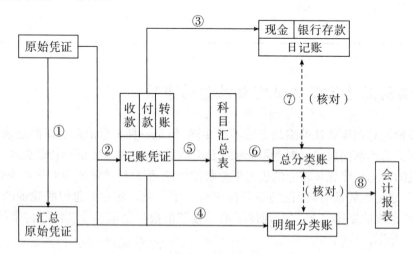

图9.3 科目汇总表会计核算程序图

(二)程序说明

(1) 依据原始凭证编制汇总原始凭证。
(2) 依据原始凭证或汇总原始凭证填制记账凭证。
(3) 依据收款凭证、付款凭证逐笔登记现金日记账、银行存款日记账。
(4) 依据原始凭证和记账凭证逐笔登记各种明细分类账。
(5) 依据记账凭证定期编制科目汇总表。
(6) 依据科目汇总表汇总登记总分类账。
(7) 月末,现金日记账、银行存款日记账,各种明细分类账以及总分类账进行账账核对。
(8) 根据总账和明细账的记录编制会计报表。

三、科目汇总表的编制方法

(一)科目汇总表的编制

科目汇总表,是定期(业务量多的单位可每天汇总一次,一般间隔最长不超过10天)将一定时间内的记账凭证,按照相同会计科目归类,分别汇总并计算每一会计科目的借方本期发生额和贷方本期发生额,填写到"科目汇总表"的有关栏内,然后再分别加计全部会计科目的借方本期发生额和贷方本期发生额,填写到"合计"栏内。根据借贷必相等的原理,两个合计金额必然相等。

根据科目汇总表登记总分类账时,只需要将该表中汇总起来的各科目的本期借、贷方发生额的合计数,分次或月末一次记入相应总分类账的借方或贷方即可。

(二)科目汇总表的编制举例

【例9-4】 信和某企业在20×2年12月1日至12月10日发生如下经济业务,在记账凭证上编制会计分录如下:

(1) 借:库存现金　　　　　　　　　80
　　　贷:其他应收款　　　　　　　　　　　80
(2) 借:管理费用　　　　　　　　　813
　　　贷:库存现金　　　　　　　　　　　813
(3) 借:固定资产　　　　　　　　6 000
　　　贷:银行存款　　　　　　　　　　6 000
(4) 借:在途物资　　　　　　　　7 000
　　　贷:银行存款　　　　　　　　　　7 000
(5) 借:应收账款　　　　　　　　2 400
　　　贷:银行存款　　　　　　　　　　2 400
(6) 借:管理费用　　　　　　　　1 420
　　　贷:其他应收款　　　　　　　　　1 420
(7) 借:原材料　　　　　　　　 83 200
　　　贷:在途物资　　　　　　　　　 83 200

(8) 借:生产成本　　　　　　　　　　　　　　　　3 000
　　　贷:制造费用　　　　　　　　　　　　　　　　　　　3 000
(9) 借:应付职工薪酬　　　　　　　　　　　　　　85 000
　　　贷:库存现金　　　　　　　　　　　　　　　　　　　85 000
(10) 借:在途物资　　　　　　　　　　　　　　　　73 000
　　　　应交税费——应交增值税(进项税额)　　　 9 490
　　　贷:银行存款　　　　　　　　　　　　　　　　　　　82 490
(11) 借:在建工程　　　　　　　　　　　　　　　 120 000
　　　贷:银行存款　　　　　　　　　　　　　　　　　　　120 000
(12) 借:库存现金　　　　　　　　　　　　　　　　85 000
　　　贷:银行存款　　　　　　　　　　　　　　　　　　　85 000
(13) 借:制造费用　　　　　　　　　　　　　　　　 3 000
　　　　管理费用　　　　　　　　　　　　　　　　 2 000
　　　贷:银行存款　　　　　　　　　　　　　　　　　　　 5 000
(14) 借:在途物资　　　　　　　　　　　　　　　　 3 200
　　　贷:应付账款　　　　　　　　　　　　　　　　　　　 3 200
(15) 借:生产成本　　　　　　　　　　　　　　　　36 200
　　　　在建工程　　　　　　　　　　　　　　　　10 000
　　　贷:原材料　　　　　　　　　　　　　　　　　　　　46 200

根据以上经济业务编制的会计分录汇总编制"科目汇总表"如表9.19所示。

表 9.19　科目汇总表

20×2年12月1日至12月10日　　　　　　　　　　　　　　　　　　　科汇字第1号

会计科目	本期发生额	
	借方金额	贷方金额
库存现金	85 080	85 813
银行存款	0	308 390
应收账款	2 400	0
其他应收款	0	1 500
在途物资	83 200	83 200
原材料	83 200	46 200
生产成本	39 200	0
固定资产	6 000	
在建工程	130 000	
应付账款	0	3 200
应付职工薪酬	85 000	
应交税费	9 490	0
主营业务收入		

续表

会计科目	本期发生额	
	借方金额	贷方金额
制造费用	3 000	3 000
管理费用	4 733	
财务费用		
所得税费用		
合 计	531 303	531 303

记账凭证起讫号数：自　　号至　　号共　　张

主管会计：　　　　记账：　　　　复核：　　　　制证：李山

四、编制科目汇总表应注意的事项

应当注意的是，"科目汇总表"虽然也是经过汇总编制的，但与汇总记账凭证的汇总方法有所不同。"科目汇总表"是按各个会计科目的发生额分别进行汇总的，汇总所得到的结果也有所不同，形成的是一张表格。编制科目汇总表的作用是可以对总分类账进行汇总登记。根据科目汇总表登记总分类账时，只需要将科目汇总表中有关各科目的本期借方、贷方发生额合计数，分次或月末一次记入相应总分类账的借方或贷方即可。另外，采用科目汇总表时，凭证的编号方法也有一定的变化，应以"科汇字第×号"字样按月连续编号。

五、科目汇总表会计核算程序的优缺点和适用范围

科目汇总表会计核算程序的优点是由于总账是根据科目汇总表进行登记的，所以能够减少登记总分类账的工作量；同时，还可以根据科目汇总表对全会计科目的借方发生额、贷方发生额进行试算平衡，能够及时并纠正记账过程中的差错，保证会计记录的质量。

科目汇总表会计核算程序的缺点是由于科目汇总表和总分类账中，不反映科目对应关系和经济业务的来龙去脉，因而不便于分析检查企业的经济活动情况和核对账目。因此，科目汇总表会计核算程序一般适用于规模较大、业务量较多的单位。

第五节　日记总账核算程序

一、日记总账会计核算组织程序的特点

日记总账是日记总账是序时账簿与总分类账簿相结合、兼有序时账簿和总分类账簿作用的一种联合账簿。设置日记总账，所有经济业务都必须在日记总账中进行登记。日记总

账以记账凭证为依据,既要根据业务发生的时间顺序登记,月末又要将所有科目的总分类核算都集中到一张账页上,按照每个科目借方、贷方登记的数字分别合计,并计算出每个科目的月末余额。因此,它既是日记账,又是总账。日记总账的一般格式如表9.20所示。日记总账核算程序的特点是根据记账凭证直接登记日记总账。

表 9.20 日记总账

年		记账凭证	摘要	发生额	科目		科目			
月	日				借方	贷方	借方	贷方	借方	贷方
			本期发生额							
			月末余额							

二、日记总账核算组织程序账务处理的基本步骤

(一)基本步骤

基本步骤如图9.4所示。

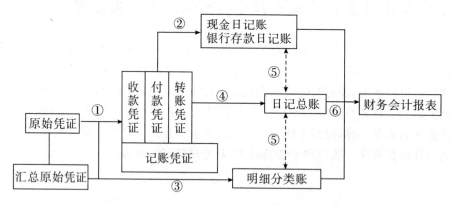

图 9.4 日记总账核算组织程序账务处理步骤图

(二)步骤说明

在日记总账核算组织程序下,对经济业务进行会计核算组织程序大体要经过以下六个步骤:

(1)根据有关的原始凭证或汇总原始凭证填制各种专用记账凭证。

(2)根据收款凭证和付款凭证逐笔登记库存现金日记账和银行存款日记账。

(3) 根据记账凭证并参考原始凭证或汇总原始凭证表,逐笔登记各种明细分类账。
(4) 根据各种记账凭证逐笔登记日记总账。
(5) 月末,将日记账、明细分类账的余额与日记总账中相应账户的余额进行核对。
(6) 月末,根据日记总账和明细分类账的记录编制会计报表。

三、日记总账核算组织程序的优缺点和适用范围

日记总账核算组织程序是根据记账凭证直接登记日记总账。把日记账与分类账结合在一起,使记账手续简化,并且便于检查记账的正确性;日记总账把全部会计科目都集中在一张账页上,可以反映每一经济业务所记录的账户对应关系,为检查分析经济业务提供了方便,而且根据日记总账编制会计报表可以简化编表工作。但是,如果企事业单位的业务量较大,运用的会计科目较多时,账页过长,记账容易串行,也不便于会计人员分工。这种核算组织程序适用于规模小、业务简单、使用会计科目较少的单位。

第六节 多栏式日记账核算程序

一、多栏式日记账核算程序的特点

为了减少登记总分类账的工作量,简化核算手续,可以设置多栏式的现金日记账和银行存款日记账,将其收入和支出栏分别按照对应科目设专栏,登记全部收付款业务。月末,再根据多栏式现金日记账和银行存款日记账登记有关的总分类账。至于转账业务,可以根据转账凭证逐笔登记总分类账。如果企业的转账业务较多,为了简化核算,除设置多栏式现金日记账和多栏式银行存款日记账以外,还可以设置多栏式材料采购日记账、多栏式制造成本日记账、多栏式销售日记账。月末,根据各多栏式日记账登记总分类账,不包括在各多栏式日记账的转账业务,可根据转账凭证逐笔登记总分类账。这种根据多栏式日记账登记总分类账的程序称为多栏式日记账核算组织程序。

在多栏式日记账核算组织程序下,除需设置多栏式现金日记账和多栏式银行存款日记账及其过账方法外,所设置的账簿、各种账簿的格式以及记账凭证的种类和格式基本上与记账凭证会计核算组织程序相同。

二、多栏式日记账核算程序

(一) 基本步骤

基本步骤如图9.5所示。

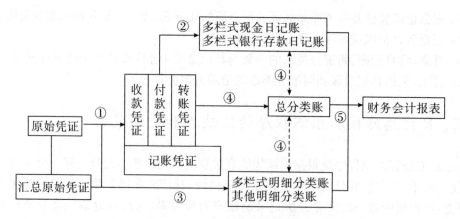

图9.5 多栏式日记账核算程序图

(二)步骤说明

(1) 根据原始凭证或汇总原始凭证编制收款凭证、付款凭证及转账凭证。

(2) 根据收款凭证、付款凭证,逐笔登记多栏式现金、银行存款日记账。多栏式日记账都设有对应科目专栏,平时逐日逐笔登记,月末结出各科目的余额,作为登记总分类账的依据。

(3) 根据原始凭证和各种记账凭证登记多栏式明细分类账及其他明细账。多栏式明细账都设有对应科目专栏,平日逐笔登记各有关多栏式明细账,月末结出各科目的余额,作为登记总分类账的依据。其他明细账根据具体情况设置格式。

(4) 月终,根据多栏式日记账、多栏式明细账及有关记账凭证登记总账。为简化核算手续,总分类账根据各多栏式日记账和明细账中结出对应科目的余额月末一次登记。不包括在上述多栏式日记账中的转账业务,它们可以根据转账凭证登记。

(5) 月末,根据总分类账和明细分类账的记录编制会计报表。

三、多栏式日记账核算程序的优缺点和适用范围

多栏式日记核算组织程序是在记账凭证核算组织程序的基础上,为了简化核算手续形成的,它可以简化总账的登记工作,便于核算工作的分工,可以分别反映各类经济业务的详细情况,但是在业务复杂、会计科目设置较多的企业里,日记账和明细账专栏的栏次过多,账页庞大,不便于记账。适用于运用会计科目少、业务量少的经济单位。

思考与练习

一、问答

1. 记账凭证核算组织程序的特点是什么?它的适用范围是什么?
2. 科目汇总表核算组织程序有什么优点及缺点?
3. 汇总记账凭证核算组织程序的特点是什么?其使用范围是什么?

4. 日记总账核算组织程序的优点及适用范围是什么?
5. 什么是多栏式日记账?为什么要设置这种账?

二、单项选择题

1. 多种会计核算形式的根本区别在于( )不同。
   A. 记账凭证的种类和格式　　　　B. 登记总账的直接依据
   C. 登记明细账的依据　　　　　　D. 原始凭证的种类和格式

2. 会计核算形式中最基本、最简单的会计核算形式是( )。
   A. 记账凭证核算形式　　　　　　B. 科目汇总表核算形式
   C. 汇总记账凭证核算形式　　　　D. 日记总账核算形式

3. 汇总记账凭证会计核算组织程序的特点,是根据( )登记总账。
   A. 记账凭证　　B. 汇总记账凭证　　C. 科目汇总表　　D. 原始凭证

4. 单位业务量多,会计凭证数量众多,以下核算组织程序中,( )登记总账的工作量大。
   A. 记账凭证会计核算组织程序
   B. 科目汇总表会计核算组织程序
   C. 汇总记账凭证会计核算组织程序
   D. 多栏式日记账会计核算组织程序

5. 科目汇总表核算组织程序与汇总记账凭证核算组织程序的共同优点是( )。
   A. 保持科目之间的对应关系　　　B. 简化总分类账登记工作
   C. 进行所有科目余额的试算平衡　D. 总括反映同类经济业务

6. 在各种会计核算组织程序中,不便于查对账目的是( )。
   A. 原始凭证核算组织程序　　　　B. 记账凭证核算组织程序
   C. 汇总记账凭证核算组织程序　　D. 科目汇总表核算组织程序

7. 日记总账是( )结合在一起的联合账簿。
   A. 日记账与明细账　　　　　　　B. 日记账与总账
   C. 日记账与记账凭证　　　　　　D. 日记账与原始凭证

8. 在汇总记账凭证核算组织程序下,为了便于编制汇总转账凭证,要求所有转账凭证的科目对应关系为( )。
   A. 一个借方科目与几个贷方科目相对应
   B. 一个借方科目与一个贷方科目相对应
   C. 几个借方科目与几个贷方科目相对应
   D. 一个贷方科目与一个或几个借方科目相对应

三、多项选择题

1. 记账凭证核算组织程序、科目汇总表核算组织程序、汇总记账凭证核算组织程序登记总账的直接依据分别是( )。
   A. 日记账　　　　B. 记账凭证　　　　C. 汇总记账凭证
   D. 明细账　　　　E. 科目汇总表

2. 科目汇总表能够( )。
   A. 作为登记总账的依据　　　　　B. 起到试算平衡的作用
   C. 反映各科目之间的对应关系　　D. 反映各科目的余额

3. 以记账凭证为依据,按有关科目的贷方设置,按借方科目归类汇总的有( )。
   A. 汇总收款凭证
   B. 汇总付款凭证
   C. 汇总转账凭证
   D. 科目汇总表
4. 在汇总记账凭证核算组织程序下,作为登记总账"银行存款"账户的依据有( )。
   A. 现金汇总收款凭证
   B. 银行存款汇总收款凭证
   C. 现金汇总付款凭证
   D. 银行存款汇总付款凭证
5. 记账凭证核算组织程序需要设置的凭证有( )。
   A. 收款凭证
   B. 科目汇总表
   C. 付款凭证
   D. 转账凭证
   E. 汇总转账凭证

四、判断题

1. 科目汇总表核算组织程序的缺点主要是不能反映账户的对应关系。( )
2. 在不同的会计核算组织程序下,会计报表的编制依据不同。( )
3. 各种会计核算组织程序的主要区别表现在登记总账的依据和方法不同。( )
4. 在采用记账凭证核算组织程序、汇总记账凭证核算组织程序或科目汇总表核算组织程序时,登记现金日记账和银行存款日记账的依据是一样的,都是收款凭证、付款凭证和转账凭证。( )
5. 记账凭证核算组织程序一般使适用于规模小且经济业务较少的单位。( )
6. 科目汇总表不仅可以起到试算平衡的作用,而且可以反映账户之间的对应关系。( )
7. 汇总转账凭证是按借方科目分别设置,按其对应的贷方科目归类汇总。( )
8. 在汇总记账凭证核算组织程序下,为了便于编制汇总转账凭证,要求所有转账凭证的科目应关系只能是一"借"一"贷"或一"借"多"贷"。( )
9. 汇总记账凭证核算组织程序适用于规模大、经济业务较多的单位。( )
10. 日记总账核算组织程序的缺点是:核算组织程序较为复杂。( )

五、业务练习题

目的:练习科目汇总表的编制。

资料:某工业企业20××年6月份1～10日发生下列经济业务:

1. 1日,从银行提取现金1000元备用。
2. 2日,华丰厂购进材料一批,已验收入库,货款5 000元,增值税进项税650元,款项尚未支付。
3. 2日,销售给向阳工厂A产品一批,货款为10 000元,增值税销项税1 300元,款项尚未收到。
4. 3日,厂部的王凌出差,借支差旅费500元,以现金付讫。
5. 4日,车间领用甲材料一批,其中用于A产品生产3 000元,用于车间一般消耗500元。
6. 5日,销售给华远公司A产品一批,货款为20 000元,增值税销项税2 600元,款项尚未收到。
7. 5日从江南公司购进乙材料一批,货款8 000元,增值税进项税1 040元,款项尚未支付。
8. 6日,厂部李青出差,借支差旅费400元,用现金付讫。

9. 7日,以银行存款5 650元,偿还前欠华丰工厂的购料款。
10. 8日,从银行提出现金1 000元备用。
11. 8日,接银行通知,向阳厂汇来前欠货款11 300元,已收妥入账。
12. 8日,车间领用乙材料一批,其中用于A产品5 000元,用于车间一般消耗1 000元。
13. 9日,以银行存款9 040元,偿还前欠江南公司购料款。
14. 10日,接银行通知,华远公司汇来前欠货款22 600元,已收妥入账。

要求:根据以上经济业务编制记账凭证。

根据所编记账凭证编制科目汇总表,如表9.21所示。

表9.21 科目汇总表

××年×月1~10日

会计科目	借方金额	贷方金额
合　计		

六、案例分析

王莉女士2002年创办了信达商贸股份有限公司,开始规模较小,注册资本10万元,主要从事商品批发与零售业务,记账一直采用记账凭证核算组织程序。随着经济业务的发展,到2012年公司注册资本已经扩大到2 000万元,每年销售额达到2亿元,这时会计人员提出采用汇总记账凭证核算组织程序记账。你认为是否应该这样做?

参 考 文 献

[1] 朱小平,徐泓.初级会计学[M].北京:中国人民大学出版社,2005.
[2] 徐经长,孙蔓莉,周华.会计学[M].北京:中国人民大学出版社,2010.
[3] 会计从业资格考试辅导教材编写组.会计基础[M].北京:中国财政经济出版社,2012.
[4] 李海波.新编会计学原理[M].15版.上海:立信会计出版社,2011.

第十章 财务会计报告

学习目标
通过本章的学习,要求学习者掌握资产负债表、利润表的基本格式及编制方法,理解并掌握财务会计报告的构成及编制要求,了解现金流量表。

学习重点
资产负债表的编制,利润表的编制。

学习难点
资产负债表需要分析计算填列的项目。

第一节 财务会计报告概述

在日常的会计核算中,对会计主体发生的经济业务,利用借贷记账法,通过填制会计凭证、登记账簿等一系列的会计核算基本方法,已经将其全面、系统、连续、分类地记录下来。但是,反映在会计凭证、会计账簿中的会计资料还是比较分散的,不够集中与概括,难以满足各个方面的会计信息使用者的需求。因此,有必要在日常会计核算的基础上,再根据会计信息使用者的需要,对日常会计核算得到的资料进行再次的加工处理,提供总括、综合、清晰地反映会计主体财务状况和经营成果以及现金流量情况的财务会计报告。

一、财务会计报告的概念

财务会计报告,又称为财务报告或财务报表,它是企业以书面的形式,对外提供的反映企业某一特定日期的财务状况和某一会计期间的经营成果、现金流量等会计信息的文件。是会计人员根据日常会计核算资料进行收集、加工、汇总而形成的结果,是会计核算的最终产物,也是会计核算工作的总结。所以财务会计报告的组成,主要包括两大部分,即会计报表和会计报表附注。

(一)会计报表由会计报表主表和会计报表附表组成

会计报表主表是财务会计报告的主要组成部分,它是根据会计账簿的记录和有关资料,按规定的报表格式,总括反映一定期间的经济活动和财务收支及其结果的一种报告文件。会计报表主表主要包括:资产负债表、利润表、现金流量表、所有者权益变动表,此外还有各种附表。这些会计报表是相互联系的,它们从不同的角度说明企业的财务状况、经营业绩和现金流量情况。资产负债表主要反映企业在某一特定日期的财务状况,即全部资产、负债和所有者权益情况的报表;利润表是反映企业在一定会计期间的经营成果的报表;现金流量表主要反映企业在一定会计期间现金和现金等价物的流入、流出和现金净变动额的报表。所有者权益变动表主要提供企业在一定会计期间股东权益各项目的增减变动情况的信息。资产负债表、利润表、现金流量表是企业对外报送的三大基本会计报表,它们所反映的是财务会计报告使用者所共同关心的一些信息。

会计报表附表主要是反映企业财务状况、经营成果和现金流量的补充报表,主要包括资产减值准备明细表、利润分配表、股东权益增减变动表等。资产减值准备明细表主要提供相关资产计提减值准备情况的信息;利润分配表主要提供公司、企业在一定会计期间利润分配的信息。

(二)会计报表附注是对会计报表的补充说明

会计报表附注主要包括两项内容:一是对会计报表各要素的补充说明;二是对那些会计报表中无法描述的其他财务信息的补充说明。由于会计报表本身的局限性,使会计报表所提供的资料受到一定的限制。为了提供更详尽的会计资料,需要在会计报表附注中对会计报表的某些项目做进一步的补充说明。会计报表附注一般应当按照下列顺序披露:

(1)财务报表的编制基础。
(2)遵循企业会计准则的声明。
(3)重要会计政策的说明,包括财务报表项目的计量基础和会计政策的确定依据等。
(4)重要会计估计的说明,包括下一会计期间内很可能导致资产、负债账面价值重大调整的会计估计的确定依据等。
(5)会计政策和会计估计变更以及差错更正的说明。
(6)对已在资产负债表、利润表、现金流量表和所有者权益变动表中列示的重要项目的进一步说明,包括终止经营税后利润的金额及其构成情况等。
(7)某些事项和承诺事项、资产负债表日后非调整事项、关联方关系及其交易等需要说明的事项。

在附注中还应当披露在资产负债表日后、财务报表批准报出日前提议或宣布发放的股利总额和每股股利金额(或向投资者分配的利润总额)。

下列各项若没有在财务报表公布的其他信息中披露的,也应当在附注中披露:
(1)企业注册地、组织形式和总部地址。
(2)企业的业务性质和主要经营活动。
(3)母公司以及集团最终母公司的名称。

二、财务会计报告的作用

各单位编制财务会计报告的主要目的,就是为了给本单位相关的关系人(即:投资者、债权人、政府及相关机构、单位管理者、社会公众等)提供决策有用的会计信息。编制财务会计

报告的作用主要表现在以下几个方面:

1. 财务会计报告能为投资者和其他利益关系人提供有用信息,帮助他们作出合理的决策

投资者中包括国家、其他单位、外商及个人等,他们都关心投资报酬和投资风险,其他利益人中包括银行和其他金融机构、债券购买人等则对自己的债权能否收回给予特别关注。因此,投资者通过全面系统的财务报告来了解企业的财务状况、营运能力、盈利能力以及经营者受托责任的履行情况,以便作出正确的投资决策;债权人需要通过财务报告了解各单位的支付能力、短期以及长期的偿债能力,使债权人作出信贷和赊销的决策。

2. 财务会计报告有助于企业管理当局改善经营管理,提高经济效益

企业的经营管理者,需要经常对企业的财务、成本等各方面的状况进行分析考核,对经营中的成绩及时予以总结,对存在的问题及时地发现并加以改正,从而不断提高经营管理水平,提高经济效益。财务会计报表提供了企业管理活动过程及结果的全面、完整、系统的资料,可以帮助企业管理人员了解企业的财务状况、经营过程、经营成果以及财务状况的变动情况;可以帮助企业管理人员分析评价企业在经营管理中取得的成绩,找出存在的问题,提出改进措施;可以帮助企业管理人员预测发展前景,作出正确经营决策,以不断提高经济效益。

3. 财务会计报告有助于国家财政、税务、审计等经济监督部门对企业实行经济监督

国家各级各类监督部门可利用企业对外提供的财务会计报告,对企业实行经济监督。检查企业的资金筹集和使用是否合理,利润的形成与分配是否符合国家法律规定;检查企业的税金计算和缴纳是否正确与及时,有无违反国家税法的规定;检查企业财经纪律的遵守情况等。通过监督促使企业合理使用资金,严格遵守国家法律法规,及时足额上缴税收,保证国家经济的稳定健康发展。

4. 财务会计报告有助于企业主管部门考核其经营业绩以及各项经济政策贯彻执行情况

对于企业的主管部门,利用财务会计报告,考核所属部门的经营业绩以及各项经济政策贯彻执行情况,并通过所属部门同类指标的分析与比较,总结成绩,推广先进经验,对所发现的问题,分析原因,采取措施,克服薄弱环节;同时通过财务会计报告所提供的资料可以为国家宏观经济管理部门了解不同行业的经营状况和发展趋势提供渠道,适时制定有关的经济政策,对国民经济进行宏观调控。

三、编制财务会计报告的要求

财务会计报告是会计主体对外传递会计信息的基本形式,为了保证财务会计报告所提供的信息能够及时、准确、完整地反映企业的财务状况和经营成果,最大限度地满足各有关方面的需要,企业在编制财务会计报告时,应严格遵守企业会计准则和会计制度的规定,并应遵循以下原则和要求:

1. 真实可靠

会计报表中的各项数据必须真实可靠,如实地反映企业的财务状况和经营成果。由于日常的会计核算以及编制会计报表过程中,涉及大量的数字计算,因此只有准确认真地计算,才能保证数字的真实。这就要求编制会计报表必须以核对无误后的账簿记录和其他有关资料为依据,不能使用估计或推算的数据,更不能以任何方式弄虚作假。如果会计报表所提供的资料不真实或者可靠性很差,则不仅不能发挥会计报表的应有作用,而且还会由于错误的信息,导致会计报表使用者对企业的财务状况、经营成果和现金流动情况作出错误的评价与判断,致使报表使用者作出错误的决策。所以,企业在填列一些会计指标内容时,所采用的计算方法必须符合会计准则及会计制度的规定,计算范围和口径保持一致。要达到这一标准,必须做好以下基础工作:

(1) 财务会计报告的编制依据是会计账簿记录和其他相关资料,所以报告期内的所有经济业务必须都登记入账,并且账簿记录应根据真实的交易事项完整、准确地进行记载。

(2) 为了保证财务会计报告的数据真实,在编制财务会计报告之前,应认真核对账簿记录,做到账证相符、账账相符和账实相符。

(3) 在编制财务会计报告时,各种会计报表之间或同一会计报表各项目之间存在对应关系的数字要核对相符,本期会计报表与前一期会计报表之间的数字应该互相关联、衔接。会计报表上的各项指标中凡需要计算填列的,除按国家规定的口径计算填列外,还要保证计算结果正确无误。

2. 相关可比

企业会计报表所提供的财务会计信息必须与报表使用者进行决策所需要的信息相关,并且便于报表使用者在不同企业之间及同一企业前后各期之间进行横向和纵向的比较。只有提供相关并且可比的信息,才能使报表使用者分析企业在整个社会特别是同业中的地位,了解、判断企业过去、现在的情况,预测企业未来的发展趋势,进而为报表使用者的决策服务。

3. 全面完整

会计报表应当反映企业经济活动的全貌,全面反映企业的财务状况和经营成果,才能满足各方面对会计信息的需要。在我国,现行会计制度对会计报表的种类、各报表的内容和格式以及计算方法都作出了统一规定。凡是国家要求提供的会计报表,各企业必须全部编制并报送,不得漏编和漏报;对于应当填列的报表指标,无论是表内项目还是表外补充资料,必须全部填列,不得随意取舍。

财务会计报告须经注册会计师审计,审计报告应当随同财务会计报告一并提供。根据有关法律、行政法规的规定,有些单位提供的会计报表、会计报表附注,必须经过注册会计师审计,才能对外提供。比如:上市公司、外设投资企业的财务会计报告必须经注册会计师审计,在这种情况下,就要求单位对外提供的财务会计报告应当附注审计报告,以便财务会计报告的使用者更清晰、更明确、更完整地了解和分析财务会计报告的内容。

4. 编报及时

及时性是信息的重要特征,会计报表信息只有及时地传递给信息使用者,才能为使用者的决策提供依据。否则,即使是真实可靠和内容完整的会计报表,由于编制、报送不及时,对报表使用者来说,也是没有任何价值的。所以财务会计报告必须按规定的期限,如期编报,及时逐级汇总,不得提前或延后编报。这就要求企业在平时认真做好日常核算工作,做到日清月结;期末,与有关会计人员协作配合,及时编制会计报表并及时报送。随着市场经济和信息技术的迅速发展,会计报表的及时性要求将变得日益重要。

为了确保财务会计报告的及时性,根据国家统一的会计制度的规定,财务会计报告的提供期限分别规定为:月度财务会计报告应当于月份终了后6天内对外提供;季度财务会计报告应当于季度终了后15天内对外提供;半年度财务会计报告应当于半年度终了后60天内对外提供;年度财务会计报告应当于年度终了后的4个月内对外提供。

5．便于理解

可理解性是指会计报表提供的信息可以为使用者所理解。企业对外提供的会计报表是为广大会计报表使用者提供企业过去、现在和未来的有关资料，为企业目前或潜在的投资者和债权人提供决策所需的会计信息，因此，编制的会计报表应清晰明了。如果提供的会计报表晦涩难懂，不可理解，使用者就不能据以作出准确的判断，所提供的会计报表也会毫无用处。当然，会计报表的这一要求是建立在会计报表使用者具有一定的读表能力的基础上。

6．手续完备

对外提供的财务会计报告，应当依次编定页码，加具封面，装订成册，加盖公章，封面上应当注明：单位名称、单位地址，财务会计报告所属年度、季度、月度，送出日期，由单位负责人、总会计师、会计机构负责人签名并盖章。

四、财务会计报告的分类

不同性质的经济单位由于会计核算的内容不一样，经济管理的要求及其所编制会计报表的种类也不尽相同。就企业而言，其所编制的会计报表也可按不同的标志划分为不同的类别。

1．按照会计报表所反映的经济内容分类

按会计报表反映的经济内容分为四种类型：

（1）反映一定日期企业资产、负债及所有者权益等财务状况的报表，如资产负债表。

（2）反映一定时期企业经营成果的会计报表，如利润表。

（3）反映一定时期企业构成所有者权益的各组成部分的增减变动情况的报表，如所有者权益变动表。

（4）反映一定时期内企业财务状况变动情况的会计报表，如现金流量表。

以上四类报表可以划分为静态报表和动态报表，前者为资产负债表，后者为利润表、所有者权益变动表和现金流量表。

2．按照会计报表报送对象分类

财务报表按其服务的对象可分为两大类：一类是对外报送的会计报表，包括资产负债表、利润表、所有者权益变动表和现金流量表等。这些报表可用于企业内部管理，但更偏向于现在和潜在投资者、贷款人、供应商和其他债权人、顾客、政府机构、社会公众等外部使用者的信息要求。这类报表一般有统一格式和编制要求；另一类是对内报送的财务报表。这类报表是根据企业内部管理需要编制的，主要用于企业内部成本控制、定价决策、投资或筹资方案的选择等，这类报表无规定的格式、种类。

3．按照会计报表编报的编制分类

按会计报表编报的编制不同，可将其分为个别会计报表和合并会计报表两类。这种划分是在企业对外单位进行投资的情况下，由于特殊的财务关系所形成的。

个别会计报表指只反映对外投资企业本身的财务状况和经营情况的会计报表，包括对外和对内会计报表。合并会计报表是指一个企业在能够控制另一个企业的情况下，将被控制企业与本企业视为一个整体，将其有关经济指标与本企业的数字合并而编制的会计报表。合并会计报表所反映的是企业与被控制企业共同的财务状况与经营成果。合并会计报表一般只编制对外会计报表。

4. 按照会计报表编制的时间分类

按照会计报表编制的时间不同,可将其分为定期会计报表和不定期会计报表,其中定期会计报表又可分为年度会计报表、季度会计报表和月份会计报表三类。年报是年终编制的报表,它是全面反映企业财务状况、经营成果及其分配、现金流量等方面的报表。季报是每一季度末编制的报表,种类比年报少一些。月报是月终编制的财务报表,只包括一些主要的报表,如资产负债表、利润表等。

在编制会计报表时,哪些报表为年度会计报表,哪些报表为季度会计报表,哪些报表为月份会计报表,都应根据《企业会计准则》的规定办理。月度会计报表、季度会计报表称为中期报告,企业在持续经营的条件下,一般是按年、季、月编制会计报表,但在某种特殊情况下则需编制不定期会计报表,例如在企业宣布破产时应编制和报送破产清算会计报表。

5. 按照会计报表编制单位分类

按照会计报表编制单位不同,可将其分为单位会计报表和汇总会计报表两类。

单位会计报表是指由独立核算的会计主体编制的,用以反映某一会计主体的财务状况、经营活动成果和费用支出及成本完成情况的报表。汇总会计报表是指由上级主管部门将其所属各基层经济单位的会计报表,与其本身的会计报表汇总编制的,用以反映一个部门或一个地区经济情况的会计报表。

为了帮助会计报表的使用者更加清晰、明了地了解和掌握企业的经济活动情况,使会计报表在经济管理中起到更大的作用,企业应在编制、报送年度会计报表的同时,撰写并报送财务状况说明书。财务状况说明书的主要内容是:

(1) 企业在报告期内的生产情况。
(2) 企业在报告期内的盈亏情况及利润的分配情况。
(3) 企业在报告期内的资金周转及其增减变动情况。
(4) 企业在报告期内的资本结构及其情况。
(5) 企业在报告期内的主要税、费的计算及缴纳情况。
(6) 企业在报告期内的财产盈亏及报损情况。
(7) 企业在报告期内会计核算方法的变更情况。
(8) 其他有必要说明的情况。

此外,企业的行政领导和有关人员,包括编报财务会计报告的直接主管人员和其他直接责任人员,应对财务会计报告的真实性、合法性负法律责任。凡有违规违纪行为的,应依法予以追究;其中构成犯罪的,应追究其刑事责任。

第二节 资产负债表

一、资产负债表的意义

资产负债表是反映企业某一特定日期(如月末、季末、半年末、年末等)财务状况的会计报表,是根据"资产＝负债＋所有者权益"这一会计等式,依照一定的分类标准和顺序,将企业在特定日期的全部资产、负债和所有者权益项目进行适当分类、汇总、排列后编制而成的。

资产负债表的意义主要表现在以下几个方面：

(1) 资产负债表可以反映企业在某一特定日期所拥有的经济资源及其分布情况，有助于经营者分析企业资产的构成及其状况并判断企业的资产分布是否合理。

(2) 资产负债表可以反映企业某一特定日期的负债总额及其结构，有助于经营者分析企业目前与未来的需要支付的债务数额，投资者和债权人可以据此分析企业面临的财务风险。

(3) 资产负债表可以反映企业所有者权益的情况，了解企业现有的投资者在企业资产总额中所占的份额等会计信息，并以此来判断企业的资本结构是否合理。

(4) 资产负债表可以帮助报表使用者全面了解企业的财务状况，分析企业的债务偿还能力，从而为未来的经济决策提供参考信息。

总之，通过资产负债表，企业管理者和企业外部的报表使用者，可以全面了解企业编表日的资产、负债和所有者权益的静态状况，总括评价和分析企业财务状况的好坏，预测企业未来财务状况的变动趋势，从而作出相应的决策。

二、资产负债表的结构和内容

资产负债表是根据"资产＝负债＋所有者权益"这一会计恒等式编制而成的。在持续经营的企业，资产负债表反映各个期末(月末、季末、年末)企业拥有的或者控制的经济资源，企业所承担的债务和企业所有者所享有的权益。资产负债表是企业主要会计报表之一，每个独立核算的企业都应按期单独编制，并及时对外报送。目前，国际上流行的资产负债表格式主要有两种：报告式和账户式。在我国，根据《企业会计准则第 30 号——财务报表列报》的有关规定，资产负债表采用账户式结构。

（一）资产负债表的结构

1. 报告式资产负债表

报告式资产负债表将报表所要反映的资产、负债和所有者权益三个部分内容采用垂直的形式在表中逐项、顺序排列。其简化格式如表 10.1 所示。这种格式的缺点是不能直观地反映资产和权益的恒等关系。

2. 账户式资产负债表

账户式资产负债表是将资产负债表内容分为左右两方，左方列示企业所拥有的各项资产，右方列示企业的负债和所有者权益项目。根据会计恒等式，账户式资产负债表左右两方的总计金额相等。其简化格式如表 10.2 所示，这种格式将资产与权益的恒等关系一目了然地反映出来。

对于资产负债表中有关重要项目的明细资料，以及其他有助于理解和分析资产负债表的重要事项，如企业已抵押资产、融资租入固定资产、或有事项以及会计政策变更等，应在会计报表附注中逐一列示和说明。另外，资产负债表除了列示各项资产、负债和所有者权益项目的期末余额外，还需列示这些项目的年初余额，通过对年初数与期末数的比较，可以看出各项资产、负债及所有者权益的变动。

表 10.1 资产负债表(报告式)

编制单位：　　　　　　　　　　年　月　日　　　　　　　　　　　　单位：元

资产	
流动资产	
货币资金	×××
应收票据	×××
……	
非流动资产	
长期投资	×××
固定资产	×××
无形资产	×××
其他资产	×××
负债	
流动负债	×××
非流动负债	×××
所有者权益	
实收资本	×××
资本公积	×××
盈余公积	×××
未分配利润	×××

（二）资产负债表的内容

1. 资产的排列顺序

（1）流动资产。包括在一年或超过一年的一个经营周期以内可以变现或耗用、售出的全部资产。在资产负债表上排列为：货币资金、交易性金融资产、应收票据、应收账款、预付款项、应收利息、其他应收款、存货、一年内到期的非流动资产等。

（2）非流动资产。包括变现能力在一年或超过一年的一个经营周期以上的资产。在资产负债表上排列为：可供出售金融资产、持有至到期投资、长期股权投资、长期应收款、投资性房地产、固定资产、在建工程、工程物资、固定资产清理、生产性生物资产、油气资产、无形资产、开发支出、商誉、长期待摊费用、递延所得税资产等。

表10.2 资产负债表

编制单位： 年 月 日 单位：元

资　产	年初数	期末数	负债和所有者权益	年初数	期末数
流动资产：			流动负债：		
货币资金			短期借款		
交易性金融资产			交易性金融负债		
应收票据			应付票据		
应收账款			应付账款		
预付款项			预收款项		
应收利息			应付职工薪酬		
应收股利			应交税费		
其他应收款			应付利息		
存货			应付股利		
一年内到期的非流动资产			其他应付款		
其他流动资产			一年内到期的非流动负债		
流动资产合计			其他流动负债		
非流动资产：			流动负债合计		
可供出售金融资产			非流动负债：		
持有至到期投资			长期借款		
长期应收款			应付债券		
长期股权投资			长期应付款		
投资性房地产			专项应付款		
固定资产			预计负债		
在建工程			递延所得税负债		
工程物资			其他非流动负债		
固定资产清理			非流动负债合计		
生产性生物资产			负债合计		
油气资产			所有者权益（或股东权益）：		
无形资产			实收资本（或股本）		
开发支出			资本公积		
商誉			减：库存股		
长期待摊费用			盈余公积		
递延所得税资产			未分配利润		

续表

资　产	年初数	期末数	负债和所有者权益	年初数	期末数
其他非流动资产			所有者权益(或股东权益)合计		
非流动资产合计					
资产合计			负债及所有者权益合计		

2. 负债的排列顺序

(1) 流动负债。包括偿还期在一年以内的全部负债。在资产负债表上排列顺序为：短期借款、交易性金融负债、应付票据、应付账款、预收款项、应付职工薪酬、应交税费、应付利息、应付股利、其他应付款、一年内到期的非流动负债等。

(2) 非流动负债。包括偿还期在一年或超过一年的一个经营周期以上的债务。在资产负债表上排列顺序为：长期借款、应付债券、长期应付款、专项应付款、预计负债、递延所得税负债等。

3. 所有者权益的排列顺序

所有者权益包括所有者投资、企业在生产经营过程中形成的盈余公积和未分配利润。在资产负债表上的排列顺序为：实收资本、资本公积、盈余公积和未分配利润等。

三、资产负债表的编制方法

(一) 资产负债表的资料来源

资产负债表的各项目均需填列"年初数"和"期末数"两栏。其中，"年初数"栏内各项数字，可以直接根据上年末资产负债表的"期末数"栏内所列数字填列。"期末数"则可为月末、季末或年末的数字，其资料来源有以下几个方面：

1. 总账余额

资产负债表中的大多数项目，可直接根据有关总账科目的余额编制，如应收票据、交易性金融资产、应收股利、应收利息、固定资产原价、累计折旧、应付票据、其他应付款、应付职工薪酬、应付股利、应交税金、实收资本、资本公积等；有些项目，则需根据几个总账科目的余额编制，如"货币资金"，需根据"库存现金""银行存款""其他货币资金"三个总账科目余额合并编制。又如"存货"应根据原材料、低值易耗品、库存商品、生产成本等科目的总账余额合计数填列。

2. 根据总账科目所属明细科目余额分析填列

有些项目，需根据明细科目余额分析编制。如"预付账款"项目，反映企业预付给供货单位的款项，应根据"预付账款"科目的期末余额填列，但如果"预付账款"所属的明细科目有贷方余额，其贷方余额应合并在"应付账款"项目内填列；反之，如"应付账款"科目所属的明细科目有借方余额的，其借方余额数应合并在"预付账款"项目内填列。与之类似的还有"预收账款"和"应收账款"项目的填列。

3. 依据总账和明细账两者的余额计算填列

如"长期借款"项目，应根据"长期借款"总账科目余额扣除"长期借款"科目所属的明细科目中反映的将于一年内到期的长期借款部分分析计算填列。

4. 依据总账科目的期末余额减去其备抵项目后的净额填列

如应收账款净额应根据应收账款项目金额减去"坏账准备"账户上金额后填列,固定资产净值应根据固定资产原值减去"累计折旧"账户上的金额填列。

5. 备查登记簿

会计报表附注中的某些资料,需要按照备查登记簿中的记录编制。

(二) 资产负债表各项目的具体填列方法

1. 资产项目的填列方法

(1) "货币资金"项目,反映企业库存现金、银行结算户存款、外埠存款、银行汇票存款、银行本票存款、信用卡存款、信用证保证金存款等的合计数。本项目应根据"库存现金""银行存款""其他货币资金"科目期末余额的合计数填列。

(2) "交易性金融资产"项目,反映企业购入的各种随时可以变现、并准备随时变现的、持有期间不超过一年(含一年)的股票、债券、基金和其他投资。本项目应根据"交易性金融资产"科目的期末余额填列。

(3) "应收票据"项目,反映企业收到的未到期并且未向银行贴现的应收票据,包括商业承兑汇票和银行承兑汇票。本项目应根据"应收票据"科目的期末余额填列。已向银行贴现和已背书转让的应收票据,不包括在本项目内,其中已贴现的商业承兑汇票,应在会计报表附注中单独披露。

(4) "应收股利"项目,反映企业因股权投资而应收取的现金股利,企业应收取的其他单位的利润,也包括在本项目内。本项目应根据"应收股利"科目的期末余额填列。

(5) "应收利息"项目,反映企业因债权投资而应收取的利息。企业购入到期还本付息债券应收的利息,不包括在内。本项目应根据"应收利息"科目的期末余额填列。

(6) "应收账款"项目,反映企业因销售商品、产品和提供劳务等而应向购买单位收取的各种款项,减去已计提的坏账准备后的净额。本项目应根据"应收账款"所属各明细科目的期末借方余额合计,减去"坏账准备"科目中有关应收账款计提的坏账准备期末余额后的金额填列。如"应收账款"科目所属明细科目期末有贷方余额的,应在资产负债表"预收账款"项目内填列。

(7) "其他应收款"项目,反映企业对其他单位和个人的应收和暂付款项,减去已计提的坏账准备后的净额。本项目应根据"其他应收款"科目的期末余额,减去"坏账准备"科目中有关其他应收款计提的坏账准备期末余额后的金额填列。

(8) "预付账款"项目,反映企业预付给供货单位的款项。本项目应根据"预付账款"和"应付账款"科目所属各明细科目的期末借方余额合计填列。如"预付账款"科目所属各明细科目期末有贷方余额的,应在资产负债表"应付账款"项目内填列。

(9) "存货"项目,反映企业期末在库、在途和在加工中的各种存货的可变现净值,包括各种材料、商品、在产品、半成品、包装物、低值易耗品、分期收款发出商品、委托代销商品、受托代销商品等。本项目应根据"物资采购""原材料""低值易耗品""库存商品""包装物""分期收款发出商品""委托加工物资""委托代销商品""受托代销商品""生产成本"等科目的期末余额合计,减去"代销商品款""存货跌价准备"科目期末余额后的金额填列。材料采用计划成本核算以及库存商品采用计划成本核算或售价核算的企业,还应按加或减材料成本差异、商品成本差异后的数额填列。

（10）"1年内到期的非流动资产"项目，反映企业将于1年内到期的非流动资产，本项目根据有关非流动资产账户期末余额分析填列。

（11）"其他流动资产"项目，反映企业除以上流动资产项目外的其他流动资产。本项目应根据有关科目的期末余额填列。如其他流动资产价值较大的，应在会计报表附注中披露其内容和金额。

（12）"可供出售金融资产"项目，反映企业持有的划分为可供出售金融资产的证券。本项目应根据"可供出售金融资产"账户的期末余额填列。

（13）"持有至到期投资"项目，反映企业持有的划分为持有至到期投资的证券。本项目根据"持有至到期投资"账户的期末余额减去"持有至到期投资减值准备"账户期末余额后填列。

（14）"长期应收款"项目，反映企业持有的长期应收款的可收回金额。本项目应根据"长期应收款"账户的期末余额减去"坏账准备"账户所属明细科目期末余额，再减去"未确认融资收益"账户期末余额后的金额分析计算填列。

（15）"长期股权投资"项目，反映企业不准备在一年内（含一年）变现的各种股权性质的投资。本项目应根据"长期股权投资"科目的期末余额，减去"长期投资减值准备"科目中有关股权投资减值准备期末余额后的金额填列。

（16）"投资性房地产"项目，反映企业持有的投资性房地产。本项目应根据"投资性房地产"账户的期末余额减去"累计折旧""固定资产减值准备"所属明细账的期末余额后的金额分析计算填列。

（17）"固定资产原价"项目和"累计折旧"项目，反映企业的各种固定资产原价及累计折旧。融资租入的固定资产，其原价及已提折旧也包括在内。融资租入固定资产原价应在会计报表附注中另行反映。这两个项目应根据"固定资产"科目和"累计折旧"科目的期末余额填列。

（18）"工程物资"项目，反映企业各项工程尚未使用的工程物资的实际成本。本项目应根据"工程物资"科目的期末余额填列。

（19）"在建工程"项目，反映企业期末各项未完工程的实际支出，包括交付安装的设备价值、未完工建筑安装工程已经安装完毕但尚未交付使用的建筑安装工程成本等。本项目应根据"在建工程"科目的期末余额，减去"在建工程减值准备"科目期末余额后的金额填列。

（20）"固定资产清理"项目，反映企业因出售、毁损、报废等原因转入清理但尚未清理完毕的固定资产的净值，以及固定资产清理过程中所发生的清理费用和变价收入等各项金额的差额。本项目应根据"固定资产清理"科目的期末借方余额填列；如"固定资产清理"科目期末为贷方余额，以"－"号填列。

（21）"无形资产"项目，反映企业各项无形资产的原价扣除摊销额后的净额。本项目应根据"无形资产"科目的期末余额，减去"无形资产减值准备"科目期末余额后的金额填列。

（22）"长期待摊费用"项目，反映企业尚未摊销的、摊销期限在1年以上（不含1年）的各种费用，如租入固定资产改良支出、大修理支出以及摊销期在1年以上（不含1年）的其他待摊费用。长期待摊费用中在1年内（含1年）摊销的部分，应在资产负债表"待摊费用"项目填列。本项目应根据"长期待摊费用"科目的期末余额扣除将于1年内（含1年）摊销的数额后的余额填列。

(23)"递延所得税资产"项目,反映企业确认的递延所得税资产。本项目应根据"递延所得税资产"账户的期末余额填列。

2. 负债项目的填列方法

(1)"短期借款"项目,反映企业借入尚未归还的1年期以下(含1年)的借款。本项目应根据"短期借款"科目的期末余额填列。

(2)"交易性金融负债"项目,反映企业为交易而发生的金融负债,包括以公允价值计量且其变动计入当期损益的金融负债。本项目应根据"交易性金融负债"账户的期末余额填列。

(3)"应付票据"项目,反映企业为了抵付货款等所开出并承兑的尚未到期付款的应付票据,包括银行承兑汇票和商业承兑汇票。本项目应根据"应付票据"科目的期末余额填列。

(4)"应付账款"项目,反映企业购买材料、商品或接受劳务供应等而应付给供应单位的款项。本项目应根据"应付账款"和"预付账款"科目所属各明细科目的期末贷方余额合计数填列;如"应付账款"科目所属明细科目期末有借方余额的,应在本表"预付账款"项目内填列。

(5)"预收账款"项目,反映企业预收购买单位的货款。本项目应根据"预收账款"和"应收账款"科目所属各明细科目的期末贷方余额合计数填列。如"预收账款"科目所属各明细科目期末有借方余额,应在本表"应收账款"项目内填列。

(6)"应付职工薪酬"项目,反映企业应付未付的职工工资。本项目应根据"应付职工薪酬"科目的期末贷方余额填列;如"应付职工薪酬"科目期末为借方余额,应以"-"号填列。

(7)"应付股利"项目,反映企业尚未支付的已分配给股东的现金股利。本项目应根据"应付股利"科目的期末余额填列。

(8)"应付利息"项目,反映企业应付而未付的利息。本项目应根据"应付利息"账户的期末贷方余额填列。

(9)"应交税费"项目,反映企业期末未交、多交或未抵扣的各种税金。本项目应根据"应交税费"科目的期末贷方余额填列;如"应交税费"科目期末为借方余额,应以"-"号填列。

(10)"其他应付款"项目,反映企业所有应付和暂收其他单位和个人的款项,本项目应根据"其他应付款"科目的期末余额填列。

(11)"预计负债"项目,反映企业预计负债的期末余额。本项目应根据"预计负债"科目的期末余额填列。

(12)"1年内到期的非流动负债"项目,反映企业承担的1年到期的非流动负债。本项目应根据有关非流动负债账户的期末余额分析计算填列。

(13)"其他流动负债"项目,反映企业除以上流动负债以外的其他流动负债。本项目应根据有关科目的期末余额填列,如"待转资产价值"科目的期末余额可在本项目内反映。如其他流动负债价值较大的,应在会计报表附注中披露其内容和金额。

(14)"长期借款"项目,反映企业借入尚未归还的一年期以上(不含一年)的借款本息。本项目应根据"长期借款"科目的期末余额填列。

(15)"应付债券"项目,反映企业发行的尚未归还的各种债券的本息。本项目应根据"应付债券"科目的期末余额填列。

(16)"长期应付款"项目,反映企业除长期借款和应付债券以外的其他长期应付款。本项目应根据"长期应付款"科目的期末余额,减去"未确认融资费用"科目期末余额后的金额填列。

(17)"递延所得税负债"项目,反映企业确认的递延所得税负债。本项目应根据"递延所得税负债"期末余额分析填列。

(18)"其他非流动负债"项目,反映企业除以上非流动负债项目以外的其他非流动负债。本项目应根据有关科目的期末余额填列。如其他长期负债价值较大的,应在会计报表附注中披露其内容和金额。

上述长期负债各项目中将于1年内(含1年)到期的长期负债,应在"1年内到期的长期负债"项目内单独反映。上述长期负债各项目均应根据有关科目期末余额扣除将于1年内(含1年)到期偿还后的余额填列。

3. 所有者权益项目的填列方法

(1)"实收资本(或股本)"项目,反映企业实际收到的资本(或股本)总额。本项目应根据"实收资本"(或"股本")科目的期末余额填列。

(2)"资本公积"项目,反映企业资本公积的期末余额。本项目应根据"资本公积"科目的期末余额填列。

(3)"盈余公积"项目,反映企业盈余公积的期末余额。本项目应根据"盈余公积"科目的期末余额填列。

(4)"未分配利润"项目,反映企业尚未分配的利润。本项目应根据"本年利润"科目和"利润分配"科目的余额计算填列。未弥补的亏损在本项目内以"-"号填列。

四、编制资产负债表

从上述具体项目的填列方法分析,可将其归纳为以下四种:

(1)根据总账科目余额直接填列。例如:"短期借款""应收股利""交易性金融资产""可供出售金融资产""交易性金融负债"等项目都是根据总账科目的期末余额直接填列的。

(2)根据总账科目余额计算填列。例如,"货币资金"项目需要根据"现金""银行存款""其他货币资金"科目的期末余额合计数计算填列。

(3)根据明细科目余额计算填列。例如,"应付账款"项目需要根据"应付账款""预付账款"科目所属相关明细科目的期末贷方余额计算填列。

(4)根据总账科目和明细科目余额分析计算填列。例如,"长期借款"项目需要根据"长期借款"总账科目期末余额,扣除"长期借款"科目所属明细科目中反映的将于1年内到期的长期借款部分,分析计算填列;"固定资产"项目需要根据"固定资产"总账科目的期末余额,减去"累计折旧""固定资产减值准备"等科目期末余额,分析计算填列;"持有至到期投资"项目需要根据"持有至到期投资"总账科目的期末余额,减去"持有至到期投资减值准备"科目期末余额分析计算填列。

下面举例说明一般企业资产负债表某些项目的编制方法。

【例10-1】 A公司年末有关科目资料,如表10.3所示。

表 10.3 A 公司 20×6 年 12 月 31 日有关账户余额表

账户名称	借方余额	贷方余额	账户名称	借方余额	贷方余额
现金	70 000		短期借款		235 000
银行存款	250 000		应付票据		220 000
其他货币资金	205 000		应付账款		500 000
交易性金融资产	25 000		预收账款		20 000
应收票据	35 000		应付职工薪酬		135 000
应收股利	35 000		应付股利		120 000
应收利息	10 000		应交税费		45 000
应收账款	356 000		其他应付款		35 000
坏账准备		6 000	长期借款		500 000
预付账款	60 000		实收资本		1 500 000
其他应收款	10 000		资本公积		89 000
原材料	350 000		盈余公积		256 000
库存商品	165 000		利润分配		125 000
生产成本	185 000				
可供出售金融资产	350 000				
长期股权投资	140 000				
长期股权投资减值准备		20 000			
固定资产	2 000 000				
累计折旧		650 000			
在建工程	120 000				
无形资产	90 000				
合计	4 456 000	676 000			3 780 000

说明：以上资料中有三个账户，经查明应在列表时按规定予以调整：在"应收账款"账户中有明细账贷方余额 10 000 元；在"应付账款"账户中有明细账借方余额 20 000 元；在"预付账款"账户中有明细账贷方余额 5 000 元。

现将上列资料经归纳分析后填入资产负债表如下：

(1) 将"现金""银行存款""其他货币资金"科目余额合并列入货币资金项目(70 000 + 250 000 + 205 000 = 525 000)，共计 525 000 元；

(2) 将坏账准备项目 6 000 元从应收账款项目中减去；将应收账款明细账中的贷方余额 10 000 元列入预收账款项目。计算结果，应收账款项目的账面价值为 360 000 元(356 000 - 6 000 + 10 000 = 360 000)；预收账款项目为 30 000 元(20 000 + 10 000 = 30 000)。

(3) 将应付账款明细账中的借方余额 20 000 元列入预付账款项目；将"预付账款"账户明细账中的贷方余额 5 000 元列入应付账款项目。计算结果，预付账款项目的余额为 85 000 元(60 000 + 20 000 + 5 000 = 85 000)，应付账款项目的余额为 525 000 元(500 000 + 20 000 + 5 000 = 525 000)。

(4) 将"原材料""库存商品""生产成本"及其他存货账户余额合并为存货项目(350 000 + 165 000 + 185 000 = 700 000)，共计 700 000 元。

(5) 从"长期股权投资"账户中减去"长期股权投资减值准备"20 000 元，长期股权投资项目的余额为 120 000 元(140 000 - 20 000 = 120 000)。

(6) 其余各项目按账户余额表数字直接填入报表。

现试编该企业资产负债表,如表10.4所示。

表 10.4 资产负债表

编制单位: 　　　　　　　　　　　　　　20×6年12月31日　　　　　　　　　　　　　　单位:元

资产	期末余额	年初余额	负债和所有者权益	期末余额	年初余额
流动资产:	（略）		流动负债:	略	
货币资金	525 000		短期借款	235 000	
交易性金融资产	25 000		交易性金融负债	0	
应收票据	35 000		应付票据	220 000	
应收账款	360 000		应付账款	525 000	
预付款项	85 000		预收款项	30 000	
应收利息	10 000		应付职工薪酬	135 000	
应收股利	35 000		应交税费	45 000	
其他应收款	10 000		应付利息	0	
存货	700 000		应付股利	120 000	
一年内到期的非流动资产	0		其他应付款	35 000	
其他流动资产	0		一年内到期的非流动负债	0	
流动资产合计	1 785 000		其他流动负债	0	
非流动资产:			流动负债合计	1 345 000	
可供出售金融资产	350 000		非流动负债:		
持有至到期投资	0		长期借款	500 000	
长期应收款	0		应付债券		
长期股权投资	120 000		长期应付款		
投资性房地产	0		专项应付款		
固定资产	1 350 000		预计负债		
在建工程	120 000		递延所得税负债		
工程物资	0		其他非流动负债		
固定资产清理	0		非流动负债合计	500 000	
无形资产	90 000		负债合计	1 845 000	
商誉	0		所有者权益:		
长期待摊费用	0		实收资本	1 500 000	
递延所得税资产	0		资本公积	89 000	
其他非流动资产	0		盈余公积	256 000	
非流动资产合计	2 030 000		未分配利润	125 000	
			所有者权益合计	1 970 000	
资产总计	3 815 000		负债及所有者权益总计	3 815 000	

第三节 利 润 表

一、利润表的意义

利润表,是总括反映企业在一定时期(年度、季度或月份)内经营成果的会计报表,用以反映企业一定时期内利润(或亏损)的实际情况。

利润表可以提供的信息有:企业在一定时期内取得的全部收入,包括营业收入、投资收益和营业外收入;企业在一定时期内发生的全部费用和支出,包括营业成本、销售费用、管理费用、财务费用和营业外支出;全部收入与支出相抵后计算出企业一定时期内实现的利润(或亏损)总额。

利润表的意义表现在以下几个方面:

(1) 利润表提供企业一定时期的利润总额,通过此表可以考核企业利润计划的执行完成情况,评价企业经营者的业绩。

(2) 通过利润表可以从总体上了解企业收入、成本和费用及净利润(或亏损)的实现及构成情况,利用以上数据可以查明利润增减变动原因,为企业管理人员改善经营管理提供帮助。

(3) 通过利润表提供的不同时期的比较数字(本月数、本年累计数、上年数),可以分析评价企业的资本在经营过程中是否得到了保全,分析企业的经济效益和盈利能力,预测企业未来的盈利趋势,为其决策提供依据。

二、利润表的结构和内容

利润表的格式主要有单步式(见表10.5)和多步式(见表10.6)两种,我国企业的利润表一般采用多步式格式。

1. 单步式利润表

单步式利润表是将本期发生的所有收入汇集在一起,将所有的成本、费用也汇集在一起,然后将收入合计减成本费用合计,计算出本期净利润。单步式利润表编制简单,易于理解,但不能反映利润的形成情况。单步式利润表的格式见表10.5。

表10.5 利润表(单步式)

编制单位: 年 月 日 单位:元

项目	本期数	上期金额
一、营业收入和收益		
其中:主营业务收入		
其他业务收入		

续表

项目	本期数	上期金额
投资收益		
公允价值变动损益		
营业外收入		
补贴收入		
营业收入和收益合计		
二、营业费用和损失		
其中：主营业务成本		
主营业务税金及附加		
其他业务成本		
管理费用		
营业费用		
财务费用		
营业外支出		
资产减值损失		
三、利润总额		
减：所得税		
四、净利润		
五、每股收益		

2. 多步式利润表

多步式利润表是将利润表的内容作多项分类，即从营业收入到本期净利润，要作多步计算，以便形成几种损益信息。多步式利润表按照主营业务利润、营业利润、利润总额和净利润进行分类，列示企业的利润总额和净利润的情况。多步式利润表的优点在于，它比单步式利润表能提供更为丰富的有关企业盈利能力方面的信息，也便于对企业生产经营情况进行分析，有利于不同企业之间的比较。因此，多步式利润表被世界各国广泛采用。

我国采用多步式利润表格式（见表10.6）。在《企业会计准则第30号——财务报表列报》中规定，利润表至少应当单独列示下列信息的项目：① 营业收入；② 营业成本；③ 税金及附加；④ 管理费用；⑤ 销售费用；⑥ 财务费用；⑦ 投资收益；⑧ 公允价值变动损益；⑨ 资产减值损失；⑩ 非流动资产处置损益；⑪ 所得税费用；⑫ 净利润。

利润表中有关重要项目的明细资料以及有助于理解和分析利润表的事项，如有关会计政策的变化、有关具体项目的补充说明、难以在利润表内反映的内容或业务情况、在报告期内由于会计方法发生变更而产生的影响等，应在会计报表附注中说明。

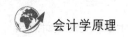

表 10.6 利润表(多步式)

编制单位：　　　　　　　　　　　　年　　月　　　　　　　　　　　　单位:元

项目	本期金额	上期金额
一、营业收入		
减:营业成本		
税金及附加		
销售费用		
管理费用		
财务费用		
资产减值损失		
加:公允价值变动收益(损失以"－"填列)		
投资收益(损失以"－"填列)		
其中:对联营企业和合营企业的投资收益		
二、营业利润(损失以"－"填列)		
加:营业外收入		
减:营业外支出		
其中:非流动资产处置损失		
三、利润总额(损失以"－"填列)		
减:所得税费用		
四、净利润(净亏损以"－"填列)		
五、每股收益		
（一）基本每股收益		
（二）稀释每股收益		

另外，月度利润表的"本期数"栏反映各项目的本月实际发生数;"上期金额"栏的数字，可根据上月利润表的"本期数"栏的数字，填入相应的项目内。年度利润表中，"本期数"栏，反映各项目自年初起至本月末止的累计发生数。"上期金额"填列上年全年累计实际发生数，从而与"本期数"各项目进行比较。如果上年度的利润表的项目名称和内容与本年度不一致，应对上年度的报表项目的名称和数字按本年度的规定进行调整，填入"上期金额"栏内。

三、利润表的编制方法

（一）利润表各项目的填列

利润表中的各个项目，都是根据有关会计科目记录的本期实际发生数和累计发生数分别填列的。

(1)"营业收入"项目,反映企业经营活动所取得的收入总额。本项目应根据"主营业务收入""其他业务收入"等科目的发生额分析填列。

(2)"营业成本"项目,反映企业经营活动发生的实际成本。本项目应根据"主营业务成本""其他业务成本"等科目的发生额分析填列。

(3)"税金及附加"项目,反映企业经营活动应负担的营业税、消费税、城市维护建设税、资源税、土地增值税和教育费附加等。本项目应根据"税金及附加"科目的发生额分析填列。

(4)"销售费用"项目,反映企业在销售商品和商品流通企业在购入商品等过程中发生的费用。本项目应根据"营业费用"科目的发生额分析填列。

(5)"管理费用"项目,反映企业发生的管理费用。本项目应根据"管理费用"科目的发生额分析填列。

(6)"财务费用"项目,反映企业发生的财务费用。本项目应根据"财务费用"科目的发生额分析填列。

(7)"资产减值损失"项目,反映企业确认的资产减值损失。本项目应根据"资产减值损失"科目的发生额分析填列。

(8)"公允价值变动损益"项目,反映企业确认的交易性金融资产或交易性金融负债的公允价值变动额。本项目应根据"公允价值变动损益"科目的发生额分析填列。

(9)"投资收益"项目,反映企业以各种方式对外投资所取得的收益。本项目应根据"投资收益"科目的发生额分析填列;如为投资损失,以"-"号填列。

(10)"营业外收入"项目和"营业外支出"项目,反映企业发生的与其生产经营无直接关系的各项收入和支出。这两个项目应分别根据"营业外收入"科目和"营业外支出"科目的发生额分析填列。

(11)"利润总额"项目,反映企业实现的利润总额。如为亏损总额,以"-"号填列。

(12)"所得税"项目,反映企业按规定从本期损益中减去的所得税。本项目应根据"所得税"科目的发生额分析填列。

(13)"净利润"项目,反映企业实现的净利润。如为净亏损,以"-"号填列。

报表中的"本月数"应根据各有关会计科目的本期发生额直接填列;"本年累计数"栏反映各项目自年初起到本报告期止的累计发生额,应根据上月"利润表"的累计数加上本月"利润表"的本月数之和填列。年度"利润表"的"本月数"栏改为"上年数"栏时,应根据上年"利润表"的数字填列。如果上年"利润表"和本年"利润表"的项目名称和内容不一致,应将上年的报表项目名称和数字按本年度的规定进行调整,然后填入"上年数"栏。

(二)每股收益

企业应当在利润表中单独列示基本每股收益和稀释每股收益。

1. 基本每股收益

企业应当按照属于普通股东的当期净利润,除以发行在外普通股的加权平均数计算基本每股收益。

发行在外普通股加权平均数=期初发行在外普通股股数+当期新发行普通股股数×已发行时间÷报告期时间-当期回购普通股股数×已回购时间÷报告期时间

已发行时间、报告期时间和已回购时间一般按照天数计算。在不影响计算结果合理性的前提下,也可以采用简化的计算方法。

2．稀释每股收益

企业存在稀释性潜在普通股的,应当分别调整归属于普通股股东的当期净利润和发行在外普通股的加权平均数,并据以计算稀释每股收益。

稀释性潜在普通股,是指假设当期转换为普通股会减少每股收益的潜在普通股。潜在普通股,是指赋予其持有者在报告期或以后期间享有取得普通股权利的一种金融工具或其他合同,包括可转换公司债券、认股权证、股份期权等。

第一,计算稀释每股收益,应当根据下列事项对归属于普通股股东的当期净利润进行调整(应考虑相关的所得税影响):① 当期已确认为费用的稀释性潜在普通股的利息;② 稀释性潜在普通股转换时将产生的收益或费用。

第二,计算稀释每股收益时,当期发行在外普通股的加权平均数应当为计算基本每股收益时普通股的加权平均数与假定稀释性潜在普通股转换为已发行普通股而增加的普通股股数的加权平均数之和。

第三,计算稀释性潜在普通股转换为已发行普通股而增加的普通股股数的加权平均数时,以前期间发行的稀释性潜在普通股,应当假设在当期期初转换;当期发行的稀释性潜在普通股,应当假设在发行日转换。

第四,认股权证和股份期权等的行权价格低于当期普通股平均市场价格时,应当考虑其稀释性。计算稀释每股收益时,增加的普通股股数按下列公式计算:

增加的普通股数 = 拟行权时转换的普通股股数 − 行权价格 × 拟行权时转换的普通股股数 ÷ 当期普通股平均市场价格。

第五,稀释性潜在普通股应当按照其稀释程度从大到小的顺序计入稀释每股收益,直至稀释每股收益达到最小值。

3．每股收益的列报

发行在外的普通股或潜在普通股的数量因派发股票股利、公积金转赠资本、拆股而增加或因并股而减少,但不影响所有者权益金额的,应当按调整后的股数重新计算各列报期间的每股收益。上述变化发生于资产负债表日至财务报告批准报出日之间的,应当以调整后的股数重新计算各列报期间的每股收益。

按照企业会计准则的规定对以前年度损益进行追溯调整或追溯重述的,应当重新计算各列报期间的每股收益。

四、编制利润表

从上述具体项目的填列方法分析,利润表的填列方法可归纳为以下两种:

1．根据账户的发生额分析填列

利润表中的大部分项目都可以根据账户的发生额分析填列,如销售费用、税金及附加、管理费用、财务费用、营业外收入、营业外支出、所得税等。

2．根据报表项目之间的关系计算填列

利润表中的某些项目需要根据项目之间的关系计算填列,如营业利润、利润总额、净利润等。

下面举例说明一般企业利润表的编制方法。

第十章 财务会计报告

【例 10-2】 甲公司 20×6 年度利润表有关科目的累计发生额如表 10.7 所示。

表 10.7 利润表有关科目累计发生额

单位:元

科目名称	借方发生额	贷方发生额
主营业务收入		12 500 000
其他业务收入		230 000
投资收益		3 200 000
营业外收入		2 850 000
主营业务成本	8 500 000	
税金及附加	550 000	
其他业务成本	0	
销售费用	200 000	
管理费用	1 050 000	
财务费用	1 000 000	
财产减值损失	20 000	
营业外支出	2 000 000	
所得税费用	1 800 000	

根据以上账户记录,编制甲公司 20×6 年度利润表,如表 10.8 所示。

表 10.8 利润表

会企 02 表

编报单位: 20××年×月 单位:元

项目	本年累计数	上年数
一、营业收入	12 730 000	(略)
减:营业成本	8 500 000	
税金及附加	550 000	
销售费用	200 000	
管理费用	1 050 000	
财务费用	1 000 000	
资产减值损失	20 000	
加:公允价值变动收益(损失以"-"号填列)	0	
投资收益(损失以"-"号填列)	3 200 000	
其中:对联营企业和合并企业的投资收益	0	
二、营业利润(亏损以"-"号填列)	4 610 000	

续表

项目	本年累计数	上年数
加:营业外收入	2 850 0000	
减:营业外支出	2 000 000	
其中:非流动资产处置损失	0	
三、利润总额(净亏损以"-"号填列)	5 460 000	
减:所得税费用	1 800 000	
四、净利润	5 280 000	
五、每股收益:	(略)	
(一)基本每股收益	(略)	
(二)稀释每股收益	(略)	

第四节　现金流量表概述

一、现金流量表的涵义

现金流量表是指反映企业在一定会计期间经营活动、投资活动和筹资活动对现金及现金等价物产生影响的会计报表。编制现金流量表的主要目的是为报表使用者提供企业一定会计期间内现金流入和流出的有关信息,揭示企业的偿债能力和变现能力。为更好地理解和运用现金流量表,必须正确界定如下概念:

1. 现金

指企业库存现金及可随时用于支付的存款。应注意的是,银行存款和其他货币资金中有些不能随时用于支付的存款。如不能随时支取的定期存款等,不应作为现金,而应列作投资;提前通知金融企业便可支取的定期存款,则应包括在现金范围内。

2. 现金等价物

指企业持有的期限短、流动性强、易于转化为已知金额现金、价值变动风险很小的投资。一项投资被确认为现金等价物必须同时具备四个条件:期限短、流动性强、易于转化为已知金额现金、价值变动风险很小。其中,期限较短一般是指从购买日起三个月内到期,例如可在证券市场上流通的三个月到期的短期债券投资等。

3. 现金流量

指企业现金和现金等价物的流入和流出。应该注意的是,企业现金形式的转换不会产生现金的流入和流出,如企业从银行提取现金,是企业现金存放形式的转换,并未流出企业,不构成现金流量;同样,现金和现金等价物之间的转换也不属于现金流量,比如,企业用现金购买将于三个月到期的国库券。

二、现金流量表的结构和内容

设置现金流量表的公式为:现金净流量＝现金收入－现金支出。分为三部分:第一部分为经营活动中的现金流量;第二部分为投资活动中的现金流量;第三部分为筹资活动中的现金流量。各部分又分别按收入项目和支出项目列示,以反映各类活动所产生的现金流入量和现金流出量,来展示各类现金流入和流出的原因。一般企业现金流量表的基本格式如表 10.9 所示。

表 10.9 现金流量表

会业 03 表

编制单位： 年度 单位:元

项目	本期金额	上期金额
一、经营活动产生的现金流量：		
销售商品、提供劳务收到的现金		
收到的税费返还		
收到的其他与经营活动有关的现金		
现金流入小计		
购买商品、接受劳务支付的现金		
支付给职工以及为职工支付的现金		
支付的各项税费		
支付的其他与经营活动有关的现金		
现金流出小计		
经营活动产生的现金流量净额		
二、投资活动产生的现金流量：		
收回投资所收到的现金		
取得投资收益所收到的现金		
处置固定资产、无形资产和其他长期资产所收回的现金净额		
处置子公司及其他营业单位收到的现金净额		
收到的其他与投资活动有关的现金		
现金流入小计		
购建固定资产、无形资产和其他长期资产所支付的现金		
投资所支付的现金		
取得子公司及其他营业单位支付的现金净额		
支付的其他与投资活动有关的现金		
现金流出小计		

续表

项目	本期金额	上期金额
投资活动产生的现金流量净额		
三、筹资活动产生的现金流量：		
吸收投资所收到的现金		
借款所收到的现金		
收到的其他与筹资活动有关的现金		
现金流入小计		
偿还债务所支付的现金		
分配股利、利润或偿付利息所支付的现金		
支付的其他与筹资活动有关的现金		
现金流出小计		
筹资活动产生的现金流量净额		
四、汇率变动对现金及现金等价物的影响		
五、现金及现金等价物净增加额		
加：期初现金及现金等价物余额		
六、期末现金及现金等价物余额		
补充资料：	本期金额	上期金额
1. 将净利润调节为经营活动现金流量：		
净利润		
加：资产减值准备、油气资产折旧、生产性生物资产折旧		
无形资产摊销		
长期待摊费用摊销		
处置固定资产、无形资产和其他长期资产的损失（减：收益）		
固定资产报废损失（减：收益）		
公允价值变动损失（减：收益）		
财务费用（减：收益）		
投资损失（减：收益）		
递延所得税资产减少（减：增加）		
递延所得税负债增加（减：减少）		
存货的减少（减：增加）		
经营性应收项目的减少（减：增加）		
经营性应付项目的增加（减：减少）		
其他		

续表

项目	本期金额	上期金额
经营活动产生的现金流量净额		
2. 不涉及现金收支的重大投资和筹资活动：		
债务转为资本		
一年内到期的可转换公司债券		
融资租入固定资产		
3. 现金及现金等价物净增加情况：		
现金的期末余额		
减：现金的期初余额		
加：现金等价物的期末余额		
减：现金等价物的期初余额		
现金及现金等价物净增加额		

1. 经营活动的现金流量

经营活动的现金流量是指企业投资活动和筹资活动以外的所有交易和事项所导致的现金收入和支出。

(1) 经营活动所产生的现金收入，包括出售产品、商品、提供劳务等取得的现金收入。

(2) 经营活动所产生的现金支出，包括购买材料、商品及支付职工劳动报酬发生的现金支出、各项制造费用、期间费用支出、税款等支出。

2. 投资活动的现金流量

投资活动的现金流量是指企业在投资活动中所导致的现金收入和支出。

(1) 投资活动所产生的现金收入，包括收回投资、出售固定资产净收入等。

(2) 投资活动所产生的现金支出，包括对外投资、购买固定资产等。

3. 筹资活动的现金流量

筹资活动的现金流量是指企业在筹资活动中所导致的现金收入和支出。

(1) 筹资活动产生的现金收入，包括发行债券、取得借款、增加股本(增发股票)等。

(2) 筹资活动产生的现金支出，包括偿还借款、清偿债务、支付现金股利等。

三、现金流量表的编制

编制现金流量表的时候，经营活动现金流量有两种列示方法：一为直接法，二为间接法。这两种方法通常也称为现金流量表的编制方法。直接法是通过现金收入和支出的主要类别反映来自企业经营活动的现金流量。一般以利润表中的营业收入为起点，调整与经营活动有关项目的增减活动，然后计算出经营活动的现金流量。间接法是以本期净利润为起点，调整不涉及现金的收入、费用、营业外收支以及有关项目的增减变动，据此计算出经营活动的现金流量。

《企业会计准则——现金流量表》要求企业采用直接法报告经营活动的现金流量，同时

要求在补充资料中用间接法来计算现金流量。有关经营活动现金流量的信息,可通过以下途径之一取得:

第一,直接根据企业有关账户的会计记录分析填列。

第二,对当期业务进行分析并对有关项目进行调整:① 将权责发生制下的收入、成本和费用转换为现金基础。② 将资产负债表和现金流量表中的投资、筹资项目,返回投资和筹资活动的现金流量。③ 将利润中有关投资和筹资方面的收入和费用列入现金流量表的投资、筹资的现金流量中去。

现将其主要项目填表方法简述如下:

1. 经营活动产生的现金流量

(1)"销售商品、提供劳务收到的现金",一般包括当期销售商品或提供劳务所收到的现金收入(包括增值税销项税额);当期收到前期销售商品、提供劳务的应收账款或应收票据;当期的预收账款;当期因销货退回而支付的现金或收回前期核销的坏账损失;当前收到的货款和应收、应付账款,原规定不包括应收增值税销项税款,现为简化手续,将收到的增值税销项税款并入"销售商品、提供劳务收现金"及"应收""应付"项目中,并对报表有关项目作相应修改。

(2)收到的税费返回,包括收到的增值税、消费税、营业税、所得税、关税和教育费附加的返还等。

(3)"收到的其他与经营活动有关的现金",反映企业除了上述各项以外收到的其他与经营活动有关的现金流入。

(4)"购买商品、接受劳务支付的现金",一般包括当期购买商品、接受劳务支付的现金;当期支付前期的购货应付账款或应付票据(均包括增值税进项税额);当期预付的账款,以及购货退回所收到的现金。

(5)"支付给职工以及为职工支付的现金",包括本期实际支付给职工的工资、奖金、各种津贴和补贴等,以及经营人员的养老金、保险金和其他各项支出。

(6)"支付的各种税费",反映企业按规定支付的各项税费,包括本期发生并支付的税费,以及本期支付以前各期发生的税费和预交的税金。

(7)"支付的其他与经营活动有关的现金",反映企业除了上述各项以外的其他与经营活动有关的现金流出。

2. 投资活动产生的现金流量

(1)"收回投资所收到的现金",反映企业出售转让或到期收回除现金等价物以外的短期投资、长期股权投资而收到的现金,以及收回长期债权投资本金而收到的现金,按实际收回的投资额填列。

(2)"取得投资收益所收到的现金",反映企业因股权性投资和债权性投资而取得的现金股利、利息,以及从子公司、直营企业或合营企业分利润而收到的现金。到期收回的本金应在"收回投资所收到的现金"项目中反映。

(3)"处置固定资产、无形资产和其他长期资产而收到的现金净额",反映企业处置这些资产所得的现金,扣除为处置这些资产而支付的有关费用后的净额。

(4)"处置子公司及其他营业单位收到的现金净额",反映企业处置子公司及其他营业单位所得的现金,扣除为处置子公司及其他营业单位而支付的有关费用后的净额。

(5)"收到的其他与投资活动有关的现金",反映企业除了上述各项以外收到的其他与投资活动有关的现金流入。

(6)"购建固定资产、无形资产和其他长期资产所支付的现金",包括企业购买、建造固定资产,取得无形资产和其他长期资产所支付的现金,不包括为购建固定资产而发生的借款资本化的部分以及融资租赁租入固定资产所支付的租金和利息。

(7)"投资所支付的现金",反映企业进行权益性投资和债权性投资支付的现金。包括短期股票、短期债券投资、长期股权投资、长期债权投资所支付的现金及佣金、手续费等附加费用。

(8)"取得子公司及其他营业单位支付的现金净额",反映企业为取得子公司及其他营业单位而支付的现金净额。

(9)"支付的其他与投资活动有关的现金",反映企业除上述各项以外,支付的其他与投资活动有关的现金流出。

3. 筹资活动产生的现金流量

(1)"吸收投资所收到的现金",反映企业收到的投资者投入的资金。包括发行股票、债券实际收到的款项净额(发行收入减去支付的佣金等发行费用后的净额)。

(2)"借款收到的现金",反映企业各种短期和长期借款所收到的现金,根据收入时的实际借款金额计算。企业因借款而发生的利息列入"分配股利、利润或偿付利息所支付的现金"。

(3)"收到的其他与筹资活动有关的现金",反映企业除上述各项目以外的其他与筹资活动有关的现金流入,如接受现金捐赠。

(4)"偿还债务所支付的现金",包括归还企业借款;偿付企业到期的债券等,按当期实际支付的偿债金额填列。

(5)"分配股利、利润或偿付利息所支付的现金",反映企业实际支付的现金股利和付给其他投资单位的利润以及支付的债券利息、借款利息等。

(6)"支付其他与筹资活动有关的现金",反映企业除上述各项外,支付的其他与筹资活动有关的现金流出。

4. 汇率变动对现金的影响

反映企业的外币现金流量以及境外子公司的现金流量折算为人民币时,所采用的现金流量发生日的汇率或平均汇率折算人民币金额与"现金及现金等价物净增加额"中外币现金净增加额按期末汇率折算的人民币金额之间的差额。

5. 现金及现金等价物净增加额

反映经营活动产生的现金流量净额、投资活动产生的现金流量净额、筹资活动产生的现金流量净额三项之和。

关于现金流量表的补充资料填制方法略。

第五节 财务报表附注的内容和格式

会计报表中所规定的内容具有一定的固定性和稳定性,只能提供定量的财务信息,其所能反映的财务信息受到一定限制。会计报表附注是会计报表的补充,主要是对会计报表不能包括的内容,或者披露不详尽的内容作进一步的解释说明。

企业编制会计报表附注,可以提高会计信息的可比性、增进会计信息的可理解性、促使会计信息充分披露,从而提高会计信息的质量,使报表使用者对企业的财务状况、经营成果和现金流动情况获得更充分的了解,并有利于报表使用者作出正确的决策。

会计报表附注应包括以下内容:

(1) 不符合基本会计假设的说明。

(2) 重要会计政策和会计估计的说明。

会计政策是指企业核算时所遵循的具体原则及企业所采用的具体会计处理方法。包括:① 编制合并会计报表所采用的原则;② 外币折算时所采用的方法;③ 收入的确认原则;④ 所得税的会计处理方法;⑤ 短期投资的期末计价方法;⑥ 存货的计价方法;⑦ 长期股权投资的核算方法;⑧ 长期债券投资的溢折价的摊销方法;⑨ 坏账损失的具体会计处理方法;⑩ 借款费用的处理方法;⑪ 无形资产的计价及摊销方法;⑫ 应付债券溢折价的摊销方法等。

会计估计指企业对其结果不确定的交易或事项以最近可利用的信息为基础所作的判断。

(3) 某些事项的说明。会计核算中经常面临某些不确定的情形,需要会计人员作出分析和判断。其中,有些事项的最终结果依赖于未来事实加以证实。只有在未来发生或不发生某个事件时,才能最后证实企业的损失或收益已经产生。

(4) 资产负债表日后事项的说明。资产负债表事项定义为:自年度资产负债表日至财务报告批准报出日之间发生的需要调整或说明的事项。

(5) 关联方关系及其交易的说明。关联方关系及其交易是会计报表附注中要披露的重要内容。企业对外提供的财务报告一般认为是建立在公平交易的基础上的,但在存在关联方关系时,关联方之间的交易可能不是建立在公平交易的基础上。在某些情况下,关联方之间通过虚假交易可以达到提高经营业绩的假象。即便是关联方交易是在公平交易基础上进行的,重要关联方交易的披露也是有用的,因为它提供了未来可能再发生,而且很可能以不同形式发生交易类型的信息。

(6) 重要资产转让及其出售说明。

(7) 企业合并、分立的说明。

(8) 会计报表主要项目的说明。

会计报表主要项目的说明,是对会计报表主要项目的进一步注释,如应收款项计提坏账准备的方法、存货核算方法、长期股权投资各明细项目的增减变化、固定资产计价和折旧方法、长期待摊费用的性质及其摊销额、所有者权益(或股东权益)变动情况等。

一、问答

1. 编制会计报表有什么作用?
2. 编制会计报表有什么要求?
3. 编制资产负债表的意义有哪些?

4. 财务报表附注的主要内容包括什么?

二、单项选择题

1. 下列会计报表中,属于反映企业特定日期财务状况的是( )。
   A. 利润表　　　　B. 利润分配表　　　C. 资产负债表　　　D. 现金流量表
2. 下列资产负债表项目中,可根据相应总账账户期末余额直接填列的是( )。
   A. 待摊费用　　　B. 在建工程　　　　C. 长期股权投资　　D. 预付账款
3. 资产负债表中,资产项目的排列顺序是依据( )。
   A. 项目的重要性　B. 项目的流动性　　C. 项目的时间性　　D. 项目的货币性
4. 现金流量表中,现金的正确分类方法是( )。
   A. 经营活动、投资活动和筹资活动
   B. 现金流入、现金流出和非现金活动
   C. 直接现金流量及间接现金流量
   D. 营业活动现金流量和非营业活动现金流量
5. 下列项目中,不包括在利润表中的是( )。
   A. 营业费用　　　B. 管理费用　　　　C. 待摊费用　　　　D. 财务费用
6. 我国企业采用的资产负债表格式是( )。
   A. 账户式　　　　B. 单步式　　　　　C. 报告式　　　　　D. 多步式
7. 我国企业采用的利润表格式是( )。
   A. 账户式　　　　B. 单步式　　　　　C. 报告式　　　　　D. 多步式
8. 编制会计报表的依据主要是( )。
   A. 序时账簿　　　B. 分类账簿　　　　C. 记账凭证　　　　D. 备查账簿
9. 资产负债表下列项目中,应当根据若干个总分类账户的余额合计数填列的是( )。
   A. 固定资产　　　B. 存货　　　　　　C. 应收账款　　　　D. 未交税金
10. 资产负债表下列项目中,应当根据若干个明细分类账户的余额分析计算填列的是( )。
    A. 货币资金　　　B. 存货　　　　　　C. 应收账款　　　　D. 固定资产
11. 若"预提费用"账户期末为借方余额,在编制资产负债表时,正确的做法是( )。
    A. 在"预提费用"项目内用正数填列
    B. 在"预提费用"项目内用负数填列
    C. 在"待摊费用"项目内用正数填列
    D. 在"待摊费用"项目内用负数填列
12. 企业"主营业务利润"的正确计算方法是( )。
    A. 主营业务收入-主营业务成本-营业费用-管理费用-财务费用
    B. 主营业务收入-主营业务成本-主营业务税金及附加
    C. 主营业务收入-主营业务成本+投资收益-营业费用-管理费用-财务费用
    D. 主营业务收入-主营业务税金及附加-营业费用-管理费用-财务费用
13. 下列资产负债表的项目中,只需要根据某个总分类账户就能填列的项目是( )。
    A. 货币资金　　　B. 累计折旧　　　　C. 预付账款　　　　D. 预收账款
14. 以下项目中,属于流动负债项目的是( )。

A. 长期借款　　　B. 预付账款　　　C. 应付股利　　　D. 应付债券

15. 利润表中根据有关科目的借方发生额填列的项目是(　　)。
　　A. 主营业务税金及附加　　　　B. 主营业务收入
　　C. 主营业务利润　　　　　　　D. 其他业务利润

三、多项选择题

1. 在编制资产负债表时,下列项目中根据有关科目与其备抵科目抵销后的净额填列的有(　　)。
　　A. 存货　　　B. 无形资产　　　C. 固定资产　　　D. 长期债权投资

2. 资产负债表中的"应付账款"项目应根据(　　)填列。
　　A. 应付账款所属明细账贷方余额
　　B. 预付账款所属明细账贷方余额
　　C. 应付账款总账余额
　　D. 应付账款所属明细账借方余额

3. 按会计制度规定,在资产负债表中应作为"存货"项目列示的有(　　)。
　　A. 生产成本　　　B. 物资采购　　　C. 库存商品　　　D. 无形资产

4. 编制资产负债表时,下列项目中根据有关总账与明细账科目的余额分析计算填列的有(　　)。
　　A. 长期借款　　　　　　　　　B. 长期应付款
　　C. 应付债券　　　　　　　　　D. 长期债券投资

5. 在编制资产负债表时,下列项目中根据几个总账科目的余额计算填列的有(　　)。
　　A. 货币资金　　　B. 固定资产原价　　　C. 存货　　　D. 长期债权投资

6. 在编制资产负债表时,下列项目中可以根据总账科目的余额直接填列的有(　　)。
　　A. 长期待摊费用　　B. 固定资产原价　　C. 应收账款　　D. 实收资本

7. 计提下列资产减值准备时应以营业外支出列支的有(　　)。
　　A. 计提固定资产减值准备　　　B. 计提无形资产减值准备
　　C. 存货计提跌价准备　　　　　D. 计提在建工程减值准备

8. 下列属于资产负债表中"货币资金"项目内容的有(　　)。
　　A. 应收票据　　　B. 现金　　　C. 银行存款　　　D. 其他货币资金

四、判断题

1. 在企业财务会计报告体系中,最核心的内容是会计报表。(　　)
2. "制造费用"和"管理费用"都应当在期末转入"本年利润"账户。(　　)
3. 资产负债表中"固定资产"项目应根据"固定资产"账户余额直接填列。(　　)
4. 账户式资产负债表分左右两方,左方为资产项目,一般按照流动性大小排列;右方为负债及所有者权益项目,一般按要求偿还时间的先后顺序排列。(　　)
5. 资产负债表中的所有者权益内部各项目是按照流动性或变现能力排列。(　　)
6. 资产负债表是反映企业某一特定时期财务状况的会计报表。(　　)
7. 资产负债表的格式主要有账户式和报告式两种,我国采用的是报告式,因此才出现财务会计报告这个名词。(　　)
8. 资产负债表中资产类至少包括流动资产项目、长期投资项目和固定资产项目。(　　)
9. 资产负债表是总括反映企业特定日期资产、负债和所有者权益情况的静态报表,通

过它可以了解企业的资产分布、资金的来源和承担的债务以及资金的流动性和偿债能力。(　　)

10. 净利润是指营业利润减去所得税费用后的金额。(　　)

11. 损益类科目用于核算收入、费用、成本的发生和归集,提供一定期间与损益相关的会计信息的会计科目。(　　)

12. 利润表的格式主要有多步式和单步式两种,我国采用多步式。(　　)

13. 利润表是反映企业在一定会计期间经营成果的报表,属于静态报表。(　　)

参 考 文 献

[1]　中华人民共和国财政部.企业会计准则:基本准则[EB/OL].http://www.gov.cn,2006.
[2]　中华人民共和国财政部.中华人民共和国会计法[M].北京:法律出版社,1999.
[3]　崔智敏,陈爱玲.会计学基础[M].北京:中国人民大学出版社,2005.
[4]　李占国.基础会计学[M].北京:高等教育出版社,2011.
[5]　王珍义,孙世荣.基础会计学[M].2版.武汉:武汉理工大学出版社,2010.
[6]　关振宇.基础会计[M].北京:清华大学出版社,2007.
[7]　张慧.会计基础[M].2版.北京:中国纺织出版社,2011.
[8]　会计从业资格考试辅导教材编写组.会计基础[M].北京:中国财政经济出版社,2012.
[9]　夏益红,谢霓泓.会计学原理[M].北京:北京工业大学出版社,2004.
[10]　朱小平.初级会计学[M].6版.北京:中国人民大学出版社,2012.

第十一章 会计管理

学习目标
通过本章的学习,了解会计管理是会计工作的质量保证,理解会计工作组织的基本内容,它包括配备会计人员,设置会计机构,制定会计法规,掌握会计档案管理的基本要求。
学习重点
会计机构和人员的设置、会计岗位责任制、会计档案管理、会计交接制度。
学习难点
会计岗位责任制的要求。

第一节 会计工作组织

会计工作的组织是指一个单位依据会计法规从事会计工作时,所进行的机构的设置、会计人员的配备及各项会计规章制度的建立健全等工作。会计法规、会计机构和会计人员是会计工作组织的三项基本条件。会计工作组织是一项专业性很强的经济管理工作。正确地组织管理会计工作,有利于提高会计工作的质量和效率,有利于协调与其他经济管理工作的关系,有利于加强单位内部控制建设和经济责任制。

一、会计机构

(一) 会计机构的设置

会计机构是各单位办理会计事务的职能机构。会计机构的设置是否合理,职责分工是否明确,对各单位会计工作能否顺利开展有重要的影响。一般地说,每个企业均应根据企业经营规模的大小和业务量的多少,设置相关会计机构。

1. 会计机构设置的要求

《会计法》第三十六条第一款规定,各单位应当根据会计业务的需要,设置会计机构,或者在有关机构中设置会计人员并指定会计主管人员;不具备设置条件的,应当委托经批准设立从事会计代理记账业务的中介机构代理记账。根据业务的需要设置会计机构,体现了实事求是的精神。既不能在业务很少的情况下设置不必要的机构,也不能在业务繁多的情况下不设机构。

会计机构内部应当建立稽核制度。会计稽核制度是指各单位在会计机构内部指定专人对会计凭证、账簿、报表及其他会计资料进行审核的制度,包括经济业务入账以前的审核和入账以后的审核,其目的在于防止会计核算工作上的差错和有关人员的舞弊行为。

钱账分管制度是对会计机构内部的又一要求。出纳人员不得兼任稽核、会计档案保管和收入、费用、债权、债务账目的登记工作。凡涉及货币资金和财物的收付、结算和登记等工作,不得由一人保管。

2. 会计机构的设置

会计机构是直接从事和组织领导会计工作的职能部门,它包括直接从事和组织领导会计工作的机构(即基层单位会计机构和各级主管部门的会计机构)、会计监督机构和会计咨询机构等。这里仅介绍会计工作机构。建立和健全会计工作机构是做好会计工作的组织保证,是会计工作顺利进行,实现会计目标的重要条件。

在我国,由于会计工作和财务工作都是综合性的经济管理工作,它们之间有着非常密切的联系,因此通常把两者合为一体,设置一个财务会计机构,统一办理财务会计业务,所以,会计机构通常是指财务会计部门。

(1) 各级主管部门的会计机构。我国会计工作由财政部门主管,在管理体制上实行"统一领导、分级管理"的原则。《会计法》明确规定:国务院财政部门主管全国的会计工作,县级以上地方各级人民政府财政部门管理本行政区域内的会计工作。

我国财政部是负责管理全国会计工作的领导机构,其内部设置会计司;主管全国的会计事务工作。会计司的主要职能是:管理全国会计工作;研究提出会计改革和政策建议;草拟会计法律法规和国家统一的会计制度,并组织贯彻实施;负责全国会计从业资格管理;负责全国会计职称管理工作;指导和管理社会审计工作;指导和监督会计电算化工作;负责会计委派制度试点工作等。

各级地方政府财政部门一般设置会计处、科、股等机构,主管本地区所属单位的会计工作。

各级业务主管部门会计机构是指各级主管部门执行总预算的会计机构,一般设置会计(财务)司、局、处、科,主管本系统所属单位的会计工作。它们的主要任务是:根据国家统一会计法规、制度的要求,制定适用于本系统的会计法规、制度的实施细则;审核并批复所属单位上报的会计报表,同时汇总编制本系统的汇总会计报表;检查和指导所属单位的会计工作,帮助其解决工作上的问题,总结和交流所属单位会计工作的先进经验;核算本单位与财政机关以及上下级之间有关款项缴款的会计事项,负责本地区、本系统会计人员的培训工作等。各企业主管部门在会计业务上,要受同级财政部门的指导和监督。

(2) 基层单位的会计机构。从有效发挥会计职能作用的角度看,实行企业化管理的事业单位,大、中型企业(包括集团公司、股份有限公司、有限责任公司等),以及财务收支数额较大、会计业务较多的行政单位,社会团体和其他组织,都应设置会计机构,称之为会计(或财务)处、科、股、组等。而对那些规模很小的企业,业务和人员都不多的行政事业单位等,可以不设置会计机构,但应当在有关机构中设置会计人员并指定会计主管人员;不具备设置条件的,应当委托经批准设立从事会计代理记账业务的中介机构代理记账。所谓的"会计主管人员"是一个特指概念,不同于通常所说的"会计主管""主管会计""主办会计"等,而是指负责组织管理会计事务、行使会计机构负责人职权的负责人。国有的和国有资产占控股地位或者主导地位的大、中型企业必须设置总会计师,主管本单位的经济核算和财务工作,总会计师要由会计师以上技术职称的人员担任,小型企业也要指定一名副厂长行使总会计师的职责。

基层单位会计机构的主要任务是组织和处理本单位的会计工作,如实反映本单位的经营活动情况并及时地向有关部门和人员提供有效的会计信息,参与企业经济管理的预测和决策,帮助制定企业生产经营计划,严格贯彻和执行国家财经制度,管好、用好资金,尽量降低成本,增收节支,努力提高经济效益。

在一些规模较大、会计业务复杂且会计量大的单位内部,会计的职能部门还要分成若干个职能组,每个职能组配备一定量的会计人员分管会计方面的工作,在实行逐级核算的单位内部,可根据统一领导、分级管理的原则,设立各级、各部门的会计组织或会计核算员。

(二)会计机构的形式

会计工作在会计机构同本单位各部门之间的关系上是分工协作、分级核算的关系,一般可采用独立核算和非独立核算两种核算方式。在实行独立核算方式的单位里,记账工作的组织形式又可以分为集中核算和非集中核算两种。

1. 独立核算与非独立核算

所谓独立核算方式是指企业单位对其本身生产经营活动或业务活动过程及其结果,进行全面、系统、独立的记账、算账,定期编制会计报表,并对其经营活动进行分析检查等。实行独立核算方式的企业通常都拥有供生产、经营活动用的资财,在银行中独立开设账户,并对外办理结算业务,具有完整的凭证、账簿系统,独立编制计划,独立核算,自负盈亏。有些独立核算的单位,如果会计核算业务不多,也可不单独设置专门的会计机构,而只配备专职的会计人员。

所谓非独立核算方式是指企业单位向上级机构领取一定量的物资和备用金从事业务活动;平时只进行原始凭证的填制、整理、汇总以及现金、实物明细账的登记等一系列具体的会计工作;企业并不独立核算、自负盈亏,也不单独编制会计报表;企业定期将收入、支出向上级报销,并定期将有关核算资料报送上级机构,由上级机构汇总记账。实行非独立核算方式的企业单位一般不专门设置会计机构,只配备专职会计人员。

2. 集中核算与非集中核算

集中核算就是把整个企业的主要会计工作集中在企业财务会计部门,企业内部的其他部门和下属单位只对其发生的经济业务填制原始凭证,定期将原始凭证或原始凭证汇总表送交会计部门,由会计部门审核,然后据以填制记账凭证,登记总分类账和明细分类账,编制会计报表。实行集中核算,会计部门可以集中掌握有关资料,便于了解企业的全面经济活动情况,减少核算层次。

非集中核算又称分散核算,是相对于集中核算而言的。单位内部会计部门以外的其他部门和下属单位,可以在会计部门的指导下,对其所发生的经济业务填制原始凭证或原始凭证汇总表,然后分别登记总分类账和明细分类账,编制会计报表,并进行其他会计工作。实行非集中核算,可以使各职能部门随时了解本部门的经济活动情况,及时分析问题和解决问题。

一个单位是采用集中核算还是采用非集中核算,主要取决于企业内部经营管理上的需要,取决于企业内部是否实行分级管理、分级核算。集中核算与非集中核算是相对的,在一个企业内部,可以根据管理上的需要对其各个业务部门分别采用集中核算和非集中核算两种形式,集中核算或非集中核算的具体内容和方法也不一定完全相同。但是无论采取哪种形式,企业对外现金收付、银行存款收付、物资供销、应收和应付款项的结算等,都应集中在会计部门进行。在实行内部经济核算制的情况下,各企业、各业务部门可以拥有企业划给的一定量的资金,也可以拥有一定的业务经营和管理权。为了反映和考核自身的经营活动,还可以进行比较全面的经济核算,单独计算盈亏和编报各种会计报表。但是,这些业务部门与独立核算单位不同,不能独立对外签订各种交易合同和在银行设立结算账户。

（三）会计工作岗位的设置

会计工作岗位责任制是指在会计机构中明确每个会计人员的工作岗位并规定其权限和责任的制度。在会计机构内部和会计人员中建立岗位责任制是正确组织会计工作,加强会计人员的责任感与纪律性,提高工作效率,保证工作质量的前提条件。《会计基础工作规范》规定了设置会计工作岗位的基本原则与示范性要求。

（1）按人员分工的会计工作岗位一般可分为:会计机构负责人或会计主管人员、出纳、财产物资核算、工资核算、成本费用核算、财务成果核算、资金核算、往来结算、总账报表、稽核、档案管理等。各岗位有不同的职责和权限。例如,出纳岗位的主要职责是办理现金收付和银行结算业务,登记现金、银行存款日记账,保管库存现金和各种有价证券,保管有关印章、空白收据和空白支票等。

（2）由于各单位的业务量繁简不一,所以会计人员配备、分工情况也不尽相同,在会计岗位设置上可以一人一岗、一人多岗或多人一岗,但在确定岗位时,应贯彻内部牵制原则,出纳人员不得兼管稽核、会计档案保管、收入、费用、债权、债务账目的登记工作。在规模较大的企业中,经济业务量大,会计人员较多,可以按经济业务的类别划分岗位;设立若干职能组,如工资组、成本组、资金组、综合财务组等,分别负责各项业务工作。

（3）会计人员的工作岗位应有计划地进行适当轮换,以促进会计人员全面熟悉业务,不断提高业务素质。

二、会计人员

会计人员是指直接从事会计工作的人员。配备一定数量和素质相当、具备从业资格的会计人员,是各单位会计工作得以正常开展的重要条件。各单位应根据规模大小、业务需要及会计机构岗位设置的要求,配置适量的会计人员。至于一个单位应配备多少会计人员,要根据单位规模、生产特点及管理要求的实际情况来决定。不同行业的会计工作具体要求不一样,不同单位会计工作的现代化程度和效率不一样,各单位应本着精兵简政的原则,在保证会计人员质量的前提下,配备适当的会计人员。

（一）会计机构负责人的任职资格

《会计法》第四条规定:"单位负责人对本单位的会计工作和会计资料的真实性、完整性负责。"这一规定明确了单位负责人为本单位会计行为的责任主体。单位负责人是指单位法定代表人或者法律、行政法规规定代表单位行使职权的主要负责人,主要包括两类人员:一是单位的法定代表人,即依法代表法人单位行使职权的负责人。如国有工业企业的厂长(经理)、公司制企业的董事长、国家机关的最高行政官员等;二是按照法律、行政法规规定代表单位行使职权的负责人,即依法代表非法人单位行使职权的负责人,如代表合伙企业执行合伙企业事务的合伙人,个人独资企业的投资人等。

会计机构负责人(会计主管人员),是在一个单位内具体负责会计工作的中层领导人员。在单位负责人的领导下,会计机构负责人(会计主管人员)负有组织、管理本单位所有会计工作的责任,其工作水平的高低、质量的好坏,直接关系到整个单位会计工作的水平和质量。会计机构负责人(会计主管人员)任用是否得当,对一个单位会计工作的好坏关系重大,对能否保证国家的财经政策等在一个单位正确得到贯彻执行关系重大,对能否有效地维护广大投资者、债权人等的合法权益关系重大。

《会计法》规定担任会计机构负责人(会计主管人员)应当"具备会计师以上专业技术资格"或者"从事会计工作3年以上经历",这是担任会计机构负责人(会计主管人员)的必备条件之一。1996年财政部制定发布的《会计基础工作规范》对会计机构负责人、会计主管人员应当具备的基本条件作了规定。概括起来,会计机构负责人、会计主管人员的任职资格和条件应当包括政治素质和专业技术资格条件。

1. 政治素质

政治素质指能遵纪守法,坚持原则,廉洁奉公,具备良好的职业道德。财务会计工作是经济工作的基础,国家的许多法律、法规,尤其是财经方面的法律、法规的贯彻执行,都要通过会计工作来体现,会计人员,特别是会计机构负责人如不能做到遵纪守法,必将会给国家造成经济损失。

2. 专业技术资格条件

会计工作具有很强的专业性和技术性,要求会计人员必须具备必要的专业知识和专业技能。对会计机构负责人或会计主管人员来讲,要全面组织和负责一个单位的会计工作,对其专业技术方面的要求也就更加必要。目前我国主要是通过设置会计专业职务和会计专业技术资格考试来进行来考核和确认会计人员的专业知识和业务技能。

(1) 会计专业职务的种类。会计专业职务是区分会计人员从事业务工作的技术等级。根据《关于深化会计人员职称制度改革的指导意见》,会计专业职务分为初级、中级、高级(含副高级和正高级),对应的职称名称分为助理会计师、会计师、高级会计师和正高级会计师。

(2) 会计专业技术资格考试。会计专业技术资格考试制度是一种通过考试确认担任会计专业职务任职资格的制度。助理会计师和会计师需要通过考试取得初级、中级资格,单位可根据有关规定聘任相应的专业技术职务。高级资格(高级会计师资格)实行考试与评审结合的评价制度。高级资格(正高级会计师)采取评审方式,注重对会计人员的职业道德、能力素质、工作业绩等进行评价。目前已经实现初、中、高级会计资格考试无纸化。

初级资格考试科目包括初级会计实务、经济法基础。参加初级资格考试的人员,在1个考试年度内通过全部科目的考试,方可取得初级资格证书。中级资格考试科目包括中级会计实务、财务管理、经济法,参加中级资格考试的人员,应在连续2个考试年度内通过全部科目的考试,方可取得中级资格证书。高级资格考试科目包括高级会计实务,参加高级资格考试并达到国家合格标准的人员,3年内参加高级会计师资格评审有效。

(3) 工作经历。鉴于会计工作专业性、技术性强的特点,要求会计机构负责人(会计主管人员),必须具有一定的实践经验。修订后的《会计法》要求"具备从事会计工作3年以上经历",可以说是对会计机构负责人或会计主管人员的最低要求。

(4) 政策业务水平。会计人员必须熟悉国家财经法律、法规、规章制度,掌握财务会计理论及本行业业务的管理知识。市场经济是法制经济。在市场经济中,任何单位的经济业务都要直接或间接地受到有关法律、规章的制约。从事财务会计工作,尤其是作为会计机构的负责人(会计主管人员),必须熟悉和掌握国家有关的法律、法规、规章制度和与会计工作相关的理论和知识,否则,不但不能很好地完成本职工作,还会使单位的经营管理工作走入法律的"误区",给单位和个人带来危险的后果。会计工作又是技术性很强的工作,随着我国社会主义市场经济制度的建立,经济改革和对外开放不断深入,经济生活中提出了许多新问题,会计也面临着许多全新的课题,会计理论、会计知识都以前所未有的速度更新。作为一个单位会计机构负责人(会计主管人员),如果没有过硬的会计理论知识和专业业务水平,将很难适应会计工作发展的需要并做好本职工作。

(5) 组织能力。会计机构的负责人(会计主管人员),不仅是会计工作的行家里手,更重要的是要领导和组织好本单位的会计工作,因此要求其必须具备一定的领导才能和组织能力,包括协调能力、综合分析能力等。

上述这些条件,是对会计机构负责人(会计主管人员)素质的全面要求。各单位在选配会计机构负责人(会计主管人员)时,应根据各自的具体情况掌握这些条件和标准。

(二) 总会计师的设置

《会计法》第三十六条明确指出:"国有的和国有资产占控股地位或者主导地位的大、中型企业必须设置总会计师。"1990年12月31日,国务院发布了《总会计师条例》,确定了总会计师的职权和地位,使总会计师在加强经济管理、提高经济效益中充分发挥其作用。

总会计师是单位行政领导成员,是行政领导职务,不是会计专业技术职称。总会计师协助单位主要行政领导人工作,并直接对单位主要行政领导人负责。凡设置总会计师的单位,在单位行政领导成员中不再设与总会计师职权重叠的副职。

按照《总会计师条例》的规定,担任总会计师,应当具备以下条件:一是坚持社会主义方向,积极为社会主义市场经济建设和改革开放服务;二是坚持原则、廉洁奉公;三是取得会计师专业技术资格后,主管一个单位或者单位内部一个重要方面的财务会计工作的时间不少于3年;四是要有较高的理论政策水平,熟悉国家财经纪律、法规、方针和政策,掌握现代化管理的有关知识;五是具备本行业的基本业务知识,熟悉行业情况,有较强的组织领导能力;六是身体健康、胜任本职工作。

总会计师的职责主要包括两个方面:一是由总会计师负责组织的工作,包括组织编制和执行预算、财务收支计划、信贷计划、拟定资金筹措和使用方案,开辟财源,有效地使用资金;建立、健全经济核算制度,强化成本管理,进行经济活动分析,精打细算,提高经济效益;负责本单位财务会计机构的设置和会计人员的配备,组织对会计人员进行业务培训和考核;支持会计人员依法行使职权等。二是由总会计师协助、参与的工作。主要有:协助单位负责人对本单位的生产经营和业务管理等问题作出决策;参与新产品开发、技术改造、科学研究、商品(劳务)价格和工资、奖金方案的制定;参与重大经济合同和经济协议的研究、审查。

总会计师的权限在于:有权制止或纠正违反国家财经法规、方针、政策、制度和可能造成经济损失的行为;有权组织本单位各职能部门、直属基层组织的经济核算、财务会计和成本管理方面的工作；有权审批财务收支预算、财务收支计划、成本和费用计划、信贷计划、财务专题报告；会计决算报表须经总会计师签署；会计人员的任用、晋升、调动、奖惩，应当事先征求总会计师的意见，总会计师有权对本单位财会机构负责人或者会计主管人员的人选进行业务考核，依照有关规定审批。

（三）会计人员的专业技术职称

会计人员是维护社会主义市场经济秩序的重要力量。深化会计人员职称制度改革，完善符合会计工作职业特点的评价机制，对于提高会计人员专业能力，加强会计人员队伍建设，更好地服务经济高质量发展具有重要意义。根据《关于深化会计人员职称制度改革的指导意见》，设立正高级会计师资格，目前我国已经形成初级、中级、高级（含副高级和正高级）等层次清晰、相互衔接、体系完整、逐级递进的会计专业技术资格体系。初级、中级、副高级和正高级职称名称依次为助理会计师、会计师、高级会计师和正高级会计师。

1. 正高级会计师

正高级会计师的基本条件是：系统掌握和应用经济与管理理论、财务会计理论与实务，把握工作规律；政策水平高，工作经验丰富，能积极参与一个单位的生产经营决策；工作业绩突出，主持完成会计相关领域重大项目，解决重大会计相关疑难问题或关键性业务问题，提高单位管理效率或经济效益；科研能力强，取得重大会计相关理论研究成果或其他创造性会计相关研究成果，推动会计行业发展。一般应具有大学本科及以上学历或学士以上学位，取得高级会计师职称后，从事与高级会计师职责相关工作满5年。

2. 高级会计师

高级会计师的基本条件是：系统掌握和应用经济与管理理论、财务会计理论与实务；具有较高的政策水平和丰富的会计工作经验，能独立负责某领域或一个单位的财务会计管理工作；工作业绩较为突出，有效提高了会计管理水平或经济效益；有较强的科研能力，取得一定的会计相关理论研究成果，或主持完成会计相关研究课题、调研报告、管理方法或制度创新等；具备博士学位，取得会计师职称后，从事与会计师职责相关工作满2年；或具备硕士学位，或第二学士学位或研究生班毕业，或大学本科学历或学士学位，取得会计师职称后，从事与会计师职责相关工作满5年；或具备大学专科学历，取得会计师职称后，从事与会计师职责相关工作满10年。

高级会计师的基本职责是：负责草拟和解释、解答一个地区、一个部门、一个系统或在全国施行的财务会计法规、制度、办法；组织和指导一个地区或一个部门、一个系统的经济核算和财务会计工作；培养中级会计人才。

3. 会计师

会计师的基本条件是：系统掌握会计基础知识和业务技能；掌握并能正确执行财经政策、会计法律法规和规章制度；具有扎实的专业判断和分析能力，能独立负责某领域会计工作；具备博士学位；或具备硕士学位，从事会计工作满1年；或具备第二学士学位或研究生班毕业，从事会计工作满2年；或具备大学本科学历或学士学位，从事会计工作满4年；或具备大学专科学历，从事会计工作满5年。

会计师的基本职责是：负责草拟较重要的财务会计制度、规定、办法；解释、解答财务会计法规、制度中的重要问题；分析检查财务收支和预算的执行情况；培养初级会计人才。

4. 助理会计师

助理会计师的基本条件是：基本掌握会计基础知识和业务技能；能正确理解并执行财经政策、会计法律法规和规章制度；能独立处理一个方面或某个重要岗位的会计工作；具备国家教育部门认可的高中毕业（含高中、中专、职高、技校）以上学历。

助理会计师的基本职责是：负责草拟一般的财务会计制度、规定、办法，解释财务会计法规、制度中的一般规定；分析检查某一方面或某些项目的财务收支和预算的执行情况。

5. 会计员

会计员的基本条件是：初步掌握财务会计知识和技能；熟悉并能按照要求执行有关法规和财务会计制度；能担负一个岗位的财务会计工作。

会计员的基本职责是：负责具体审核和办理财务收支，编制记账凭证，登记会计账簿，编制会计报表和办理其他会计事务。

（四）会计人员职业道德与继续教育

随着市场经济的深入发展，会计作为市场经济活动中一项重要的职业，提供会计信息或鉴证服务，其质量的好坏直接影响着经营者、投资者和社会公众的利益，进而影响整个社会经济的秩序。会计人员作为特殊从业人员，既要有良好的业务素质，也要有较强的政策观念和职业道德水平。当前有必要在建立会计人员职业道德规范的基础上，加强会计人员的职业道德教育和业务培训，督促会计人员提高政治和业务素质。《会计法》对此作出了原则性规定："会计人员应当遵守职业道德，提高业务素质。对会计人员的教育和培训工作应当加强。"此举为会计人员职业道德和培训教育提供了重要的法律保障。《会计基础工作规范》和《会计专业技术人员继续教育规定》分别对会计人员职业道德规范和继续教育问题作出了具体规定。

1. 会计人员职业道德

会计人员职业道德，是会计人员从事会计工作应遵循的道德标准与基本行为准则。建立会计人员职业道德规范，既是对会计人员强化道德约束，防止和杜绝会计人员在工作中出现不道德行为的措施，又是会计工作应对社会所承担的责任与义务。

按照《会计基础工作规范》的规定，会计人员职业道德的内容主要包括以下6方面：

（1）敬业爱岗。会计人员应当热爱本职工作，努力钻研业务，使自己的知识和技能适应所从事工作的要求。

（2）熟悉法规。会计人员应当熟悉法律、法规和国家统一会计制度，并结合会计工作进行广泛宣传。

（3）依法办事。会计人员应当按照会计法律、法规和国家统一会计制度规定的程序和要求进行会计工作，保证所提供的会计信息合法、真实、准确、及时、完整。

（4）客观公正。会计人员办理会计事务应当实事求是、客观公正。

（5）搞好服务。会计人员应当熟悉本单位的生产经营和业务管理情况，运用掌握的会计信息和会计方法，为改善单位内部管理、提高经济效益服务。

（6）保守秘密。会计人员应当保守本单位的商业秘密，除法律规定的单位负责人同意外，不能私自向外界提供或者泄露单位的会计信息。

按照《会计人员职业道德规范》，要求会计人员"三坚三守"，强调会计人员"坚"和"守"的职业特性和价值追求，是对会计人员职业道德要求的集中表达。

(1) 坚持诚信,守法奉公。牢固树立诚信理念,以诚立身、以信立业,严于律己、心存敬畏。学法知法守法,公私分明、克己奉公,树立良好职业形象,维护会计行业声誉。

(2) 坚持准则,守责敬业。严格执行准则制度,保证会计信息真实完整。勤勉尽责、爱岗敬业,忠于职守、敢于斗争,自觉抵制会计造假行为,维护国家财经纪律和经济秩序。

(3) 坚持学习,守正创新。始终秉持专业精神,勤于学习、锐意进取,持续提升会计专业能力。不断适应新形势新要求,与时俱进、开拓创新,努力推动会计事业高质量发展。

其中,"坚持诚信,守法奉公"是对会计人员的自律要求;"坚持准则,守责敬业"是对会计人员的履职要求;"坚持学习,守正创新"是对会计人员的发展要求。

2. 会计人员继续教育

会计人员是我国专业技术人才队伍的重要组成,加强专业学习、提升专业能力是做好会计工作的前提。我国《会计法》第三十九条规定:"对会计人员的教育和培训工作应当加强。"党的十九大明确要求,要"办好继续教育,加快建设学习型社会,大力提高国民素质"。会计人员继续教育是实现会计人员更新知识、拓展技能、完善知识结构、提升能力素质的一项重要制度安排。

(1) 继续教育对象。会计专业技术人员享有参加继续教育的权利和接受继续教育的义务。国家机关、企业、事业单位以及社会团体等组织(以下称单位)具有会计专业技术资格的人员,或不具有会计专业技术资格但从事会计工作的人员(以下简称会计专业技术人员)继续教育均应该参加继续教育。

具有会计专业技术资格的人员应当自取得会计专业技术资格的次年开始参加继续教育,并在规定时间内取得规定学分。不具有会计专业技术资格但从事会计工作的人员应当自从事会计工作的次年开始参加继续教育,并在规定时间内取得规定学分。

(2) 继续教育内容。会计专业技术人员继续教育内容包括公需科目和专业科目。公需科目包括专业技术人员应当普遍掌握的法律法规、政策理论、职业道德、技术信息等基本知识。专业科目分为专业通识知识、专业核心知识和专业拓展知识三个类别。

专业通识知识包括会计职业道德、会计法治、会计改革与发展三个科目。专业核心知识包括企业财务会计、政府及非营利组织会计、农村会计、管理会计、内部控制、财务管理、税收实务、会计信息化等科目。专业核心知识的重点学习内容中,应当包括当年新制定、修订或实施的会计准则制度、管理会计指引、内部控制制度、税收法律法规制度等内容。专业拓展知识包括可持续信息披露、审计基础、金融基础、财经相关法规、其他财会财经热点等内容。

(3) 继续教育形式。会计专业技术人员可以自愿选择参加继续教育的形式。会计专业技术人员继续教育的形式有:参加县级以上地方人民政府财政部门、人力资源社会保障部门,新疆生产建设兵团财政局、人力资源社会保障局,中共中央直属机关事务管理局,国家机关事务管理局(以下统称继续教育管理部门)组织的会计专业技术人员继续教育培训、高端会计人才培训、全国会计专业技术资格考试等会计相关考试、会计类专业会议等;参加会计继续教育机构或用人单位组织的会计专业技术人员继续教育培训;参加国家教育行政主管部门承认的中专以上(含中专,下同)会计类专业学历(学位)教育;承担继续教育管理部门或行业组织(团体)的会计类研究课题,或在有国内统一刊号(CN)的经济、管理类报刊上发表会计类论文;公开出版会计类书籍;参加注册会计师、资产评估师、税务师等继续教育培训;继续教育管理部门认可的其他形式。

(4) 继续教育学分管理。会计专业技术人员参加继续教育实行学分制管理,每年参加继续教育取得的学分不少于90学分。其中,专业科目一般不少于总学分的三分之二。会计专业技术人员参加继续教育取得的学分,在全国范围内当年度有效,不得结转以后年度。

第二节 会计档案

会计档案,是指会计凭证、会计账簿、财务会计报告以及其他会计资料等会计核算的专业材料,它是记录和反映经济业务事项的重要历史资料和证据,是国家经济档案的重要组成部分,也是各单位的重要档案之一。会计档案对于总结经济工作,指导生产经营管理和事业管理,查验经济财务问题,防止贪污舞弊,研究经济发展的方针、战略都具有重要的作用。因此,各单位必须加强对会计档案的管理,确保会计档案资料的安全和完整,并充分加以利用。

一、会计档案的种类

会计档案一般包括:
(1) 会计凭证类:原始凭证,记账凭证,汇总凭证,其他会计凭证。
(2) 会计账簿类:总账,明细账,日记账,固定资产卡片,辅助账簿,其他会计账簿。
(3) 财务报告类:月度、季度、年度财务报告,包括会计报表、附表、附注及文字说明,其他财务报告。
(4) 其他类:银行存款余额调节表,银行对账单,其他应当保存的会计核算专业资料,会计档案移交清册,会计档案保管清册,会计档案销毁清册。根据规定,各单位的预算、计划、制度等文件材料属于文书档案,不属于会计档案。

二、会计档案管理的具体要求

《会计法》和《会计基础工作规范》都对会计档案管理作出了明确规定,财政部还专门发布了《会计档案管理办法》,以加强会计档案管理,统一会计档案管理制度。会计档案工作由各级财政机关和各级档案业务管理机构共同负责,进行业务指导、监督与检查。国家机关、社会团体、企业、事业单位、按规定应当建账的个体工商户和其他组织应当按照规定,管理本单位的会计档案。

(一)会计档案的立卷、归档和保管

对会计档案应当进行科学管理,做到妥善保管,存放有序,查阅方便,不得随意堆放,严防毁损、散失和泄密。

各单位每年形成的会计档案,应当由会计机构按照归档要求,负责整理立卷,装订成册,并保管一年期满后移交单位的会计档案管理机构;没有专门档案管理机构的单位,应由会计机构指定专人继续保管。出纳人员不得兼管会计档案。

档案部门接收保管的会计档案,原则上应当保持原卷册的封装,个别需要拆封重新整理的,应当会同原会计机构和经办人共同拆封整理,以分清责任。保存的会计档案供本单位利用。会计档案原则上不得借出,如有特殊需要,须经本单位负责人批准,可以提供查阅或复制,并应履行借出手续和限期归还。查阅或者复制会计档案的人员,严禁在会计档案上涂画、拆封和抽换。各单位应当建立健全会计档案查阅、复制登记制度。

(二)会计档案的保管期限

根据《会计档案管理办法》的规定,会计档案的保管期限分为永久和定期两类。永久,是指会计档案须永久保存。定期,是指会计档案应保存达到法定的时间。定期保管期限分为3年、5年、10年、15年和25年等5种,保管期限从会计年度终了后第一天算起。那些记录内容相对稳定,具有长期使用价值,并对以后会计、审计工作具有重要影响和直接作用的档案就必须永久保存;而那些记录内容经常变化,只供当期使用或供下期参考的档案则须定期保管。以企业会计为例,各种会计档案的保管期限如表11.1所示。

表11.1 企业会计档案保管期限

顺序号	档案名称	保管期限	备注
一	会计凭证类		
1	原始凭证	15年	
2	记账凭证	15年	
3	汇总凭证	15年	
二	会计账簿类		
4	总账	15年	包括日记总账
5	明细账	15年	
6	日记账	15年	现金和银行存款日记账保管25年
7	固定资产卡片		固定资产报废清理后保管5年
8	辅助账簿	15年	
三	财务报告类		包括各级主管部门汇总财务报告
9	月、季度财务报告	5年	包括文字分析
10	年度财务报告(决算)	永久	包括文字分析
四	其他类		
11	会计移交清册	15年	
12	会计档案保管清册	永久	
13	会计档案销毁清册	永久	
14	银行余额调节表	5年	
15	银行对账单	5年	

(三)会计档案的销毁

根据规定,会计档案保管期满需要销毁的,可以按照规定程序予以销毁。销毁的基本程序和要求如下:

1. 编造会计档案销毁清册

会计档案保管期满需要销毁的,由本单位档案部门提出意见,会同财务会计部门共同进行审查和鉴定,并在此基础上编制会计档案销毁清册。会计档案销毁清册是销毁会计档案的记录和报批文件,一般应包括的内容有:会计档案名称、卷号、册数、起止年度和档案编号、应保管期限、已保管期限、销毁日期等。单位负责人应当在会计档案销毁清册上签署意见。

2. 专人负责监销

销毁会计档案时,应当由单位的档案机构和会计机构共同派人监销;国家机关销毁会计档案时,还应当有同级财政、审计部门派人监销;各级财政部门销毁会计档案时,应当由同级审计部门派人监销。监销人在销毁会计档案前应当按照会计档案销毁清册所列内容,清点核对所要销毁的会计档案;销毁后,监销人应当在会计档案销毁清册上签章,并将监销情况报告本单位负责人。

3. 不得销毁的会计档案

对于保管期满但未结清的债权债务原始凭证和涉及其他未了事项的原始凭证,不得销毁,而应当单独抽出立卷,保管到未了事项完毕时为止。单独抽出立卷的会计档案,应当在会计档案销毁清册和会计档案保管清册上列明。另外,正在建设期间的建设单位,其保管期满的会计档案也不得销毁。

第三节 新技术对会计工作的影响

《会计信息化发展规划(2021—2025年)》强调,"十四五"时期会计信息化工作面临新的形势与挑战,经济社会数字化转型全面开启、单位业财融合需求更加迫切、会计数据要素日益重要、会计数据安全风险不容忽视。信息技术彻底改变了会计环境和会计系统生态,改变了会计工作方式和工作重心,尤其人工智能技术的发展和应用,使会计进入崭新的智能化阶段。大数据、人工智能等新一代信息技术的加速迭代使会计行业正经历着颠覆性变革,对会计工作和会计人员产生深远影响。

一、提高会计工作效率,助力单位业财融合

传统会计工作主要发挥事后监督作用,在单位进行决策之前,很难实现事前控制以及进行财务预警,使得单位对于自身的经济状况不能够做到及时管控,甚至很多时候在进行决策时,以管理层自身主观的判断为主,未能体现精确的数据支撑。大数据和人工智能技术的运用,一方面,能够实现实时核算,补齐应用短板,打通端到端业财流程,优化系统间集成,打造全球一体化财务核算基座,从记录到报告,全场景自动触发,支撑财务集约化运营及自动化、

实时化核算,提升财务结账及报告效率,确保数出一处,报表真实;另一方面,形成闭环管控,以战略目标为导向,以场景化预算为抓手,在自动化的基础上,进一步通过场景化、在线化、实现业务数据化,可视化与移动化结合,形成动态化业务财务管控闭环。同时使数据洞察更精准,基于数据化、实时化的海量业财数据资产,深入业务洞察及内嵌财务风险预警机制,并利用实时核算及财务智能实现精准决策。

二、整合会计数据要素,服务单位价值创造

传统会计工作产生的基础核算数据,用于财务部门记账、算账和报账,以及实现简单的财务分析。会计组织处于单位的后台职能部门,甚少向业务、资源等方面延伸。大数据使会计信息结构愈加复杂,结构化数据和非结构化数据均被大量存储和使用。通过将零散的、非结构化的会计数据转变为聚合的、结构化的会计数据要素,发挥其服务单位价值创造功能,是会计工作实现数字化转型的重要途径。会计组织作为天然财务数据中心,会计人员拥有单位较高的数据查询和使用权限,随着数据应用难度的提高,会计组织将从原来的后台职能部门,逐渐向前端延伸。在业务服务层面,从业务到财务管理过程中,财务逐渐赋能相应的业务;在资源服务方面,财务人员逐渐支持单位的业务拓展等。

三、优化会计组织结构,推动会计行业人才需求转型

传统会计工作对会计人才的需求单一,会计人员需要掌握会计、财务管理、审计学等方面的知识,并加以应用到会计工作中。运用大数据和人工智能的方法,能够替代会计人员的大部分工作,并且高效率地完成,以前需要大量的员工进行手工输入和操作的工作,均能够通过智能化实现。基础性工作未来将更多通过系统、大数据进行解决。因此,在这一行业中,一些基础的、重复性的会计工作将可能被智能技术替代,这也意味着初级会计人员的工作被智能技术所替代,会计岗位从业人员面临换岗、离岗的可能,会计组织结构也面临重塑的可能。会计行业的人才需求,也已经由需求从事基础会计工作的员工,转而需求具备高素质复合型的会计人才,尤其是能够运用大数据和人工智能等信息技术对行业进行系统性分析的人才。

随着新技术赋能会计数字化转型的力度不断加大,企事业单位根据自身特色进行了广泛的探索。由于企事业单位存在丰富的会计应用场景,我国会计行业已经初步形成了会计数字化转型的中国经验,在会计职能拓展和会计价值提升方面成效显著,出现了可复制的经验。

对于会计人员而言,会计人员需要保持与时俱进的心态,明确运用新技术是大势所趋,应当以开放的心态迎接新技术,同时关注数据价值理念、数据治理理念、数据驱动理念和数据安全理念。信息技术能力层面,数字化趋势要求会计人员向具备财会专业能力以及技术应用能力的复合型人才转型;财会专业能力要求会计人员侧重于加强财务判定、业务理解、决策支持等高附加值能力;信息技术应用能力要求会计人员掌握必要的数据应用工具,提升数据应用效能。

思考与练习

一、问答

1. 会计工作组织主要包括哪些内容？正确组织会计工作应当注意哪些要求？
2. 简述会计人员的职责和工作权限。

二、单项选择题

1. 会计行政法规是由（　　）制定并发布的。
   A. 全国人民代表大会　　　　　　B. 国务院
   C. 财政部　　　　　　　　　　　D. 审计署

2. 在大中型企业中，领导和组织企业会计工作和经济核算工作的是（　　）。
   A. 厂长　　　B. 注册会计师　　　C. 高级会计师　　　D. 总会计师

3. 关于非集中核算组织形式，下列说法中正确的是（　　）。
   A. 总分类核算和对外报表应由厂级会计部门集中进行
   B. 车间级会计部门负责独立组织本车间的全套会计循环
   C. 车间级会计部门只负责登记原始记录和填制原始凭证
   D. 以上说法都不对

4. 关于会计部门内部的岗位责任制，下列说法中错误的有（　　）。
   A. 必须贯彻钱账分设、内部牵制的原则
   B. 人员分工可以一岗一人，也可以一岗多人或多岗一人
   C. 会计人员合理分工，能划小核算单位，缩小会计主体，简化会计工作
   D. 应保证每一项会计工作都有专人负责

5. 会计人员的职责中不包括（　　）。
   A. 进行会计核算　　　　　　　　B. 实行会计监督
   C. 编制预算　　　　　　　　　　D. 决定经营方针

6. 当前，我国会计法规制度体系的第一层次是（　　）。
   A.《会计法》　　　　　　　　　　B.《企业会计准则》
   C.《企业财务通则》　　　　　　　D. 各大行业会计制度

7. 会计准则分为（　　）两个层次。
   A. 宏观准则和微观准则　　　　　B. 企业会计准则和预算会计准则
   C. 基本准则和具体准则　　　　　D. 会计准则和财务通则

8. 会计的基本准则中不包括（　　）。
   A. 会计核算的前提条件　　　　　B. 基本业务准则
   C. 会计要素准则　　　　　　　　D. 会计报表准则

9. 我国会计工作管理体制的总原则是（　　）。
   A. 统一领导，分级管理　　　　　B. 精简机构，提高效率
   C. 钱账分设，内部牵制　　　　　D. 分工协作，职责分明

10. 会计人员对不真实、不合法的原始凭证（　　）。
    A. 予以退回　　　　　　　　　　B. 更正补充
    C. 不予受理　　　　　　　　　　D. 无权自行处理

11. 企业年度会计报表的保管期限为（　　）。
    A. 5年　　　　B. 15年　　　　C. 25年　　　　D. 永久
12. 会计准则规定了（　　）。
    A. 账簿组织体系　　　　　　　B. 填制和审核凭证的方法
    C. 会计核算内容与科目　　　　D. 会计核算的基本前提
13. 在一些规模小、会计业务简单的单位,应（　　）。
    A. 单独设置会计机构　　　　　B. 在有关机构中配备专职会计人员
    C. 在单位领导机构中设置会计人员　D. 不设专职的会计人员
14. 集中核算和非集中核算,在一个企业里（　　）。
    A. 可同时采用　　　　　　　　B. 可分别采用
    C. 既可同时采用,又可分别采用　D. 不能同时采用
15. 企业的现金日记账和银行存款日记账保管期限为（　　）。
    A. 15年　　　　B. 3年　　　　C. 25年　　　　D. 永久

三、多项选择题

1. 合理地组织企业的会计工作,能够（　　）。
   A. 提高会计工作的效率
   B. 提高会计工作的质量
   C. 确保会计工作与其他经济管理工作协调一致
   D. 加强各单位内部的经济责任制
   E. 取代企业的计划、统计等部门的工作
2. 会计工作的组织,主要包括（　　）。
   A. 会计机构的设置　　　　　　B. 会计人员的配备
   C. 会计法规、制度的制定与执行　D. 会计档案的保管
   E. 会计工作的组织形式
3. 会计工作的组织形式包括（　　）。
   A. 科目汇总表核算形式　　　　B. 集中核算形式
   C. 汇总记账凭证核算形式　　　D. 非集中核算形式
   E. 记账凭证核算形式
4. 非集中核算形式下,二级核算单位的核算内容包括（　　）。
   A. 填制原始凭证　　B. 进行明细分类核算　　C. 进行总分类核算
   D. 编制内部报表　　E. 编制对外会计报表
5. 我国会计专业技术职务分别规定为（　　）。
   A. 高级会计师　　B. 会计师　　　　C. 注册会计师
   D. 助理会计师　　E. 会计员
6. 有关会计人员的法规包括（　　）。
   A.《会计人员职权条例》
   B.《总会计师条例》
   C.《会计基础工作规范》
   D.《中华人民共和国注册会计师法》
   E.《会计档案管理办法》

7. 会计档案的定期保管期限有( )。
   A. 3年 B. 5年 C. 10年
   D. 15年 E. 25年

8. 会计人员和会计机构的主要职责有( )。
   A. 进行会计核算
   B. 实行会计监督
   C. 拟定本单位的会计工作实施办法和制度
   D. 编制预算和财务计划,并考核分析执行情况
   E. 办理其他会计事项

9. 无论采用集中核算还是非集中核算,( )都应由厂部财务会计部门集中办理。
   A. 企业对外的现金往来   B. 材料的明细核算
   C. 物资购销   D. 债权债务的结算
   E. 企业所有会计报表的编制

10. 各单位制定内部会计管理制度应当遵循( )原则。
    A. 应当执行法律、法规和国家统一的财务会计制度
    B. 应当体现本单位的生产经营、业务管理的特点和要求
    C. 应当全面规范本单位的会计工作,建立健全会计基础,保证会计工作的有序进行
    D. 应当科学、合理,便于操作和执行
    E. 应当定期检查执行情况

11. 各单位应当建立内部会计管理体系,其主要内容包括( )。
    A. 单位领导人、总会计师对会计工作的领导职责
    B. 会计部门及其会计机构负责人、会计主管人员的职责、权限
    C. 会计部门与其他职能部门的关系
    D. 会计核算的组织形式
    E. 会计人员的工作岗位设置

12. 会计人员的权限有( )。
    A. 督促本单位有关部门执行国家财务会计制度
    B. 参与本单位编制计划
    C. 对外签订经济合同
    D. 有权检查本单位有关部门的财务收支
    E. 参加有关的业务会议

13. 我国会计法规和制度体系由( )等三个层次构成。
    A. 会计法 B. 会计准则 C. 会计制度
    D. 会计原则 E. 会计假设

14. 我国《企业会计准则》主要包括以下内容( )。
    A. 关于会计核算基本前提的规定
    B. 关于会计核算一般原则的规定
    C. 关于会计要素准则的规定
    D. 关于财务报告体系的规定
    E. 关于会计人员职责的规定

15. 国有企业、事业单位的（　　　）的任免,应当经过上级主管单位同意,不得任意调动或者撤换。

  A. 会计机构负责人　　　B. 会计人员　　　C. 总会计师

  D. 会计主管人员　　　E. 高级会计师

四、判断题

1. 《中华人民共和国会计法》明确规定,国务院直接管理全国的会计工作。(　　)

2. 企业会计工作的组织形式是统一领导,分级管理。(　　)

3. 在实际工作中,企业可以对某些业务采用集中核算,而对另外一些业务采用非集中核算。(　　)

4. 在《企业会计准则》中,对会计机构负责人和会计主管人员的任免,都作了若干特殊的规定。(　　)

5. 我国的会计法规制度体系由三个层次构成,即会计法、企业会计准则、企业财务通则。(　　)

6. 会计档案的保管期限分为永久保管和定期保管两种,其中定期保管又分为3年、5年、10年、15年和25年。(　　)

7. 企业单位采用非集中核算,财会部门掌握的资料比较完整、详细。(　　)

8. 会计制度包括全国统一的行业会计制度和企业单位内部的会计制度。(　　)

参 考 文 献

[1] 陈国辉,迟旭升.基础会计[M].大连:东北财经大学出版社,2012.

[2] 陈少华.会计学原理[M].厦门:厦门大学出版社,2010.

[3] 杜兴强.会计学原理[M].北京:高等教育出版社,2009.

[4] 卜华.会计学[M].徐州:中国矿业大学出版社,2011.

[5] 中华人民共和国会计法[M].北京:法律出版社,1999.

[6] 中华人民共和国财政部.会计从业资格管理办法(中华人民共和国财政部令第73号)[EB/OL].http://www.gov.cn,2012.

[7] 《中华人民共和国会计法》1985年1月21日第六届全国人民代表大会常务委员会第九次会议通过　根据1993年12月29日第八届全国人民代表大会常务委员会第五次会议《关于修改〈中华人民共和国会计法〉的决定》第一次修正　1999年10月31日第九届全国人民代表大会常务委员会第十二次会议修订　根据2017年11月4日第十二届全国人民代表大会常务委员会第三十次会议《关于修改〈中华人民共和国会计法〉等十一部法律的决定》第二次修正).

[8] 《会计基础工作规范》(1996年6月17日财会字〔1996〕19号公布,根据2019年3月14日《财政部关于修改〈代理记账管理办法〉等2部部门规章的决定》修改).

[9] 《会计专业技术人员继续教育规定》(财会〔2018〕10号).

[10] 《关于深化会计人员职称制度改革的指导意见》人社部发〔2019〕8号.

[11] 《会计改革与发展"十四五"规划纲要》(财会〔2021〕27号).

[12] 《会计人员继续教育专业科目指南(2022年版)》(财会〔2022〕35号).

[13] 《会计人员职业道德规范》(财会〔2023〕1号).

思考与练习参考答案

第一章 总　　论

一、问答

1. 什么是会计？会计有哪些特点？其发展经历了哪几个阶段？

答：会计是以货币为主要计量单位，运用专门方法对企业、行政事业等单位的经济活动进行连续、系统、综合、全面的确认、计量、报告和监督，向财务报告使用者提供有关的会计信息，并进行必要的经济预测、分析，参与决策的一种经济管理活动。

会计具有四个特点：① 会计以货币作为主要计量单位；② 会计拥有一系列专门方法；③ 会计具有核算和监督的基本职能；④ 会计的本质就是管理活动。

会计从产生到现在经历了三个阶段：

第一个阶段（古代会计，1494 年前）：以实物和货币为计量单位，是生产的附带部分。以官厅会计为主，会计核算采用单式记账。

第二个阶段（近代会计，1494～1950 年）：以货币为主要计量单位，具有独立的管理职能。以企业会计为主，会计核算采用复式记账，形成一套完整的会计核算方法，使会计成为一门学科。

第三个阶段（现代会计，1950 年后）：产生两大分支，即财务会计和管理会计。

2. 简述会计的基本职能及其关系。

答：会计的职能是会计在经济管理中的功能。会计的基本职能包括进行会计核算和实施会计监督两个方面。

会计核算是会计的首要职能，是全部会计管理工作的基础。会计核算职能是指以货币为主要计量单位，通过确认、记录、计算、报告等环节，对特定主体的经济活动进行记账、算账、报账，为各有关方面提供会计信息的功能。

会计监督职能是指会计人员在进行会计核算的同时，对特定主体经济活动的真实性、合法性、合理性进行审查。是按目标要求，指导、调节经济活动，进行事前、事中和事后的控制和检查。

会计核算与会计监督密不可分。会计核算是会计监督的基础，没有会计核算提供的各种信息，会计监督就失去了存在的基础；会计监督是会计核算的继续，没有会计监督，就难以保证会计核算所提供信息的真实性、合法性、合理性。两者相辅相成，缺一不可。

3. 简述会计的基本假设。

答：会计基本假设是会计确认、计量和报告的前提，是对会计核算所处时间、空间环境等所作的合理设定。会计基本假设包括会计主体、持续经营、会计分期和货币计量。会计主体是指会计所核算和监督的特定单位或者组织,是会计确认、计量和报告的空间范围。持续经营是指在可以预见的将来,企业将会按当前的规模和状态继续经营下去,不会停业,也不会大规模削减业务。会计分期是指将一个会计主体持续经营的生产经营活动划分为一个个连续的、长短相同的期间,以便分期结算账目和编制财务会计报告。货币计量是指会计主体在会计确认、计量和报告时采用货币作为统一的计量单位,反映会计主体的生产经营活动。

上述会计核算的四项基本假设,具有相互依存、相互补充的关系。会计主体确定了会计核算的空间范围,持续经营与会计分期确定了会计核算的时间长度,而货币计量则为会计核算提供了必要的手段。没有会计主体,就不会有持续经营;没有持续经营,就不会有会计分期;没有货币计量,就不会有现代会计。

4. 请举例说明对权责发生制的理解。

答:权责发生制是指对于会计主体在一定期间内发生的交易或事项,凡是符合收入确认标准的本期收入,不论款项是否收到,均作为本期的收入处理;凡是符合费用确认标准的本期费用,不论款项是否支付,均作为本期的费用处理。其核心是按交易或事项是否影响各个会计期间的经营成果和受益情况,确定其归属期。

如光华公司是增值税一般纳税人,20×2年10月17日赊销一批商品给通达公司,价值100 000元,增值税税率为13%,货已发出,货款尚未收到。这里光华公司20×2年10月份虽然没有收到该笔货款,但按照权责发生制,也应确认本期收入100 000元,应收账款113 000元。

又如光华公司20×1年12月31日从通达公司租入机器设备一台,租期3年,年租金20 000元,3年的租金要求在20×2年1月1日一次性支付,已开出60 000元的转账支票一张交给通达公司。这笔业务中的60 000元的租金虽然已经付出,但其受益期却是未来的3年,按照权责发生制,应作为一项长期待摊费用在20×2年1月1日至20×4年12月31日这3年中按月逐期摊销,分别计入各期的成本费用中。

采用权责发生制,可以正确反映各个会计期间所实现的收入和为实现收入所应负担的费用,从而可以把各期的收入与其相关的费用、成本相配合,加以比较,正确确定各期的财务成果,按照权责发生制的要求,就需要根据账簿记录对期末账项进行调整。

我国企业应当以权责发生制为基础进行会计确认、计量和报告。

二、单项选择题

1. C　2. D　3. C　4. D　5. D　6. C　7. C　8. C

三、多项选择题

1. ABCD　2. ABC　3. BC　4. ABC　5. ABCD　6. BC　7. BCD　8. ABCD

四、判断题

1. ×　2. ×　3. √　4. √　5. ×　6. ×　7. √　8. ×　9. ×　10. √　11. ×　12. ×　13. ×　14. √

五、案例分析

1. 参考答案

税务人员的说法有道理。作为个体工商户的张先生,按照我国税法的规定应对经营所得缴纳个人所得税,个人所得税的计税基础是经营收入,蓝枫如果将自己的商品随意领用,根据税法相关规定,这些业主自用的商品应该视同销售,在计算缴纳所得税时应当计入计税基础,蓝枫没有记账,因此无法正确地确定计税基础,所以有偷税的嫌疑。

2. 参考答案

按照我国企业会计准则的要求,我国企业采用权责发生制作为记账基础。在权责发生制下,对于会计主体在一定期间内发生的交易或事项,凡是符合收入确认标准的本期收入,不论现金或者银行存款等款项是否收到,均作为本期的收入处理;凡是符合费用确认标准的本期费用,不论现金或者银行存款等款项是否支付,均作为本期的费用处理。权责发生制的核心是按交易或事项是否影响各个会计期间的经营成果和收益情况,确定其归属期。因此,企业的利润也是权责发生制下的产物,也就是说利润并不代表企业在本期真实拥有相同金额的现金。比如,企业在赊销商品时,计入了收入,因此在当前能够形成利润,但是企业在当前并没有收到现金。所以名扬公司虽然有利润,但是本期并没有收回足够的现金,无法偿还到期款项,现金周转不能维持。根据我国破产法的规定,债权人有权要求法院宣告债务人破产。

第二章　会计要素与会计科目

一、问答

1. 何谓会计要素？如何理解会计六大要素？

答:会计要素是对会计对象按其经济特征所作的进一步分类。是会计核算对象的具体化,是用于反映会计主体财务状况,确定经营成果的基本单位。包括资产、负债、所有者权益、收入、费用、利润等六大会计要素。其中,资产、负债和所有者权益三项会计要素表现资金运动的相对静止状态,即反映企业的财务状况;收入、费用和利润三项会计要素表现资金运动的显著变动状态,即反映企业的经营成果。

资产是指企业过去的交易或者事项形成的、由企业拥有或者控制的、预期会给企业带来经济利益的资源。是企业从事生产经营的物质基础,并以各种具体形态分布或占用生产经营过程的不同方面。资产可以是货币的,也可以是非货币的;可以是有形的,也可以是无形的。按照其流动性质,资产通常划分为流动资产和非流动资产两大类。

负债是指企业过去的交易或事项形成的、预期会导致经济利益流出企业的现时义务。一项现时义务虽然符合负债的定义,也不一定就可以确认为负债。一项现时义务要确认为企业的负债,必须同时满足确认负债的三个条件。企业的负债按其流动性不同,通常分为流动负债和长期负债。

所有者权益是指企业资产扣除负债后,由所有者享有的剩余权益(股份公司的所有者权益又称为股东权益)。所有者权益是所有者对企业资产的剩余索取权,它是企业资产中扣除债权人权益后应由所有者享有的部分,包括所有者投入的资本、直接计入所有者权益的利得和损失、留存收益等。所有者权益通常由实收资本(或股本)、资本公积、盈余公积和未分配利润组成。

收入是指企业在日常活动中形成的、会导致所有者权益增加的、与所有者投入资本无关的经济利益的总流入。包括主营业务收入和其他业务收入。

费用是指企业在日常活动中发生的、会导致所有者权益减少的、与向所有者分配利润无关的经济利益的总流出。费用是为实现收入而发生的支出,应与收入配比确认、计量。主要包括营业成本、税金及附加、期间费用等。

利润是指企业在一定期间的经营成果。利润往往也是评价企业管理层业绩的一项重要指标。

2. 举例说明经济业务的发生对会计基本等式的影响。

答：经济业务是指发生于企业经营过程中，进入会计信息系统，引起会计要素发生增减变化的交易、事项或情况。任何一项经济业务的发生都会引起资产、负债和所有者权益至少两个项目发生增减变动。但任何一项经济业务的发生，都不会影响资产与权益的恒等关系。如：某企业1月初资产与权益总额均为200 000万元，1月份发生如下业务：①1月5日，公司接收国家投入的大型设备，价值2 000 000元；②1月10日，公司以银行存款100 000元偿还短期借款；③1月14日，公司以银行存款购入原材料100 000元；④1月20日，公司开出商业承兑汇票一张，金额50 000元，以抵付前欠应付账款。四项业务发生后资产与权益总额均变化为2 100 000元，而这四项业务代表了一个企业资金运动的全貌(资金进入企业、在企业内部循环周转、资金退出企业)，这些业务的方式并没有破坏会计等式。

3. 何谓会计科目、会计账户？简述两者的关系。

答：会计科目是指对会计要素的具体内容进行分类核算的项目。账户是根据会计科目开设的，用来分类记录经济业务的具有一定格式的账页。由名称和结构两部分构成，设置账户是会计核算的专门方法之一。会计科目与账户是会计学中两个不同的概念，两者关系如表D.1所示。

表D.1 会计账户与会计科目的异同点

	会 计 账 户	会 计 科 目
相同	会计账户所登记的经济内容与会计科目所反映的经济内容是一致的	
联系	会计账户是根据会计科目开设的，是会计科目的具体运用	会计科目是设置会计账户的依据，是会计账户的名称
区别	会计账户具有一定结构，能具体反映会计要素增减变动情况	会计科目只是会计要素具体内容的分类，本身无结构

二、单项选择题

1. A 2. D 3. A 4. C 5. A 6. C 7. B 8. B 9. C 10. C 11. A 12. A 13. B 14. D 15. D 16. B 17. B 18. A 19. D 20. B 21. B

三、多项选择题

1. ABC 2. AB 3. ABC 4. ABD 5. BD 6. AD 7. ABC 8. AD 9. ABCD 10. CD 11. ABC 12. ABCD 13. CD 14. ABCD 15. AC 16. ABCD 17. ABCD

四、判断题

1. √ 2. √ 3. √ 4. × 5. √ 6. × 7. √ 8. × 9. √ 10. × 11. √ 12. × 13. √ 14. √ 15. × 16. √ 17. √ 18. ×

五、业务练习题

练习一参考答案如表D.2所示。

表 D.2 按科目经济内容分类表

单位:元

序号	项目	会计科目	资产	负债	所有者权益
1	存放在出纳处的现金	库存现金	500		
2	存放在银行里的资金 144 500 元	银行存款	144 500		
3	借入 3 个月期限的临时借款 600 000 元	短期借款		600 000	
4	仓库中存放的材料 380 000 元	原材料	380 000		
5	仓库中存放的已完工产品 60 000 元	库存商品	60 000		
6	正在加工中的在产品 75 000 元	生产成本	75 000		
7	借入 1 年以上期限的借款 1 450 000 元	长期借款		1 450 000	
8	房屋及建筑物 2 400 000 元	固定资产	2 400 000		
9	所有者投入的资本 2 000 000 元	实收资本			2 000 000
10	机器设备 750 000 元	固定资产	750 000		
11	应收外单位的货款 140 000 元	应收账款	140 000		
12	应付外单位的材料款 120 000 元	应付账款		120 000	
13	以前年度积累的未分配利润 280 000 元	利润分配			280 000
14	对外长期股权投资 500 000 元	长股权投资	500 000		
	合计		4 450 000	2 170 000	2 280 000

练习二参考答案如表 D.3 所示。

表 D.3 ××企业月末各项目情况表

单位:元

资产	期初数	本月增加	本月减少	期末余额
库存现金	1 000	1 000	1 000	1 000
银行存款	13 000	92 000	46 000	5 9000
应收账款	14 000		12 000	2 000
其他应收款	2 000	1 000		3 000
在途物资	10 000			10 000
生产成本	140 000	45 000		185 000
原材料	50 000	20 000	45 000	25 000
库存商品	70 000			70 000
固定资产	400 000	20 000		420 000
合计	700 000	179 000	104 000	775 000
负债及所有者权益	期初数	本月增加	本月减少	期末余额
短期借款	100 000	50 000		150 000
应付账款	25 000	20 000	20 000	25 000

续表

负债及所有者权益	期初数	本月增加	本月减少	期末余额
应付职工薪酬	5 000		5 000	
负债合计	130 000	70 000	25 000	17 5000
实收资本	500 000	30 000		530 000
盈余公积	50 000			50 000
未分配利润	20 000			20 000
所有者权益合计	570 000	30 000		600 000
合　　计	700 000	100 000	25 000	775 000

六、案例分析

1. 参考答案

企业的资产与权益是相互依存的,有一定数额的资产,必然有相应数额的权益;反之亦然。所以,在数量上任何一个企业的所有资产与所有权益的总额必定相等。用公式表示为:资产=负债+所有者权益。王先生的公司在经过这些经济活动以后仍然符合会计恒等式。各项经济业务对会计恒等式的影响如下:

(1) 以36 000元存款租用办公室,减少了36 000元银行存款,但增加了3 000元长期待摊费用,资产类项目总额保持不变,会计恒等式仍然平衡。

(2) 支付各种办公费用14 000元,银行存款减少了14 000元,同时管理费用增加了14 000元。由会计等式资产=负债+所有者权益+(收入-费用)可得:资产+费用=负债+所有者权益+收入。这笔业务导致资产类项目减少14 000元,同时费用类项目增加14 000元,会计恒等式仍然平衡。

(3) 用银行存款购入90万元商品,减少了90万元银行存款,但增加了90万元存货,资产类项目总额保持不变,从而会计恒等式仍然平衡。

(4) 卖出商品收到货款135万元,银行存款增加了135万元,同时存货减少了90万元,资产类项目总额净增加45万元;这一业务能够为企业带来收入45万元(=135万元-90万元)。由会计等式"资产=负债+所有者权益+(收入-费用)"可得:资产+费用=负债+所有者权益+收入。这笔业务导致资产类项目净增加45万元,同时损益类项目净增加45万元,等式两边同时增加相同的数量,会计恒等式仍然平衡。

2. 参考答案

账户,是按照规定的会计科目在账簿中对各项经济业务进行的分类、系统、连续记录的一种手段。会计科目仅仅是分类核算的项目或标志,而核算指标的具体数据资料,则要通过账户记录取得。所以,设置会计科目以后,还必须根据规定的会计科目开设一系列反映不同经济内容的账户,用来对各项经济业务进行分类记录。会计科目与账户是两个既相区别又相联系的不同概念。其共同点在于:都要对经济业务进行分类,都说明一定的经济业务内容。其不同点在于:会计科目只是经济业务分类核算的项目或标志,只是说明一定经济业务的内容;按照会计科目开设的账户是具体记录经济业务内容,可以提供具体的数据资料,具有登记增减变化的不同结构的一种核算形式。

采用不同的记账方法,账户的结构是不同的,即使采用同一记账方法,不同性质的账户结构也是不同的。但是,不管采用何种记账方法,也不论是何种性质的账户,其基本结构总是相同的。账户一般可以划分为左右两方,每一方再根据实际需要分成若干栏次,用来分类登记经济业务及其会计要素的增加与减少,以及增减变动的结果。账户的格式设计一般应包括以下内容:① 账户的名称,即会计科目;② 日期和摘要,即经济业务发生的时间和内容;③ 凭证号数,即账户记录的来源和依据;④ 增加和减少的金额;⑤ 余额。

本期增加发生额和本期减少发生额相抵后的差额,就是本期的期末余额。对同一个账户来说,期末余额并不是永远固定在一方。比如应收账款明细账根据对方单位开设,该明细账属于资产类账户,期末余额一般在借方,表示期末尚未收回的应收账款的金额。但是如果对方客户实际支付的款项超过欠款金额(由于对方客户经常与企业往来,很可能出现这种情况),那么该明细账就会出现贷方余额,该余额表示期末多收的款项,是企业对客户的负债。

期末无余额的账户称为虚账户,虚账户的发生额反映企业的损益情况。收益类和费用类账户期末都没有余额,这些都是虚账户。

3. 参考答案

裘真同学的看法不正确,并不是实账户都有实际经济意义,虚账户都没有经济意义。实账户和虚账户只是从是否有期末余额这个角度进行划分的,与是否具有经济意义无关。通常将期末有余额的账户称为实账户,实账户的期末余额代表着企业的资产、负债或所有者权益。将期末无余额的账户称为虚账户,虚账户的发生额反映企业的损益情况。可见,实账户和虚账户都是对企业某类经济业务的核算,都具有经济意义。

第三章 复式记账

一、问答

1. 简述复式记账的主要内容。

答:复式记账是指对每一项经济业务,都以相等的金额,同时在相互对应的两个或两个以上的账户中进行记录的记账方法。包括两个主要内容:

(1) 由于对每一项经济业务都要在相互联系的两个或两个以上的账户中做记录,根据账户记录的结果,不仅可以了解每一项经济业务的来龙去脉,而且可以通过会计要素的增减变动全面、系统地了解经济活动的过程和结果;

(2) 由于复式记账要求以相等的金额在两个或两个以上的账户同时记账,因此可以对账户记录的结果进行试算平衡,以检查账户记录的正确性。

2. 什么是借贷记账法?它有哪些基本特点?

答:借贷记账法是以"借""贷"为记账符号,以"有借必有贷,借贷必相等"为记账规则的一种复式记账方法。其理论依据为"资产=负债+所有者权益"。具有以下特点:

(1) 以"借""贷"为记账符号。

(2) 以有借必有贷,借贷必相等为记账规则。

(3) 可设置双重性账户。

(4) 根据借贷平衡原理进行试算平衡。

二、单项选择题

1. C 2. B 3. C 4. D 5. A 6. B 7. C 8. D 9. D 10. A

三、多项选择题

1. ACD   2. BD   3. ABCD   4. ABC   5. ABC   6. ABC   7. AC   8. ABCD   9. BC   10. AB

四、判断题

1. √   2. √   3. ×   4. ×   5. √   6. √   7. ×   8. ×   9. √   10. ×

五、业务练习题

练习一参考答案

1. 各经济业务的会计分录

(1) 借:原材料	10 000		(2) 借:生产成本	40 000	
贷:银行存款		10 000	贷:原材料		40 000
(3) 借:库存现金	400		(4) 借:固定资产	100 000	
贷:银行存款		400	贷:银行存款		100 000
(5) 借:应付账款	3 000		(6) 借:制造费用	25 000	
贷:银行存款		3 000	贷:原材料		25 000
(7) 借:银行存款	3 000		(8) 借:应付账款	4 000	
贷:应收账款		3 000	短期借款	12 000	
(9) 借:银行存款	20 000		贷:银行存款		16 000
贷:实收资本		20 000	(10) 借:银行存款	3 600	
			库存现金	400	
			贷:应收账款		4 000

2. 各账户登记表

库存现金

期初余额 1 000	
(3) 400	
(10) 400	
本期发生额 800	
期末余额 1 800	

银行存款

期初余额 135 000	(1) 10 000
(7) 3 000	(3) 400
(9) 20 000	(4) 100 000
(10) 3 600	(5) 3 000
	(8) 16 000
本期发生额 26 600	129 400
期末余额 32 200	

应收账款

期初余额 10 000	(7) 3 000
	(10) 4 000
	本期发生额 7 000
期末余额 3 000	

生产成本

期初余额 40 000	
(2) 40 000	
本期发生额 40 000	
期末余额 80 000	

原材料

期初余额 120 000	(2) 40 000
(1) 10 000	(6) 25 000
本期发生额 10 000	65 000
期末余额 65 000	

库存商品

期初余额 24 000	
本期发生额	
期末余额 24 000	

固定资产			短期借款	
期初余额 600 000				期初余额 62 000
(4) 100 000				
本期发生额 100 000			(8)12 000	
期末余额 700 000			本期发生额 12 000	
				期末余额 50 000

应付账款			实收资本	
(5) 3 000	本期发生额 8 000			期初余额 860 000
(8) 4 000				(9) 20 000
本期发生额 7 000				本期发生额 20 000
	期末余额 1 000			期末余额 880 000

制造费用	
(6) 25 000	
本期发生额 25 000	
期末余额 25 000	

总分类账户本期发生额及余额表如表 D.4 所示。

表 D.4 总分类账户本期发生额及余额表

单位:元

会计科目	期初余额		本期发生额		期末余额	
	借方	贷方	借方	贷方	借方	贷方
库存现金	1 000		800		1 800	
银行存款	135 000		26 600	129 400	32 200	
应收账款	10 000			7 000	3 000	
生产成本	40 000		40 000		80 000	
制造费用			25 000		25 000	
原材料	120 000		10 000	65 000	65 000	
库存商品	24 000				24 000	
固定资产	600 000		100 000		700 000	
短期借款		62 000	12 000			50 000
应付账款		8 000	7 000			1 000
实收资本		860 000		20 000		880 000
合计	930 000	930 000	221 400	221 400	931 000	931 000

练习二参考答案

1. 各会计分类

(1) 借:应付账款——A公司　　　　　　　　　　　　　15 000
　　　贷:银行存款　　　　　　　　　　　　　　　　　　　15 000

(2) 借:原材料——甲材料　　　　　　　　　　　　　　15 000
　　　应交税费——应交增值税(进项税额)　　　　　　 1 950
　　　贷:银行存款　　　　　　　　　　　　　　　　　　　16 950

(3) 借:生产成本(制造费用)　　　　　　　　　　　　70 000
　　　贷:原材料——甲材料　　　　　　　　　　　　　　30 000
　　　　　　　——乙材料　　　　　　　　　　　　　　10 000
　　　　　　　——丙材料　　　　　　　　　　　　　　30 000

(4) 借:应付账款——B公司　　　　　　　　　　　　　10 000
　　　贷:银行存款　　　　　　　　　　　　　　　　　　　10 000

(5) 借:原材料——乙材料　　　　　　　　　　　　　　10 000
　　　应交税费——应交增值税(进项税额)　　　　　　 1 300
　　　贷:银行存款　　　　　　　　　　　　　　　　　　　11 300

2. 各相关总账和明细账

应付账款总分类账如表D.5所示,原材料总分类账如表D.6所示。A公司应付账款明细分类账如表D.7所示,B公司的应付账款明细分类账如表D.8所示。甲材料明细账如表D.9所示,乙材料明细账如表D.10所示,丙材料明细账如表D.11所示。原材料明细账本期发生额及余额表如表D.12所示。应付账款明细账本期发生额及余额表如表D.13所示。

表D.5　应付账款总分类账

会计科目:应付账款

年		凭证		摘要	借方								贷方								借或贷	余额							
月	日	种类	号数		十万	万	千	百	十	元	角	分	十万	万	千	百	十	元	角	分		十万	万	千	百	十	元	角	分
				期初余额																	贷		5	0	0	0	0	0	0
				还A货款		1	5	0	0	0	0	0									贷		3	5	0	0	0	0	0
				还B货款		1	0	0	0	0	0	0									贷		2	5	0	0	0	0	0
				本月合计		2	5	0	0	0	0	0									贷		2	5	0	0	0	0	0

表D.6　原材料总分类账

会计科目:原材料

年		凭证		摘要	借方								贷方								借或贷	余额							
月	日	种类	号数		十万	万	千	百	十	元	角	分	十万	万	千	百	十	元	角	分		十万	万	千	百	十	元	角	分
				期初余额																	借		2	0	0	0	0	0	0
				购料		1	5	0	0	0	0	0									借		2	1	5	0	0	0	0
				生产领料										7	0	0	0	0	0	0	借		1	4	5	0	0	0	0
				购料		1	0	0	0	0	0	0									借		1	5	5	0	0	0	0
				本月合计		2	5	0	0	0	0	0		7	0	0	0	0	0	0	借		1	5	5	0	0	0	0

表 D.7　A 公司应付账款明细分类账

会计科目：A 公司

年		凭证		摘要	借方								贷方								借或贷	余额							
月	日	种类	号数		十万	千	百	十	元	角	分		十万	千	百	十	元	角	分			十万	千	百	十	元	角	分
				期初余额																	贷		3	0	0	0	0	0	0
				还货款		1	5	0	0	0	0	0									贷		1	5	0	0	0	0	0
				本月合计		1	5	0	0	0	0	0									贷		1	5	0	0	0	0	0

表 D.8　B 公司应付账款明细分类账

会计科目：B 公司

年		凭证		摘要	借方								贷方								借或贷	余额							
月	日	种类	号数		十万	千	百	十	元	角	分		十万	千	百	十	元	角	分			十万	千	百	十	元	角	分
				期初余额																	贷		2	0	0	0	0	0	0
				还货款		1	0	0	0	0	0	0									贷		1	0	0	0	0	0	0
				本月合计		1	0	0	0	0	0	0									贷		1	0	0	0	0	0	0

表 D.9　甲材料明细账

品名：甲材料　　　　规格：　　　　等级：　　　　单位：千克

年		单号	摘要	收入			发出			结存		
日	月			数量	单价	金额	数量	单价	金额	数量	单价	金额
			期初余额							800	150	120 000
			购料	100	50	15 000				900	150	135 000
			生产领料				200	150	30 000	700	150	105 000
			本月合计	100	150	15 000	200	150	30 000	700	150	105 000

表 D.10　乙材料明细账

品名：乙材料　　　　规格：　　　　等级：　　　　单位：千克

年		单号	摘要	收入			发出			结存		
日	月			数量	单价	金额	数量	单价	金额	数量	单价	金额
			期初余额							200	100	20 000
			生产领料				100	100	10 000	100	100	10 000
			购料	100	100	10 000				200	100	20 000
			本月合计	100	100	10 000	100	100	10 000	200	100	20 000

表 D.11　丙材料明细账

品名：丙材料　　　　规格：　　　　等级：　　　　单位：千克

年		单号	摘要	收入			发出			结存		
日	月			数量	单价	金额	数量	单价	金额	数量	单价	金额
			期初余额							500	120	60 000
			生产领料				250	120	30 000	250	120	30 000
			本月合计				250	120	30 000	250	120	30 000

表 D.12 原材料明细账本期发生额及余额表

明细账户	计量单位	单价	期初余额		本期发生额				期末余额	
					收入(借方)		发出(贷方)			
			数量	金额	数量	金额	数量	金额	数量	金额
甲材料	千克	150	800	120 000	100	15 000	200	30 000	700	105 000
乙材料	千克	100	200	20 000	100	10 000	100	10 000	200	20 000
丙材料	千克	120	500	60 000			250	30 000	250	30 000
合　计				200 000		25 000		70 000		155 000

表 D.13 应付账款明细账本期发生额及余额表

明细账户	期初余额	本期发生额		期末余额
		借方	贷方	
A公司	30 000	15 000		15 000
B公司	20 000	10 000		10 000
合　计	50 000	25 000		25 000

六、案例分析

参考答案

财会部门经理的观点是对的。为了使总分类账对其所属的明细分类账起到统驭与补充的作用，便于账户核对，并确保核算资料的正确、完整，必须采用平行登记的方法，在总分类账及其所属的明细分类账中进行记录。对于需要提供详细指标的每一项经济业务，应根据审核无误后的记账凭证，一方面记入有关的总分类账户，另一方面要记入同期总分类账所属的有关各明细分类账户。这里所指的同期是指在同一会计期间，而并非必须在同一时刻，因为明细账一般根据记账凭证及其所附的原始凭证于平时登记，而总分类账因会计核算组织程序不同，可能在平时登记，也可能定期登记，但登记总分类账和明细分类账必须在同一会计期间内完成。

第四章　借贷记账法的运用

一、单项选择题

1. B　2. A　3. D　4. B　5. D　6. C　7. C　8. A　9. B　10. B　11. D　12. C　13. D　14. C　15. B　16. A　17. A　18. A

二、多项选择题

1. ACDE　2. ABCD　3. BCD　4. ABC　5. ABCDE　6. BC　7. ACD　8. ABCDE　9. AC　10. ABDE　11. ABCD　12. BCDE　13. ABCE　14. CDE　15. CDE

三、判断题

1. √　2. ×　3. ×　4. ×　5. √　6. ×　7. √　8. ×　9. ×　10. √　11. √　12. ×

四、业务练习题

练习一参考答案

(1) 借:原材料   200 000
　　应交税费——应交增值税(进项税额)   26 000
　　贷:实收资本   226 000

(2) 借:银行存款   100 000
　　贷:短期借款   100 000

(3) 借:银行存款   800 000
　　贷:长期借款   800 000

(4) 借:应付利息   32 000
　　贷:银行存款   32 000

(5) 借:短期借款   50 000
　　　长期借款   100 000
　　贷:银行存款   150 000

(6) 借:无形资产——商标权   200 000
　　贷:实收资本   200 000

(7) 借:盈余公积   30 000
　　贷:实收资本   30 000

练习二参考答案

(1) 　　甲材料 = 1 000 × 30 = 30 000(元)
　　　乙材料 = 800 × 20 = 16 000(元)
　　　运费可抵扣增值税 = 360 × 9% = 32.4(元)
　　　运费分配率 = 360/(1 000 + 800) = 0.2
　　　甲材料应承担的运费 = 1 000 × 0.2 = 200(元)
　　　乙材料应承担的运费 = 800 × 0.2 = 160(元)

借:在途物资——甲材料   30 200
　　　　　　——乙材料   16 160
　　应交税费——应交增值税(进项税额)   6 012.4
　　贷:银行存款   52 372.4

(2) 　　丙材料 = 4 800 × 40 = 192 000(元)

借:在途物资——丙材料   192 000
　　应交税费——应交增值税(进项税额)   24 960
　　贷:应付票据   216 960

(3) 借:预付账款——海河工厂   196 000
　　贷:银行存款   196 000

(4) 　　可抵扣运费 = 1 200 × 9% = 108(元)
　　　不可抵扣的运费 = 1 200 - 108 = 1 092(元)

借:原材料——乙材料   171 200
　　应交税费——应交增值税(进项税额)   22 208
　　银行存款   2 592

贷:预付账款	196 000
(5) 借:固定资产	11 500
应交税费——应交增值税(进项税额)	1 412.5
贷:银行存款	12 912.5

练习三参考答案

(1) 借:生产成本——A产品	77 000
——B产品	106 000
制造费用	2 500
贷:原材料——甲材料	102 000
——乙材料	83 500
(2) 借:生产成本——A产品	30 000
——B产品	20 000
制造费用	10 000
管理费用	8 000
贷:应付职工薪酬——工资	68 000

(3) 职工福利费 = 68 000×14% = 9 520(元)

借:生产成本——A产品	4 200
——B产品	2 800
制造费用	1 400
管理费用	1 120
贷:应付职工薪酬	9 520
(4) 借:库存现金	68 000
贷:银行存款	68 000
(5) 借:应付职工薪酬——工资	68 000
贷:库存现金	68 000
(6) 借:管理费用	660
贷:银行存款	660
(7) 借:制造费用	3 700
管理费用	1 500
贷:银行存款	5 200
(8) 借:制造费用	3 800
管理费用	1 030
贷:累计折旧	4 830

(9) 　　制造费用 = 12 500 + 1 400 + 3 700 + 3 800 = 21 400(元)
　　　　分配率 = 21 400/(30 000 + 20 000) = 0.428
　　　　A产品应分摊的制造费用 = 30 000×0.428 = 12 840(元)
　　　　B产品应分摊的制造费用 = 20 000×0.428 = 8 560(元)

借:生产成本——A产品	12 840
——B产品	8 560

贷:制造费用　　　　　　　　　　　　　　　　　　　　　　　21 400
(10) 完工 A 产品成本 = 77 000 + 30 000 + 4 200 + 12 840
　　　　　　　　= 124 040(元)
借:库存商品——A 产品　　　　　　　　　　　　　　　　　　124 040
　　贷:生产成本——A 产品　　　　　　　　　　　　　　　　　　124 040

练习四参考答案

(1) 借:应收账款——易达工厂　　　　　　　　　　　　　　　　543 350
　　贷:主营业务收入　　　　　　　　　　　　　　　　　　　480 000
　　　　应交税费——应交增值税(销项税额)　　　　　　　　　62 400
　　　　银行存款　　　　　　　　　　　　　　　　　　　　　　950
(2) 借:银行存款　　　　　　　　　　　　　　　　　　　　　　22 600
　　贷:主营业务收入　　　　　　　　　　　　　　　　　　　 20 000
　　　　应交税费——应交增值税(销项税额)　　　　　　　　　 2 600
(3) 借:销售费用　　　　　　　　　　　　　　　　　　　　　　 2 600
　　应交税费——应交增值税(进项税额)　　　　　　　　　　　　234
　　贷:银行存款　　　　　　　　　　　　　　　　　　　　　 2 834
(4) 借:应收票据——红欣公司　　　　　　　　　　　　　　　　 50 850
　　贷:主营业务收入　　　　　　　　　　　　　　　　　　　 45 000
　　　　应交税费——应交增值税(销项税额)　　　　　　　　　 5 850
(5) 借:银行存款　　　　　　　　　　　　　　　　　　　　　280 000
　　贷:预收账款——东兴公司　　　　　　　　　　　　　　　280 000
(6) 借:预收账款——东兴公司　　　　　　　　　　　　　　　 226 000
　　贷:主营业务收入　　　　　　　　　　　　　　　　　　　200 000
　　　　应交税费——应交增值税(销项税额)　　　　　　　　　26 000
借:预收账款——东兴公司　　　　　　　　　　　　　　　　　 54 000
　　贷:银行存款　　　　　　　　　　　　　　　　　　　　　 54 000
(7) 借:主营业务成本　　　　　　　　　　　　　　　　　　　 603 000
　　贷:库存商品——A 产品　　　　　　　　　　　　　　　　578 000
　　　　　　　　——B 产品　　　　　　　　　　　　　　　　25 000
(8) 借:销售费用——广告费　　　　　　　　　　　　　　　　　5 000
　　贷:银行存款　　　　　　　　　　　　　　　　　　　　　 5 000
(9) 借:税金及附加　　　　　　　　　　　　　　　　　　　　　4 800
　　贷:应交税费　　　　　　　　　　　　　　　　　　　　　 4 800

练习五参考答案

(1) 借:银行存款　　　　　　　　　　　　　　　　　　　　　 24 000
　　贷:营业外收入　　　　　　　　　　　　　　　　　　　　24 000
(2) 借:营业外支出　　　　　　　　　　　　　　　　　　　　 31 400
　　贷:银行存款　　　　　　　　　　　　　　　　　　　　　31 400
(3) 借:银行存款　　　　　　　　　　　　　　　　　　　　　678 000
　　贷:主营业务收入　　　　　　　　　　　　　　　　　　 600 000

　　　　应交税费——应交增值税（销项税额）　　　　　　　　　78 000
(4) 借：应收账款　　　　　　　　　　　　　　　　　　　542 400
　　　贷：主营业务收入　　　　　　　　　　　　　　　　　　480 000
　　　　应交税费——应交增值税（销项税额）　　　　　　　　　62 400
　　　　银行存款　　　　　　　　　　　　　　　　　　　　　3 000
(5) 借：应付职工薪酬——工资　　　　　　　　　　　　　　3 080
　　　贷：库存现金　　　　　　　　　　　　　　　　　　　　3 080
(6) 借：应付利息　　　　　　　　　　　　　　　　　　　　1 000
　　　贷：银行存款　　　　　　　　　　　　　　　　　　　　1 000
(7) 借：销售费用——广告费　　　　　　　　　　　　　　　5 000
　　　贷：银行存款　　　　　　　　　　　　　　　　　　　　5 000
(8) 借：银行存款　　　　　　　　　　　　　　　　　　　　6 780
　　　贷：其他业务收入　　　　　　　　　　　　　　　　　　6 000
　　　　应交税费——应交增值税（销项税额）　　　　　　　　　　780
(9) 借：主营业务成本　　　　　　　　　　　　　　　　　730 000
　　　贷：库存商品——甲产品　　　　　　　　　　　　　　400 000
　　　　　　　——乙产品　　　　　　　　　　　　　　330 000
　　借：其他业务成本　　　　　　　　　　　　　　　　　　4 500
　　　贷：原材料　　　　　　　　　　　　　　　　　　　　　4 500
(10) 借：税金及附加　　　　　　　　　　　　　　　　　　　3 500
　　　贷：应交税费　　　　　　　　　　　　　　　　　　　　3 500
(11) 借：主营业务收入　　　　　　　　　　　　　　　　1 080 000
　　　　其他业务收入　　　　　　　　　　　　　　　　　　6 000
　　　　营业外收入　　　　　　　　　　　　　　　　　　24 000
　　　贷：本年利润　　　　　　　　　　　　　　　　　　1 110 000
(12) 借：本年利润　　　　　　　　　　　　　　　　　　　774 400
　　　贷：主营业务成本　　　　　　　　　　　　　　　　　730 000
　　　　税金及附加　　　　　　　　　　　　　　　　　　3 500
　　　　其他业务成本　　　　　　　　　　　　　　　　　　4 500
　　　　销售费用　　　　　　　　　　　　　　　　　　　5 000
　　　　营业外支出　　　　　　　　　　　　　　　　　　31 400
(13) 利润总额 = 1 110 000 − 774 400 = 335 600（元）
　　　所得税费用 = 利润总额 × 所得税税率 = 335 600 × 25% = 83 900（元）
　　借：所得税费用　　　　　　　　　　　　　　　　　　　83 900
　　　贷：应交税费——应交所得税　　　　　　　　　　　　　83 900
　　借：本年利润　　　　　　　　　　　　　　　　　　　　83 900
　　　贷：所得税费用　　　　　　　　　　　　　　　　　　　83 900
(14)　净利润 = 利润总额 − 所得税费用 = 335 600 − 83 900 = 251 700（元）
　　　提取法定盈余公积：
　　　　法定盈余公积的提取额 = 251 700 × 10% = 25 170（元）

借:利润分配——提取法定盈余公积	25 170	
贷:盈余公积——法定盈余公积		25 170

提取任意盈余公积:

$$任意盈余公积提取额 = 251\,700 \times 5\% = 12\,585(元)$$

借:利润分配——提取任意盈余公积	12 585	
贷:盈余公积——任意盈余公积		12 585
(15) 借:利润分配——应付股利	30 000	
贷:应付股利		30 000

同时

借:利润分配——未分配利润	30 000	
贷:利润分配——应付股利		30 000
(16) 借:本年利润	251 700	
贷:利润分配——未分配利润		251 700

(17) 年末未分配利润 = 利润分配 - 法定盈余公积 - 任意盈余公积 - 应付利润
  = 251 700 - 25 170 - 12 585 - 30 000
  = 183 945(元)

练习六参考答案

(1) 借:应交税费——应交所得税	8 500	
——应交城市维护建设税	7 000	
——应交营业税	3 500	
——应交教育费附加	3 000	
贷:银行存款		22 000
(2) 借:利润分配——应付利润	300 000	
贷:银行存款		300 000
(3) 借:短期借款	50 000	
长期借款	100 000	
贷:银行存款		150 000
(4) 借:实收资本	150 000	
贷:银行存款		150 000

练习七参考答案

(1) 借:在途物资——甲材料	20 000	
——乙材料	10 000	
应交税费——应交增值税	3 900	
贷:应付账款		33 900

(2) 运杂费分配率 = 500/(20+20) = 12.5(元/吨)
  甲材料应承担的运杂费 = 20 × 12.5 = 250(元)
  乙材料应承担的运杂费 = 20 × 12.5 = 250(元)

借:在途物资——甲材料	250	
——乙材料	250	
应交税费——应交增值税(进项税额)	45	

　　　　　贷：银行存款　　　　　　　　　　　　　　　　　　　　　　　545
　　　　借：原材料——甲材料　　　　　　　　　　　　　　　　　　20 250
　　　　　　　　——乙材料　　　　　　　　　　　　　　　　　　10 250
　　　　　贷：在途物资——甲材料　　　　　　　　　　　　　　　20 250
　　　　　　　　　　——乙材料　　　　　　　　　　　　　　　　10 250
（3）　A产品生产耗用甲材料＝1 000×16＝16 000（元）
　　　　B产品生产耗用乙材料＝500×6＝3 000（元）
　　　　制造费用＝500×2＝1 000（元）
　　　借：生产成本——A产品　　　　　　　　　　　　　　　　　16 000
　　　　　　　　——B产品　　　　　　　　　　　　　　　　　　3 000
　　　　　制造费用　　　　　　　　　　　　　　　　　　　　　　1 000
　　　　贷：原材料——甲材料　　　　　　　　　　　　　　　　　16 000
　　　　　　　　——乙材料　　　　　　　　　　　　　　　　　　4 000
（4）借：银行存款　　　　　　　　　　　　　　　　　　　　　　565 000
　　　　贷：主营业务收入　　　　　　　　　　　　　　　　　　500 000
　　　　　　应交税费——应交增值税（销项税额）　　　　　　　65 000
（5）借：库存现金　　　　　　　　　　　　　　　　　　　　　　65 000
　　　　贷：银行存款　　　　　　　　　　　　　　　　　　　　65 000
（6）借：应付职工薪酬——工资　　　　　　　　　　　　　　　　65 000
　　　　贷：库存现金　　　　　　　　　　　　　　　　　　　　65 000
（7）借：生产成本——A产品　　　　　　　　　　　　　　　　　44 000
　　　　　　　　——B产品　　　　　　　　　　　　　　　　　　11 000
　　　　　制造费用　　　　　　　　　　　　　　　　　　　　　　5 000
　　　　　管理费用　　　　　　　　　　　　　　　　　　　　　　5 000
　　　　贷：应付职工薪酬——工资　　　　　　　　　　　　　　65 000
（8）借：销售费用——广告费　　　　　　　　　　　　　　　　　10 000
　　　　　应付账款——预付报刊费　　　　　　　　　　　　　　　1 200
　　　　贷：银行存款　　　　　　　　　　　　　　　　　　　　11 200
（9）借：财务费用　　　　　　　　　　　　　　　　　　　　　　500
　　　　贷：应付利息　　　　　　　　　　　　　　　　　　　　500
（10）借：制造费用　　　　　　　　　　　　　　　　　　　　　　4 000
　　　　　管理费用　　　　　　　　　　　　　　　　　　　　　　3 000
　　　　贷：累计折旧　　　　　　　　　　　　　　　　　　　　7 000
（11）借：管理费用——招待费　　　　　　　　　　　　　　　　　2 000
　　　　贷：银行存款　　　　　　　　　　　　　　　　　　　　2 000
（12）借：制造费用　　　　　　　　　　　　　　　　　　　　　　1 000
　　　　贷：银行存款　　　　　　　　　　　　　　　　　　　　1 000
（13）　制造费用＝1 000＋5 000＋4 000＋1 000＝11 000（元）
　　　　A产品应分配的制造费用＝11 000×44 000÷（11 000＋44 000）＝8 800（元）
　　　　B产品应分配的制造费用＝11 000×11 000÷（11 000＋44 000）＝2 200（元）

借:生产成本——A产品　　　　　　　　　　　　　　　　　　8 800
　　　　　——B产品　　　　　　　　　　　　　　　　　　2 200
　　贷:制造费用　　　　　　　　　　　　　　　　　　　　11 000
(14) 借:库存商品——A产品　　　　　　　　　　　　　　　　68 800
　　　贷:生产成本——A产品　　　　　　　　　　　　　　　68 800
(15) 借:主营业务成本——A产品　　　　　　　　　　　　　　60 000
　　　贷:库存商品——A产品　　　　　　　　　　　　　　　60 000
(16) 借:主营业务收入　　　　　　　　　　　　　　　　　　500 000
　　　贷:本年利润　　　　　　　　　　　　　　　　　　　500 000
(17)　　　管理费用 = 5 000 + 3 000 + 2 000 = 10 000(元)
借:本年利润　　　　　　　　　　　　　　　　　　　　　　80 500
　　贷:主营业务成本　　　　　　　　　　　　　　　　　　60 000
　　　　管理费用　　　　　　　　　　　　　　　　　　　10 000
　　　　服务费用　　　　　　　　　　　　　　　　　　　　500
　　　　销售费用　　　　　　　　　　　　　　　　　　　10 000
(18)　　　利润总额 = 500 000 - 80 500 = 419 500(元)
　　　　所得税费用 = 利润总额 × 税率 = 419 500 × 25% = 104 875(元)
借:所得税费用　　　　　　　　　　　　　　　　　　　　　104 875
　　贷:应交税费——应交所得税　　　　　　　　　　　　　　104 875
(19) 借:本年利润　　　　　　　　　　　　　　　　　　　104 875
　　　贷:所得总费用　　　　　　　　　　　　　　　　　　104 875
(20)　　　净利润 = 利润总额 - 所得税费用 = 419 500 - 104 875 = 314 625(元)
　　　　法定盈余公积提取额 = 314 625 × 10% = 31 462.5(元)
借:利润分配——提取法定盈余公积　　　　　　　　　　　　　31 462.5
　　　　——应付股利　　　　　　　　　　　　　　　　　100 000
　　贷:盈余公积——法定盈余公积　　　　　　　　　　　　　31 462.5
　　　　应付股利　　　　　　　　　　　　　　　　　　　100 000
(21) 借:本年利润　　　　　　　　　　　　　　　　　　　314 625
　　　贷:利润分配——未分配利润　　　　　　　　　　　　　314 625
(22)　　　年末分配利润 = 净利润 - 法定盈余公积 - 应付股利
　　　　　　　　　　 = 314 625 - 31 462.5 - 100 000
　　　　　　　　　　 = 183 162.5(元)

第五章　会计账户分类

一、单项选择题

1. A　2. B　3. C　4. D　5. D　6. B　7. A　8. C　9. C　10. C　11. C　12. D
13. B　14. B　15. A　16. B　17. C　18. B　19. D　20. D

二、多项选择题

1. ABCD　2. AC　3. ABD　4. ABCD　5. ACD　6. BDE　7. ABCD　8. AD

9. ACDE 10. ACD 11. ABC 12. ACD 13. CD 14. ACE 15. AD

三、判断题

1. × 2. × 3. × 4. × 5. × 6. √ 7. √ 8. × 9. × 10. ×

第六章 会计凭证

一、问答

1. 什么是会计凭证？它在会计工作中的地位与作用如何？

答：会计凭证，简称凭证，是记录经济业务、明确经济责任和据以登记账簿的书面证明。

会计凭证是提供原始资料、传导经济信息的工具，是登记账簿的依据，是加强经济责任制的手段，是实行会计监督的条件。

2. 原始凭证应具备哪些基本内容？

答：每种原始凭证都必须具备以下几方面的基本内容或基本要素：原始凭证的名称；填制凭证的日期及编号；接受凭证的单位名称；经济业务的内容（摘要）、数量、单价和金额；填制凭证单位的名称和有关人员的签章。

3. 如何填制和审核原始凭证？

尽管各种原始凭证的具体填制依据和方法不尽一致，但就原始凭证应反映经济业务、明确经济责任而言，其填制必须严格遵循以下基本要求：记录真实、手续完备、内容齐全、书写规范、填制及时。

审核工作主要包括以下两个方面：① 形式上的审核：鉴别原始凭证的真伪。尤其是银行支票、汇票、增值税发票、收据等，务必认真检验是否冒充或假造；填制是否符合规定的要求，如要素项目填写是否齐全、数字计算是否正确、大小写金额是否相符、数字和文字书写是否清晰、有无涂改、有关单位与人员是否签名盖章等。② 内容上的审核：主要是以国家的财经法规、财会制度，以及本单位制定的有关规则、预算和计划为依据，审核经济业务是否合法、合规、合理；审核经济活动的内容是否符合规定的开支标准，是否符合规定的审核权限与手续。

4. 记账凭证应具备哪些基本内容？

答：记账凭证都必须具备下列基本内容或基本要素：记账凭证的名称；填制凭证的日期和凭证的编号；经济业务的内容摘要；记账符号、账户（包括一级、二级或明细账户）名称和金额；所附原始凭证的张数；填制单位的名称及有关人员的签章。

5. 如何填制和审核记账凭证？

答：各种记账凭证的填制应注意以下几点：摘要简明，科目运用准确，连续编号，附件齐全。

审核的内容主要有以下几个方面：首先，审核记账凭证是否附有原始凭证，记账凭证的内容与所附原始凭证的内容是否相符，金额是否一致。其次，审核凭证中会计科目的使用是否正确，二级或明细科目是否齐全；账户对应关系是否清晰；金额计算是否准确无误。最后，审核记账凭证中有关项目是否填列齐全，有关人员是否签名盖章。

6. 科学、合理地组织会计凭证的传递有什么实际意义？

答：科学、合理地组织会计凭证的传递，能使会计凭证沿着最短途径、以最快速度流转，有利于各部门和有关人员及时处理和登记经济业务;有利于协调单位内部各部门、人员的工作,从而缩短业务处理的进程、提高会计工作效率;有利于加强经济责任制,实行会计监督;有利于合理地组织经济活动,改善经营管理。

二、单项选择题
1．D 2．B 3．D 4．B 5．A 6．D 7．C 8．B 9．A 10．D

三、多项选择题
1．ABCDE 2．ABCD 3．ABE 4．ABDE 5．ABD 6．BE 7．BCD 8．BDE 9．ABCD 10．ABDE

四、判断题
1．× 2．√ 3．× 4．× 5．√ 6．√ 7．× 8．× 9．× 10．×

五、业务题

1. 借:银行存款　　　　　　　　　　　　　　　300 000
　　贷:短期存款　　　　　　　　　　　　　　　　　300 000
2. 借:库存商品　　　　　　　　　　　　　　　 11 600
　　贷:生产成本　　　　　　　　　　　　　　　　　 11 600
3. 借:营业外支出　　　　　　　　　　　　　　　1 000
　　贷:银行存款　　　　　　　　　　　　　　　　　　1 000
4. 借:财务费用　　　　　　　　　　　　　　　　　200
　　贷:银行存款　　　　　　　　　　　　　　　　　　　200
5. 借:应付账款　　　　　　　　　　　　　　　 32 000
　　贷:银行存款　　　　　　　　　　　　　　　　　 32 000
6. 借:生产成本　　　　　　　　　　　　　　　 60 000
　　　制造费用　　　　　　　　　　　　　　　　5 000
　　　管理费用　　　　　　　　　　　　　　　 30 000
　　　营业费用　　　　　　　　　　　　　　　　4 000
　　贷:应付职工薪酬　　　　　　　　　　　　　　　 99 000
7. 借:现金　　　　　　　　　　　　　　　　　100 000
　　贷:银行存款　　　　　　　　　　　　　　　　　100 000
　借:应付职工薪酬　　　　　　　　　　　　　 99 000
　　贷:现金　　　　　　　　　　　　　　　　　　　 99 000
8. 借:固定资产　　　　　　　　　　　　　　　 30 000
　　贷:待处理财产损溢　　　　　　　　　　　　　　 30 000
9. 借:预付账款　　　　　　　　　　　　　　　　1 200
　　贷:银行存款　　　　　　　　　　　　　　　　　　1 200
10. 借:应付职工薪酬　　　　　　　　　　　　　　 260
　　贷:现金　　　　　　　　　　　　　　　　　　　　 260
11. 借:财务费用　　　　　　　　　　　　　　　　3 200
　　贷:应付利息　　　　　　　　　　　　　　　　　　3 200
12. 借:短期借款　　　　　　　　　　　　　　　100 000
　　贷:银行存款　　　　　　　　　　　　　　　　　100 000

13. 借:管理费用　　　　　　　　　　　　　　　　　380
　　　贷:现金　　　　　　　　　　　　　　　　　　　　380
14. 借:固定资产　　　　　　　　　　　　　　　35 000
　　　贷:银行存款　　　　　　　　　　　　　　　　35 000
15. 借:应交税费　　　　　　　　　　　　　　　　8 000
　　　贷:银行存款　　　　　　　　　　　　　　　　　8 000

第七章　会计账簿

一、问答

1. 什么是会计账簿？会计账簿的作用有哪些？

答:会计账簿,简称账簿,是以会计凭证为依据,用以全面、系统、序时、分类地记录和反映各项经济业务的簿籍(或账本、卡片和表册)。

作用:合理地设置和登记账簿,能系统地记录和提供企业经济活动的各种数据。它对加强企业经济核算,改善并提高企业的经营管理有着重要意义和作用,主要表现在以下三个方面:

(1) 通过设置和登记账簿,可以系统地归纳和积累会计核算的资料,为改善企业经营管理,合理使用资金提供资料。通过账簿的序时核算和分类核算,把企业承包经营情况,收入的构成和支出的情况,财物的购置、使用、保管情况全面、系统地反映出来,用于监督计划、预算的执行情况和资金的合理有效使用,促使企业改善经营管理。

(2) 通过设置和登记账簿,可以为计算财务成果编制会计报表提供依据。根据账簿记录的费用、成本和收入、成果资料,可以计算一定时期的财务成果,检查费用、成本、利润计划的完成情况。经核对无误的账簿资料,及其加工的数据为编制会计报表提供总括和具体的资料,是编制会计报表的主要依据。

(3) 通过设置和登记账簿,利用账簿的核算资料,为开展财务分析和会计检查提供依据。通过对账簿资料的检查、分析,可以了解企业贯彻有关方针、政策、制度的情况,以考核各项计划的完成情况。另外,对资金使用是否合理,费用开支是否符合标准,经济效益有无提高,利润的形成与分配是否符合规定等作出分析、评价,从而找出差距,挖掘潜力,提出改进措施。

2. 会计账簿设置的原则是什么？

答:会计账簿的设置和登记,包括确定账簿的种类,设计账页的格式、内容和规定账簿登记的方法等。各企业必须按照国家统一会计制度的规定,结合本企业会计业务的需要,设置必要的账簿,并认真做好记账工作。设置会计账簿一般应遵循以下原则:

(1) 规范性原则。账簿是会计信息的重要载体,是编制会计报表的基础,因此,设置账簿要符合国家相关财经管理制度的规定,不能违反财经制度"账外设账",要满足监督管理的需要。

(2) 适应性原则。设置账簿要适应企业规模和特点。账簿的种类和数量应与企业的经济业务数量相适应,账簿的格式力求简明实用,尽量考虑人力、财力、物力的节约,注意防止重复记账。

(3) 完整性原则。设置账簿要全面完整,保证连续、系统地核算各项经济业务,为经营管理提供全面、完整、有用的会计信息,满足企业经营管理的需要。

账簿的设置要组织严密、层次分明。账簿之间要互相衔接、互相补充、互相制约,能清晰地反映账户间的对应关系,以便能提供完整、系统的资料。

3. 订本式账簿、活页式账簿、卡片式账簿的优缺点是什么?分别适用于什么情况?

答:会计账簿按其外形特征不同,可以分为订本式账簿、活页式账簿和卡片式账簿。

(1) 订本账簿,也称订本账,是指在账簿启用前就把具有账户基本结构并连续编号的若干张账页固定地装订成册的账簿。这种账簿的优点是:可以避免账页散失,防止账页被随意抽换,比较安全;其缺点是:由于账页固定,不能根据需要增加或减少,不便于按需要调整各账户的账页,也不便于分工记账。这种账簿一般使用于总分类账、现金日记账和银行存款日记账。

(2) 活页式账簿,也称活页账,是指年度内账页不固定装订成册,而是将其放置在活页账夹中的账簿。当账簿登记完毕之后(通常是一个会计年度结束之后),才能将账页予以装订,加具封面,并给各账页连续编号。这种账簿的优点是:随时取放,便于账页的增加和重新排列,便于分工记账和记账工作电算化;缺点是:账页容易散失和被随意抽换。活页账在年度终了时,应及时装订成册,妥善保管。各种明细分类账一般采用活页账式。

(3) 卡片式账簿,又称卡片账,是指由许多具有一定格式的卡片组成,存放在一定卡片箱内的账簿。这种账簿的优点是:便于随时查阅,也便于按不同要求归类整理,不易损坏;其缺点是:账页容易散失和随意抽换。因此,在使用时应对账页连续编号,并加盖有关人员图章,卡片箱应由专人保管,更换新账后也应封扎保管,以保证其安全。在我国,单位一般只对固定资产和低值易耗品等资产明细账采用卡片式账簿形式。

4. 登记账簿有哪些规则呢?

答:(1) 根据审核无误的会计凭证登记账簿。记账的依据是会计凭证,记账人员在登记账簿之前,应当首先审核会计凭证的合法性、完整性、和真实性,这是确保会计信息的重要措施。

(2) 记账时要做到准确完整。记账人员记账时,应当将会计凭证的日期、编号、经济业务内容摘要、金额和其他有关资料记入账内。记账后,要在记账凭证上签章并注明所记账簿的页数,或打"√"表示已经登记入账,避免重记、漏记。

(3) 书写不能占满格。为了便于更正记账和方便查账,登记账簿时,书写的文字和数字上面要留有适当的空格,不要写满格,一般应占格距的1/2,最多不能超过2/3。

(4) 顺序连续登记。会计账簿应当按照页次顺序连续登记,不得跳行、隔页。

(5) 正确使用蓝黑墨水和红墨水。登记账簿要用蓝黑墨水或黑色碳素墨水书写,不得使用圆珠笔或者铅笔书写。红色墨水只能在以下情况下使用:冲销错账;在未设借贷等栏的多栏式账页中,登记减少数;在三栏式账户的余额栏前,如未印明余额方向的,在余额栏内登记负数余额;根据国家统一会计制度的规定可以使用红字登记的其他会计记录。

(6) 结出余额。凡需要结出余额的账户,应按时结出余额,现金日记账和银行日记账必须逐日结出余额;债权债务明细账和各项财产物资明细账,每次记账后,都要随时结出余额;总账账户平时每月需要结出月末余额。

(7) 过次承前。每页登记完毕结转下页时,应当结出本页合计数及余额,写在本页最后一行和下页第一行有关栏内,并在摘要栏分别写明"过次页"和"承前页"字样,以保证账簿记录的连续性。

(8) 账簿记录错误应按规定的办法更正。账簿记录发生错误时,不得括、擦、挖、补,随意涂改或用褪色药水更改字迹,应根据错误的情况,按规定的方法进行更正。

二、单项选择题

1. B 2. B 3. C 4. A 5. C 6. C 7. D 8. D 9. C 10. C 11. D 12. C
13. A 14. B 15. B 16. C 17. B

三、多项选择题

1. ACD 2. ABC 3. ABC 4. ABC 5. ABCD 6. BCD 7. ABC 8. AB
9. ABC 10. AB 11. BCE 12. BD 13. AC 14. BCD 15. AC

四、判断题

1. √ 2. × 3. √ 4. × 5. × 6. × 7. × 8. √ 9. √ 10. √ 11. √
12. √

五、业务题

练习一参考答案

(1) 借:银行存款	100 000	
贷:短期借款		100 000
(2) 借:原材料	24 000	
贷:银行存款		24 000
(3) 借:应付账款	14 600	
贷:银行存款		14 600
(4) 借:原材料	400	
贷:库存现金		400
(5) 借:其他应收款	2 000	
贷:库存现金		2 000
(6) 借:库存现金	15 000	
贷:银行存款		15 000
(7) 借:应付职工薪酬	15 000	
贷:库存现金		15 000
(8) 借:应付职工薪酬	500	
贷:库存现金		500
(9) 借:银行存款	32 000	
贷:主营业务收入(营业收入)		32 000
(10) 借:销售费用	600	
贷:银行存款		600
(11) 借:银行存款	18 000	
贷:应收账款		18 000
(12) 借:管理费用	1 900	
库存现金	100	
贷:其他应收款		2 000

(13) 借：应交税费　　　　　　　　　　　　　　　　　28 000
　　　贷：银行存款　　　　　　　　　　　　　　　　　　　28 000
登记账簿（略）

练习二参考答案

(1) 红字更正法。首先用红字填写一张与原错误凭证相同的记账凭证，用以冲销原错误凭证。

借：管理费用　　　　　　　　　　　　　　　　　　1 000
　贷：库存现金　　　　　　　　　　　　　　　　　　　1 000

然后再用蓝字填写一张正确的记账凭证。

借：其他应收款　　　　　　　　　　　　　　　　　1 000
　贷：库存现金　　　　　　　　　　　　　　　　　　　1 000

最后，再根据这两张凭证登记账簿。

(2) 划线更正法。将错误金额划掉，在错误金额上面填写正确金额（金额全部划掉，不能只划错误数字）。

(3) 补充登记法。将少记金额编制一张记账凭证。

借：所得税费用　　　　　　　　　　　　　　　　　30 600
　贷：应交税费　　　　　　　　　　　　　　　　　　　30 600

然后根据记账凭证登记账簿。

第八章　财产清查

一、问答

试述存货盘存制度及其优缺点。

存货盘存制度，又称存货盘存法，按照确定存货账面结存数量的依据不同，分为永续盘存制和实地盘存制。

(1) 永续盘存制，又称存货盘存法，是根据账簿记录，计算期末存货账面结存数量的方法。在这种方法下，存货的增加、减少，平时都要根据会计凭证在明细账中连续登记，并根据账簿记录随时结出账面结存数量。

在永续盘存制下，可以通过存货明细账的记录，及时了解和掌握存货的增减动态及结存情况，因此有利于加强财产的管理。在这种方法下，存货明细账分类核算较复杂，且工作量较大。进行财产清查的目的，在于检查账实是否相符。

(2) 实地盘存制，又称实地盘存方法，是根据财产清查的结果，确定期末存货账面结存数量的方法。在这种方法下，存货的增加要根据会计凭证，在明细账中逐笔登记，但存货因正常业务的减少不作记录，平时不结算账面结存数量，而是根据期末实地盘点的结果确定存货账面结存数量，按一定方法计算期末存货价值后，倒推计算本期销售或耗用存货数量、价值。

在实地盘存法下，账务处理手续简便。但在这种方法下，平时在账面上无法随时反映存货的减少和结存情况，将可能存在的损耗、差错、短缺等，全部挤入成本之中，不利于加强对存货的管理、控制和监督。

二、单项选择题

1. B 2. B 3. B 4. C 5. C 6. D 7. C 8. C 9. B 10. B 11. C 12. A 13. D 14. D 15. B 16. A 17. A

三、多项选择题

1. AD 2. CD 3. CD 4. ABCE 5. AE 6. CD 7. ABCD 8. AB 9. ABE 10. ADE 11. CDE 12. ABCD 13. ABCDE 14. AE 15. ACD 16. ABD 17. ABCDE 18. AC 19. ACE

四、判断题

1. √ 2. × 3. × 4. × 5. √ 6. × 7. × 8. × 9. √ 10. ×

五、业务练习题

表 D.14 银行存款余额调节表

20××年9月30日　　　　　　　　　　　　　　　　　　　单位:元

项目	余额	项目	余额
银行存款日记账余额	135 400	银行对账单余额	112 100
加:银行已收,企业未收款项	16 500	加:企业已收,银行未收款项	15 000
减:银行已付,企业未付款项	37 300	减:企业已付,银行未付款项	12 500
调节后的余额	114 600	调节后的余额	114600

第九章　会计核算程序

一、问答

1. 记账凭证核算组织程序的特点是什么？它的适用范围是什么？

答:记账凭证核算组织程序的特点是根据记账凭证逐笔地登记总分类账。由于记账凭证核算组织程序是根据记账凭证直接登记总分类账,因而容易理解,便于掌握。但是,当企事业等单位的业务量较大时,逐笔登记总分类账会增加登记总账的工作量。这种程序适用于一些规模小、业务量少、凭证不多的单位。

2. 科目汇总表核算组织程序有什么优点及缺点？

答:科目汇总表核算组织程序是定期将所有记账凭证汇总编制成科目汇总表,再根据科目汇总表登记总分类账的核算组织程序。优点:依据科目汇总表登记总账,大大减少了登记总账的工作量;科目汇总表本身能对所编制的记账凭证起到试算平衡作用。缺点:由于科目汇总表本身只反映各科目的借方、贷方发生额,根据其登记的总账,便不能反映各账户之间的对应关系。

3. 汇总记账凭证核算组织程序的特点是什么？其使用范围是什么？

答:汇总记账凭证核算组织程序的特点是:先定期将全部记账凭证按收、付款凭证和转账凭证分别归类汇总编制成各种汇总记账凭证,再根据汇总记账凭证登记总分类账。汇总记账凭证会计核算形式一般适应于规模较大、业务量较多的单位。

4. 日记总账核算组织程序的优点及适用范围是什么？

答:日记总账核算组织程序的特点是根据记账凭证直接登记日记总账。把日记账与分类账结合在一起,使记账手续简化,并且便于检查记账的正确性。日记总账把全部会计科目都集中在一张账页上,可以反映每一经济业务所记录的账户对应关系,为检查分析经济业务提供了方便,而且根据日记总账编制会计报表可以简化编表工作。但是,如果企事业单位的业务量较大,运用的会计科目较多时,账页过长,记账容易串行,也不便于会计人员分工。这种核算组织程序适用于规模小、业务简单、使用会计科目较少的单位。

5. 什么是多栏式日记账？为什么要设置这种账？

答:为了减少登记总分类账的工作量,简化核算手续,可以设置多栏式的现金日记账和银行存款日记账,将其收入和支出栏分别按照对应科目设专栏,登记全部收付款业务。月末,再根据多栏式现金日记账和银行存款日记账登记有关的总分类账。至于转账业务,可以根据转账凭证逐笔登记总分类账。如果企业的转账业务较多,为了简化核算,除设置多栏式现金日记账和多栏式银行存款日记账以外,还可以设置多栏式材料采购日记账、多栏式制造成本日记账、多栏式销售日记账。月末,根据各多栏式日记账登记总分类账。

二、单项选择题

1．B 2．A 3．B 4．A 5．B 6．D 7．B 8．D

三、多项选择题

1．BCE 2．ABD 3．BC 4．CD 5．ACD

四、判断题

1．√ 2．× 3．√ 4．√ 5．√ 6．× 7．× 8．× 9．√ 10．×

五、业务处理题

1. 借:库存现金　　　　　　　　　　　　　　　　　　　　　1 000
  　　贷:银行存款　　　　　　　　　　　　　　　　　　　　　1 000

2. 借:材料采购　　　　　　　　　　　　　　　　　　　　　5 000
  　　应交税费——增值税(进项税)　　　　　　　　　　　　650
  　　贷:应付账款　　　　　　　　　　　　　　　　　　　　　5 650
  　借:原材料　　　　　　　　　　　　　　　　　　　　　　5 000
  　　贷:材料采购　　　　　　　　　　　　　　　　　　　　　5 000

3. 借:应收账款　　　　　　　　　　　　　　　　　　　　　11 300
  　　贷:营业务收入　　　　　　　　　　　　　　　　　　　　10 000
  　　　应交税费——增值税(销项税)　　　　　　　　　　　1 300

4. 借:其他应收款　　　　　　　　　　　　　　　　　　　　500
  　　贷:库存现金　　　　　　　　　　　　　　　　　　　　　500

5. 借:生产成本　　　　　　　　　　　　　　　　　　　　　3 000
  　　制造费用　　　　　　　　　　　　　　　　　　　　　　500
  　　贷:原材料　　　　　　　　　　　　　　　　　　　　　　3 500

6. 借:应收账款　　　　　　　　　　　　　　　　　　　　　22 600
  　　贷:主营业务收入　　　　　　　　　　　　　　　　　　　20 000
  　　　应交税费——增值税(销项税)　　　　　　　　　　　2 600

7. 借:材料采购　　　　　　　　　　　　　　　　　　　　　8 000
  　　应交税费——增值税(进项税)　　　　　　　　　　　1 040
  　　贷:应付账款　　　　　　　　　　　　　　　　　　　　　9 040

8. 借:其他应收款　　　　　　　　　　　　　400
　　贷:库存现金　　　　　　　　　　　　　　　　400
9. 借:应付账款　　　　　　　　　　　　　5 650
　　贷:银行存款　　　　　　　　　　　　　　　5 650
10. 借:库存现金　　　　　　　　　　　　1 000
　　贷:银行存款　　　　　　　　　　　　　　　1 000
11. 借:银行存款　　　　　　　　　　　　11 300
　　贷:应收账款　　　　　　　　　　　　　　　11 300
12. 借:生产成本　　　　　　　　　　　　5 000
　　　制造费用　　　　　　　　　　　　1 000
　　贷:原材料　　　　　　　　　　　　　　　　6 000
13. 借:应付账款　　　　　　　　　　　　9 040
　　贷:银行存款　　　　　　　　　　　　　　　9 040
14. 借:银行存款　　　　　　　　　　　　22 600
　　贷:应收账款　　　　　　　　　　　　　　　22 600

科目汇总表如表 D.14 所示。

表 D.14　科目汇总表

××年×月 1~10 日

单位:元

会计科目	借方金额	贷方金额
库存现金	2 000	900
银行存款	35 100	16 690
应收账款	33 900	33 900
其他应收款	900	
材料采购	13 000	5 000
原材料	5 000	9 500
生产成本	8 000	
制造费用	1 500	
应付账款	14 690	14 690
应交税费	1 690	3 900
主营业务收入		30 000
合　　计	115 780	115 780

六、案例分析

参考答案:可以使用汇总记账凭证核算组织程序记账。该程序可以将日常发生的大量记账凭证分散在平时整理,通过汇总归类,月末时一次登入总分类账,减轻登记总账的工作量,为及时编制会计报表提供方便。汇总记账凭证是按照科目对应关系归类、汇总编制的,能够明确地反映账户之间的对应关系,便于经常分析检查经济活动的发生情况。但是,汇总记账凭证按每一贷方科目归类汇总,不考虑经济业务的性质,不利于会计核算工作的分工,而且编制汇总记账凭证的工作量也较大。公司也可以采用科目汇总表核算组织程序。

第十章 财务会计报告

一、问答

1. 编制会计报表有什么作用?

答:编制财务会计报告的作用主要表现在以下几个方面:① 财务会计报告能为投资者和其他利益关系人提供有用信息,帮助他们作出合理的决策。② 财务会计报告有助于企业管理当局改善经营管理,提高经济效益。③ 财务会计报告有助于国家财政、税务、审计等经济监督部门对企业经济监督。④ 财务会计报告有助于企业的主管部门考核其经营业绩以及各项经济政策贯彻执行情况。

2. 编制会计报表有什么要求?

答:① 真实可靠。会计报表中的各项数据必须真实可靠,如实地反映企业的财务状况和经营成果。由于日常的会计核算以及编制会计报表过程中,涉及大量的数字计算,因此只有准确认真地计算,才能保证数字的真实。② 相关可比。企业会计报表所提供的财务会计信息必须与报表使用者进行决策所需要的信息相关,并且便于报表使用者在不同企业之间及同一企业前后各期之间进行横向和纵向的比较。③ 全面完整。会计报表应当反映企业经济活动的全貌,全面反映企业的财务状况和经营成果,才能满足各方面对会计信息的需要。④ 编报及时。及时性是信息的重要特征,会计报表信息只有及时地传递给信息使用者,才能为使用者的决策提供依据。⑤ 便于理解。可理解性是指会计报表提供的信息可以被使用者所理解。⑥ 手续完备。对外提供的财务会计报告,应当依次编定页码,加具封面,装订成册,加盖公章,封面上应当注明:单位名称、单位地址,财务会计报告所属年度、季度、月度,送出日期,由单位负责人、总会计师、会计机构负责人签名并盖章。

3. 编制资产负债表的意义有哪些?

答:资产负债表的意义主要表现在以下几个方面:① 资产负债表可以反映企业在某一特定日期所拥有的经济资源及其分布情况,有助于经营者分析企业资产的构成及其状况并判断企业的资产分布是否合理。② 资产负债表可以反映企业某一特定日期的负债总额及其结构,有助于经营者分析企业目前与未来需要支付的债务数额,投资者和债权人可以据此分析企业面临的财务风险。③ 资产负债表可以反映企业所有者权益的情况,了解企业现有的投资者在企业资产总额中所占的份额等会计信息,并以此来判断企业的资本结构是否合理。④ 资产负债表可以帮助报表使用者全面了解企业的财务状况,分析企业的债务偿还能力,从而为未来的经济决策提供参考信息。

4. 财务报表附注的主要内容包括什么?

答:会计报表附注应包括以下内容:① 不符合基本会计假设的说明;② 重要会计政策和会计估计的说明;③ 某些事项的说明;④ 资产负债表日后事项的说明;⑤ 关联方关系及其交易的说明;⑥ 重要资产转让及其出售说明;⑦ 企业合并、分立的说明;⑧ 会计报表主要项目的说明。

二、单项选择题

1. C 2. A 3. B 4. A 5. C 6. A 7. D 8. B 9. B 10. C 11. C 12. B

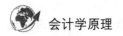

13. B　14. C　15. A

三、多项选择题

1. ABCD　2. AB　3. ABC　4. ABCD　5. AC　6. BD　7. ABD　8. BCD

四、判断题

1. √　2. ×　3. ×　4. √　5. ×　6. ×　7. ×　8. ×　9. √　10. ×　11. ×　12. √　13. ×

第十一章　会　计　管　理

一、问答

1. 会计工作组织主要包括哪些内容？正确组织会计工作应当注意哪些要求？

会计工作组织包括会计人员的配备、会计机构的设置、会计法规的制定与执行以及会计档案的保管。会计工作具有两个特点：它是一项严密、细致的经济管理工作；是一项综合性的经济管理工作。科学地组织会计工作，可以使其按照预先规定的手续和处理程序有条不紊地进行；可以使会计工作同其他经济管理工作相互补充、相互促进，共同完成经济管理的任务。

科学地组织会计工作，要遵循以下几项要求：按国家的统一要求组织会计工作，根据各单位生产经营管理的特点组织会计工作，协调同其他经济管理工作的关系，不断提高会计工作质量，讲求工作效率，节约费用。

2. 简述会计人员的职责和工作权限。

会计人员的职责，概括起来就是及时提供真实可靠的会计信息，认真贯彻执行和维护国家财经制度和财经纪律，积极参与经营管理，提高经济效益。具体表现在以下几方面：① 进行会计核算。② 实行会计监督。③ 拟订本单位办理会计事务的具体办法。④ 参与拟订经济计划、业务计划，考核和分析预算、财务计划的执行情况。⑤ 办理其他会计事务。

会计人员的工作权限主要有以下几方面：

(1) 有权要求本单位有关部门、人员认真执行国家批准的计划、预算，遵守国家财经纪律和财务会计制度。

(2) 有权参与本单位编制计划、制定定额、签订经济合同，参与有关的生产、经营管理会议。

(3) 有权监督、检查本单位有关部门的财务收支、资金使用和财产保管、收发、计量、检验等情况。

二、单项选择题

1. B　2. D　3. A　4. C　5. D　6. A　7. C　8. B　9. A　10. C　11. D　12. D　13. B　14. C　15. A　16. C

三、多项选择题

1. ABCD　2. ABCDE　3. BD　4. ABD　5. ABDE　6. ABD　7. ABCDE　8. ABCDE　9. ACD　10. ABCDE　11. ABCDE　12. ABCDE　13. ABC　14. ABCD　15. AD

四、判断题

1. ×　2. ×　3. √　4. ×　5. ×　6. ×　7. ×　8. √

安徽省高等学校省级规划教材
普通高校经济管理类应用型本科系列教材

会计学原理
实训手册

主编／贾敬全　刘永珍

中国科学技术大学出版社

目　录

模块一　会计学原理实训组织　/1
模块二　会计学原理实训资料　/3
模块三　实训任务及操作指导　/10
　任务一　会计书写基本功训练　/10
　任务二　启用与建立账簿　/13
　任务三　填制和审核原始凭证　/16
　任务四　填制和审核记账凭证　/20
　任务五　过账、账项调整、对账、结账　/23
　任务六　试算平衡　/24
　任务七　会计报表的编制　/25

附件　实训用原始凭证　/27

模块一　会计学原理实训组织

一、实训目的和意义

会计学原理实训课程是与会计学原理课程相配套和衔接，将会计基本理论与会计实务融为一体的一门会计实务操作课程。在学习会计基本理论知识后，进行会计模拟实训，通过填制和审核原始凭证、编制记账凭证、登记账簿、对账、结账和编制财务会计报告等工作，完成一次会计循环，全面、系统地掌握企业会计核算流程和具体操作方法，既可以对平时所学的会计理论和方法的掌握程度进行检验，又可以提高会计实务操作能力。此外，通过动手操作，可进一步巩固和学习会计理论与方法，在实践中进行总结与提高。

为了组织和开展会计学原理实训教学，必须明确实训的具体目的。

（一）强化对会计的认知和理解

通过实训，把所学的会计基本原理和方法与会计核算的操作有机地结合起来，理论联系实际，让学习者加深对会计的理解和认识。同时，模拟实训并非会计理论学习的简单重复和直接再现，而是会计基本原理和方法的一次综合运用，能够检验学习者对基础会计学理论和方法的掌握程度，也可以反映理论教学中存在的问题，有利于提高理论教学质量，实现由理论指导实践，再由实践推进理论教学的良性循环。

（二）掌握会计核算的基本技能

会计学原理模拟实训是通过会计核算的模拟演练使学习者巩固所学的会计核算基本理论知识，进而掌握会计核算的基本技能。通过模拟实训，学习者可以做到"五会"。一会填制原始凭证；二会审核原始凭证；三会编制记账凭证；四会登记账簿；五会编制会计报表。

（三）有助于培养应用型会计人才

通过会计学原理模拟实训，学习者按照会计规范的相关规定动手进行实际会计操作，可以让学习者明白会计工作岗位的分工、岗位之间的衔接及规范要求，可以增强学习者人际交往、相互协作的团队意识，培养其爱岗敬业的责任心。随着科学技术的发展，会计工作的复合性越来越强，会计人员除必须具有扎实的专业功底之外，还要懂得财税、金融证券等相关知识，只有不断学习新知识、掌握新技术，才能不断增强自身适应社会经济发展的能力。

二、会计学原理实训的准备

(一)掌握基本的会计核算原理和方法

学生在进行会计学原理实训前,应该已具备会计学的基础知识,系统掌握了会计准则关于会计要素的确认、计量、记录和报告的原则和方法,对会计核算流程有感性认识,并能将课堂上学到的凭证、账簿、报表等知识与实务要求相对照。

(二)实训用具准备

(1)原始凭证(见实训任务三)。

(2)专用记账凭证。

(3)各种账簿。实训中为了节约起见,对需使用订本式账簿的库存现金、银行存款日记账、总账均暂可使用账页代替。包括:① 现金和银行存款日记账各2页(可以用三栏式账页代替);② 三栏式账页60张(其中总分类账户40张,明细分类账户20张);③ 多栏式账页10张,数量金额式账页4张。

(4)资产负债表、利润表各2张。

(5)会计凭证的封底、封面各2张。

(6)装订工具,包括装订机、针、线、胶水等。

(7)会计科目章、印台、印章等。

(8)实训用的其他材料等。

三、实训内容

学习者根据模拟企业的基本概况、月初余额资料、某月发生的经济业务,主要练习证、账、表的基本技能,对于会计凭证,包括原始凭证与记账凭证的填制或编制以及审核;对于会计账簿,包括日记账、明细账和总分类账的设置与登记,同时还包括对账与结账、错账更正方法等内容;对于会计报表,主要包括资产负债表和利润表的编制等。每项任务配备了实训目的和要求、操作指导等内容。

四、实训流程

实训流程如图1.1所示。

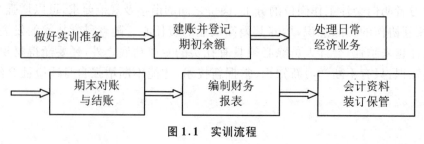

图1.1 实训流程

模块二 会计学原理实训资料

一、模拟企业概况

(一)模拟企业基本情况

(1) 企业名称:芜湖市盛唐有限责任公司。
(2) 地址:芜湖市花津南路 128 号。
(3) 法定代表人:刘翼寿。
(4) 纳税人登记号:增值税一般纳税人,883312345678988。
(5) 开户银行及账号:工商银行花津南路分行,622202337661226。

(二)模拟企业会计核算制度

1. 会计工作组织及账务处理

会计工作组织形式采用集中核算形式,记账方法采用借贷记账法,账务处理程序采用记账凭证核算程序。如图 2.1 所示。

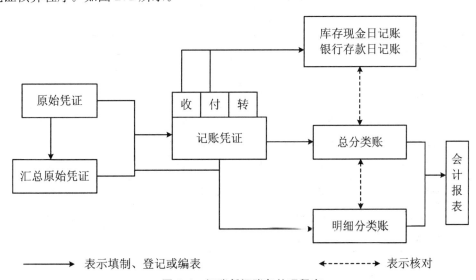

图 2.1 记账凭证账务处理程序

(1) 根据原始凭证或原始凭证汇总表编制记账凭证。
(2) 根据收款或付款凭证逐日逐笔登记库存现金日记账和银行存款日记账。
(3) 根据各种记账凭证及所附原始凭证、原始凭证汇总表逐笔登记明细分类账。
(4) 根据记账凭证登记总分类账。

(5) 月末,将库存现金日记账、银行存款日记账和各种明细分类账的余额与总分类账的余额进行核对。

(6) 月末,根据总分类账和明细分类账的资料编制会计报表。

2. 会计核算要求

(1) 记账方法:借贷记账法。

(2) 库存现金限额为 10 000 元,现金的使用范围按《现金管理暂行条例》的规定执行。

(3) 模拟企业为增值税一般纳税人,增值税税率 13%,由于学习者暂时对税法知识了解尚少,只考虑商品购销环节的增值税。所得税税率为 25%,城市维护建设税税率 7%,教育费附加税率 3%,暂不考虑其他税费的发生。

(4) "原材料"和"库存商品"采用数量金额式账页。

(5) 原材料采用计划成本法核算,并假定实际成本和计划成本无差异,发出库存商品采用月末一次加权平均法,单位成本计算过程精确到小数点后四位。

(6) 固定资产折旧采用平均年限法,折旧年限的估计符合政策规定。

(7) 应收账款暂未计提坏账准备。

(8) 假定月初无在产品,本月投产的产品月末全部完工。

二、模拟企业期初建账资料

(一) 期初资产、负债、权益总分类账户余额

盛唐公司 2020 年 10 月初资产、负债、权益总账余额如表 2.1 所示,我们将据此开设总账。

表 2.1 总账账户余额表

2020 年 9 月 30 日

账户名称	借方余额	账户名称	贷方余额
库存现金	4 000	累计折旧	250 000
银行存款	320 000	短期借款	300 000
应收账款	185 000	应付账款	132 700
应收票据	50 000	应付票据	70 000
预付账款	40 000	预收账款	25 000
原材料	113 500	应付职工薪酬	12 000
库存商品	464 800	应交税费	66 000
固定资产	1 200 000	应付利息	24 000
		实收资本	1 000 000
		资本公积	100 000
		盈余公积	60 000
		利润分配－未分配利润	337 600
合　　计	2 377 300	合　　计	2 377 300

（二）期初存货结存情况

盛唐公司 2020 年 10 月初期初存货结存情况如表 2.2 所示。

表 2.2　存货结存情况表

2020 年 9 月 30 日

存货项目	明细账户	计量单位	数量	单价	金额
原材料					
	生铁	吨	10	3 500	35 000
	钢锭	吨	8	6 000	48 000
	煤炭	吨	38.125	800	30 500
库存商品					
	甲产品	件	850	490	416 500
	乙产品	件	276	175	48 300

（三）期初往来账户情况

公司 2020 年 10 月初往来账户情况如表 2.3 所示。

表 2.3　往来账户余额表

2020 年 9 月 30 日

总账账户	明细账户	借方余额	贷方余额
应收票据			
	北岳东方	50 000	
应收账款			
	上海瑞祥	50 000	
	北岳东方	135 000	
应付账款			
	皖北煤炭		48 300
	和瑞公司		84 400
应付票据			
	和瑞公司		40 000
	皖北煤炭		30 000
预付账款			
	光华集团	40 000	

续表

总账账户	明细账户	借方余额	贷方余额
预收账款			
	芜湖丽华		25 000
应付职工薪酬	职工教育经费		12 000
应交税费	应交企业所得税		66 000
应付利息			24 000

（四）往来单位基本信息

1. 主要供应商基本信息

（1）安徽光华钢铁集团

地址、电话：合肥市长江路128号；0551-35567799。

开户行：徽商银行友谊路支行。

纳税人识别号：342201345673333。

账号：12345678。

（2）皖北煤炭集团

地址、电话：淮北市相山路888号；0561-6666666。

开户行：淮北市商业银行相山路支行。

纳税人识别号：7365012012213782。

账号：87654321。

（3）芜湖市电力公司

地址、电话：芜湖市长江路408号；0553-4835566。

开户行：工行长江路支行。

纳税人识别号：2100989432005。

账号：62200220065412。

（4）芜湖市和瑞有限责任公司

地址、电话：芜湖市长江南路156号；0553-5564477。

开户行：交行长江南路支行。

纳税人识别号：340222159617597。

账号：632001225507201。

（5）芜湖市供水公司

地址、电话：芜湖市银湖中路99号；0553-5513366。

开户行：交行银湖路支行。

纳税人识别号：3402213432005。

账号：622200220038132。

2. 主要客户基本信息

（1）上海瑞祥设备经销有限责任公司

地址、电话：上海市北京路11号；021-98765432。

开户行:上海市商业银行北京路支行。
纳税人识别号:8800012012210456。
账号:88885678。
(2)芜湖丽华商贸有限公司
地址、电话:芜湖市南京路22号;0553-3818888。
纳税人识别号:1301178812599。
开户行:芜湖市工行南京路支行。
账号:65555556。
(3)北岳市东方公司
地址、电话:北岳市华山路1号;0423-12345678。
纳税人识别号:1900012012210450。
开户行:工商银行华山中路支行。
银行账号:19000230100001。

三、2020年10月企业经济业务资料

(1)1日,财务科出纳吴措开出现金支票一张,从银行提取现金8 000元,作备用金。要求填写现金支票。

(2)2日,采购员李明因去上海采购材料向财务科借款3 000元,以现金支付。

(3)2日,收到北岳东方前欠货款80 000元,收到银行转账支票一张并填写进账单一张一并交银行。

(4)3日,从光华集团购买生铁20吨,单价3 500元,价款70 000元,增值税额9 100元;钢锭7吨,单价6 000元,价款42 000元,增值税额5 460元,材料已验收入库,货款未付。要求:填写增值税发票和收料单。

(5)4日,支付前欠光华集团公司的材料款20 000元,已开具转账支票。

(6)5日,生产车间生产甲产品领用钢锭5吨,单价6 000元,领用煤炭25.625吨,单价800元;生产乙产品领用生铁4吨,单价3 500元,领用煤炭13.75吨,单价800元。

(7)5日,接收股东裕丰科技有限责任公司追加投入资本50万元,款项已转入本公司银行账户。

(8)6日,向北岳东方公司销售甲产品300件,单价800元;销售乙产品400件,单价400元;货已发出,货款暂未收到。

(9)7日,以银行存款支付给芜湖顺达运输公司甲、乙产品的运输费3 000元。

(10)17日,从皖北煤炭集团购进煤炭112.5吨,单价800元,增值税率为13%,开出一张为期6个月的商业承兑汇票结算货款。要求:填制增值税发票、收料单、商业承兑汇票。

(11)10日,在芜湖市一百购入办公室用碳粉2盒,单价300元,打印纸10箱,单价50元,合计1 100元,用现金支付。

(12)11日,因生产需要,向工商银行借入6个月短期借款300 000元,已存入银行。利息率6%,每季计息一次,到期一次还本。

(13)11日,采购员李明出差回来报销差旅费2 500元,余款500元交回。

(14) 12日,以银行存款支付甲产品的广告费3 000元。

(15) 12日,将银行存款10 000元预付给光华集团用于购买材料。

(16) 12日,车间生产甲产品领用钢锭7.5吨,单价6 000元,领用煤炭51.25吨,单价800元;生产乙产品领用生铁17吨,单价3 500元,领用煤炭47.5吨,单价800元。要求填写领料单。

(17) 15日,向银行提交企业工资单,发放本月工资。(工资单略。)

(18) 16日,分配本月应付职工工资。其中制造甲产品的职工工资70 000元,制造乙产品的职工工资35 000元,车间管理人员工资9 000元,企业行政管理人员工资20 000元,销售人员工资20 500元。

(19) 16日,向上海瑞祥设备公司销售乙产品300件,单价400元;货已发出,收到该公司转账支票一张。要求:填写增值税发票、产品出库单和银行进账单。

(20) 17日,订阅2021年全年报纸杂志一批,款项12 000元以银行存款支付。

(21) 20日,接银行通知,银行已从本企业的银行存款账户划付本季度银行借款利息9 000元(企业8月、9月已计提利息费用共6 000元)。

(22) 21日,销售甲产品500件给北岳东方公司,单价800元,商品当日发出,价款及税款尚未收到。

(23) 21日,收到自来水公司通知,经审核以银行存款支付水费。本月耗水记录如下:生产车间耗用5 000吨,行政管理部门耗用1 000吨。总耗水量6 000吨,每吨单价3.2元。

(24) 21日,应收北岳东方公司商业票据50 000元到期,如数收回票据款。要求:填写托收凭证。

(25) 22日,购买产品封箱机一台,价值5 850元,交付车间使用。预计使用年限5年,净残值率5%。

(26) 22日,以银行存款支付本月电费18 000元,总耗电量15 000度,每度单价1.2元。本月耗电记录如下:车间耗用12 000度,行政管理部门耗用3 000度。

(27) 25日,支付和瑞公司到期商业承兑汇票票款40 000元。要求:填写托收凭证。

(28) 25日,在财产清查中,发现购进的原材料实际库存较账面库存短缺300元。

(29) 26日,销售给芜湖丽华商贸公司乙产品100件,单价400元,货已发出,当日收到商业承兑汇票一张。

(30) 27日,出售企业多余的材料,货款20 000元,增值税2 600元,款项收到并已存入银行。

(31) 27日,结转出售上批多余材料的成本18 000元。

(32) 28日,由于排污设备老化,排除污水未达标,被罚款1 200元,以银行存款支付。

(33) 30日,按规定计提固定资产折旧额。

(34) 30日,用银行存款支付车间修理耗材费用4 100元。

(35) 30日,经查本月盘亏原材料300元,属于自然损耗,经批准予以转销处理。

(36) 汇总制造费用,按生产工人工资的比例进行分配。

(37) 31日,计算并结转全部完工产品成本。本月产品完工情况如下:甲产品完工500件,乙产品完工1 000件。

(38) 31日,计算并结转本月已售产品的销售成本。

(39) 根据本月应交增值税计算本月应交城市维护建设税和教育费附加。

(40) 31日,将本月各项收入账户的发生额结转到"本年利润"账户的贷方,将本月各项成本、费用账户的发生额结转到"本年利润"账户的借方。

(41) 31日,按25%所得税率计算企业应交纳的企业所得税,并结转到"本年利润"账户。

(42) 31日,计算净利润,并按净利润的10%的比例计提法定盈余公积金,按净利润30%的比例计算应分配给投资者的股利。

(43) 31日,将净利润、已分配的利润转入到"利润分配——未分配利润"账户。

模块三　实训任务及操作指导

任务一　会计书写基本功训练

一、实训要求

掌握会计书写基本规范。

会计书写规范是指会计工作人员,在经济业务活动的记录过程中,对接触的数码和文字的一种规范化书写及书写方法。会计工作离不开书写,没有规范的书写就不能保证会计工作的质量。

二、操作指导

会计书写基本规范的要求是:正确、规范、清晰、整洁、美观。

（一）数字书写规范

数字书写规范是指要符合手写体的规范要求。

1. 数字书写的要求

（1）高度。数字紧靠格子的底线书写,不能写满格,约占格高的1/2,不能超过格高的2/3。除6、7、9外,其他数码高低要一致。"6"的上端比其他数码高出1/4,"7"和"9"的下端比其他数码伸出1/4。

（2）角度。各数码字的倾斜度要一致,一般要求上端向右倾斜60°。

（3）间距。每个数字要大小一致,数字排列要保持同等距离,每个数字上下左右要对齐。在印有数位线的凭证、账簿、报表上,每一格只能写一个数字,不得几个数字挤在一个格子里,也不得在数字中间留有空格。

$$1234567890$$

2. 数字书写错误的更正方法

数字书写错误一般采用划线更正法。例如,写错一个数字,不论在哪位,一律用红线全部划掉,在原数字的上边对齐原位写上正确数字。

（二）文字书写规范

（1）大写金额前要冠以"人民币"字样，"人民币"金额与首位数字间不留空位，数字之间更不能留空位，写数与读数顺序要一致。

（2）人民币以元为单位，元后无角分的需要写"整"字。如果到"角"为止，角后也可以写"整"字；如果到"分"为止，分后不写"整"字。

（3）金额数字中间有连续几个"0"字时，可只写一个"零"字。

（4）表示位的文字前必须有数字，如拾元整应写作壹拾元整。

（5）切忌用其他字代替，如"零"不能用"另"代替，"角"不能用"毛"代替。

三、实训用表格

（1）小写数字练习表（见表3.1）。

（2）大写数字练习表（见表3.2）。

表3.1　小写数字练习表

表3.2 大写数字练习表

壹	贰	叁	肆	伍	陆	柒	捌	玖	拾	佰	仟	万	亿	整	零

任务二　启用与建立账簿

一、实训要求

（1）建立总分类账。
（2）建立日记账。
（3）建立明细分类账。
（4）整理账簿。

二、操作指导

（一）建立账簿流程

根据《会计基础工作规范》规定，各单位应当根据国家统一的会计制度规定和经济业务事项需要建立会计账簿。建立账簿的流程如图3.1所示。

图 3.1　建立账簿流程

（二）账簿启用规范

启用会计账簿，应当审查会计账簿是否缺项，账页编号是否存在空号和重号，如存在上述情况则不能启用。活页式账簿按明细账户对账页顺序编号；订本式会计账簿应当在封脊和封面的适当位置、活页式会计账簿只在封面的适当位置，标明会计账簿的具体名称和年度；填写账簿启用表，设置账户，并填制账户目录；根据账户目录，将账户名称填制到账页规定位置；填制账簿启用及交接记录。

（三）建立总分类账

按照《企业会计制度》的要求，一切独立核算的企业都必须开设总账，企业所使用的会计科目应按《企业会计制度》的统一要求设置。总账采用订本账，账页格式为三栏式。企业应根据其所使用的所有一级科目开设并登记总分类账。

（四）建立日记账

根据《企业会计制度》的要求，一切独立核算的企业都必须开设库存现金日记账和银行存款日记账，其中银行存款日记账应按开户银行名称和账号设置，日记账应采用订本账，账页格式分三栏式。账簿格式如表3.3、表3.4所示。

表 3.3　库存现金日记账

年		凭证号数	摘要	对方科目	收入	付出	结余
月	日						

表 3.4　银行存款日记账

年		凭证号数	支票号数	摘要	对方科目	收入	付出	结余
月	日							

（五）建立明细账

1. 三栏式明细账

三栏式明细分类账，使用"借方""贷方"和"余额"三栏式账页，适用于只需进行金额核算，不需进行实物核算的账户。应开设三栏式明细账，如应收账款、应付票据、应交税费等。

2. 数量金额式明细账

数量金额式明细分类账账页，采用"借方""贷方"和"结存"三栏式的基本结构，在每栏下面又分别设置"数量""单价"和"金额"三个小栏目。这种格式适用于既需要进行金额核算，又需要进行具体的实物数量核算分析的各种财产物资账户，应开设数量金额式明细分类账的账户有"原材料""低值易耗品""库存商品"等。如表 3.5 所示。

表 3.5　材料明细分类账

材料名称：甲种材料　　　　　　　　　　　　　　　　　　　　　　　　单位：千克

年		业务号数	摘要	收入			发出			结存		
月	日			数量	单价	金额	数量	单价	金额	数量	单价	金额

3. 多栏式明细账

多栏式明细分类账，在一张账页内分设若干专栏，用以集中记录各有关明细科目或明细项目的核算资料。这种格式适用于成本、收入、费用、利润等明细账的登记，如"主营业务收入""生产成本""制造费用""管理费用"等账户。生产成本、制造费用明细账格式如表3.6、表3.7所示。

表3.6 生产成本明细账

产品名称：

年		凭证字号	摘要	成本项目				贷方转出	余额
月	日			直接材料	直接人工	制造费用	合计		

表3.7 制造费用明细账

车间名称：

年		凭证字号	摘要	费用要素					贷方转出	余额
月	日			材料费	人工费	折旧费	水电费	合计		

（六）账簿整理

1. 编排账户目录

使用订本式账簿，应从第一页到最后一页顺序编排页码及目录，账页固定，不能增加或删除账页，要保证账页登记的连续性。使用活页式账簿时，应按账户顺序编排分页号，一个账户编一个号，如一个账户记载两页以上账页时，可在"分页号"后加编附号，例如某账户的分页号为10号，有5页账页，则编号为10-1、10-2、10-3、10-4、10-5。年终装订成册，另加账户目录，记明每个账户的名称和页次。

2. 粘贴口取纸

为了便于加快查阅和登记账目，除在账页上端填写总账科目和子目（或户名）外，可在账页的右侧粘贴"口取纸"。

一般地，可按一级科目或二级科目粘贴，只需在口取纸左右两边写明账户名称即可。不要在活页账的每页账页都贴口取纸，三级明细科目可在账簿首页设置目录。

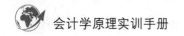

任务三 填制和审核原始凭证

一、实训要求

(1) 分析 2020 年 10 月发生的经济业务,正确选择原始凭证进行填制。

(2) 根据会计法规、政策和制度,对外来原始凭证和自制原始凭证的真实性、合法性、完整性和准确性进行审核。

通过实训使学生熟悉各种经济业务发生时应填制原始凭证的种类、格式及内容,掌握各类原始凭证的填制方法和技能,了解原始凭证的审核要求,掌握原始凭证的审核方法,提高判断、鉴别原始凭证真实性、完整性和合法性的水平,进一步理解原始凭证的重要性和会计凭证的传递程序。

二、操作指导

(一)原始凭证的填制和审核规范

原始凭证应具备凭证的名称、填制凭证的日期、填制凭证单位名称或填制人姓名,经办人员的签名或盖章、接收凭证单位名称、经济业务内容、数量、单价和金额等内容。

(1) 除需要复写的可以使用圆珠笔外,一般应用蓝黑墨水书写,但支票要用碳素墨水或签字笔填写且字迹清晰、工整。大小写金额必须相符。

(2) 增值税等专用发货票的填制应当符合相关税法和税务部门要求。

(3) 购买实物的原始凭证,应当有验收证明;支付款项的,应当有收款单位和收款人的收款证明;发生销货退回时,除填制退货发票外,还必须有退货验收证明;退款时,必须取得退货方的收款收据或银行结算凭单,不得以退货发货票代替收款收据;借款的借据必须附在记账凭证之后,收回借款时,应当另开收据或者退还借据副本,不得退还原借款借据;经上级单位、政府管理部门批准的经济业务,应当将批准文件原件或复印件作为原始凭证附件。批准文件需单独归档的,应当在原始凭证上注明批准机关名称、日期和文件字号。

(4) 一式几联的原始凭证,应当注明各联的用途,只能以一联作为报销凭证;一式几联的发票和收据,必须用双面复写纸(发票和收据本身具备复写纸功能的除外)套写,并连续编号,作废时应当加盖"作废"戳记,连同存根一起保存,不得撕毁。

(5) 原始凭证按规定填制内容完毕后,除车、船票等类似凭证外,一般应当按照以下要求加盖印章:从外单位取得和对外出具的原始凭证应当有出具单位财务专用章或现金收(付)讫章或银行收(付)讫章或营业专用章,以及制单和收(付)款人员名章;个人出具的凭证必须签名或同时加盖名章;自制原始凭证必须有制单人员、经办部门负责人或其指定人员的签名或盖章。

(6) 作为填制记账凭证、登记会计账簿依据的原始凭证,须经办人签字或盖章、单位负责人或其授权审批人审批签字或盖章、会计机构负责人（会计主管人员）或其授权审核人审核签字或盖章。经办人员、审批人员和审核人员无论采用签字或盖章哪一种方式，一经采用，在一个会计年度内不得变更。

（7）各单位应对原始凭证的真实性、合法性、准确性、完整性进行审核。对审核无误的原始凭证，应当及时核定并签字或盖章；经审核为不真实、不合法的原始凭证应当不予接受，并向单位负责人报告；对审核为不准确、不完整的原始凭证应予退回，并要求经办人员按国家统一的会计制度规定更正或补充。

（8）原始凭证记载的各项内容均不得涂改。发现错误的，应当按以下规定进行更正：外来原始凭证存在非金额错误的由出具单位或个人重开或更正，更正处压盖出具单位或个人印章；存在金额错误的由出具单位或个人重开，不得在原始凭证上更正；自制原始凭证错误的，应当重开。

（二）原始凭证填制示例

1. 转账支票

支票上印有"转账"字样的为转账支票，是付款人签发并委托银行将款项（非现金）支付给收款人或持票人的一种票据。转账支票一般分为两个部分，即存根部分和正联部分，再由出纳人员用黑色碳素墨水笔填写，用正楷字体，字迹工整。

正联部分的出票日期为实际出票日期，不得补填或预填日期；填写日期必须使用中文大写。为防止变造票据的出票日期，在填写月、日时，月为壹、贰和壹拾的，日为壹至玖和壹拾、贰拾和叁拾的，应在其前加"零"；日为拾壹至拾玖的，应在其前加"壹"。如1月16日，应写成零壹月壹拾陆日；再如10月20日，应写成零壹拾月零贰拾日。收款人处应填写无误。出票人有账号章的可以加盖账号章。结算金额分为大写和小写。大写金额数字紧接"人民币"字样填写，不得留有空白。阿拉伯小写金额数字前面，均应填写人民币符号"￥"，数字不得连写分辨不清。填写用途应实事求是，如××货款。支票填写完成，审核无误后，在出票人签章处加盖预留银行的印鉴，即单位财务专用章和法人代表名章，然后在支票左边与存根的衔接处加盖财务专用章，最后从骑缝线处剪开，正联交给收款人办理转账，存根联留下作为记账依据。转账支票样票如表3.8所示。

表3.8 转账支票（正面）

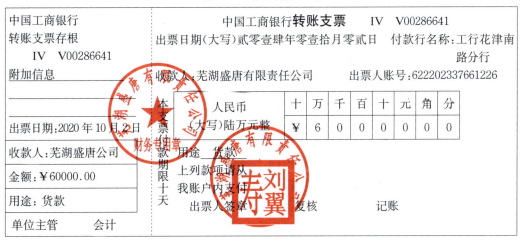

2. 现金支票

支票上印有"现金"字样的为现金支票,用于提取现金,但不得流通转让。其填制方法与转账支票基本相同,所不同的是,"收款人"栏如果是本单位自行提取现金可填写"本单位","用途"一般可填写"备用金""工资""差旅费"等。现金支票的背面应加盖预留银行的财务专用章。现金支票样票如表3.9所示。

表3.9 现金支票(正面)

中国工商银行 现金支票存根 Ⅳ V00287390 附加信息	中国工商银行 **现金支票** Ⅳ V00287390 出票日期(大写)贰零壹肆年零壹拾月零壹日 付款行名称:工行花津南路分行 收款人:芜湖盛唐有限责任公司 出票人账号:622202337661226							
出票日期:2020年10月1日 收款人:芜湖盛唐公司 金额:¥8000.00 用途:备用金 单位主管 会计	人民币(大写):捌仟圆整 ¥ 上列款项请从我账户内支付 出票人签章 复核 记账	十万	万 8	千 0	百 0	十 0	元 0	角 0	分 0

3. 领料单

领料单由领料部门根据生产或其他需要填制,经部门主管批准并签名或盖章后据以领料。领料单通常以一料一单为宜,仓库发料时,填写实发数量;同时,由领发料双方签字,以示负责。领料单一般一式三联。一联由领料部门带回,作为领用部门核算的依据;一联交会计部门据以记账;一联由仓库留存,据以登记材料明细账。领料单式样如表3.10所示。

表3.10 领料单

领料单位:生产部门　　　　2020年10月5日　　　　原料库发料第005号

类别	编号	名称	规格	单位	数量		单价	金额
					请领	实发		
	001	A材料		千克	1000	1000	15	15000
用途		生产甲产品			领料部门		发料部门	
					负责人	领料人	核准人	发料人

4. 普通发票

普通发票一式各联必须一次复写,不得涂改,不得拆分填开,票面要字迹清晰,保持整洁;填写内容详细齐全,大小写金额必须相符,填开后要加盖填写经办人印章和填开单位发票专用章。普通发票式样如表3.11所示。

表 3.11　普通发票式样

批准机关：
批准文号：　　　　　　　　芜湖市商业零售统一发票
批准日期：
② 发票联　　　　　　　　　No:00772866
G3402000321061362
客户名称：盛唐公司　　　　　　　　　　　2020 年 10 月 10 日

货号	品名及规格	单位	数量	单价	金额				
					仟	百	十	元	角	分
	碳粉	盒	2	300		6	0	0	0	0
	打印纸	盒	10	50		5	0	0	0	0
合计金额（大写）	壹仟壹佰元整				1	1	0	0	0	0
付款方式			开户银行及账号							

开票单位：　　　　　　　收款人：　　　　　　　开票人：王方

5. 增值税专用发票

　　增值税一般纳税人因销售货物或提供应税劳务，按规定应向付款人开具增值税专用发票。增值税小规模纳税人和非增值纳税人不得开具使用，增值税小规模纳税人需要开具专用发票的，可向主管税务机关申请代开。增值税专用发票为机打发票，由企业会计人员填写，全部联次一次性打印完成，保证内容一致。

　　现用的增值税专用发票一般有三联和六联之分。其基本联次为：第一联为记账联，是销货方的记账凭证，作为销货方核算销售收入和增值税销项税额的记账凭证；第二联为抵扣联，是购货方的扣税凭证，作为购货方报送主管税务机关认证和留存备查凭证；第三联为发票联，是购货方的记账凭证，作为购货方核算采购成本和增值税进项税额的记账凭证。其他联次用途，由一般纳税人自行确定。表 3.12 为增值税专用发票式样，该联为发票联，是购货方的记账凭证。

三、实训用原始凭证

实训用原始凭证见本书附件。

表 3.12　增值税专用发票式样

安徽增值税专用发票

3400033260

发　票　联

No.001230456

开票日期：2020 年 10 月 5 日

购货单位	名称：芜湖市盛唐有限责任公司 纳税人识别号：340201012383452 地址、电话：芜湖市花津南路 128 号，5018666 开户行及账号：工商银行花津南路分行，622202337661226	密码区	略		
货物或应税劳务名称	规格型号	单位	数量	单价	金额	税率	税额
B 材料		只	500	20	10000.00	13%	1300.00
C 材料		只	100	12	1200.00	13%	156.00
合计					¥11200.00		¥1456.00
价税合计（大写）	壹万贰仟陆佰伍拾陆元整				（小写）：¥12656.00		
销货单位	名称：芜湖市和瑞有限公司 纳税人识别号：342212345612345 地址、电话：长江南路 156 号，63372216 开户行及账号：交行长江南路支行 632001225507201	备注			

收款人：　　　复核：　　　开票人：李航　　　销货单位（章）

第三联：发票联　购货方记账凭证

任务四　填制和审核记账凭证

一、实训要求

（1）根据业务资料原始凭证填制记账凭证。
（2）审核记账凭证。

二、操作指导

（一）记账凭证格式

一般来说，涉及货币资金项目的业务采用收、付款凭证，不涉及货币资金项目的业务采用转账凭证。三类记账凭证格式分别如表 3.13、表 3.14 和表 3.15 所示。

表 3.13

付款凭证

总字第 __1__ 号
银付字 __1__ 号

贷方科目:银行存款 　　2020 年 12 月 1 日

摘要	应借科目		过账	金　　额							
	一级科目	二级或明细科目	√	百	十	万	千	百	十	元	角	分
提取现金	库存现金					1	0	0	0	0	0	0
合　　计				¥	1	0	0	0	0	0	0

附件 1 张

会计主管: 　　记账: 　　出纳: 　　复核: 　　制单:

表 3.14

收款凭证

总字第 __3__ 号
银收字 __1__ 号

借方科目:银行存款 　　2020 年 12 月 2 日

摘要	贷方科目		过账	金　　额							
	总账科目	二级或明细科目	√	百	拾	万	千	百	拾	元	角	分
合　　计												

附件 1 张

会计主管: 　　记账: 　　出纳: 　　复核: 　　制单:

表 3.15

转账凭证

总字第 __5__ 号
转字第 __1__ 号

2020 年 12 月 2 日

摘要	总账科目	明细科目	过账	借方金额									贷方金额								
			√	百	十	万	千	百	十	元	角	分	百	十	万	千	百	十	元	角	分
销售	应收账款	光明厂			1	5	8	2	0	0	0	0									
产品	主营业务收入	甲产品													8	0	0	0	0	0	0
		乙产品														6	0	0	0	0	0
	应交税费	增值税 (销项税额)													1	8	2	0	0	0	0
合　　计				¥	1	5	8	2	0	0	0	0	¥	1	5	8	2	0	0	0	0

附件 2 张

会计主管: 　　记账: 　　复核: 　　制单:

实务中,可使用通用记账凭证(见表3.16),通过凭证编号来区分收款、付款、转账凭证。如涉及收款业务的记账凭证编号"收字第×号",涉及付款业务的记账凭证编号"付字第×号",不涉及货币资金的记账凭证编号"转字第×号"。本次实训中采用这种类型。

表 3.16

记账凭证

2020 年 12 月 2 日

总字第___号

字第 __1__ 号

摘要	总账科目	明细科目	过账 ✓	借方金额								贷方金额								附件2张
				百	十	万	千	百	十	元	角	分	百	十	万	千	百	十	元	角	分	
销售产品	应收账款	光明厂			1	5	8	2	0	0	0	0										
	主营业务收入	甲产品													8	0	0	0	0	0	0	
		乙产品													6	0	0	0	0	0	0	
	应交税费	增值税(销项税额)													1	8	2	0	0	0	0	
合计				¥	1	5	8	2	0	0	0	0	¥	1	5	8	2	0	0	0	0	

会计主管: 记账: 复核: 制单:

(二)填制和审核规范

记账凭证应具备记账凭证的名称、填制凭证的日期、凭证编号、经济业务摘要、会计科目、金额、所附原始凭证张数、有关人员的签章等内容。

(1) 各项内容必须完整。

(2) 记账凭证应连续编号。一笔经济业务需要填制两张以上记账凭证的,可以采用分数编号法编号。分数编号的记账凭证合计数,应当写在本号最后一张分数编号的记账凭证上,其他分数编号的记账凭证无合计数,其合计金额栏从右上角至左下角处用单蓝线划掉。

(3) 记账凭证可以根据每一张原始凭证填制,或根据若干张同类原始凭证汇总编制,也可以根据原始凭证汇总表编制。但不得将不同内容和类别的原始凭证汇总填制在一张记账凭证上。

(4) 除结账和更正错误的记账凭证可以不附原始凭证外,其他记账凭证必须附有原始凭证。原始凭证附件张数一般按自然张数计算,但对于汽车票、火车票等外形较小的原始凭证,可将它们粘贴在"凭证粘贴单"上,并在"凭证粘贴单"上注明所粘贴的张数和金额,作为一张原始凭证来对待。填制计提、预提、摊销各项税费、减值准备等记账凭证时,应当附自制原始凭证,列明计算过程。采用分数编号法填制的记账凭证,应当将原始凭证附在本号最后一张分数编号记账凭证之后,其他分数编号记账凭证不附原始凭证。

(5) 如果在填制记账凭证时发生错误,应当重新填制。已经登记入账的记账凭证,在当年内发现填写错误时,可以用红字填写一张与原内容相同的记账凭证,在"摘要"栏注明"注销某月某日某号凭证"字样,同时再用蓝字重新填制一张正确的记账凭证,注明"订正某月某日某号凭证"字样。如果会计科目没有错误,只是金额错误,也可以将正确数字与错误数字之间的差额,另编一张调整的记账凭证,调增金额用蓝字,调减金额用红字。

(6) 记账凭证填写基本内容后,应当由制证人员签名或盖章、稽核人员稽核签名或盖章、会计机构负责人(会计主管人员)审核签名或盖章。涉及收款和付款的记账凭证还应有出纳人员的签名和盖章。记账时,记账人员应当在会计凭证的记账人员栏签名或盖章并标明记账标记(画"√")。

任务五　过账、账项调整、对账、结账

一、实训要求

(1) 根据审核后的会计凭证登记库存现金日记账、银行存款日记账;登记相关总账;登记原材料、库存商品、应收账款和应付账款等明细账。
(2) 月末,结出各类账户本月发生额和期末余额。
(3) 将总分类账、明细分类账、日记账中的相关内容进行核对。
(4) 采用适当的方法对错账进行更正,重新登记相关的账簿,并结出余额。

二、操作指导

1. 账项调整

按照权责发生制的原则,合理地划分各个会计期间的收入、费用,正确地计算各期的经营成果。

2. 对账

对账就是对账簿记录进行核对,通过对账保证账证、账账、账实相符。

3. 结账

(1) 现金日记账和银行存款日记账必须逐日结出余额。
(2) 每一账页登记完毕结转下页时,应当结出本页合计数及余额,写在本页最后一行和下页第一行有关栏内,并在摘要栏内注明"过次页"和"承前页"字样,也可以将本页合计数及金额只写在下页第一行有关栏内,并在摘要栏内注明"承前页"字样。
(3) 对需要结计本月发生额的账户,结计"过次页"的本页合计数应当是自本月初起至本页末止的发生额合计数;对需要结计本年发生额的账户,结计"过次页"的本页合计数应当是自本年初起至本页末止的累计数;对既不需要结计本月发生额也不需要结计本年累计发生额的账户,可以只将每页末的余额结转次页。
(4) 结账前,必须将本期内发生的各项经济业务全部登记入账。
(5) 结账时,应当结出每个账户的期末余额。需要结出当月发生额的,应当在摘要栏内注明"本月合计"字样,并在下面通栏划单红线。需要结出本年累计发生额的,应当在摘要栏内注明"本年累计"字样,并在下面通栏划单红线。12月末的"本年累计"就是全年累计发生额。全年累计发生额下面应当通栏划双红线。年度终了结账时,所有总账账户都应当结出全年发生额和年末余额。

(6) 年度终了,要把各账户的余额结转到下一会计年度,并在摘要栏内注明"结转下年"字样;并在下一会计年度新建有关会计账簿的第一行余额栏内填写上年结转的余额,并在摘要栏内注明"上年结转"字样。

任务六 试算平衡

一、实训要求

(1) 收集、整理总账的相关数据。
(2) 按照借贷记账法的基本原理编制试算平衡表并检查是否平衡。若存在不平衡,需查明原因进行更正。

二、实训用试算平衡表

如表3.17所示。

表3.17 总账试算平衡表

会计科目	期初余额		本期发生额		期末余额	
	借方	贷方	借方	贷方	借方	贷方

任务七 会计报表的编制

一、实训要求

(1) 收集、整理和审核编制报表的相关资料。
(2) 按规定的方法和要求,编制资产负债表和利润表。
(3) 检查所编制的会计报表是否符合会计准则的相关要求。

二、实训用会计报表

利润表如表 3.18 所示,资产负债表如表 3.19 所示。

表 3.18 利润表

编制单位: 年 月

项　　目	行次	本月数	本年累计数
一、营业收入			
减:营业成本			
税金及附加			
销售费用			
管理费用			
财务费用			
资产减值损失			
加:公允价值变动净收益			
投资净收益			
二、营业利润			
加:营业外收入			
减:营业外支出			
三、利润总额			
减:所得税费用			
四、净利润			
五、每股收益			

表 3.19 资产负债表

会企 01 表

编制单位：　　　　　　　　　　年　月　日　　　　　　　　　单位:元

资产	期初数	期末数	负债和所有者权益	期初数	期末数
流动资产			流动负债		
货币资金			短期借款		
应收票据			应付票据		
预付账款			应付账款		
应收账款			预收账款		
其他应收款			应付职工薪酬		
存货			应交税费		
其他流动资产			应付股利		
流动资产合计			其他应付款		
非流动资产			流动负债合计		
持有至到期投资			非流动负债：		
长期股权投资			长期借款		
固定资产			应付债券		
在建工程			非流动负债合计		
工程物资			负债合计		
固定资产清理			所有者权益：		
无形资产			实收资本		
商誉			资本公积		
递延所得税资产			盈余公积		
非流动资产合计			未分配利润		
			所有者权益合计		
资产总计			负债和所有者权益总计		

附件　实训用原始凭证

业务1

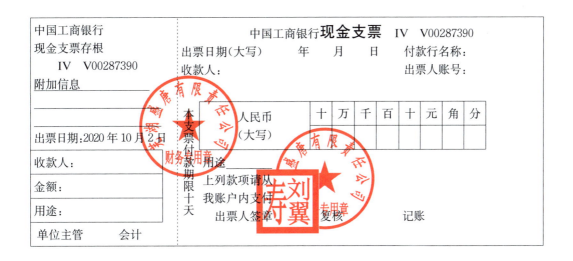

业务2

借　款　单

年　月　日

部门	姓名	借款金额	批准金额	备注
采购部	李明	￥3000.00	￥3000.00	

借款金额(大写)：叁仟元整

借款事由	赴上海参加订货会	领导批示	同意

注意：以现金支付，在请款单上加盖"现金清讫"章，以现金支票支付，则以支票存根作为记账依据。

业务3

中国工商银行进账单(收账通知)

年　　月　　日　　　　　　　第 7016 号

收款人	全　称		付款人	全　称		此交联给收款人的开户银行收账通知
	账　号			账　号		
	开户银行			开户银行		
金额	人民币(大写):		千 百 十 万 千 百 十 元 角 分			
票据种类			收款人开户行盖章			
票据张数						
单位主管　会计　复核　记账						

中国工商银行 **转账支票** Ⅳ V00286641

出票日期(大写)贰零壹肆年零壹拾月零贰日　付款行名称:徽商银行友谊路支行
收款人:芜湖盛唐有限公司　　　　　　　　　出票人账号:12345678

人民币(大写)陆万元整　　￥ 8 0 0 0 0 0 0 0

用途　货款
上列款项请从我账户内支付

出票人签章　　　复核　　　记账

业务 4

安徽增值税专用发票

3400033260   No.016623021

发 票 联

开票日期：2020 年 10 月 3 日

购货单位	名称：芜湖盛唐有限责任公司 纳税人识别号：340201012383452 地址、电话：芜湖市花津南路 128 号 开户银行及账号：工行花津南路分行， 622202337661226	密码区	略

货物或应税劳务名称	规格型号	单位	数量	单价	金额	税率	税额
生铁		吨	20	3500.00	70000.00	13%	9100.00
钢锭		吨	7	6000.00	42000.00	13%	5460.00
合计					¥112000.00		¥14560.00
价税合计（大写）	壹拾贰万陆仟伍佰陆拾元整				（小写）：¥126560.00		

销货单位	名称：安徽光华钢铁集团 纳税人识别号：883312345678988 地址、电话：合肥市长江路 128 号，35567799 开户银行及账户：徽商银行友谊路支行 12345678	备注	

收款人：　　　复核：　　　开票人：李敏　　　销货单位：（章）

第三联：发票联　购货方记账凭证

收 料 单

供货单位：　　　　　　　　　　　　　　　凭证编号：
发票编号：　　　　　年　月　日　　　　材料仓库：

编号	名称	规格	单位	数量		实际成本			
				应收	实收	单价	金额	运费	合计

主管：　　　记账：　　　仓库保管：　　　经办人：

附件　实训用原始凭证

业务 5

| 中国工商银行
转账支票存根
　IV　V00286656
附加信息

出票日期：　年　月　日
收款人：
金额：
用途：
单位主管　　会计 | 中国工商银行**转账支票**　IV　V00286656
出票日期(大写)　年　月　日　付款行名称：
收款人：　　　　　　　　　　出票人账号：

人民币（大写）陆万元整　　百十万千百十元角分

用途
上列款项请从
我账户内支付
出票人签章　　　　　复核　　　　　记账
期限十天 |

业务 6

领　料　单

领料单位：　　　　　　年　月　日　　　　　发料第　　　号

类别	编号	名称	规格	单位	数量		单价	金额
					请领	实发		
用途					领料部门		发料部门	
					负责人	领料人	核准人	发料人

第三联会计记账

领　料　单

领料单位：　　　　　　年　月　日　　　　　发料第　　　号

类别	编号	名称	规格	单位	数量		单价	金额
					请领	实发		
用途					领料部门		发料部门	
					负责人	领料人	核准人	发料人

第三联会计记账

业务7

投资协议书

第一条 本合同的各方为：

芜湖盛唐有限公司（以下简称甲方），法定地址：芜湖市花津南路128号，法人代表：刘翼寿，职务：董事长，中国国籍。

裕丰科技股份有限公司（以下简称乙方），法定地址：合肥市明珠大道66号，法人代表：张鸣，职务：董事长，中国国籍。

第二条 乙方向甲方投资人民币50万元整（￥500 000.00），投资后占甲方实收资本的10%。投资方式为货币资金。投资款自签订合同日起10日内以银行汇票方式支付，并同时办理股权认定手续。

……

第九条 协议共九条，自签订之日起生效。

芜湖盛唐有限公司（甲方） 　　　　　裕丰科技股份有限公司（乙方）
（盖章） 　　　　　　　　　　（盖章）
法人代表：李平凡 　　　　　　　　　　法人代表：张鸣
2020年9月29日 　　　　　　　　　　　2020年9月29日

中国工商银行 进账单（收账通知）

2020年 10月 5日　　第 6216 号

出票人	全称	裕丰科技股份有限公司	收款人	全称	芜湖盛唐有限责任公司
	账号	6213234578202		账号	622202337661226
	开户银行	工行明珠支行		开户银行	工行花津南路分行

金额	人民币 （大写）：伍拾万元整	千	百	十	万	千	百	十	元	角	分
				￥5	0	0	0	0	0	0	0

票据种类	
票据张数	1
单位主管　　会计　　复核　　记账	收款人开户行盖章

此联给收款人的开户银行通知收款人收账

| 付款期限 壹个月 | 中国工商银行 银行汇票 | | 2 | 地名 | B O | A 1 | 00001229 |

出票日期(大写)		代理付款行:工行花津南路分行 行号:2×××									
收款人:芜湖盛唐有限公司		账号:622202337661226									
出票金额 人民币 (大写)伍拾万元整											
实际结算金额 人民币 (大写)			千	百	十万	千	百	十	元	角	分
			¥	5	0 0	0	0	0	0	0	0
申请人:裕丰科技股份有限公司 出票行:工行明珠支行 行号:2×××		账号	6213234578202								
		密押:									
备注: 托票付款 出票行签章		多余金额							复核 记账		
		十万	千	百	十	元	角				

业务8

产品出库单

仓库:　　　　　　　　　年　月　日　　　　　　　　编号:

类别	编号	名称	规格	单位	数量		单价	金额	备注
					请发	实发			

主管:　　　　　　　记账:　　　　　　　仓库保管:　　　　　　　经办人:

附件 实训用原始凭证

安徽增值税专用发票

340005260　　　　　　　　　　　　　　　　　　　　No.00561011

记　账　联

开票日期：　　年　　月　　日

购货单位	名称：	密码区	略
	纳税人识别号：		
	地址、电话：		
	开户银行及账号：		

货物或应税劳务名称	规格型号	单位	数量	单价	金额	税率	税额
合计							

价税合计（大写）		（小写）：	

销货单位	名称：	备注	
	纳税人识别号：		
	地址、电话：		
	开户银行及账户：		

收款人：　　　复核：　　　开票人：　　　销货单位：（章）

第一联：记账联　销货方记账凭证

业务 9

芜湖市运输发票

No.008301

运输号：　　　　　　　　2020年 10月 7日

起运站	芜湖	到达站	上海							
托运单位	芜湖盛唐公司	收货单位	上海瑞祥公司							
货物名称	包装	件数	实际重量	计费项目	金　额					
					万	千	百	十	元	角	分
甲、乙产品						3	0	0	0	0	0
合计金额（大写）：	叁仟元整				¥	3	0	0	0	0	0
备注											

业务 10

安徽增值税专用发票

340005260

No.00562355

发票联

开票日期：2020 年 10 月 7 日

购货单位	名称：芜湖盛唐有限责任公司 纳税人识别号：340201012383452 地址、电话：芜湖市花津南路 128 号 开户银行及账号：工商银行花津南路分行 622202337661226	密码区	略

货物或应税劳务名称	规格型号	单位	数量	单价	金额	税率	税额
煤炭		吨	112.5	800.00	90000.00	13%	11700.00
合计					￥90000.00		￥11700.00

价税合计（大写）	壹拾万壹仟柒佰元整	（小写）：￥101700.00

销货单位	名称：皖北煤炭集团 纳税人识别号：7365012012213782 地址、电话：淮北市相山路 888 号；0561－6666666 开户银行及账号：淮北市商业银行相山路支行，87654321	备注	（皖北煤炭集团发票专用章 7083123456 78642）

收款人： 复核： 开票人： 销货单位：（章）

第三联：发票联 购货方记账凭证

收 料 单

供货单位：								凭证编号：	
发票编号：				年 月 日				材料仓库：	

材料类别	材料名称	规格	单位	数量		实际单价	金额	运杂费	合计（材料实际成本）
				应收	实收				

供货单位		结算办法		合同号	
备注					

主管： 记账： 仓库验收： 经办人：

附件　实训用原始凭证

商业承兑汇票 2

出票日期：贰零壹肆年零壹拾月壹拾柒日　　　　　　　第　号

付款人	全称	芜湖盛唐有限责任公司	收款人	全称	皖北煤炭集团
	账号	622202337661226		账号	87654321
	开户银行	工行花津南路分行		开户银行	淮北市商行相山路支行

金额	人民币（大写）：壹拾万伍仟叁佰圆整	千	百	十	万	千	百	十	元	角	分
		￥	1	0	5	3	0	0	0	0	0

汇票到期日	2021年4月17日	付款人开户行	行号	87654321
交易合同号码			地址	淮北市商行相山路支行

本汇票已经承兑，到期日无条件支付票款	本汇票请予以承兑到期日付款。
承兑人盖章	出票人盖章

业务 11

批准机关：
批准文号：　　　　　　**芜湖市商业零售统一发票**
批准日期：　　　　　　　② 发票联　　　　No:0652865
G3402000321061362
客户名称：盛唐公司　　　　　　　　　　　2020年10月10日

货号	品名及规格	单位	数量	单价	金额					
					仟	百	十	元	角	分
	碳粉	盒	2	300		6	0	0	0	0
	打印纸	盒	10	50		5	0	0	0	0
合计金额（大写）	壹仟壹佰元整				1	1	0	0	0	0

付款方式		开户银行及账号		
开票单位：		收款人：		开票人：王方

业务 12

中国工商银行借款凭证(代回单)

2020 年 10 月 11 日　　　　　　　　　　　　　　编号:6021

借款单位名称		盛唐有限公司	借款单位账号								
借款金额		人民币(大写)叁拾万元整		十万	万	千	百	十	元	角	分
				3	0	0	0	0	0	0	0
种类	生产周转借款	单位提出期限	2021 年 6 月 1 日		利率				6%		
		银行核定期限	2021 年 6 月 1 日								

上列借款业已同意贷给并转入你单位往来账户内,借款到期时按期归还。

　此致

（银行盖章）　　　　　　　　　　　　　借款单位：

业务 13

差旅费报销单

　　　　　　　　　　　　　　　　　　　　　　　年　　月　　日

姓名				出差事由					
起止日期	起止地点	交通工具	车船费	出差补助		住宿费	其他费用		合计	单据
				天	金额		摘要	金额		
合计										
预借金额		报销金额(大写)：			应退金额		应补金额			

领导批准：　　　　　审核人：　　　　　出差人：

收　据

年　月　日　　　　　　　　　　　　　　No:0572569

今收到：		金额						
		千	百	十	元	角	分	
收款事由								
合计金额（大写）								
备注								

业务 14

芜湖市大江晚报社广告业专用发票

② 发票联

客户名称：盛唐有限公司　　　　　　　No:85286501

2020 年 10 月 12 日

项目	单位	数量	单价	金额					
				千	百	十	元	角	分
广告费				3	0	0	0	0	0
合计金额（大写）　叁仟元整				3	0	0	0	0	0
付款方式				开户银行及账号					

开票单位：　　　　收款人：　　　　开票人：

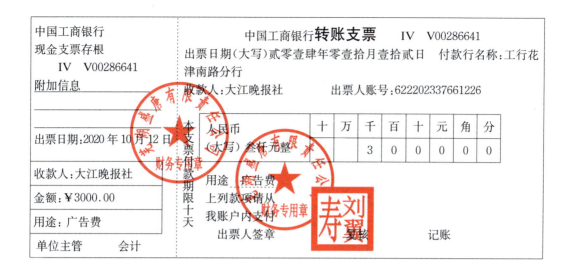

业务15

中国工商银行　电汇凭证(回单)　　第22516号

委托日期　2020年10月12日

汇款人	全称	芜湖市盛唐有限公司	收款人	全称	安徽光华钢铁集团
	账号	622202337661226		账号	12345678
	汇出地点	安徽省芜湖市		汇入地点	安徽省合肥市
	汇出行名称	工行花津南路分行		汇入行名称	徽商银行友谊路支行
金额	人民币(大写):壹万元整			千百十万千百十元角分 ¥ 1 0 0 0 0 0 0	
			支付密码		
			附加信息及用途:购买材料　2020年12月12日		

此联汇出行给汇款人的回单

业务 16

领 料 单

领料单位：　　　　　　　　　　　　　年　　月　　日　　　　　　　___发料第___号

类别	编号	名称	规格	单位	数量		单价	金额
					请领	实发		

用途		领料部门		发料部门	
		负责人	领料人	核准人	发料人

领 料 单

领料单位：　　　　　　　　　　　　　年　　月　　日　　　　　　　___发料第___号

类别	编号	名称	规格	单位	数量		单价	金额
					请领	实发		

用途		领料部门		发料部门	
		负责人	领料人	核准人	发料人

业务 17

中国工商银行 现金支票存根 IV V00286649	中国工商银行**现金支票** IV V00286649										
附加信息_____	出票日期(大写)贰零壹肆年零壹拾月壹拾伍日　付款行名称：工行花津南路分行										
	收款人：芜湖盛唐有限责任公司　出票人账号：622202337661226										
出票日期：2020年10月15日	人民币(大写)壹拾伍万肆仟伍佰元整	十万	万	千	百	十	元	角	分		
		1	5	4	5	0	0	0	0		
收款人：本公司	用途　工资										
金额：¥154500.00	上列款项请从我账户内支付										
用途：工资	出票人签章　　　复核　　　记账										
单位主管　　会计											

附件 实训用原始凭证

工资结算汇总表

2020 年 10 月 15 日

部门	基本薪酬	津贴	其他	应发工资	代扣款项	实发工资
甲产品生产工人	略	略	略	70000	略	70000
乙产品生产工人	略	略	略	35000	略	35000
车间管理人员	略	略	略	9000	略	9000
管理部门	略	略	略	20000	略	20000
销售部门	略	略	略	20500	略	20500
合　计				154500		154500

会计：　　　　　　　复核：　　　　　　　制表：

业务 18

职工薪酬费用分配表

　　　　　　　　　　　　年　　月　　日　　　　　单位:元

应借科目	基本薪酬	其他薪酬	合计金额
生产成本——甲产品		无	
生产成本——乙产品		无	
制造费用		无	
管理费用		无	
销售费用		无	
合　计		无	

会计：　　　　　　　复核：　　　　　　　制表：

业务 19

中国工商银行进账单（收账通知）

　　　　　　　　　　年　　月　　日　　　　　第　号

出票人	全　称		收款人	全　称										此交联给是收款人的开户银行
	账　号			账　号										
	开户银行			开户银行										
金额	人民币（大写）：				千	百	十	万	千	百	十	元	角	分
票据种类														收款账银通户行知
		收款人开户行盖章												

53

附件　实训用原始凭证

安徽增值税专用发票

340005260　　　　　　　　　　　　　　　　　　　No.00561012

记　账　联

开票日期：　　年　月　日

购货单位	名称： 纳税人识别号： 地址、电话： 开户银行及账号：	密码区	略

货物或应税劳务名称	规格型号	单位	数量	单价	金额	税率	税额
合计							

价税合计(大写)	（小写）：

销货单位	名称： 纳税人识别号： 地址、电话： 开户银行及账户：	备注	

收款人：　　　复核：　　　开票人：　　　销货单位：(章)

第一联：记账联　销货方记账凭证

产品出库单

仓库：　　　　　　　年　月　日　　　　　编号：

类别	编号	名称	规格	单位	数量		单价	金额	备注
					请发	实发			

主管：　　　　记账：　　　　仓库保管：　　　　经办人：

业务 20

芜湖市报刊统一发票

2020 年 10 月 17 日

客户名称：盛唐公司

项目	单位	数量	单价	金额							
				万	千	百	十	元	角	分
征订报纸杂志				1	2	0	0	0	0	0
合计金额(大写)	壹万贰仟元整			1	2	0	0	0	0	0
付款方式			开户银行及账号							

开票单位： 　　　复核： 　　　开票人：王一

第二联 报销凭证

中国工商银行转账支票存根	中国工商银行 **转账支票**　　IV　V00286656
IV　V00286656	出票日期(大写)贰零壹肆年零壹拾月壹拾柒日　付款行名称：工行花津南路分行
附加信息	收款人：芜湖市邮政局　　出票人账号：622202337661226
出票日期：2020 年 10 月 7 日	人民币(大写)壹万贰仟元整　　¥ 1 2 0 0 0 0 0
收款人：芜湖邮政局	用途 2020 报刊费
金额：¥12000.00	上列款项请从我账户内支付
用途：2020 报刊费	出票人签章　　　复核　　　记账
单位主管　　会计	

业务 21

中国工商银行计付贷款利息清单（付款通知）

2020 年 10 月 20 日

账号

单位名称	芜湖盛唐有限公司	结算账号	622202337661226	你单位上述贷款利息已从你单位结算账户如数支付。此致贷款单位（银行盖章）
计息起讫日期	2020 年 8 月 20 日起 2020 年 10 月 19 日止			
计息账号	计息总积数	季利率	利息金额	
	600000	1.5%	9000.00	

业务 22

安徽增值税专用发票

3400033260　　　　　　　　　　　　　　　　　　　　　No.00561013

记　账　联

开票日期：　　年　月　日

购货单位	名称：			密码区	略			第一联：记账联　销货方记账凭证
	纳税人识别号：							
	地址、电话：							
	开户银行及账号：							
货物或应税劳务名称	规格型号	单位	数量	单价	金额	税率	税额	
合计								
价税合计（大写）			（小写）：					
销货单位	名称：			备注				
	纳税人识别号：							
	地址、电话：							
	开户银行及账户：							

收款人：　　　　复核：　　　　开票人：　　　　销货单位：（章）

附件　实训用原始凭证

产品出库单

仓库：　　　　　　　年　月　日　　　　　　　编号：

类别	编号	名称	规格	单位	数量		单价	金额	备注
					请发	实发			

主管：　　　　　记账：　　　　　仓库保管：　　　　　经办人：

业务 23

安徽增值税专用发票

3400033260　　　　　　　　No.00561014

发　票　联

开票日期：2020 年 10 月 20 日

购货单位	名称：芜湖市盛唐有限公司 纳税人识别号：883412345678988 地址、电话：芜湖市花津南路 128 号，5018666 开户银行及账号：工商银行花津南路分行，622202337661226			密码区					
货物或应税劳务名称	规格型号	单位	数量	单价	金额		税率	税额	
工业用水		吨	6000	3.20	19200.00		13%	2496.00	
合计					￥19200.00			￥2496.00	
价税合计（大写）	贰万壹仟陆佰玖拾陆元整					（小写）：￥21696.00			
销货单位	名称：芜湖市供水公司 纳税人识别号：3402213432005 地址、电话：芜湖市银湖中路 99 号，5513366 开户行及账号：交行银湖路支行 622200220038132			备注					

收款人：　　　复核：　　　开票人：　　　销货单位：（章）

第三联：发票联　购货方记账凭证

水费分配表

　　　　　　　　　　　　　　　　　　　　　年　月　日

分配对象	分配标准	分配率	分摊额
合　计			

会计：　　　　　　　　　　复核：　　　　　　　　　制表：

附件　实训用原始凭证

托收凭证(付款通知)

委托日期 2020 年 10 月 20 日　　　　　付款日期 2020 年 10 月 21 日

业务类型	委托收款			托收承付			
付款人	全称	芜湖市盛唐有限公司		收款人	全称	芜湖市自来水公司	
	账号	622202337661226			账号	622200220038132	
	地址	安徽省芜湖市	开户银行 工行花津南路支行		地址	安徽省芜湖市	开户银行 交行银湖路支行
金额	人民币(大写):贰万壹仟陆佰玖拾陆元整			千 百 十 万 千 百 十 元 角 分　¥ 2 1 6 9 6 0 0			
款项内容	水费	托收凭据名称		增值税发票、水费单	附寄单证张数		
商品发运情况				合同名称号码			
备注:付款人开户银行收到日期　2020 年 10 月 21 日　　复核　　记账			付款人开户银行签章　　　年　月　日				

此联交给付款人的开户银行收账回单

（中国工商银行中山路支行 业务清讫）

业务 24

托 收 凭 证(收款通知)

委托日期 2020 年 10 月 19 日　　　　　付款日期 2020 年 10 月 21 日

业务类型	委托收款			托收承付			
付款人	全称	北岳东方公司		收款人	全称	芜湖市盛唐有限公司	
	账号	62202796432915			账号	622202337661226	
	地址	安徽省北岳市	开户银行 工行华山路支行		地址	安徽省芜湖市	开户银行 工行花津南路支行
金额	人民币(大写):伍万元整			千 百 十 万 千 百 十 元 角 分　¥ 5 0 0 0 0 0 0			
款项内容	货款	托收凭据名称		商业承兑汇票	附寄单证张数	1	
商品发运情况				合同名称号码			
备注:付款人开户银行收到日期　　年　月　日　　复核　　记账			付款人开户银行签章　　　年　月　日				

此联交给收款人的开户银行收账回单

（中国工商银行中山路支行 业务清讫）

业务 25

上海增值税专用发票

3200012580

No.00356633

发票联

开票日期：2020 年 10 月 22 日

购货单位	名称：芜湖市盛唐有限公司 纳税人识别号：883312345678988 地址、电话：芜湖市花津南路 128 号，5018666 开户银行及账号：工行花津南路分行，622202337661226						密码区	略	
货物或应税劳务名称	规格型号	单位	数量	单价	金额		税率	税额
封箱机	Q20FS	台	1	5000.00	5000.00		13%	650.00
合计			1		5000.00		13%	650.00
价税合计(大写)	伍仟陆佰伍拾圆整						(小写)：￥5650.00	
销货单位	名称：上海市红光机械公司 纳税人识别号：432112345678565 地址、电话：上海市雨花南路 68 号，82186668 开户银行及账号：交行雨花南路分行，6225202301356688						备注	

收款人： 复核： 开票人： 销货单位：(章)

第三联：发票联 购货方记账凭证

固定资产验收单

固定资产编号	名称	规格	型号	计量单位	数量	建造单位	资金来源	备注
总价	买价	安装费	运杂费	包装费	其他	原值	预计年限	净残值率
用途								
验收意见			验收签章			保管签章		

业务 26

安徽增值税专用发票

3400034360　　　　　　　　　　　　　　　　　　　　　　No.00781122

发　票　联

开票日期：2020 年 10 月 22 日

购货单位	名称：芜湖市盛唐有限责任公司 纳税人识别号：883312345678988 地址、电话：芜湖市花津南路 128 号，5018666 开户银行及账号：工行花津南路分行，622202337661226	密码区	略

货物或应税劳务名称	规格型号	单位	数量	单价	金额	税率	税额
电费		度	15000	1.20	18000.00	13%	3060.00
合计					￥18000.00		￥2340.00
价税合计（大写）	贰万零叁佰肆拾元整				（小写）：￥20340.00		

销货单位	名称：芜湖市电力公司 纳税人识别号：2100989432005 地址、电话：芜湖市长江路 408 号，4835566 开户银行及账号：工行长江路支行 62200220065412	备注	

收款人：　　　复核：　　　开票人：　　　销货单位：(章)

第三联：发票联　购货方记账凭证

电费分配表

年　　月　　日

分配对象	分配标准	分配率	分摊额
合　计			

会计：　　　　　　　　　　复核：　　　　　　　　　　制表：

业务 27

财产清查报告单

2020 年 12 月 25 日

012

类别	财产名称规格	单位	单价	数量		盘盈		盘亏		原因
				账存	实存	数量	金额	数量	金额	
	A 材料	千克	15	3820	3800			20	300	

财务：　　　　　主管：　　　　　保管员：　　　　　制单：

业务 28

托收凭证（付款通知）

委托日期　年　月　日　　　　　付款日期　年　月　日

业务类型		委托收款		托收承付										
付款人	全称			收款人	全称									此交联给是付收款人的开受户理银回行单
	账号				账号									
	地址		开户银行		地址			开户银行						
金额	人民币（大写）：				千	百	十	万	千	百	十	元	角	分
款项内容			托收凭据名称				附寄单证张数							
商品发运情况					合同名称号码									
备注： 付款人开户银行收到日期 　年　月　日 　复核　　记账			付款人开户银行签章 　年　月　日											

业务 29

产品出库单

仓库：　　　　　　　　　年　月　日　　　　　　　　　编号：

类别	编号	名称	规格	单位	数量		单价	金额	备注
					请发	实发			

主管：　　　　　　记账：　　　　　　仓库保管：　　　　　　经办人：

安徽增值税专用发票

3400033260　　　　　　　　　　　　　　　　　　　No.00561015

记　账　联

开票日期：　　年　月　日

购货单位	名称：		密码区	略			
	纳税人识别号：						
	地址、电话：						
	开户银行及账号：						
货物或应税劳务名称	规格型号	单位	数量	单价	金额	税率	税额
合计							
价税合计（大写）			（小写）：				
销货单位	名称：				备注		
	纳税人识别号：						
	地址、电话：						
	开户银行及账户：						

收款人：　　　　复核：　　　　开票人：　　　　销货单位：(章)

第一联：记账联　销货方记账凭证

业务 30

安徽增值税专用发票

3400033260

No.00561016

记 账 联

开票日期： 年 月 日

购货单位	名称： 纳税人识别号： 地址、电话： 开户银行及账号：				密码区	略		
货物或应税劳务名称	规格型号	单位	数量	单价	金额	税率	税额
合计							
价税合计(大写)			（小写）：				
销货单位	名称： 纳税人识别号： 地址、电话： 开户银行及账号：				备注			

收款人： 复核： 开票人： 销货单位:(章)

第一联：记账联 销货方记账凭证

（芜湖盛唐有限责任公司 8833 12345678988 发票专用章）

中国工商银行进账单（收账通知）

年 月 日 第 号

出票人	全 称		收款人	全 称	
	账 号			账 号	
	开户银行			开户银行	
金额	人民币 （大写）		千 百 十 万 千 百 十 元 角 分		
票据种类					
票据张数					
单位主管 会计 复核 记账			收款人开户行盖章		

此交联给收款人是收款人的开户银行收账通知

业务 31

领 料 单

领料单位：　　　　　　　　　年　月　日　　　　　____发料第____号

类别	编号	名称	规格	单位	数量		单价	金额
					请领	实发		
用途				领料部门		发料部门		
				负责人	领料人	核准人	发料人	

业务 32

芜湖市国家税务局通用机打发票

发 票 联

开票日期：2020 年 10 月 23 日　　　行业分类：事业　　　发票号码：5630832

购货单位：芜湖市盛唐有限责任公司
品名及规格　　　计量单位　　　数量　　　单价　　　金额
排污罚款　　　　　　　　　　　　　　　　　　　1200.00
合计金额（大写）：壹仟贰佰元整
备注：
销货单位（盖章）：芜湖市环保局
销货方识别号：　　　　　收款人：芜湖市环保局　　　开票人：文名

（盖章：芜湖市环保局 财务专用章）

中国工商银行　　　　　中国工商银行 **转账支票**　　Ⅳ　V00286675
转账支票存根
　Ⅳ　V00286675　　出票日期（大写）　　年　月　日　　付款行名称：
附加信息　　　　　　　收款人：　　　　　　　　　　出票人账号：

| | | 百 | 十 | 万 | 千 | 百 | 十 | 元 | 角 | 分 |

人民币（大写）

出票日期：　年　月　日　　用途_____
收款人：　　　　　　　　上列款项请从
金额：　　　　　　　　　我账户内支付
用途：　　　　　　　　　出票人签章　　　复核　　记账
单位主管　　会计

（本支票付款期限十天）
（签章：刘翼；芜湖盛唐有限责任公司 财务专用章）

附件　实训用原始凭证

业务 33

固定资产计提折旧计算表

年　月　日

使用部门	固定资产类别	月初应计提折旧固定资产原值	月折旧率	月折旧额
生产车间	房屋及建筑屋	3000000	0.2%	
	机器设备	4000000	0.3%	
管理部门	房屋及建筑屋	3000000	0.2%	
	机器设备	200000	0.5%	
合　　计				

业务 34

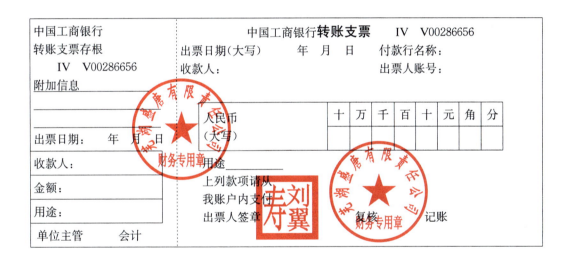

货号	品名及规格	单位	数量	单价	金额					
					仟	佰	拾	元	角	分
	设备配件	只	10	410	4	1	0	0	0	0
合计金额（大写）	肆仟壹佰元整				4	1	0	0	0	0

业务 35

材料盘亏(盈)处理通知单

2020 年 10 月 30 日　　　　　　　　012 号

经审查确认盘亏 A 材料 20 kg 属于自然损耗,单价 15 元,计 300 元。盘亏材料处理如下:作管理费用处理。

总经理：刘翼寿府　　财务主管：付泽仁　　会计：郝仁珍

业务 36

制造费用分配表

年　月　　　　　　　　单位：元

分配对象	分配标准 （生产工人工资）	分配率	分摊额
合　计			

会计：　　　　　　复核：　　　　　　制表：

业务 37

产品生产成本计算表

年　月　　　　　　　　单位：元

成本项目	甲产品(500 件)		乙产品(1000 件)	
	总成本	单位成本	总成本	单位成本
直接材料				
直接人工				
制造费用				
合　计				

会计：　　　　　　复核：　　　　　　制表：

完工产品入库单

年　月　日

产品名称	计量单位	实收数量	单位成本	总成本
合　计				

主管：　　　　　保管：　　　　　交库：　　　　　会计：

业务38

产品成本计算表

年　月　日

产品名称	单位	月初结存		本月入库		本月合计		
		数量	总成本	数量	总成本	数量	加权平均单位成本	总成本
合　计								

主营业务成本计算表

年　　月　　　　　　　　　单位:元

产品名称	计量单位	销售数量	单位成本	总成本
合　计				

会计主管：　　　　　复核：　　　　　制表：

业务 39

应交增值税计算表

年　　月　　日

当期销项税额	当期进项税额	当期进项税额转出	已交税金	应交增值税

会计主管：　　　　　　复核：　　　　　　制表：

应交城建税和教育费附加计算表

年　　月　　日　　　　　　单位:元

税费名称	计税依据			税率	应纳税额
	增值税	营业税	消费税		
城市维护建设税				7%	
教育费附加				3%	
合　　计					

会计主管：　　　　　　复核：　　　　　　制表：

业务 40

本月成本费用类账户发生额汇总表

2020 年 12 月

序号	账户名称	借方发生额
1	主营业务成本	
2	其他业务成本	
3	税金及附加	
4	销售费用	
5	管理费用	
6	财务费用	
7	营业外支出	
合　计		

会计主管：　　　　　　复核：　　　　　　制表：

附件　实训用原始凭证

本月收入类账户发生额汇总表

2020 年 12 月

序号	账户名称	贷方发生额
1	主营业务收入	
2	其他业务收入	
3	投资收益	
4	营业外收入	
合　计		

会计主管：　　　　　复核：　　　　　制表：

业务 41

所得税费用计算表

　　年　月　日至　　年　月　日　　　　单位:元

利润总额	可调整额	应纳所得税额	所得税税率	本期应纳所得税
	无			

会计主管：　　　　　复核：　　　　　制表：

业务 42

盈余公积计算表

年　月　日　　　　单位:元

利润总额	计算比例	盈余公积

会计主管：　　　　　复核：　　　　　制表：

利润分配计算表

年　月　日　　　　单位:元

利润总额	分配比例	应付股利

会计主管：　　　　　复核：　　　　　制表：